HERDER

FREIBURG · BASEL · WIEN

Katholisch
Wissen aus erster Hand

Herausgegeben
von
Georg Gänswein und Martin Lohmann

cmz

HERDER

Bibliografische Information Der Deutschen Nationalbibliothek

Die Deutsche Nationalbibliothek verzeichnet diese Publikation
in der Deutschen Nationalbibliografie; detaillierte bibliografische Daten
sind im Internet über http://dnb.d-nb.de abrufbar.

Originalausgabe

An der Glasfachschule 48, 53359 Rheinbach
Tel. 02226-9126-26, Fax 02226-9126-27

Lektorat:
Hermann-Josef Scheidgen, Köln
Martin Lohmann, Bonn
Winrich C.-W. Clasen, Rheinbach

Satz (FrutigerNextLT 9,5 auf 11,4) mit Adobe InDesign CS5
Frank Münschke dwb (Klartext Medienwerkstatt GmbH), Essen

Titelbild:
Petersdom, Rom
© Wikipedia (GNU Free Documentation License)

Foto der Herausgeber (2009) auf der Umschlagrückseite:
© Winrich C.-W. Clasen, Rheinbach

Umschlaggestaltung:
Frank Münschke dwb (Klartext Medienwerkstatt GmbH), Essen

Papier (RecySatin, 115 g/m²):
Schleipen, Bad Dürkheim

Gesamtherstellung:
Fuldaer Verlagsanstalt GmbH, Fulda

ISBN 978-3-87062-116-2 (CMZ-Verlag)
ISBN 978-3-451-33208-1 (Verlag Herder GmbH)

20100901

www.cmz.de

www.herder.de

Inhalt

Vorwort

Worauf kommt es in der katholischen Kirche an? Was sollte man wissen? Die Fragen nach dem, was katholisch bedeutet, sind gerade heute sehr aktuell. Dieses Buch will helfen, sich rasch und kompetent zu informieren. In für jedermann verständlicher Sprache und zugleich anspruchsvoll. Dieses Buch ist ein Glaubenskompendium, ein Nachschlagewerk und eine Glaubensfibel. **Katholisch. Wissen aus erster Hand** ist – in der Folge der von Walter Fürst und Jürgen Werbick herausgegebenen „Katholischen Glaubensfibel" – ein gänzlich neues Glaubenskompendium.

Katholisch. Nicht selten scheint das Wissen über den Glauben in unserer Zeit abhanden gekommen zu sein. Wie wichtig es ist, die Grundlagen des eigenen Glaubens zu kennen, hat Papst Benedikt XVI. immer wieder betont, so auch während des Weltjugendtags in Köln 2005: „Wo finde ich die Maßstäbe für mein Leben – wo die Maßstäbe, um an der Gestaltung von Gegenwart und Zukunft der Welt verantwortlich mitzuwirken? Wem darf ich vertrauen – wem mich anvertrauen?" Der Papst hat auch gleich auf diese Fragen geantwortet: „Helft den Menschen, den wirklichen Stern zu entdecken, der uns den Weg zeigt: Jesus Christus. Versuchen wir selber, ihn immer besser kennenzulernen, damit wir überzeugend auch andere zu ihm führen können. Deswegen ist die Liebe zur Heiligen Schrift so wichtig, und deswegen ist es wichtig, den Glauben der Kirche zu kennen, in dem uns die Schrift aufgeschlüsselt wird: Es ist der Heilige Geist, der die Kirche in ihrem wachsenden Glauben immer weiter in die Tiefe der Wahrheit eingeführt hat und einführt (vgl. Johannes 16,13)."

Wissen aus erster Hand – so lautet der Untertitel des Buches. Tatsächlich ist es gelungen, die unterschiedlichsten Experten der katholischen Kirche zu gewinnen: einen Kardinal, Erzbischöfe und Bischöfe, Universitätsprofessoren und Laien – Männer und Frauen. Die durch die Vielzahl der Stimmen bedingte Unterschiedlichkeit der jeweiligen Beiträge ist ausdrücklich gewollt und ein Gewinn für dieses Buch. Sie spiegelt das Leben und das Selbstverständnis der katholischen Kirche wider und macht die katholische Vielfalt deutlich. Daraus ergibt sich auch, dass – anders als in „offiziellen" Lehrbüchern der katholischen Kirche – hier der Autor selbst für seinen Artikel verantwortlich ist.

In der umfangreichen Einleitung führen die Herausgeber in das Gesamtwerk ein, indem sie beschreiben, was katholisch ausmacht und was es ist. Das Buch gliedert sich dann in sechs Hauptkapitel:

„Kirche" beschreibt die Entstehung der katholischen Kirche, ihre über zweitausend Jahre alte Geschichte, ihren Aufbau und ihre Gliederung sowie das Verhältnis zu den wichtigsten „Nachbarreligionen" Judentum und Islam.

In **„Gemeinde/Pfarrei"** stehen die Gläubigen selbst im Mittelpunkt, ihre Berufungen und Dienste. Dazu treten Informationen über Seelsorge, Caritas und Ethik. Dass das Stichwort „Mission" von einem afrikanischen Priester übernommen worden ist, unterstreicht den Stellenwert dieses häufig in seiner Bedeutung für die Universalkirche zu wenig beachteten Erdteils. Den größten Teil des katholischen Lebens nimmt der Alltag ein, dem in diesem Kapitel ein eigenes Stichwort zugewiesen ist.

Das Kapitel **„Glaube"** behandelt die großen Themen des *Katechismus der Katholischen Kirche,* beispielsweise Glaube und Liebe oder Sünde und Vergebung. Ausführlich werden die Sakramente erörtert, die das katholische Leben prägen. Aber auch die christliche Spiritualität wird erläutert. Ein Bischof gibt schließlich eine Einführung in die Alltagspraxis des Glaubens.

Der **„Gottesdienst"** wird in allen seinen Einzelheiten erklärt; die sonntägliche Messe und ihre Bestandteile, aber auch Feiern aus besonderen Anlässen wie Taufe, Erstkommunion, Firmung, Hochzeit und Beerdigung werden behandelt.

Alle großen Festtage eines Jahres werden in der Reihenfolge des **„Kirchenjahres"** erläutert.

Schließlich finden sich im Kapitel **„Bibel"** kurze Einführungen in die beiden Teile der Bibel, das Alte und das Neue Testament. Eine Darstellung des Lebens des Apostels Paulus zeigt, dass dieser Missionar für die Verbreitung des Christentums von herausragender Bedeutung ist.

Eine Besonderheit dieses Buches ist die **„Alltagspastoral"**, in dem (auf „Gelben Seiten" zum Nachschlagen) wichtige Gebete und Lieder für katholische Christen notiert sind. Die Beschreibung einer typischen Kirchenausstattung kommt dazu.

Ausführliche Verzeichnisse (auch zu den Bibelstellen) und Register, die Querverbindungen zwischen unterschiedlichen Gesichtspunkten ermöglichen, beschließen das Buch.

Ein so umfangreiches und vielfältiges Werk entsteht nur, wenn viele Menschen gut und aufmerksam daran mitwirken. Es ist uns daher ein Anliegen, allen Beteiligten an dieser Stelle Dank zu sagen: zuerst natürlich den Autorinnen und Autoren, die sich auf das Unternehmen eingelassen haben, komplexe Glaubensaussagen im Alltagsdeutsch zu Papier zu bringen, und die ohne Murren Änderungen seitens der Lektoren und Herausgeber an ihren Texten hingenommen haben; dem Verleger *Winrich C.-W. Clasen* für die Idee zu diesem Buch und seine Neukonzeption, sowie für alle Randstichworte, die den Text weiter gliedern und verständlicher machen; seiner Frau *Kerstin Clasen* für die Auswahl der Abbildungen aus der europäischen Malerei und ihre ausführlichen kunsthistorisch-theologischen Beschreibungen; *Hermann-Josef Scheidgen,* dem Lektor des CMZ-Verlages, der jeden Beitrag akribisch gelesen und kommentiert hat; schließlich dem Verleger *Manuel Herder,* der das Buch gerne in das Programm seines Verlages aufgenommen hat.

Katholisch. Wissen aus erster Hand soll wieder Mut machen, sich mit der christlichen Religion, der katholischen Kirche und dem Glauben zu beschäftigen und dem immer wieder beklagten „Schwund an Glaubenswissen" abzuhelfen. Dieses Buch erschließt Wissen und öffnet Horizonte.

Rom und Bonn, am 11. Juli 2010,
dem Fest des heiligen Benedikt von Nursia

Georg Gänswein und *Martin Lohmann*

Alexej von Jawlensky (1864–1941), Heilandsgesicht „Lichte Ruhe“, ca. 1921; Öl auf Karton, 36,2 × 27 cm; Christies, London [2007]; Privatbesitz. © VG Bild-Kunst, Bonn 2010.

Charakteristisch für das Gesamtwerk Alexej von Jawlenskys, der zu Beginn des 20. Jahrhunderts wesentliche Beiträge für die Entwicklung der Kunst hin zur Abstraktion geleistet hat, ist die Arbeit in Werkserien, in denen er oft über Jahre hinweg ein Thema immer wieder variiert.

Die „Heilandsgesichter“, die ab 1917 als zweite von vier Bildserien zum Bereich Porträt entstanden sind, zeigen in beeindruckender Weise auf, worum es dem Maler ging. Wie bei vielen seiner Künstlerkollegen stand bei Jawlensky nicht mehr die Wiedergabe des Sichtbaren im Vordergrund, sondern die Sichtbarmachung des hinter der Oberfläche der komplexen Wirklichkeit Liegenden.

Wie alle Gesichter dieser Serie ist auch dieses ganz nah herangerückt. Das dominante gestalterische Mittel ist die Linie, die durch ihre unterschiedliche Stärke und im Oval verwischte Kontur sehr lebendig wirkt. So wird die Nase aus einer sehr langen und einer rechtwinklig dazu stehenden kurzen Geraden gebildet, der Mund aus parallelen Waagerechten. Augen und Brauen sowie Haaransatz und Haarlinien entstehen aus leichten Bogenformen. Die Augen wirken deshalb geschlossen. Wenngleich einige Linien farbig vervielfältigt sind, entsteht primär keine Flächenwirkung, denn die schwarze Linie dominiert. Die Linien werden ergänzt durch wenige kleine farbige Flächen, die im Bereich der unteren Gesichtspartie durch Hell-Dunkel-Abstufungen eine vage Andeutung von Plastizität geben.

Durch die Farbwahl und den lasierenden Farbauftrag entsteht insgesamt der Eindruck von Immaterialität. Die geschlossenen Augen verweisen auf den Blick nach innen. Der Betrachter erhält keine Möglichkeit zur Kommunikation, bleibt schauend außen vor. Was er sieht, ist ein Gesicht, das Ausdruck einer überpersönlichen Wirklichkeit ist und als solches zeichenhaften Charakter besitzt. Das menschliche Gesicht verbindet wie kein anderes Motiv Geistiges und Körperliches. Das Geistige scheint bei Jawlensky eindeutig den Vorrang zu haben. Er selbst hat in einem Brief an Emmy Scheyer davon gesprochen, dass für ihn im Gesicht der ganze Kosmos sich offenbare.

Der Generaltitel der Bilder dieser Serie und die Biographie des Künstlers lassen eine weiter reichende christlich-religiöse Deutung zu: Im Gesicht ist zeichenhaft das Göttliche enthalten. Die in den „Heilandsgesichtern“ enthaltenen deutlichen Anklänge an altrussische Ikonenmalerei (etwa die strenge Frontalität, die angedeutete Kreuzform für Nase und Augen, der Eindruck der Unnahbarkeit) stützen formal einen solchen Interpretationsansatz.

Jawlenskys „Heilandsgesichter“ sind vor allem deshalb so eindrücklich, weil sie eine alte Bildtradition, das Christusbild, in die Formensprache der Moderne übersetzen, aber auch, weil sie in diesen Gesichtern das Menschliche und das Göttliche zugleich zum Ausdruck bringen und so eine Verbindung zwischen beidem herstellen.

Kerstin Clasen

Georg Gänswein / Martin Lohmann

Was ist katholisch?

Zeichen Gottes in der Welt

Weite. Freiheit. Fülle. Reinheit des Glaubens. Katholisch bedeutet sehr viel. Die katholische Kirche ist bunt und in ihrer internationalen Verschiedenheit reich. Sie ist lebensfroh und vielfältig. Sie hat eine klare Ordnung. Sie ist ganzheitlich. Vielleicht bedeutet „katholisch" besonders das, was Papst Benedikt XVI. bei seiner Amtsübernahme als Petrusnachfolger am 24. April 2005 auf dem Petersplatz in Rom der Kirche und der Welt zurief und womit er zugleich den eigenen katholischen Auftrag beschrieb: „Und erst wo Gott gesehen wird, beginnt das Leben richtig. Erst wo wir dem lebendigen Gott in Christus begegnen, lernen wir, was Leben ist. Wir sind nicht das zufällige und sinnlose Produkt der Evolution. Jeder von uns ist Frucht eines Gedankens Gottes. Jeder ist gewollt, jeder ist geliebt, jeder ist gebraucht. Es gibt nichts Schöneres, als vom Evangelium, von Christus gefunden zu werden. Es gibt nichts Schöneres, als ihn zu kennen und anderen die Freundschaft mit ihm zu schenken." In diesem Sinn bedeutet „katholisch" Weite und Freiheit. Jedenfalls drückt der Papst hier das aus, was das Katholische im Kern ausmacht: Es ist Zeichen Gottes in dieser Welt, Gemeinschaft der sich zu Christus Jesus Bekennenden in der Tradition seit dem Apostel Petrus.

Definition

Katholisch – der Begriff kommt aus dem Griechischen: katholikos. Dies bedeutet so viel wie allgemein, allumfassend, vollständig, allgemeingültig. Katholisch bedeutet auch weltweit. Die katholische Kirche ist eine Weltkirche, die ihr Selbstverständnis nicht aus weltlichen Strukturen bezieht, sondern sich als apostolische Kirche „von oben" gestiftet begreift. Sie ist die Raum und Zeit übergreifende Gemeinschaft der sich zu Jesus Christus Bekennenden. Sie geht auf den Gottessohn Jesus von Nazaret zurück, der Seine Kirche auf die zwölf Apostel gründete, also auf jene zwölf Männer aus dem Volk Israel, die er zu seinen engsten Freunden machte und denen er den Auftrag gab, die Frohe Botschaft (das Evangelium) von der Erlösung der Menschen in alle Welt zu tragen.

irdische und himmlische Kirche

Die Begriffe „katholisch" und „apostolisch" stehen also auch für eine gewisse Grenzenlosigkeit. Zum einen bedeutet dies, dass das Wirken und die Existenz der irdischen Kirche nicht von weltlichen Grenzen abhängig sind, ebenso wenig von politischen Systemen und Ordnungen, die für das, was Kirche letztlich ist, nicht konstitutiv sind. Andererseits ist die katholische Kirche auch gleichsam grenzenlos, was ihre innere Existenz betrifft. Katholisch als allumfassend und vollständig bedeutet über die rein sichtbare irdische Kirche hinaus, dass die Verstorbenen, die noch der Läuterung bedürfen oder schon bei Gott vollendet sind, ebenso Teil der Kirche ist. Man spricht deshalb von der irdischen und der himmlischen Kirche, die eine Einheit bilden. Daraus erklärt sich auch, dass das Wort „katholisch" im eigentlichen Sinn alle Gläubigen umfasst, die mit Jesus Christus verbunden sind – die nicht mehr auf Erden lebenden ebenso wie die jetzt auf Erden lebenden bis hin zu denen, die morgen als katholische Christen Teil der sichtbaren Kirche sein werden. Katholisch sein – das bedeutet Teil der allumfassenden großen Familie Gottes zu sein.

Kirche geht auf den Apostel Petrus zurück

Mit „katholischer Kirche" wird heute zumeist und zuerst die römisch-katholische Kirche verbunden. Das hat nicht nur mit der Größe dieser Kirche zu tun, sondern auch mit ihrer seit 2000 Jahren entfalteten Struktur und der einzigartigen Ausrichtung auf den jeweiligen Papst, der als Nachfolger des Apostels Petrus das sichtbare Oberhaupt der katholischen Kirche ist. Diese wurde vom Gottessohn Jesus Christus ganz besonders auf Petrus gegründet, auf jenen Fischer aus Galiläa namens Simon, welcher vom Herrn selbst den Auftrag bekam, die Kirche zu leiten.

Vorrangstellung des Papstes

Diese Beauftragung bildet die biblische Grundlegung für die Vorrangstellung des Papstes (den „päpstlichen Primat"). Bis heute führen die Petrusnachfolger in Rom ihren besonderen Leitungsauftrag der Kirche auf den ersten Apostel zurück, über dessen Grab am Rande des seit römischen Zeiten so benannten vatikanischen Hügels sich die Peterskirche erhebt. Nicht zuletzt in einer von Medien bestimmten Welt ist der jeweilige Petrusnachfolger in seiner auffallend weißen Soutane für viele ein typisches Erkennungszeichen für die katholische Kirche. Das Petrusamt und seine unmittelbare Rückführung über den ersten „Papst" auf Jesus Christus selbst ist einzigartig. Die in der Heiligen Schrift überlieferte Übergabe der Schlüssel des Himmelreiches an den durch den göttlichen Kirchenstifter vom Fischer (Simon) zum Felsen (Petrus; griechisch pétros) Berufenen findet sich bis heute in den vatikanischen Insignien, nicht zuletzt in päpstlichen Wappen. Hier wird – ganz katholisch – zum Ausdruck gebracht, dass die Beauftragung ununterbrochen und mit höchster, letzter Autorität geschieht. Sichtbar wird dies auch über dem Petrusgrab in der Peterskirche, wo auf lateinisch und griechisch die entscheidende Stelle aus dem Matthäusevangelium zu lesen ist: „Du bist Petrus, und auf diesen Felsen werde ich meine Kirche bauen, und die Mächte der Unterwelt werden sie nicht überwältigen." (Matthäus 16,18)

Amtsverständnis

Das katholische Amtsverständnis hat im Unterschied zu anderen Konfessionen eine besondere Ausprägung. Der päpstliche Primat, der sich im Laufe der Jahrhunderte weiter entfaltet hat und vom Ersten Vatikanischen Konzil als Dogma verkündet wurde, ist in enger Verbindung zu sehen mit der Kollegialität des weltweiten Bischofskollegiums mit dem Bischof von Rom, die das Zweite Vatikanische Konzil gleichsam in Ergänzung zum Ersten Vatikanischen Konzil betonte. Zum Amtsverständnis in der katholischen Kirche – wie ebenso in den orthodoxen und altorientalischen Kirchen – gehört auch dies: Das Amt wird als Sakrament übertragen, durch Handauflegung in der Diakonen-, Priester- oder Bischofsweihe (man spricht auch von den drei Weihestufen). Kern des Amtes ist nicht eine akklamatorische Beauftragung, sondern die sakramentale Handlung, durch die über die Jahrhunderte vom Beginn der Kirche an eine ununterbrochene Weitergabe – die so genannte Sukzession – der Amtsvollmacht garantiert wird. Auch der Papst ist Bischof, gehört also zu jenem weltweiten Kollegium der Hirten, das als Ganzheit das Nachfolgegremium der Apostel Jesu bildet. Weil jeder Amtsträger seine Weihe durch einen bereits in der Sukzession stehenden Geweihten erhalten hat beziehungsweise übertragen bekommt, sind alle Amtsträger nach katholischer Überzeugung mit der „Amts-Quelle" direkt verbunden. Dieses Weiheamt ist ausschließlich Männern vorbehalten, die in der lateinischen Kirche normalerweise zu einem zölibatären (ehelosen) Leben verpflichtet sind: ein sprechendes Zeichen ihrer Verbundenheit mit Christus, der auch ehelos gelebt und sich ganz für die Menschen hingegeben hat.

Struktur

Die katholische Kirche ist hierarchisch strukturiert, also von oben nach unten. Priester sind diejenigen Geistlichen, die im Auftrag des Bischofs (griechisch epískopos, was soviel wie Hüter und Aufseher bedeutet) Pfarrgemeinden leiten oder andere wichtige seelsorgliche Aufgaben übernehmen. Die Weltkirche ist in Bistümer aufgeteilt, also Jurisdiktionsbereiche, denen ein Bischof vorsteht. Diese Bistümer heißen auch Diözesen, vom griechischen *dioikesis*, was so viel wie „Verwaltung" bedeutet. Auch der Papst steht als Bischof von Rom seinem Bistum vor. Beraten wird er als oberster Hirte der Weltkirche vom Kollegium der Bischöfe, besonders aber vom Kollegium der Kardinäle. Diese gelten als das engste dem Papst verbundene Gremium. Seit Jahrhunderten wählen die Kardinäle aus ihrer Mitte nach dem Tod eines Papstes in einer feierlichen Gebetsversammlung unter Ausschluss der Öffentlichkeit, dem so genannten Konklave, dessen Nachfolger, der als vom Heiligen Geist selbst erwählt verstanden wird.

Rom als Mittelpunkt der Kirche

Zu dem, was katholisch ist, gehört ganz besonders auch Rom als Ewige Stadt. Während Jerusalem der Mittelpunkt des irdischen Lebens Jesu mit dem Ort der Kreuzigung und dem leeren Grab als Ort der Auferstehung ist, also jene vor allem das Judentum und die Christenheit verbindende Heilige Stadt des Friedens, die auf das himmlische Jerusalem verweist, steht Rom für den Ort, an dem die Kirche ihr sichtbares Zentrum gefunden hat. Hier haben die Apostelfürsten Petrus und Paulus ihre Spuren hinterlassen, hier gab es schon sehr früh eine größere christliche Gemeinde, hier kam es bald zu Christenverfolgungen, und hier ist – bis auf wenige Ausnahmen in einer bunten und keineswegs immer widerspruchsfreien Geschichte – die Adresse des Papstes. Hier entstand in späteren Zeiten rund um die Peterskirche ein kleines eigenes Staatswesen, die Vatikanstadt beziehungsweise der Vatikanstaat. Dieses Territorium ist die weltliche Basis einer völkerrechtlichen Souveränität des „Heiligen Stuhles", mit dem die Kirche eine überstaatliche Existenzberechtigung zum Ausdruck bringt.

Volk Gottes in der Weltkirche

So sehr zum Katholischen einerseits die Orientierung auf den Petrusnachfolger gehört, so sehr auch die weltweite Einheit der Bischöfe mit eben diesem Papst in Rom selbstverständlich ist, so sehr gehört auch das weltweit und in sehr verschiedenen Staatsgebilden lebende Volk Gottes zum katholischen Selbstverständnis. Gläubige kennen als katholische Christen kein Ausland, und andere katholische Christen aus fernen Ländern sind nie wirklich Ausländer innerhalb der Kirche. Während andere Gemeinschaften nach nationalen Grenzen unterschieden sind und sich bisweilen auch aufgrund weltlicher Vorgaben definieren, ist die katholische Kirche nach ihrem Verständnis als göttliche Stiftung stets dieselbe. Katholisch kann es zum Beispiel keine „deutsche" Kirche geben. Vielmehr ist es immer die eine katholische und apostolische Kirche, die jeweils als auf Christus ausgerichtete und mit dem Papst verbundene dieselbe ist: in Deutschland, in Frankreich, in Polen oder anderswo. Die „deutsche" Kirche ist also letztlich die eine Kirche „in Deutschland". Auch dieses Selbstverständnis als Weltkirche, die den Gläubigen überall dieselbe Heimat bietet, ist genuin katholisch. So gesehen hängt an dem Begriff der „römisch-katholischen Kirche" auch der Hinweis auf eine übernationale Identitätsquelle. Die katholische Kirche ist die weltweite Hausgemeinschaft rund um den Auferstandenen.

Heiliges – Kirche, Altar, Kreuz

Zum Katholischen gehört – wegen dieser Ausrichtung auf den Gottessohn – zudem das Heilige. Im Glaubensbekenntnis wird die „eine, heilige, katholische und apostolische Kirche" genannt. Der Hinweis auf die „heilige" Kirche öffnet den Blick auf jene Wirklichkeit, die sich in einem konkret als Haus Gottes errichteten Kirchengebäude erahnen lässt und über dieses Gebäude hinausragt. So ist das Gebäude, das nur mit dem Altar – der für Jesus Christus steht – als Zentrum seine Ordnung hat, ein Verweis auf die himmlische Wirklichkeit der Kirche über das konkret weltlich Erfahrbare hinaus. Das Kirchengebäude als Gotteshaus, jede Kapelle und jede Kathedrale, wird so zu einem Abbild dessen, worauf es letztlich im Katholischen ankommt. So wie sich die Gemeinde, also die Kirche im Kleinen, vor Ort um den Altar versammelt und dadurch erst zur Kirche wird, weil dieser Altar ein „lebendiges" Symbol für den auferstandenen Christus ist, so ist die Kirche gestern, heute und morgen als mit dem Herrn verbundene und um ihn versammelte eine heilige Kirche. Sie ist auf den Ursprung des Heiligen, auf Gott selbst konzentriert, dessen Sohn – Mensch und Gott zugleich – die Kirche vom Kreuz her in Tod und Auferstehung stiftete, und gerade deshalb ist sie heilig. Und zu dieser Heiligkeit sind alle Menschen berufen, eingeladen, befähigt. Insofern versteht sich die Kirche – die vorangegangene ebenso wie die künftige – als Gemeinschaft der Heiligen. Diejenigen, von denen man erkannt hat, dass sie diese Berufung in besonders eindrucksvoller Weise gelebt haben, werden als Heilige verehrt. Diese sind vorangegangen, aber sie bleiben als Boten und Fürsprecher mit der irdisch sichtbaren Kirche verbunden. Heilige werden verehrt, nicht angebetet. Anbetung gebührt alleine dem dreifaltigen Gott: Vater, Sohn und Heiliger Geist. Das Kreuzzeichen macht deutlich, dass sich der katholische Christ in diese Anbetung begibt und sich als ganze Person in die Berufung zur Heiligkeit stellt.

Menschen sind fehlbar

Dieses „Heiligsein" bedeutet freilich nicht, katholische Christen seien bereits heilig und vollkommen. Die Menschen sind fehlbar und sündhaft. Sie bedürfen der Erlösung, die durch den Kreuzestod des Herrn und Seine Auferstehung geschehen ist und den Menschen in der Taufe geschenkt wird, die aber keinen automatisierten Schutz vor Sünden bietet. Aber: Weil Gott die Freiheit des Menschen respektiert, ist der Christ ebenso frei wie befähigt, sich für das Gute zu entscheiden. Dennoch kennt er die Macht der Versuchung, die Macht der Sünde. Deshalb hat unter den sieben Sakramenten, die Christus gewollt und die sich von Anfang an in der Kirche als solche entfaltet haben, auch das Sakrament der Vergebung seine besondere Bedeutung. Sakramente als äußere Zeichen einer inneren Gnadenhandlung durch Gott verweisen auf Christus, der in Seiner Kirche auch gerade durch und in den Sakramenten sichtbar lebt. Neben der Kirche, die sich in diesem Sinne als Ur-Sakrament versteht, kennt die katholische Kirche die Sakramente der Taufe, der Buße, der Eucharistie, der Firmung, der Ehe, des „Ordo" (das dreistufige Sakrament der Weihe zum Diakon, Priester oder Bischof) und der Krankensalbung. In allen zeigt sich nach katholischem Denken und Glauben die besondere Nähe und Verbundenheit zu Jesus Christus und damit zum Schöpfer selbst. Sakramente sind Siegel Christi und Unterpfand der himmlischen Herrlichkeit. In der Taufe zum Beispiel wird die Gotteskindschaft erkennbar besiegelt, der Täufling aufgenommen in die Kirche Jesu Christi und gleichsam eingetaucht in dessen Leiden, Sterben und Auferstehung. Das weiße Taufkleid versinnbildlicht, dass der in die katholische Weltkirche Aufgenommene nunmehr Christus „angezogen" hat und durch Ihn rein und sündenfrei ist. Diese Taufgnade wird in jeder sakramentalen Beichte wiederhergestellt. Durch das „Anziehen und Eintauchen" in Christus ist der Täufling zur Erlösung berufen, und er hat den Blick frei für die Freiheit der Kindes Gottes, die sich aus der Bestimmung für das ewige Leben speist. Wer getauft ist, gehört Christus an. Dieser ist gekommen, damit alle das Leben in Fülle haben. Von dieser Fülle soll etwas durch katholische Christen in diese Welt hineinscheinen können.

Sakramente

Im Katechismus der katholischen Kirche wird definiert, dass das Wort „Kirche" das Volk bezeichnet, das „Gott von allen Enden der Erde zusammenruft und vereint, um die Versammlung derer zu bilden, die durch den Glauben und die Taufe Kinder Gottes, Glieder Christi und Tempel des Heiligen Geistes werden." Und wenig später heißt es: „Die Sendung der Kirche besteht darin, das von Jesus Christus begonnene Reich Gottes

Volk Gottes

zu verkünden und in allen Völkern zu begründen. Sie stellt hier auf Erden den Keim und den Anfang dieses rettenden Reiches dar." Zudem wird die Kirche als Mysterium beschrieben, insofern „in ihrer sichtbaren Wirklichkeit eine geistige, göttliche Wirklichkeit gegenwärtig und wirksam ist, die man nur mit den Augen des Glaubens wahrnimmt".

Verkündigung

Es ist die vornehmste Aufgabe der Kirche, das Evangelium als die Fülle der Wahrheit zu verkünden. Dabei ist sie in der Verkündigung der Fülle ebenso verpflichtet wie der Reinheit des Glaubens. Im Laufe der Geschichte der Kirche ist daher immer wieder in strenger Konsequenz gegenüber dem gegebenen göttlichen Auftrag, die Frohe Botschaft in ihrer Gänze und Weite zu verkünden, definiert worden, was mit Sicherheit zum katholischen Glauben gehört. Die kirchlichen Dogmen beschreiben, was zur katholischen Lehre zählt, worauf man sich – im Glauben – verlassen kann. Dieses Lehramt, das den Bischöfen in Gemeinschaft mit dem Petrusnachfolger gegeben ist, hat eine apostolische Dimension und ist in dieser Form „typisch katholisch".

Notwendigkeit der Kirche für die Verkündigung

In zahlreichen Texten, von denen hier einige ohne Anspruch auf Vollständigkeit erwähnt sein sollen, wird die Bedeutung der Verkündigung des Evangeliums hervorgehoben. So schrieb Johannes Paul II. in seiner Enzyklika *Redemptoris Missio* 1990 unter anderem: „In diesem endgültigen Wort seiner Offenbarung hat Gott sich in vollendetster Weise der Welt zu erkennen gegeben: er hat der Menschheit mitgeteilt, wer er ist. Und diese endgültige Selbstoffenbarung Gottes ist der tiefste Grund, weshalb die Kirche ihrer Natur nach missionarisch ist. Sie kann nicht davon absehen, das Evangelium, das heißt die Fülle der Wahrheit, die Gott uns über sich selbst zur Kenntnis gebracht hat, zu verkünden." Heilige Schrift und Tradition, zu der das kirchliche Lehramt mit seinen Texten zählt, werden im Katholischen gemeinsam gesehen, stehen sich nicht gegenüber. Dabei steht Johannes Paul II. selbstverständlich in der Tradition des Zweiten Vatikanischen Konzils, das wiederum in der Tradition der kirchlichen Lehre insgesamt steht und nichts verkündet, was dem Wort Gottes oder der Lehre der Kirche widerspricht. In seiner dogmatischen Konstitution über die göttliche Offenbarung *Dei Verbum* beschreibt das Zweite Vatikanische Konzil klar und eindringlich im Blick auf die Heilige Schrift deren Bedeutung für die Kirche: „Aufgrund apostolischen Glaubens gelten unserer heiligen Mutter, der Kirche, die Bücher des Alten wie des Neuen Testamentes in ihrer Ganzheit mit allen ihren Teilen als heilig und kanonisch, weil sie, unter der Einwirkung des Heiligen Geistes geschrieben (vgl. Johannes 20,31; 2 Timotheus 3,16; 2 Petrus 1,19–21; 3,15–16), Gott zum Urheber haben und als solche der Kirche übergeben sind." Und in dem von der Kongregation der Glaubenslehre im Jahr 2000 herausgegebenen Dokument *Dominus Iesus* über die Einzigkeit und die Heilsuniversalität Jesu Christi und der Kirche heißt es unter anderem: „Es ist vor allem fest zu glauben, dass die pilgernde Kirche zum Heile notwendig ist. Der eine Christus ist Mittler und Weg zum Heil, der in seinem Leib, der Kirche, uns gegenwärtig wird; indem er aber selbst mit ausdrücklichen Worten die Notwendigkeit des Glaubens und der Taufe betont hat (vgl. Markus 16,16; Johannes 3,5), hat er zugleich die Notwendigkeit der Kirche, in die die Menschen durch die Taufe wie durch eine Türe eintreten, bekräftigt."

Glauben der Kirche anvertraut

Katholisch sein hängt zusammen mit der Fülle und Reinheit des Glaubens. Es ist katholische Überzeugung, dass das gesamte Glaubensgut von den Aposteln der Kirche als ganzer anvertraut ist. Bestärkt durch den Heiligen Geist, führt das Lehramt der Kirche dabei das ganze Volk Gottes. Nicht etwa die theologisch Gelehrten, die Lehrstuhlinhaber an der Hochschulen, sind verantwortlich für die verbindliche Auslegung des Glaubensgutes, so wichtig ihr Dienst auch ist, sondern das dem Papst und den Bischöfen anvertraute Lehramt der Kirche. Dieses Lehramt besitzt nach katholischer Überzeugung das sichere Charisma der Wahrheit, und es steht ihm zu, Dogmen zu definieren. Diese sind Formulierungen von Wahrheiten, welche die göttliche Offenbarung getreu und verbindlich zum Ausdruck bringen. Es ist katholisch, zwischen der Heiligen Schrift, der Überlieferung und dem Lehramt eine enge untrennbare Verknüpfung zu erkennen.

Eucharistie

Mittelpunkt und Ausgangspunkt für katholisches Leben ist die Feier der Eucharistie. Für katholische Christen wird in der heiligen Messe die Opferhingabe Jesu Christi gegenwärtig, was seinen Höhepunkt in der Wandlung von Brot und Wein in den Leib und das Blut Christi erfährt. Die durch den gültig geweihten Priester in der Vollmacht des Herrn vollzogene Wandlung macht aus Brot Christus selbst. Diesen Leib Christi können katholische Christen buchstäblich empfangen. Dabei bekennen sie durch das „Amen" („So ist es, das glaube ich"), dass es sich beim sichtbaren Brot vom Altar des Herrn nicht nur um ein Symbol handelt, sondern Christus selbst im Brot gegenwärtig, also real vorhanden ist. Erst durch die Realität des gegenwärtigen Christus im Tabernakel, dem heiligen Ort der Aufbewahrung der Eucharistie in einem Kirchengebäude, wird diese zu einem Gotteshaus, in dem Gott wohnt. Damit wird nicht nur deutlich, dass Gott selbst bei den Menschen anwesend ist und diese sich Ihm jederzeit furcht- und angstfrei nähern können, sondern dass Er selbst die innige Verbindung mit seinem Geschöpf sucht, indem Er sich zur Speise für den Menschen macht. Ohne Eucharistiefeier ist katholische Kirche nicht denkbar. Durch sie öffnen sich Horizonte. Der Altar, um den sich die Gemeinde versammelt, ist der unaustauschbare Mittelpunkt und die einzig bleibende Kraftquelle für die Kirche, ob im Kleinen oder im Großen. Denn dieser Altar, auf dem sich das Wunder der Wandlung vollzieht, steht für den einzigen Grund, auf dem Kirche lebt und leben kann: Jesus Christus. Genau deshalb gilt auch die Zusage, dass die Mächte der Unterwelt sie nicht überwältigen werden.

Kirche ist Volk Gottes

Was katholische Kirche ist, hat das Zweite Vatikanische Konzil auch in seiner dogmatischen Konstitution über die Kirche *Lumen Gentium* verkündet. Neben der Beziehung der Kirche zu den drei göttlichen Personen und ihrer hierarchischen Ordnung wird hier besonders der Charakter der Kirche als Volk Gottes betont. Zum neuen Gottesvolk, so heißt es da, „werden alle Menschen gerufen. Darum muss dieses Volk eines und ein einziges bleiben und sich über die ganze Welt und durch alle Zeiten hin ausbreiten". Und: „Diejenigen endlich, die das Evangelium noch nicht empfangen haben, sind auf das Gottesvolk auf verschiedene Weise hingeordnet."

Maria

Auch die besondere Bedeutung von Maria als jungfräulicher Mutter des Erlösers und ihre einzigartige Sendung im Heilsplan Gottes gehört wesentlich zum Katholischen. Hier gibt es eine starke Glaubensnähe etwa zur Orthodoxie, in der die Marienverehrung ebenfalls wesentlich ist. Eine ähnlich große Nähe zu den orthodoxen Kirchen gibt es übrigens auch im Verständnis der heiligen Messe und der Sakramente. Die Ökumene wird nicht zuletzt deshalb aus katholischer Sicht nicht allein auf die Begegnung mit den Konfessionen der Reformation beschränkt.

Maria ist Teil des Erlösungsplans

Das Marienverständnis äußert sich in einer liebevollen und vertrauensstarken Verehrung Mariens. Einen betonten Stellenwert beim katholischen Selbstverständnis als Kirche Jesu Christi nimmt daher im genannten Konzilsdokument *Lumen Gentium* die „selige jungfräuliche Gottesmutter Maria im Geheimnis Christi und der Kirche" ein. Als erste unter allen Heiligen gebührt ihr eine herausragende Verehrung, zumal sie als auserwähltes Heilswerkzeug in besonderer Weise Teil des Erlösungsplanes

Gottes wurde. Ohne Maria keine Menschwerdung Gottes, ohne Maria kein irdischer Jesus, der als Gott und Mensch zugleich gelitten hat, gestorben ist und durch seine Auferstehung von den Toten den Tod besiegte und die Kirche als Heilssakrament gestiftet hat.

Maria ist Vorbild für die christliche Haltung

Die Gottesmutter hat mit ihrem bedingungslosen Ja zum göttlichen Plan gezeigt, was und wie eine christliche Haltung aussieht. „Daher wird sie auch als überragendes und völlig einzigartiges Glied der Kirche wie auch als ihr Typus und klarstes Urbild im Glauben und in der Liebe gegrüßt, und die katholische Kirche verehrt sie, vom Heiligen Geist belehrt, in kindlicher Liebe als geliebte Mutter." Die Mutter Jesu wird in der katholischen Kirche auch als Mutter aller sich zu Christus Bekennenden angesehen, nachdem der Herr sie vom Kreuz aus zur Mutter für alle machte. Das Zweite Vatikanische Konzil formuliert: „Indem sie Christus empfing, gebar und nährte, im Tempel dem Vater darstellte und mit ihrem am Kreuz sterbenden Sohn litt, hat sie beim Werk des Erlösers in durchaus einzigartiger Weise in Gehorsam, Glaube, Hoffnung und brennender Liebe mitgewirkt zur Wiederherstellung des übernatürlichen Lebens der Seelen. Deshalb ist sie uns in der Ordnung der Gnade Mutter." Die selige Jungfrau wird „in der Kirche unter dem Titel der Fürsprecherin, der Helferin, des Beistandes und der Mittlerin angerufen. Das aber ist so zu verstehen, dass es der Würde und Wirksamkeit Christi, des einzigen Mittlers, nichts abträgt und nichts hinzufügt."

Maria wird verehrt, nicht angebetet

Immer wieder entsteht das Missverständnis, Maria werde als Mutter des Herrn in der katholischen Kirche angebetet. Wahr und richtig ist aber, dass die Mutter des Gottessohnes eine besondere Verehrung als erste unter den Heiligen genießt. Doch während der dreifaltige Gott – als Vater, Sohn und Heiliger Geist – angebetet und verherrlicht wird, gilt das keineswegs für die Gottesmutter. Man betet sie nicht an, aber man schickt Gebete zu ihr, ruft sie an als besonders edle Fürsprecherin bei ihrem Sohn. So ähnlich hat es Mutter Teresa einmal ausgedrückt, als sie sagte: „Beten Sie täglich Gott an, und bitten Sie auch unmittelbar Jesus um Hilfe. Beten Sie, beten Sie, aber ich sage Ihnen ein kleines Geheimnis: Bitten Sie stets durch Maria. Denn wissen Sie, sie ist ja die Mutter des Herrn, und was seine Mutter ihn bittet, das kann er ihr doch nicht abschlagen, oder?"

Brauchtum

All das, was katholisch ist, spiegelt sich auch in einem facettenreichen Brauchtum, das „katholische" Gegenden prägt und das ganz normale Leben katholischer Christen mitgestaltet. Es gehören feierliche Gottesdienste mit farben- und sinnenfroher Liturgie ebenso dazu wie Prozessionen an bestimmten kirchlichen Festtagen. Die Fronleichnamsprozession, mit der seit Jahrhunderten das Bekenntnis zum in der Hostie der Eucharistie wirklich gegenwärtigen Christus buchstäblich in die Welt hinausgetragen wird, ist nur eines von vielen Beispielen. Verschiedene liturgische Farben dominieren zu verschiedenen Festzeiten die Gottesdienste. Der Priester trägt während des ganzen Kirchenjahres, das mit dem ersten Adventssonntag beginnt und mit der Feier des Christkönigssonntages endet, farblich unterschiedliche liturgische Gewänder. Weiß etwa steht für ganz hohe Festtage wie Menschwerdung Gottes an Weihnachten oder Auferstehung zu Ostern. Rot steht für das Blut der Märtyrer oder die Feuerzungen des pfingstlichen Heiligen Geistes, Violett für Bußzeiten, und Grün ist die „normale" liturgische Farbe im Jahreskreis.

Feier

Katholisch bedeutet ganz sicher auch: feiern können. Wie nah am Leben der Spruch ist, man soll die Feste feiern, wie sie fallen, zeigt sich beispielsweise daran, dass weltliche Feste wie etwa der Karneval sich in katholischen Gegenden entwickelt haben. Ihre Wurzeln sind die beginnende Fastenzeit, in der man durch Askese und Konzentration auf Wesentliches sich vorbereitet auf das österliche Geheimnis und zuvor der Fleischeslust entsagt (lateinisch *carne vale*). Wie sehr katholisches Denken und der Glaube das Alltagsleben prägen, wird auch daran sichtbar: In katholischen Kreisen wird nicht nur der Geburtstag gefeiert, sondern fast als noch wichtigeres Ereignis der Namenstag. Durch die Namensbeziehung mit einem heiligen Namenspatron bekommt dieser Tag seine außerordentliche Bedeutung.

lebendige Liturgie

„Katholisch" heißt nicht zuletzt auch „sinnlich". Der ganze Mensch soll angesprochen werden – mit Körper, Geist und Seele. Das ist bis hinein in die Liturgie spürbar, wo mit Musik, Weihrauch, Kerzen und Farbenpracht der Vorgeschmack auf das festliche himmlische Jerusalem symbolisch angezeigt und mit ganz normalen Sinnen erfahrbar wird. Die Feier des Todes und der Auferstehung des Herrn, der allen das Tor zum himmlischen Vater geöffnet hat, ist so stark und allübergreifend, dass zum Beispiel die Sonntage der vierzigtägigen Fastenzeit ausdrücklich nicht Fasttage sind. Als Tag des Herrn ist jeder Sonntag, mit dem die Woche beginnt, ein Fest der Erlösung durch die Auferstehung Jesu. Und diese Auferstehung übersteigt alles – eben auch menschliches Fasten. Die Freude über diese das Leben eines

Christen prägende Erlösung soll und darf an allen Sonntagen gefeiert werden.

Katholisch ist also auch menschenfreundlich. Oder anders ausgedrückt: Sehr menschengerecht. Richtig verstanden ist also katholisch die Einladung zu Wahrheit und Freiheit – und zu einem Leben in Fülle.

Leben in Fülle

Kirche

1. Geschichte des Christentums
2. Papst
3. Bischofsamt und Diözese
4. Orden
5. Laien
6. Ökumene
7. Judentum
8. Islam

Pietro Perugino (um 1445/48–1523), Christus übergibt Petrus die Schlüssel (Ausschnitt), 1481; Fresko, 335×550 cm; Sixtinische Kapelle, Vatikan, Rom.

Pietro Perugino wurde 1481 zusammen mit anderen Malern zur Ausschmückung der Sixtinischen Kapelle nach Rom berufen. Sein monumentales Fresko der „Schlüsselübergabe" (das einzige aus dieser Zeit in der Sixtina noch erhaltene) begründete seinen Ruhm, der ihn zu einem der gefragtesten Künstler seiner Zeit machte.

Peruginos Fresko beeindruckt durch die kunstvolle Komposition und die perfekte zentralperspektivische Tiefenraumgestaltung.

Der Betrachter hat auf die Szene, deren Handlung wie auf einer großartigen Bühne im unmittelbaren Bildvordergrund abläuft, eine leichte Aufsicht. Sein Blick wird durch die geometrische Pflasterung des weiten Platzes in den ungeheuer tiefen Bildraum gelenkt. Die Symmetrie als bildbestimmendes Kompositionsprinzip verleiht dem Fresko seine Wirkung der unbedingten Ordnung und Klarheit: Spiegelsymmetrisch angeordnet, sind der Zentralbau und die beiden Triumphbögen im Hintergrund in ihrer eigenen Symmetrie ideal gestaltete Renaissancearchitektur. Während der Mittelgrund von ungleichmäßig verteilten Figuren bevölkert ist, nimmt die große Menschengruppe vorne die Symmetrie wieder auf: die beiden Protagonisten, Christus auf der linken, Petrus auf der rechten Seite der Mittelachse, werden flankiert von Zweier- und Dreiergruppen. In der Mittelsenkrechten, durch die Linie des an Petrus' Handgelenk hängenden Schlüssels hervorgehoben und durch die Bogenformen des Zentralbaus überfangen, wird das Bildzentrum gestaltet: Christus übergibt dem vor ihm knienden Petrus die Schlüssel – Symbole der kirchlichen Ordnungsmacht. Die über beide Hände und den goldenen Schlüssel fallende Linie führt das Betrachterauge zu der auf seiner Brust ruhenden Hand Petri und über dessen nach oben gerichteten Blick zurück zu Christus.

Dass dieses Bild in der Sixtinischen Kapelle den Machtanspruch des Papstes untermauern sollte, versteht sich von allein. Der Bezug zur eigenen Zeit beziehungsweise die Gültigkeit der auf Petrus übertragenen Schlüsselgewalt für seine kirchlichen Nachfolger wird unterstrichen, indem die Szene in die Renaissance verlegt wird: Die Architektur, die Kleidung der Figuren, die keine Heiligen sind, und die Porträts bekannter Zeitgenossen als Zeugen der Übergabe verdeutlichen, dass nicht ein biblisches Ereignis, sondern dessen Symbolcharakter hier Thema ist.

Kerstin Clasen

Hermann-Josef Scheidgen

Geschichte des Christentums

Rom wird Zentrum der Christenheit

Die katholische Kirchengeschichtsschreibung beginnt nach dem Ende der Apostelgeschichte (etwa 80 n. Chr.). Da die Apostel Petrus und Paulus in Rom ihren Märtyrertod erlitten haben, wird die Ewige Stadt der Mittelpunkt der Christenheit. Dies war zu Anfang keine Selbstverständlichkeit, da Metropolen wie Alexandria und Antiochia mit ihr konkurrierten. Christen galten zunächst als Anhänger einer jüdischen Sekte, die sich von der griechischen Philosophie und den antiken Mysterienkulten abzugrenzen hatte.

Die Lehre des Christentum, das sozialen Sprengstoff enthielt, fand in der frühen Antike großen Zuspruch: Seine Vertreter verkündigten, alle Menschen sind vor Gott gleich. Die altrömische Religion mit ihrem Kaiserkult und vielen Gottheiten besaß zu dieser Zeit keine charismatischen Persönlichkeiten mehr. Den römischen Göttern zu opfern, war in erster Linie nur noch eine staatsloyale Haltung. Da die Christen sich diesem Kult widersetzten, mussten sie zeitweise im Untergrund leben, da sie sonst mit dem Leben dafür bezahlt hätten. Es kam zu regelrechten Wellen der Christenverfolgungen, die häufig mit Legendenbildungen einhergingen – so hat es z. B. im römischen Kolosseum keine Hinrichtungen von Christen gegeben. Auch haben diese sich nicht ausschließlich in den Katakomben aufgehalten.

Christenverfolgungen

Wenn man heute insgesamt 265 Päpste zählt, so sind auch die Gemeindevorsteher der römischen Gemeinde als Kirchenoberhäupter mit eingerechnet. Eusebius von Cäserea (263–339)* war der erste christliche Geschichtsschreiber, der die apostolische Nachfolge bis in das vierte Jahrhundert aufführt.

Konstantin

Mit Kaiser Konstantin (306–337) erhielten die Christen einen deutlichen Aufwind. Sie wurden als Religionsgemeinschaft mit dem Edikt von 311 toleriert. Der Kaiser selbst war an einer Ein-

* Bei Päpsten und Kaisern ist jeweils die Amtszeit angegeben, bei allen anderen Personen das Geburts- und das Sterbejahr.

heit der Christen interessiert. Schließlich ließ sich Kaiser Konstantin auf dem Sterbebett taufen. Zuvor hatte er den Bau einer Basilika über dem Grabe des Heiligen Petrus angeordnet. Diese „Konstantinische Wende" führte das Christentum jedoch noch nicht zur Staatsreligion. Kaiser Julian (360–363) wollte sogar die altrömische Religion wieder stärken. Erst mit Theodosius I. (379–395) erhielt das Christentum den Rang einer Staatsreligion. Die Bischöfe von Rom als Nachfolger des heiligen Petrus wurden dadurch in ihrer Position gestärkt. Nun entstand das christliche Mönchtum, das sich in Einzelpersonen (Wüsteneremiten in Ägypten) und Gruppen aufteilte, die beide nach den Forderungen des Evangeliums lebten.

Christentum wird Staatsreligion

Als Kaiser Konstantin seinen neuen Sitz in dem von ihm gegründeten und nach ihm benannten Konstantinopel („Konstantins Stadt") wählte, entstand neben Rom ein neues Machtzentrum, das bis ins 15. Jahrhundert ein Bollwerk der Christenheit blieb. Seine Gründung war nur konsequent gewesen, hatte sich doch inzwischen das politisch-wirtschaftliche Zentrum des Reiches in den Osten verlagert.

zweites Machtzentrum Konstantinopel

Auf den ersten Konzilien der christlichen Kirche in Nicäa (325), Konstantinopel (381), Ephesus (431) und Chalkedon (451) wurden dogmatische Fragen zur Christologie und zur Trinitätslehre geklärt. Dies führte bereits zur Kirchenspaltung, da die Monophysiten, welche im Vorderen Orient, in Ägypten und im Sassanidenreich (heute Iran und Irak) angesiedelt waren, daran glaubten, Jesus sei vollkommen göttlich und nicht Gott und Mensch zugleich.

Konzilien

Von den Kirchenvätern der alten Kirche dürfte Augustinus (354–430) der herausragendste gewesen sein. Er führte als junger Mann ein ausschweifendes Leben, war dann aber Anhänger der Manichäer, die von einer Selbsterlösung des Menschen durch Erkenntnis ausgingen. Im Christentum sah Augustinus schließlich die Weltanschauung, die sowohl das Seelische wie das Körperliche des Menschen schätzte und ehrte. Er wurde Bischof von Hippo, im damaligen Karthago. Augustinus unterstrich die Bedeutung des Vorrangs des Bischofs von Rom. Für ihn ist der Papst der wirkliche Vater des ganzen christlichen Volkes. Seine Schrift „Gottesstaat" (*De civitate Dei*) hat heute noch in der Theologie und der Philosophie eine große Bedeutung.

Augustinus

Im fünften Jahrhundert war das Römische Reich christlich geworden, wenn auch im Westen stärker als im Osten. Bei den Gebildeten war der christliche Glaube noch verbreiteter als in

Ausbreitung des Christentums

den unteren Schichten. Parallel dazu drängte das Christentum in Asien bis nach Indien vor.

Leo der Große

Papst Leo der Große (440–461) definierte die Machtstruktur im Episkopat. Für ihn war die Gemeinschaft der Bischöfe ein Bund der Liebe. Die Kompetenzen der Bischöfe sollten jedoch nicht gleich sein, sondern vom Papst über die Großkirchen und über die Metropolen bis zu den einfachen Bischöfen abnehmen. Alexandrien, Antiochien und das aufstrebende Konstantinopel sah er dabei als Großkirchen an. Unter Leo war die Lehre, der Bischof von Rom besitze die Oberhoheit über die gesamte Kirche, in Europa und in Nordafrika durchgesetzt worden.

Als Mitte des 5. Jahrhunderts germanische Truppen in Italien einfielen, war das Ende des weströmischen Reiches abzusehen. Kaiser Romulus Augustus (475–476), genannt Augustulus, d. h. Kaiserchen, wurde 476 für abgesetzt erklärt. Der Herrscher des Ostens war nunmehr als der einzige römische Kaiser übriggeblieben. Ein Einschnitt für die weitere Ausprägung der Christenheit war die Taufe des Frankenkönigs Chlodwig (466–511) aus dem Haus der Merowinger in Reims im Jahre 496.

Heidenmission

Gregor der Große

Papst Gregor der Große (590–604) hatte vor seiner Wahl zum Papst in Rom erst als Stadtpräfekt, dann als Mönch gelebt. Ihm war daran gelegen, dass an der Nordflanke des Reiches, in Schottland und Irland, römisch orientierte Kirchenprovinzen entstehen konnten, was durch die Missionierung der Angelsachsen vorangetrieben wurde.

Orden

Mit dem Frühmittelalter begann die Blütezeit der katholischen Orden. Die Regel des Benedikt von Nursia (480–547) sollte bis in die Neuzeit hinein maßgebend sein. Sie wurde auch von anderen, neu gegründeten Orden übernommen. Das Prinzip „Ora et labora!" („Bete und arbeite!") weist auf die Spiritualität des Ordens hin – welche durch das gemeinsame Feiern der Heiligen Messe und der Chorgebete gekennzeichnet ist –, wie auch auf das Bemühen der Klöster um Eigenständigkeit und wirtschaftliche Unabhängigkeit, was dazu führt, dass insbesondere die Klosterbrüder landwirtschaftlichen und handwerklichen Tätigkeiten nachgehen. Die drei Gelübde Armut, Keuschheit und Gehorsam sind maßgeblich für den Orden. Das Armutsgelübde meint hier jedoch lediglich individuelle Armut, nicht kollektive, was dazu führte, dass den Klöstern häufig große Stiftungen gemacht wurden. Deshalb besitzen viele dieser Ordensniederlassungen noch heute große Ländereien.

Gelübde

Von iroschottischen Mönchen ging die Missionierung der Germanen aus. Ihre herausragenden Gestalten waren Willibrord (ca. 658–739) und Bonifatius (ca. 673 – ca. 754). Letzterer wurde Erzbischof von Mainz und später von Papst Gregor III. (731–741) zum päpstlichen Legaten für Germanien ernannt.

In der Zeit der Karolinger entstand eine bis zum Hochmittelalter anhaltende Auseinandersetzung zwischen dem Papsttum und dem Kaisertum um die Vorherrschaft in der Christenheit. So sah sich Karl der Große (800–814) als Verteidiger des christlichen Glaubens. Diese Haltung führte auch zu Zwangsmissionierungen bei den Sachsen. Auf die Zeit Karls des Großen geht die noch heute gültige Einteilung der Diözesen in Pfarreien zurück. Überhaupt erhielt der kirchliche Aufbau unter seiner Herrschaft eine starke Straffung. In seiner Zeit wurde maßgeblich die Schriftkunst des Mittelalters geprägt.

Karl der Große

Während der Herrschaft der Ottonen im 10. Jahrhundert bildete sich die Reichskirche heraus, die weit über 800 Jahre Bestand haben sollte. In Magdeburg, wo Otto I. (962–973) vorwiegend residierte, formierte er einen Kreis von Priestern und Gelehrten, Hofkapelle genannt, der ihn beriet, und aus dem er viele Geistliche zu Bischöfen ernannte. Von hier aus betrieb er auch seine Missionierung in Teilen Osteuropas.

Schisma zwischen West- und Ostrom

Im Jahre 1054 kam es zum Bruch zwischen West- und Ostrom. Streitpunkt war der Terminus „filioque" („und dem Sohn") im Nizänischen Glaubensbekenntnis. Für den Westen ist Gottes Sohn aufgrund der Wesensgleichheit mit Gottvater auch am Hervorgehen des Geistes beteiligt, während dieser für den Osten nur aus Gottvater hervorgeht. Wenn die Westkirche stärker die Einheit in der Trinität herausstellt, betont die Ostkirche die unterschiedlichen Seinsformen. Trotz verschiedener Versuche ist diese Spaltung (Schisma) bis heute nicht überwunden worden.

Investiturstreit

Der vorläufige Höhepunkt der Auseinandersetzung zwischen dem Papsttum und dem Kaisertum fällt mit dem „Investiturstreit" in die Herrschaftszeit der Salier, in dem es um das Vorrecht ging, die Bischöfe zu ernennen. Die Überreichung der Rings und des Hirtenstabes setzten einen Bischof in sein Amt ein. Als Kaiser Heinrich IV. (1084–1106) gegenüber Papst Gregor VII. (1073–1085) dieses Recht für sich durchsetzen wollte, verhängte der Papst über ihn die höchste Kirchenstrafe, den Bann. Da der Kaiser hierdurch auch politisch geschwächt wurde, ging er den berühmten Gang ins norditalienische Canossa, wo sich der Papst aufhielt, um sich diesem zu unterwerfen. Dieser Sieg des Papsttums über das Kaisertum erweist sich jedoch als vergeblicher Sieg, da der Kaiser dafür sorgte, dass der Papst für abgesetzt erklärt wurde.

Kreuzzüge

Die Zeit vom Ende des 11. bis zum 13. Jahrhundert ist stark durch die Kreuzzüge geprägt. Als Jerusalem, das die wichtigste Pilgerstätte der Christenheit des Mittelalters war, von den Muslimen besetzt wurde, rief Papst Urban II. (1088–1099) im Jahre 1095 zu einem Kreuzzug gegen sie auf. Als das christliche Heer in Jerusalem einmarschierte, kam es zu einem Blutbad: Die muslimischen Eroberer wurden vernichtend geschlagen.

Ritterorden

Im Umfeld der Kreuzzüge wurden zahlreiche Ritterorden gegründet, die karitative Tätigkeiten mit militärischen verbanden. Ihre ursprüngliche Aufgabe war es, Jerusalempilgern Unterkunft, gegebenenfalls pflegerische Unterstützung und schließlich Begleitschutz zu bieten. Erst in einer zweiten Phase übernahmen sie militärische Operationen. Die drei größten Ritterorden wurden von Franzosen, Italienern und Deutschen gegründet: der Templerorden, der Johanniterorden und der Deutsche Orden.

Bernhard von Clairvaux

Der später heiliggesprochene Bernhard von Clairvaux (ca. 1090–1153) war maßgeblicher Reformer der Zisterzienserordens, für den das Armutsideal besonders ausgeprägt war, und einer der wichtigsten christlichen Mystiker wie auch ein charismatischer Prediger. Allerdings war er auch ein ausgeprägter Antijudaist und ein Kreuzzugsprediger. Vor der Kathedrale von Vézelay rief er zum zweiten Kreuzzug auf. Als dieser dann scheiterte, sprachen viele Fürsten ihm die Schuld am Misslingen zu.

Friedrich II.

Im 13. Jahrhundert kam es wieder zu massiven Auseinandersetzungen zwischen Papst- und Kaisertum, diesmal zwischen dem Staufer-Kaiser Friedrich II. (1220–1250) und machtbewussten Päpsten, wobei Innozenz II. (1198–1216), unter dessen Herrschaft der Kirchenstaat die größte Ausdehnung hatte, zum Vormund des noch minderjährigen Staufers bestellt worden war. Friedrich verstand sich in seinem Königreich Sizilien als toleranter christlicher Herrscher: Muslime und Juden konnten in seinem Reich ungestört ihren Kult ausüben. Als Friedrich II. sein Gelübde, einen Kreuzzug durchzuführen, nicht einhielt, wurde er von zwei Päpsten exkommuniziert. Er brach schließlich doch nach Jerusalem auf und führte einen unblutigen Kreuzzug durch. So konnte er die Übergabe der Stadt durch geschickte Verhandlungen erreichen.

Innozenz III. hatte 1215 mit dem Vierten Laterankonzil die bis dahin größte Versammlung der christlichen Oberhirten durchgeführt. Auf diesem Konzil wurde die Inquisition eingeführt. Die Ursache hierfür war das kirchliche Vorgehen gegen die Katharer, die größte Sekte des Mittelalters. Diese forderte von allen Anhängern, in Armut zu leben. Außerdem vertraten sie einen radikalen Dualismus: Gut und Böse waren zwei gleichstarke Kräfte, wobei alles Körperliche als böse galt und das Geistige als gut. Sie glaubten an eine Wiedergeburt und an eine Selbsterlösung, die nur durch die Überwindung des Körperlichen möglich sei. Durch die Inquisition und den Kreuzzug wurden sie schließlich vernichtend geschlagen.

Inquisition

Aus dem 13. Jahrhundert ragt die Gründung der Bettelorden in der Kirchengeschichte heraus. Franz von Assisi (ca. 1181–1226), der aus einer italienischen Kaufmannsfamilie stammte und als junger Mann ein ausschweifendes Leben geführt hatte, gelang es, in einem zweiten Anlauf bei Papst Innozenz III. einen Orden zu gründen, der die radikale Armut forderte. Die ersten Franziskaner kannten als Angehörige eines Bettelordens auch keinen kollektiven Besitz. Selbst ihr eigenes Kloster durften sie nicht besitzen. Die Verbindung von Franz von Assisi („Hl. Franziskus") mit der Natur macht ihn heute zum „ökologischen Heiligen" und zeigt seine Aktualität. Der zweite wichtige Bettelorden ist der des heiligen Dominikus (1170–1221), der aus Nordspanien stammte. Die Dominikaner verstanden sich als Predigerorden. Ganz besonders haben sie immer die wissenschaftliche Ausbildung der Theologen gepflegt. Mit ihnen verbindet sich die Scholastik des Hochmittelalters, die aufzeigen wollte, dass es zwei Wege gibt, zu Gott zu finden, einerseits durch die Offenbarung, andererseits mittels der Vernunft in der Philosophie. Seine wichtigsten Vertreter sind Albertus Magnus (ca. 1200–1280) und sein Schüler Thomas von Aquin (1225–1274). Neben dieser Entwicklung gab es im Dominikanerorden jedoch auch einen Zweig, der über Jahrhunderte zu Unrecht vergessen wurde, den der Mystik. Zu ihr gehören Meister Eckhart (ca. 1260–1328), Heinrich Seuse (ca. 1295–1366) und Johannes Tauler (1300–1361). Angesichts des Aufkommens asiatischer Meditationstechniken in Europa besinnt man sich heute im Christentum wieder stärker auf diese mystische Tradition.

Bettelorden

Im 14. Jahrhundert entstand in den Niederlanden eine Frömmigkeitsform, die in Westeuropa eine große Verbreitung fand. Es war die „Devotio moderna", die auf den Geistlichen Geert

„Devotio moderna"

Groote (1340–1384) zurückging. Sie stellte die persönliche Frömmigkeit, die Selbstbetrachtung und das private Bibelstudium in den Vordergrund. Der Einzelne sollte sich der unmittelbaren Gottesgegenwart bewusst sein. Die „Devotio moderna" betonte die Individualität des Glaubenden vor Gott. Martin Luther sollte diese Gedanken später teilweise wieder aufnehmen.

Papstexil in Avignon

Die Stadt Rom hatte in dieser Zeit an Glanz verloren – sowohl äußerlich als auch als geistiges Zentrum. Für etwa neunzig Jahre zogen die Päpste nun nach Avignon, das sie gewissermaßen als Exil nutzen. Der Heilige Stuhl war nunmehr politisch von der französischen Krone beeinflusst, was auch dazu führte, dass das Petrusamt mit Franzosen besetzt wurde. Erst die heute als Kirchenlehrerin verehrte Katharina von Siena (1347–1380) rief die Päpste dazu auf, wieder in die Ewige Stadt zurückzukehren. Die Kardinäle waren sich darüber jedoch uneins: eine Minderheit zog es vor, in Avignon zu verweilen. So kam es zum Abendländischen Schisma, bei dem es zeitweilig drei Päpste gab. Erst das Konzil von Konstanz (1414–1418) sollte diesen Missstand beseitigten, indem es alle drei für abgesetzt erklärte und mit Oddo di Colonna einen neuen Papst wählte, der sich den Namen Martin V. (1417–1431) gab.

Jan Hus

Ein dunkles Kapitel des Konstanzer Konzils ist der Fall Jan Hus (1370–1415). Dieser war ein tschechischer Priester, der die Gegenwart Christi im Altarssakrament leugnete und die Kommunion aller Gläubigen in beiderlei Gestalt forderte. Ihm wurde von König Sigismund (1386–1437) für das Konzil freies Geleit garantiert. Doch daran hielt man sich nicht. Er wurde nach seiner Vernehmung festgenommen und als Ketzer verbrannt.

Hochmittelalter

Im facettenreichen 15. Jahrhundert gab es große Fortschritte in der Wirtschaft, auf den Gebieten der Kunst und der Philosophie, etwa durch die Gründung der Platonischen Akademie in Florenz. Es finden sich aber auch die Naherwartung des Weltuntergangs (im Jahre 1500) sowie teilweise überzogene Frömmigkeitsformen, etwa bei der Reliquienverehrung.

Während des Mittelalters war das Christentum durch die Expansion des Islams verdrängt worden. Seit dem 7. Jahrhundert gingen Teile Nordafrikas, des Oströmischen Reiches und der Iberischen Halbinsel verloren. Andererseits konnte sich das Christentum im Zeitalter der Entdeckungen nahezu in ganz Amerika und erneut in Teilen Asiens und Afrikas ausbreiten.

Martin Luther

In dieser spannungsreiche Welt des Spätmittelalters wurde Martin Luther (1483–1546) in Eisleben, im heutigen Sachsen-Anhalt, geboren, als Sohn eines Bergmanns, der sich zum Kleinunternehmer hochgearbeitet hatte. Dem Wunsch seines Vaters entsprechend, studierte er zuerst Jura, wurde dann aber Mönch im Erfurter Augustinerkloster.

Luthers theologische Hauptfrage lautete, wie man vor Gott gerechtfertigt würde. Eine Antwort darauf fand er im Römerbrief 1,17: „Der Christ wird gerechtfertigt alleine aus dem Glauben." Als Luther erfuhr, dass der Prediger Johann Tetzel (1465–1519) in Jüterbog Ablassbriefe verkaufte, durch die u. a. auch Sündenstrafen für noch zu begehende Sünden erlassen werden sollten, ließ ihn dies handeln: Seine diesbezüglichen Thesen waren ursprünglich nicht für die öffentliche Disputation bestimmt, sondern hatten seinen Landesherrn, den Kurfürsten Friedrich den Weisen (1463–1525), sowie Professoren als Adressaten. Der Thesenanschlag von 1517 an der Wittenberger Schlosskirche ist daher lediglich eine Legendenbildung. Dennoch gerieten die Inhalte an die Öffentlichkeit.

Papst Leo X.

Mit Leo X. (1513–1521), Giovanni de Medici, war der Sohn von Lorenzo de Medici (1449–1492), dem damals reichsten Mann der Welt, Papst geworden, ein ausgezeichneter Kirchenrechtler, ein geschätzter Kunstmäzen, jedoch kein herausragender Theologe, was ihn zu einer vollständig falschen Einschätzung der Lage in Wittenberg führte. Luther wollte zu diesem Zeitpunkt keine Trennung von Rom. Als er schließlich die Bannandrohungsbulle erhielt und diese mit seinen Studenten in Wittenberg verbrannte, änderte er in seinen reformatorischen Schriften von 1520 seine Positionen. So vertrat er die Auffassung, Konzilien hätten sich geirrt und der Papst sei selbst die Hure Babylons. Dies führte dazu, dass er schließlich von Rom gebannt wurde. Auf Betreiben des Habsburgers Kaiser Karl V. (1520–1558) wurde auf dem Wormser Reichstag von 1521 die Reichsacht über ihn verhängt und er für vogelfrei erklärt. Kurfürst Friedrich von Sachsen ließ Luther auf die Wartburg in Sicherheit bringen, wo er durch seine Übersetzung der Bibel ins Deutsche sprachprägend wurde.

Im Augsburger Religionsfrieden von 1555 einigte man sich darauf, dass die Religion der Untertanen sich nach der des Landesherrn zu richten habe.

weitere Reformatoren

Neben Luther waren Ulrich Zwingli (1484–1531) aus Zürich und Johannes Calvin (1509–1564) aus Genf die wichtigsten

Reformatoren. Man bezeichnet sich im Gegensatz zu den Lutheranern als Reformierte. Sie unterscheiden sich von den Lutheranern insbesondere durch ihre Abendmahlslehre, da sie dieses lediglich als Erinnerungsmahl verstehen. Charakteristisch für beide Richtungen sind auch die karge Ausstattung der Kirchen, eine reduktive Liturgie und ein Bilderverbot in den Kirchen.

„Anglikanische" Kirche

Eigene Wege ging der englische König Heinrich VIII. (1491–1547). Als Rom seine Ehe nicht annullieren wollte, trennte er sich von Rom und setzte sich selbst als Oberhaupt der „anglikanischen" Kirche ein.

In den folgenden Jahrhunderten kam es zur Gründung von evangelischen Freikirchen wie den Baptisten, Methodisten und Mennoniten.

Konzil von Trient

Als Reaktion auf die Reformation muss das Trienter Konzil (1554–1563) angesehen werden. Hier wurden Glaubenssätze u. a. dogmatisch festgelegt, so. z. B. zum Sakrament der Eucharistie. Jede Diözese hatte zukünftig ein eigenes Priesterseminar zur Ausbildung der Theologen einzurichten. Jeder Katholik solle mindestens einmal im Jahr die heilige Beichte empfangen und Ostern zur Kommunion gehen.

Konfessionalisierung

Das 15. und die erste Hälfte des 16. Jahrhunderts bezeichnet man als Zeitalter der Konfessionalisierung. Während sich in Nordeuropa weitgehend der Protestantismus ausbreiten konnte, verblieb der Süden Europas überwiegend im katholischen Glauben. Der Osten Europas zeigte hingegen eine gemischt-konfessionelle Struktur.

Theresia von Avila

In dieser Zeit brachte Spanien die vielleicht bedeutendste katholische Mystikerin hervor. Theresia von Avila (1515–1582) trat den Unbeschuhten Karmelitinnen bei und wurde schließlich zur Kirchenlehrerin ausgerufen.

Gegenreformation

Die katholische Kirche versuchte mit der Gegenreformation das Erstarken des Protestantismus zu verhindern bzw. diesen zurückdrängen. Diese gehörte zu den Auslösern des Dreißigjährigen Krieges (1618–1648), der bis dahin größten militärischen Operation in Europa. Etwa ein Viertel der Bevölkerung Europas fiel ihm zum Opfer. War der Krieg, der von Prag ausging, zuerst ein rein konfessionelle Auseinandersetzung, so verselbständigte er sich aufgrund der Interessen der beteiligten Mächte. Mit dem Frieden von Münster und dem Frieden von Osnabrück wurde für Europa eine territoriale Neuordnung geschaffen, die teilweise bis 1815 ihre Geltung haben sollte.

Jesuiten

In dieser Zeit war der von Ignatius von Loyola (1491–1556) gegründete Jesuitenorden besonders hervorgetreten, der noch heute der größte Orden ist. Die dort mögliche Ausbildung in Philosophie und Theologie gilt noch immer als vorbildhaft.

Hexenverfolgung

Das 17. Jahrhundert war ansonsten gekennzeichnet durch einen starken Irrationalismus mit einem weit verbreiteten Aberglauben und durch den „Hexenwahn“: Tausende von Frauen und hunderte Männer bezichtigte man eines Pakts mit dem Teufel. Geständnisse wurden in der Regel durch Folter erpresst. Katholiken und Protestanten waren bei diesen Verfolgungen gleichermaßen beteiligt.

Religionskritik

Das 18. Jahrhundert stellte sich energisch gegen diesen Irrationalismus. Der britische Empirismus und das Zeitalter der Aufklärung, insbesondere in Frankreich und Deutschland, sind die ersten religionskritischen philosophischen Bewegungen in Europa. David Hume (1711–1770) argumentierte, nur all das, was man durch Erfahrung erlebe, könne als wahr anerkannt werden. Jean-Jacques Rousseau (1712–1778) war Anhänger des Deismus: Er war davon überzeugt, Gott habe die Welt zwar erschaffen, sich dann aber zurückgezogen; Gott greife somit nicht mehr in die Geschichte oder in das Leben des Individuums ein. Immanuel Kant (1724–1804) rief dazu auf, sich des eigenen Verstandes zu bedienen, und legte in seiner „Kritik der reinen Vernunft“ dar, dass man die Existenz Gottes weder belegen noch widerlegen könne. In seiner Ethik führte er dann seinen „postulatorischen“ Gottesbergriff ein: wer immer nach dem Sittengesetz lebe, der müsse auch von einer höheren Instanz dafür belohnt werden.

Aufklärung im 18. Jahrhundert

Die Aufklärung hatte große Bedeutung für die Theologie, aber auch für das Herrschaftsverständnis christlicher Monarchen und Fürsten. Dies lässt sich insbesondere für Kaiserin Maria Theresia (1765–1780) von Österreich, ihren Sohn Kaiser Joseph II. (1765–1790), König Ludwig XIV. (1638–1715) von Frankreich, König Friedrich II. (1712–1780) von Preußen und für die Zarin Katharina die Große (1729–1796) von Russland zeigen. Gegenüber Angehörigen einer anderen Konfession, aber auch gegenüber solchen, die anderen Religionen angehörten, traten sie toleranter auf als dies bis im Zeitalter der Konfessionalisierung der Fall gewesen war. Als absolutistische christliche Herrscher fühlten sie sich ihren Untertanen und dem Gemeinwohl verpflichtet. Sie sahen sich aber auch genötigt, in innere Angelegenheiten der Kirchen nach ihren Vorstellungen einzugreifen.

Das Christentum sollte Staatskirche sein, weshalb sie häufig darauf bestanden, die Besetzung der Bischofsstühle eigenmächtig zu entscheiden.

Französische Revolution

Die Französische Revolution, die aus dem Geist der Aufklärung hervorging, war in ihrer ersten Phase nicht generell antikirchlich eingestellt. Im Gegenteil – Teile des Klerus und der gläubigen Katholiken schlugen sich auf die Seite der Revolutionäre. Andererseits wurden Priester, die nicht auf die Zivilverfassung ihren Eid leisteten, womit sie von Rom getrennt waren, ermordet. Erst in der zweiten Phase der Revolution, als die Jakobiner die Macht ergriffen und den Kult der Vernunft ausriefen, setzten sich die eindeutig als Kirchengegner auszumachenden Revolutionäre durch. Als die Franzosen die Ewige Stadt eroberten und der kränkliche Papst Pius VI. (1775–1799) auf einer Bahre nach Frankreich getragen wurde und bei Grenoble schließlich starb, sahen viele Aufklärer darin das Ende der römisch-katholischen Kirche.

Die Französische Revolution war nach der Reformation die zweitgrößte Zäsur in der Kirchengeschichte. Das kirchliche Vermögen wurde vollständig konfisziert, und die Klöster wurden zerstört oder zumindest geschlossen. Erst als Napoleon Bonaparte (1805–1821) im Jahre 1801 mit dem Heiligen Stuhl ein Konkordat abschloss, begann in kleinen Schritten die teilweise Rehabilitierung der katholischen Kirche.

Ende der Reichskirche

Auf Ebene des Römischen Reiches Deutscher Nation sollte sich die Situation jedoch noch verschlimmern. Der Reichsdeputationshauptschluss vom 1802 sah die Säkularisation des Kirchenvermögens vor. Als 1806 der letzte Kaiser des Reiches zurücktrat, war dies zugleich das Ende der Reichskirche.

Mission im 19. Jahrhundert

In der ersten Hälfte der 19. Jahrhunderts wurden in der katholischen Kirche sehr viele Frauenkongregationen gegründet. In der zweiten Hälfte nahmen insbesondere die Missionsgebiete in der Übersee zu. Die katholische Kirche erlebte nunmehr die größte Steigerung an Mitgliedern überhaupt. Die Missionierung in Afrika und Asien war so erfolgreich wie nie zuvor.

Katholische Vereine

Um die Mitte des 19. Jahrhunderts, in Europa insbesondere im Umfeld der Revolution von 1848, bildete sich ein eigenes katholisches Milieu aus. Dies zeichnete sich durch die Mitgliedschaft in katholischen Vereinen und darüber hinaus in einigen europäischen Ländern in katholischen Parteien aus, die erstmals zugelassen waren. Der heute weltweit am meisten verbreitete katholische Verein ist der 1846 von dem aus Neuss stammenden Johann Gregor Breuer (1820–1897) gegründete Katholische Gesellenverein in Elberfeld, der bald nach seinem ersten Präses in Adolph-Kolping-Verein umbenannt wurde.

Unfehlbarkeitsdogma

Auf dem Ersten Vatikanischen Konzil (1869/70) wurde nach heftigen Diskussionen die „Unfehlbarkeit des Papstes" definiert. Diese gilt jedoch nur dann, wenn er in feierlicher Form „ex cathedra" spricht. Dieser Anspruch gilt jedoch nur für Glaubens- und Sittenfragen, wobei das Dogma zu den Befunden der Offenbarung nicht im Widerspruch stehen darf.

Altkatholiken

Infolge des Unfehlbarkeitsdogmas spalteten sich die „Altkatholiken" von Rom ab. Deren intellektueller Kopf war der Münchener Kirchenhistoriker und Stiftspropst Ignaz von Döllinger (1799–1890), der jedoch niemals selbst dieser neuen Glaubensgemeinschaft beitrat.

Durch den Einmarsch der italienischen Truppen in Rom, welche die Einheit Italiens erreichen wollten, kam es zur Zerschlagung des Kirchenstaates. Für fast 60 Jahre sollten die Päpste nun ohne eigenes Territorium sein.

soziale Fragen

Mit Papst Leo XIII. (1878–1903) wurde erstmals die soziale Frage in die Mitte der theologischen Diskurse gestellt. Der neue Papst förderte außerdem die Neuscholastik und die Kirchenmusik, welche Ende des 19. Jahrhunderts auf einem Höhepunkt stand. Außerdem beendete er den vom deutschen Reichskanzler Otto von Bismarck (1815–1898) betriebenen Kulturkampf gegen die Katholiken, der zu großen Einschränkungen des kirchlichen Lebens geführt hatte und den politischen Katholizismus in seine Schranken weisen sollte.

Pius X. gegen die Moderne

Mit der Enzyklika *Pascendi dominici gregis* („Die Herde des Herren zu weiden") von 1907 und dem Antimodernisteneid von 1910 stellte sich Papst Pius X. (1903–1914) gegen eine Versöhnung mit den modernen Wissenschaften, so z. B. den Naturwissenschaften und der Exegese.

Nationalsozialismus

Das Konkordat Pius' XI. (1922–1939) mit dem italienischen Staat unter Benito Mussolini (1883–1945) führte 1929 zur Errichtung des Vatikanstaates. In der Enzyklika „Mit brennender Sorge" von 1937 (amtlich bewusst nur in deutscher Sprache erschienen) nahm er dezidiert gegen den Nationalsozialismus Stellung.

Pius XII.

Ein herausragender Theologe und Kirchenrechtler war Papst Pius XII. (1939–1958). Wie kein Papst zuvor kannte er die deutsche Kultur, sowohl die Literatur wie die Musik. Seine Haltung zum Nationalsozialismus wird in der Forschung kontrovers diskutiert. Fest steht, dass Pius XII. vielen Juden in Rom vatikanische Pässe besorgt hatte, womit er ihnen indirekt das Leben retten konnte.

Zweites Vatikanisches Konzil

Als der zuerst lediglich als Übergangspapst bezeichnete Johannes XXIII. (1958–1963) das Zweite Vatikanische Konzil (1962–1965) einberief, war dies für die Weltkirche eine große Überraschung. Nach seinem Tod führte Papst Paul VI. (1963–1978) das Konzil fort und beendete es auch. Das Konzil stellte als kirchliches Leitbild das pilgernde Volk Gottes heraus und betonte das allgemeine Priestertum der Gläubigen. Die Liturgiereform sah die Messliturgie in der Muttersprache vor und betonte die konstitutive Komponente der Gemeinde bei der Feier der Eucharistie. Unmissverständlich forderte das Konzil die Religionsfreiheit für alle Länder.

Johannes Paul II.

Papst Johannes Paul II. (1978–2005) wird als großer Diplomat und als Brückenbauer im interreligiösen Dialog in die Kirchengeschichte eingehen. Ohne diesen Papst wäre „der Zusammenbruch der kommunistischen Staaten nicht in dieser Weise" (Michail Gorbatschow) erfolgt. Als erster Papst betrat Johannes Paul II. eine jüdische Synagoge. Wie nie zuvor hat der Vatikan unter ihm Kontakte zu den Ländern islamischen Glaubens aufgenommen. In seiner Ankündigung des Heiligen Jahres 2000 aus dem Jahre 1994 rief Johannes Paul II. die Kirchenhistoriker dazu auf, die Fehler, die seitens der katholischen Kirche in der Geschichte begangen worden seien, aufzuarbeiten. In seiner Aschermittwochrede vom Jahr 2000 entschuldigte er sich als Oberhaupt für die Vergehen der katholischen Kirche im Laufe der Geschichte, wobei er insbesondere antijudaistische Tendenzen, das Vergehen gegenüber nichteuropäischen Kulturen und die eigenen Fehler bei entstandenen Kirchenspaltungen anprangerte.

Sein Pontifikat ist das zweitlängste der Kirchengeschichte, zu dem auch zwei innerkirchliche Konfliktfelder gehören: das der südamerikanischen Befreiungstheologie (deren eher marxistisch ausgerichtete Teil schließlich von der Kurie sanktioniert wurde) und das des französischen Erzbischofs Marcel Lefèbvre (1903–1991), der insbesondere die Liturgiereform des Zweiten Vatikanischen Konzils und die Erklärungen zum Verhältnis zu den anderen Religionen kritisiert hatte. Als er ohne Zustimmung des Papstes im Jahre 1988 Bischöfe weihte, exkommunizierte er sich damit selbst.

Benedikt XVI.

Der amtierende Papst Benedikt XVI. (seit 2005), der Deutsche Joseph Kardinal Ratzinger, hat in seinen Untersuchungen der Kirchengeschichte und der Theologiegeschichte immer einen großen Raum einberaumt. Als er noch Präfekt der Glaubenskongregation war, öffnete er das Archiv der Inquisition für die internationale Forschung. Seine Dialogbereitschaft mit Andersdenkenden hat Benedikt XVI. schon in einem vielbeachteten Gespräch mit dem deutschen Philosophen Jürgen Habermas bekundet. In seinen Bemühungen, das Schisma mit der auf Lefèbvre zurückgehenden Piusbruderschaft Pius X. aufzuheben, wird er offensichtlich von Teilen der Öffentlichkeit, ob unbewusst oder bewusst, falsch verstanden. Die Aufhebung einer Exkommunikation eines Geistlichen bedeutet nicht zugleich die Aufhebung der Suspendierung, d. h. die Betreffenden dürfen weiterhin ihr priesterliches Amt nicht ausüben. Die Haltung des Papstes zur Judenverfolgung („Shoa") hat er nicht nur in Auschwitz bekräftigt. Sie ist unmissverständlich: Für gibt es kein vergleichbares Verbrechen in der Menschheitsgeschichte.

Zur Zeit (Mai 2010) ist das Pontifikat von Papst Benedikt XVI. von der Aufdeckung der zahlreichen Missbrauchsfälle, in die katholische Geistliche involviert sind, betroffen; diese haben die Autorität der Kirche in einigen Ländern (u. a. Irland und Deutschland) stark erschüttert und zu hohen Austrittszahlen geführt. Abgesehen von dem Leid, das den Opfern widerfahren ist, stößt es auf großes Unverständnis, wenn solche Straftaten gerade von Amtsträgern der Kirche vertuscht werden. Das Vergehen an Beichtkindern oder an Schutzbefohlenen hat die katholische Kirche immer als eine der schwersten Sünden überhaupt angesehen.

Ökumene

Als ein Schwerpunkt der Amtszeit von Benedikt XVI. ist jetzt schon die Ökumene mit der orthodoxen Kirche anzusehen.

Stefan Heid

Papst

Bischof von Rom

Papst – von *papa* spricht man seit dem 4. Jahrhundert – ist der Bischof von Rom. Die Christengemeinde Roms wurde von zwei Aposteln, nämlich Petrus und Paulus, aufgesucht. Beide haben die römische Gemeinde in der apostolischen Lehre begründet und durch ihr Martyrium bestärkt, was keine andere Ortskirche von sich behaupten kann. Daher gebührt der Kirche von Rom, die in der langen Reihe der Nachfolger des Petrus steht, der Ehrenvorrang vor allen anderen Bischofskirchen. Dieser Ehrenvorrang wird bis heute auch von den orthodoxen und altorientalischen Kirchen anerkannt, nicht jedoch von den Kirchen der Reformation. Innerhalb der römisch-katholischen Kirche aber, die mit weitem Abstand die größte Kirchengemeinschaft überhaupt bildet (2007: 1,147 Milliarden Menschen nach Angaben der 2009er Ausgabe des vom Vatikan herausgegebenen „Annuario Pontificio"), besitzt der Papst die höchste Leitungsgewalt. Er steht über den Bischöfen, die er in ihrem Amt bestärken und unterstützen soll. Ferner kann er jederzeit frei die direkte Seelsorge über jeden einzelnen Gläubigen ausüben.

Nun anzunehmen, der Papst sei allmächtig und mit geradezu diktatorischen Befugnissen ausgestattet, ist falsch: In den Evangelien steht gerade jener Satz Jesu: „Du bist Petrus, und auf diesen Felsen (griechisch: *pétra*) werde ich meine Kirche bauen, und die Mächte der Unterwelt werden sie nicht überwältigen. Ich werde dir die Schlüssel des Himmelreichs geben; was du auf Erden binden wirst, das wird auch im Himmel gebunden sein, und was du auf Erden lösen wirst, das wird auch im Himmel gelöst sein" (Matthäus 16,18–19).

Einsetzung des Papstamts

Das kann nicht nur auf den historischen Petrus bezogen werden, so dass nach seinem Tod das „Felsenwort" als ein hinfälliges Versprechen entlarvt wäre. Vielmehr wurde dieses Jesuswort aufgeschrieben und im Evangelium verkündet, gerade weil es auch nach dem Tod des Petrus seine Gültigkeit behält. Jesus hat mithin nicht nur den Fischer Simon als „Felsenmann" bezeichnet, sondern zugleich den Titel und das Amt des Petrusnachfolgers eingesetzt. Denn die Vollmacht des Petrus wirkte im Papstamt fort. So wie jede von einem Apostel gegründete Ortskirche in ihren Bischöfen die apostolische Autorität weitertrug, so gaben die Bischöfe Roms die Autorität der Apostel Petrus und Paulus weiter, deren Gräber sie als ihre größten Schätze hüteten. Zur Einsetzung des „Felsenamtes" kommt noch ein Wort aus dem Johannesevangelium hinzu, wo der auferstandene Herr den Felsenmann Petrus dreimal fragte, ob er ihn liebe. Auf dessen bejahende Antwort hin erwiderte er ihm: „Weide meine Schafe". Unmittelbar darauf kündigte er Petrus an, dass er den Märtyrertod erleiden werde: So wie er, Christus, erhöht am Kreuz starb (Johannes 12,33), so werde Petrus mit ausgebreiteten Armen, also ebenfalls am Kreuz, sterben (Johannes 21,15–19).

Papstamt

Damit sind die wesentlichen Elemente des Papstamtes genannt: Es ist Teil der Kirche, die als sichtbare Körperschaft auf das Fundament des Papstamtes gebaut ist. Das Papstamt hat eine tragende, somit aber vor allem dienende Funktion. Der Papst soll die Herde der Gläubigen weiden wie ein guter Hirte, so dass keines der ihm anvertrauten Schafe verloren geht. Er soll aber auch die Schafe zusammenhalten, damit sie sich nicht versprengen und nicht von den Wölfen gerissen werden.

Der Papst hat zudem eine Schlüsselfunktion: Was er entscheidet, hat Bedeutung für das ewige Heil des Einzelnen. Er kann kraft Amtes dem Einzelnen den Himmel aufschließen. Seit der frühen Kirche waren die Gläubigen zutiefst davon überzeugt: Wer in Gemeinschaft mit dem Petrusnachfolger steht, der findet hier konkreten, sicheren Zugang zur Seligkeit.

Schließlich muss der Papst Zeuge sein: Er muss mit seinem Leben einstehen für jenen Glauben, den er verkündet. Das kann wie bei Petrus Verfolgung und Martyrium einschließen. Tatsächlich ist eine Reihe von Päpsten um des Glaubens willen getötet worden.

Das Papstamt ist das derzeit älteste ununterbrochen bestehende Amt; außerhalb der Kirche gibt es kein anderes Leitungsamt, das auch nur annähernd so alt wäre. In seiner wechselvollen 2000-jährigen Geschichte findet man Licht und Schatten, Triumph und Fall, Heiligkeit und Skandal, Heldenmut und Versagen, Bekenntnis und Lüge, Askese und Ausschweifung – alle menschlichen Bereiche. Schon Petrus war auserwählt worden nicht wegen seines Glaubens, sondern trotz seines Kleinglaubens (Matthäus 14,31); nicht wegen seiner Tapferkeit, sondern trotz seiner Angst (Matthäus 14,30); nicht wegen seiner Milde, sondern trotz seiner Gewalttätigkeit (Johannes 18,10); nicht wegen seiner Ehrlichkeit, sondern trotz seiner Lügen (Johannes 18,25–27). Petrus war beschämend schwach, musste sich von den anderen Aposteln ins Boot zurückholen lassen (Matthäus 14,32–33), war ein bemitleidenswert kläglicher Held (Johannes 21,17), ja geradezu ein Satan, der den Menschen nach dem Mund redete (Matthäus 16,23). Warum hat der Herr ihn erwählt? Weil er wusste, dass er ihn liebte (Johannes 21,17).

So blieb es auch unter den Nachfolgern des Petrus. Jeder von ihnen wurde in seiner ganzen Unzulänglichkeit, wie er nun einmal war, in ein Amt berufen. Aus dem Absturz in die Tiefe bewahrt den Papst allein seine Treue und Liebe zum Herrn.

Die Päpste haben im Verlauf der Geschichte ihr Amt entsprechend ihrem Temperament und den Zwängen, denen sie ausgesetzt waren, ganz unterschiedlich wahrgenommen. In den ersten Jahrhunderten waren sie kaum mehr als die Bischöfe von Rom. Allerdings wurden sie sehr früh auch mit Streitigkeiten außerhalb ihres engeren Gebiets befasst. Man sprach vom „Vorsitz in der Liebe" der Kirche Roms bis nach Syrien und meinte damit zweifellos mehr als eine romantische Floskel. In wichtigen theologischen Auseinandersetzungen des 2. und 3. Jahrhunderts – Osterfeststreit und Wiedertaufe – galt das Wort der Päpste als maßgebliche Weisung, gegen die keine abweichende

Vorrangstellung

Position Bestand haben konnte. Irenäus von Lyon bezeugt um das Jahr 200 den Vorrang des apostolischen Stuhls in Rom. Der Sache nach sagt er: Von allen Bistümern, die von Aposteln gegründet wurden (wie etwa Antiochia, Korinth, Ephesus), ist Rom gleichsam der Urmeter: Zwar gibt es auch anderswo die gleiche Apostolizität wie in Rom, aber das Maß der Apostolizität werde doch immer wieder an Rom überprüft und korrigiert, weil dort eben zwei Apostel gewirkt haben.

Seit dem Ende des 4. Jahrhunderts nahmen die Päpste noch deutlicher ihre überregionale Autorität wahr, indem sie in verbindlichen Schreiben (Dekretalien) Fragen der Kirchenordnung (etwa zur Klerikerenthaltsamkeit) festlegten. Dabei ist wichtig, dass sie diese Dekretalien im Zusammenhang von Synoden erließen, so dass die Bischöfe Italiens, Nordafrikas, Spaniens und Frankreichs einbezogen waren.

weltliche Führungsrolle

Nach dem Niedergang des Römischen Reichs im Westen im 5. Jahrhundert wuchsen die Päpste immer mehr in eine weltliche Führungsrolle hinein, die sich seit Gregor dem Großen (590–604) bereits auf weite Teile Italiens und die italienischen Inseln erstreckte.

Kirchenstaat

Eine Art Kirchenstaat bildete sich aber erst im 8. Jahrhundert heraus, und zwar ganz unabhängig von der Legende der „Konstantinischen Schenkung", die letztlich nur beschrieb, was sowieso der aktuellen Lage entsprach. Dabei handelte es sich im Wesentlichen nicht um erobertes Gebiet, sondern um jene Ländereien, die der Kirche Roms seit Jahrhunderten geschenkt und vererbt worden waren, oder um Gebiete, die ihre Eigentümer verloren hatten und faktisch besitzlos waren. Das war kein Staat im modernen Sinne, sondern das *Patrimonium Petri*, also einem unter dem Patronat des Petrus stehenden Landgebiet Mittelitaliens, das sozusagen von Petrus dem Papst als Lehen anvertraut war. Es war somit nicht persönlicher Besitz des Papstes, sondern Treuhandland. Es gab kein Völkerrecht, das Ländergrenzen sicherte, und der Papst besaß erst einmal keine Heere, so dass er seine Besitzrechte durch Schutzmächte absichern ließ, anfangs durch die Frankenkönige. Dies alles führte über Jahrhunderte hinweg zu politischen Aktionen vielfältiger Art. Je glückvoller die Päpste agierten, umso mehr wurde ihre weltliche Macht Gegenstand des Neids und vielfältiger Angriffe. Sie mussten einen eigenen Verwaltungsapparat aufbauen: die Kurie.

politische Unabhängigkeit

Trotzdem war den Päpsten die politische Eigenständigkeit wichtig, weil sie so ihre Handlungsfreiheit gewährleistet sahen. Vor allem konnten sie auf ihrem Gebiet frei Bischöfe einsetzen und Priester weihen. Jenseits der Alpen schränkte das germanische Eigenkirchenwesen die Handlungsfreiheit der Bischöfe stark ein. Dort bestimmten weithin die Landesfürsten, wer Bischof, Abt und Priester wurde. Unter den Ottonen kam es im 10. Jahrhundert zu einer von den Kaisern abhängigen Reichskirche, die bis nach Norditalien reichte. Dies veranlasste die Päpste, sich im „Investiturstreit" energisch mit den weltlichen Fürsten anzulegen und zäh dafür zu kämpfen, dass überall die Bischöfe frei gewählt werden konnten. Der Investiturstreit wurde vor allem von Gregor VII. (1073–1085) geführt und endete 1122 im Wormser Konkordat mit einem Kompromiss, in dem sich Kirche und Fürsten arrangierten.

Investiturstreit

Kirchenfreiheit

Der Samen des Freiheitsgedankens wurde zweifellos von Rom aus im ganzen Westen gesät. Der Ruf nach Kirchenfreiheit erhob sich gegen politische Bevormundung in eminent kirchlichen Entscheidungen. Die Kirche forderte das Recht, entsprechend ihren eigenen Prinzipien leben zu dürfen. Dieser Gedanke wurde von den Theologen dahingehend aufgegriffen, dass sich die Kirche ein eigenes Recht schuf, das „kanonische Recht"

(Kirchenrecht). Damit war klar: Die Kirche ist eine eigenständige Körperschaft und für ihr ureigenes Handeln auf keine „Hilfe" von außen angewiesen.

Bonifaz VIII. überspannte jedoch den Bogen, indem er 1302 in der Bulle *Unam Sanctam* einen päpstlichen Weltherrschaftsanspruch erhob. Das ließ sich Frankreich nicht bieten: Es folgte der tiefe Fall des Papsttums im „Exil" von Avignon, wo die Päpste gleichsam im goldenen Käfig der französischen Könige verkümmerten. Als sie zu Beginn des 15. Jahrhunderts nach Rom zurückkehrten, kam es zur Spaltung des Papsttums und in deren Folge zur größten denkbaren Krise: Päpste wurden von Konzilien abgesetzt. Statt durch sie sollte die Kirche nunmehr durch eine dauernde Bischofsversammlung (einschließlich einem von Konzils Gnaden eingesetzten Papst) regiert werden. Als aber das Konzil von Basel 1439 selber einen Gegenpapst (Felix V.) wählte, so dass es doch wieder zwei Päpste gab, war der Konziliarismus am Ende. Es war allzu offensichtlich, dass von einem einseitigen konziliaren Prozess kein Fortschritt zu erwarten war.

Schisma

Renaissance

Es schloss sich im 15. Jahrhundert die Zeit des Renaissance-Papsttums an. Die Päpste stiegen zu bislang unbekannter Pracht und Herrlichkeit auf. Sie stellten sich an die Spitze der Kunstförderung und des wissenschaftlichen Fortschritts. Der isoliert betrachtete Prozess gegen Galileo Galilei vermittelt ein falsches Bild von Wissenschaftsfeindlichkeit, die den Renaissance-Päpsten völlig fremd war. Die Päpste regierten aber auch wie weltliche Fürsten nach den Gepflogenheiten der Zeit. Reichtümer flossen ihnen nicht nur durch ihre Familienpolitik und damit verbundene Ansprüche auf Fürstentümer außerhalb des Kirchenstaates zu, sondern auch durch die Entdeckung und Missionierung Lateinamerikas. Eine effiziente Steuerpolitik und die unglückselige Verquickung geistlicher Gaben mit finanziellen Forderungen (Ablasshandel) kamen hinzu.

Reformation

Die reformatorischen Bewegungen (Luther, Zwingli, Calvin) nahmen Anstoß gerade am weltlichen Gebaren der Päpste und Bischöfe, vertraten aber auch unterschiedliche theologische Lehren, wodurch sie sich untereinander zerstritten. Es war der größte Aderlass, den die katholische Kirche je hinnehmen musste: Die Päpste stellten sich viel zu spät an die Spitze der katholischen Reform, die ihr Programm auf dem Konzil von Trient formulierte (1545–1563). Die Ausbreitung der Reformation konnte jetzt aber kaum noch gebremst werden. Immerhin:

Das, was man als die katholische Barockkultur bezeichnet, war letztlich Frucht der von Rom ausgehenden Reform, auch wenn wichtige Forderungen des Konzils (Residenzpflicht der Bischöfe, keine Ämterhäufung, Seminarausbildung, Taufbücher u. a.) jahrhundertelang reines Wunschdenken blieben.

Säkularisation

Als die Kirche jenseits der Alpen durch die Französische Revolution am Ende des 18. Jahrhunderts und durch die Säkularisation zu Beginn des 19. Jahrhunderts ihrer weltlichen Macht (Hochstifte, Reichsabteien u. a.) beraubt wurde, setzte noch einmal eine enorme geistliche Erneuerung und Vertiefung des katholischen Lebens ein. Viele Forderungen des Trienter Konzils wurden endlich umgesetzt (z. B. Priesterseminare). Unter der Führung der Päpste kam es zu einer epochalen Verkirchlichung (Ordensgründungen, Vereinswesen, neue Frömmigkeitsformen u. a.). In Italien kam die Säkularisierung etwas später. Hier fiel der Kirchenstaat erst 1870 dem italienischen Nationalstaat zum Opfer. Wider Willen lernten die Päpste, dass sie ihr Amt auch ohne eigenen Staat ausüben konnten, ja gerade so ihre eigentliche geistliche Aufgabe voll zur Geltung bringen konnten. Geschickt nutzten sie als „Gefangene im Vatikan" ihre bedrängte Lage, um eine Woge der Sympathie in ganz Europa auf sich zu ziehen.

Unfehlbarkeitsdogma

Im selben Jahr, als der Kirchenstaat zusammenbrach (1870), formulierten die auf dem Ersten Vatikanischen Konzil versammelten Bischöfe das Dogma der päpstlichen Unfehlbarkeit. Dieses Dogma wurde seit jeher grob missverstanden, so als ob der Papst immer und überall Recht habe. In Wirklichkeit wurde lediglich bestätigt, dass der Papst unfehlbar sei, wenn er sich in einer Entscheidung, die den Glauben oder die Sitte betrifft, ausdrücklich auf seine höchste Lehrautorität beruft (sogenannte *ex-cathedra*-Entscheidung). Seit dem Ersten Vatikanischen Konzil ist dies nur ein einziges Mal geschehen: Papst Pius XII. verkündete 1950 das Dogma von der leiblichen Aufnahme Mariens in den Himmel.

geistliche Autorität

Das Erste Vatikanische Konzil hat dazu beigetragen, dass sich die Päpste auf ihre geistliche Führerschaft besannen. So gelang es vor allem Leo XIII., Pius X., Benedikt XV., Pius XI. und Pius XII., trotz ihrer politischen Ohnmacht eine praktisch weltweit beachtete Autorität zu gewinnen, die in der bisherigen Geschichte ihresgleichen sucht. Auch wenn 1929 der Vatikanstaat geschaffen wurde, so war dieser Zwergenstaat doch keine politische Belastung für die Päpste mehr; im Gegenteil: er gab ihnen

Vatikanstaat

unter dem Schutz des Völkerrechts noch größere Sicherheit und Bewegungsfreiheit.

Nach 1870 bildete sich das moderne Papsttum heraus, das sich endlich mit den brennenden Fragen und Problemen der Zeit auseinandersetzte, Zu nennen sind hier besonders die soziale Frage infolge der Industrialisierung, der Kampf gegen Totalitarismus und das Ringen um ein friedvolles Zusammenleben der Völker. Ein letztes Mal gelang es den Päpsten, nicht nur die bürgerliche Schicht, sondern in großem Stil die Arbeiter und Bauern an die Kirche zu binden.

Zweites Vatikanisches Konzil

Nach den beiden Weltkriegen hat das bereits von Pius XII. angedachte und von Johannes XXIII. einberufene Zweite Vatikanische Konzil (1963–1965) das Papstamt dahingehend gestärkt, dass es die Bischöfe der Welt noch enger an Rom heranholte: Durch Bischofskonferenzen und Synoden sind sie nun auf vielfältige Weise in die Leitung der Gesamtkirche einbezogen. Das Amt des Papstes wird stärker kollegial verstanden, weniger absolutistisch.

Benedikt XVI.

Der Deutsche Joseph Kardinal Ratzinger ist seit dem 19. April 2005 unter dem von ihm gewählten Namen Benedikt XVI. der 265. Nachfolger des Petrus. Er ist der letzte Papst der Konzilsära. Als Konzilsberater war er aktiv an wichtigen theologischen Formulierungen des Zweiten Vatikanischen Konzils beteiligt. Über zwei Jahrzehnte lang war er als Präfekt der Glaubenskongregation einer der wichtigsten Mitarbeiter Papst Johannes Pauls II. und hat dessen Amtszeit entscheidend geprägt. Er gilt als einer der größten Theologen der Neuzeit. Als Schwerpunkte seines Denkens und päpstlichen Wirkens seien herausgegriffen:

Schwerpunkte des Pontifikats

– Primat Gottes vor der Welt

Die anthropologische Wende der Neuzeit hat Gott zu einem Phantasie- und Wunschbild des Menschen werden lassen. Das Ich des Menschen steht im Mittelpunkt: Gott ist nur noch, wofür der Mensch ihn braucht. Dagegen setzt Benedikt den unbedingten Vorrang Gottes: Gott offenbart sich dem Menschen, wie dieser es nie erwarten und sich erträumen konnte, wie er es aber kraft seiner Vernunft verstehen kann. Gott gibt sich zu erkennen, und von daher muss alles, was wir über Gott wissen, als reine Gabe empfangen werden. Ist dies nicht mehr der Fall, wird sich jede Mode einen anderen Gott zurechtmachen. Gott und Mensch werden dann gleichermaßen zermahlen von einer irrationalen Diktatur des Relativismus.

– Primat der biblischen Offenbarung vor der Religion
Religionen sind weder alle gleich noch haben sie dasselbe Gottesbild. Das Christentum versteht sich streng genommen nicht als Religion, schon gar nicht als Buchreligion, sondern als Offenbarung in Jesus Christus, dem leibhaftigen Sohn Gottes. Wo Jesus Christus religionsgeschichtlich oder kulturhistorisch relativiert wird, wo er nur als ein Religionsgründer unter anderen prophetischen Gestalten gesehen wird, da ist die Botschaft des Neuen Testaments bereits verlassen, in dem es heißt: „Und das Wort ist Fleisch geworden" (Johannes 1,14).

– Primat der Tradition vor der Neuerung
Der vielfach im Zusammenhang des Zweiten Vatikanischen Konzils zitierte Begriff des „Aggiornamento" ist nicht als Entdeckung von etwas Neuem zu verstehen, sondern als eine „Verheutigung" der ewig gültigen Botschaft: Die sich in der Tradition entfaltende Lehre muss für die heutige Zeit aktualisiert werden. Es geht nicht um eine Anpassung an den Zeitgeist, dennoch sind manche Konziltexte wie die Liturgiekonstitution und „Nostra Aetate" Reformwerke im besten Sinne. Schließlich wurde auf dem Zweiten Vatikanischen Konzil die Religionsfreiheit für alle Menschen gefordert – was in dieser Form wirklich neu war.

Das Zweite Vatikanische Konzil darf also nicht als Bruch mit der Vergangenheit, sondern muss als organische Fortentwicklung des Bisherigen im Lichte aller bisherigen Konzilien und im Dienst der Tradition verstanden werden. Die Konzilsväter wollten keine Neuerung, sondern Bewahrung der überlieferten Lehre in einer gewandelten Zeit. Im Traditionsbegriff findet sich auch Benedikts XVI. Verständnis des Papstamtes wieder: Der Papst ist gerade nicht allmächtig, sondern in höchstem Maße eingeschränkt: Er ist Diener der Tradition, nicht Herr über den Glauben und ist allein dem Stiftungsauftrag Jesu Christi verpflichtet.

– Primat des Glaubens vor der Theologie
Benedikt XVI. will den Gott der Gläubigen vor den beliebigen Konstruktionen der Theologen in Schutz nehmen. Nicht die Theologen besitzen das Lehramt, sondern die Bischöfe, die den Glauben der einfachen Leute schützen sollen. Wer das Evangelium liest, findet dort auch ohne Theologiestudium den ganzen Glauben so unmittelbar, als ob Jesus selbst zu ihm spräche. Das Evangelium ist die ganze Spiritualität, das ganze Gesetz des Glaubens. Das heißt nun aber gerade nicht, dass der Glaube irrational

sei und auf Vernunft verzichten könne. Anbetender Glaube und denkende Vernunft gehören zusammen. Freilich ist die Vernunft nicht Herrin des Glaubens, sondern Hörende des Wortes Gottes.

– Primat der Liturgie vor der Politik
Kirche ist sie selbst in der Liturgie. Kirche stellt sich in ihren Ämtern und Diensten dar und lebt, indem sie die göttliche Liturgie der Eucharistie feiert. Keine theologische Debatte und kein politisches Manifest kann Kirche aufbauen. Allein die Liturgie ist der Ort, in dem das Evangelium recht verkündet und verstanden wird. Sie ist der Ort, in dem Gott den Menschen sich selber darbringt und in seiner Liebe auslegt. Sie ist der Ort, an dem das Wort des Augustinus gilt: „Empfangt, was ihr seid: Leib Christi". Hier ist der Ort, aus dem heraus die Armen, Kranken und Verzagten die Gaben des Trostes und der tätigen Hilfe empfangen.

Verurteilung von Missbrauch

In der Diskussion um die zahlreichen Fälle von Missbräuchen an Kindern und Jugendlichen in Europa und Übersee hat sich der Papst sehr besonnen und gleichzeitig sehr entschieden gezeigt. Nach deutlichen Äußerungen in Ansprachen und Hirtenbriefen hat Benedikt XVI. in einer Predigt am 11. Juni 2010 vor 15.000 Priestern auf dem Petersplatz in Rom den Missbrauch erneut verurteilt und gleichzeitig die Opfer um Vergebung gebeten. Bei seinen Reisen hat Benedikt XVI. immer wieder Gelegenheiten gesucht, durch Begegnungen mit Missbrauchsopfern diesen zu signalisieren, dass die Kirche insgesamt und die Lehre der Kirche gegen jede Form des Missbrauchs steht. An der Klarheit der kirchlichen Sexualmoral, gegen die von den Tätern verstoßen wurde, lässt der Papst ebenfalls keinen Zweifel.

Ökumene

Wie jeder Papst sieht Benedikt sein Amt als demütigen Dienst an der Einheit der Christen (Ökumene). Das ist heute nicht nur eine der wichtigsten Aufgaben des Papstamtes, sondern eine geradezu unmögliche Möglichkeit: Das Papstamt, das manche als Hindernis sehen, soll selber ein Dienst an der Einheit sein? Nicht nur kraft eigenen Willens, noch weniger durch gezielte Kirchenpolitik, sondern zuallererst durch seine persönliche Überzeugung steht Benedikt XVI. dafür ein, dass es über alle Gräben hinweg in Wahrheit nur eine einzige Kirche Jesu Christi geben kann und geben wird.

Robert Zollitsch

Bischofsamt und Diözese

Herkunft

Bischöfe gibt es in der Kirche seit der Zeit der Apostel. Paulus nennt sie in seinem Brief an die Christengemeinde in Philippi. Namentlich erwähnt werden im Neuen Testament die Apostelschüler Timotheus und Titus. Natürlich gibt es Unterschiede zu heute; zugleich aber sind viele der Anforderungen, die ein Bischof erfüllen muss, schon im Neuen Testament genannt:

Qualifikation

Das Bischofsamt ist eine große Aufgabe, schreibt Paulus, daher müsse der Bischof ein Mann ohne Tadel sein. Nüchtern und besonnen sei er, rücksichtsvoll, gastfreundlich und fähig zu lehren. Außerdem dürfe er nicht hochmütig sein, und schließlich müsse er auch bei Außenstehenden einen tadellosen Ruf besitzen, um nicht in üble Nachrede zu geraten.

Berufung

Es ist nicht verwunderlich, dass zum Bischof nur ein Mann berufen werden kann, der seine Eignung nachdrücklich bewiesen und sich auf vielfältige Weise bewährt hat, denn die Aufgaben sind beträchtlich. Voraussetzung für das Bischofsamt ist aber vor allem die Berufung, die letztlich immer, wenn auch durch Menschen vermittelt, von Jesus Christus selbst ausgeht.

Bischofsamt

Das heutige Verständnis des Bischofsamtes beruht auf der Lehre des Zweiten Vatikanischen Konzils. Der Bischof ist aufgrund seiner Weihe – die Bischofsweihe ist die höchste Form des Weihesakraments – Mitglied des Bischofskollegiums und trägt somit einen Teil der Verantwortung für die Gesamtkirche. Zugleich ist er Vorsteher einer Diözese, also einer Orts- oder Teilkirche. Somit hat er Anteil an der von Jesus Christus ausgehenden apostolischen Sendung, allen Menschen das Evangelium zu verkünden. Der Bischof hat dafür zu sorgen, dass in seiner Diözese das Evangelium unverfälscht überliefert wird; er sammelt das Volk Gottes und führt es zusammen. Sein Amt umfasst für die jeweilige Teilkirche die gesamte Fülle der Leitungs-, Lehr- und Heiligungsgewalt. Dadurch ist der Bischof auch der erste Spender der Sakramente. Die Spendung des Weihesakraments (Bischofs-, Priester- und Diakonenweihe) ist ihm vorbehalten, ebenso wie das Sakrament der Firmung – das er an andere Priester delegieren kann. Ein Diözesanbischof ist unmittelbar dem Papst unterstellt und kirchenrechtlich ihm direkt verantwortlich.

Rechte und Pflichten

Nach den Worten des Zweiten Vatikanischen Konzils hat der Inhaber des Bischofsamtes das Recht und die Pflicht, für seine Diözese Gesetze zu erlassen, Urteile zu fällen und alles zu regeln, was mit Gottesdienst und Verkündigung zu tun hat. Der Bischof ist in der Tat ein Vorsteher, Wächter und Aufseher – so lässt sich das ursprünglich aus dem Griechischen stammende Wort übersetzen. Zugleich trägt er wie ein guter Hirte die Verantwortung für die ihm anvertrauten Gläubigen. Das oftmals gebrauchte Wort „Oberhirte“ weist auf diese Aufgabe hin. Die „Herde“ eines Bischofs kann sehr groß sein und aus mehreren Millionen von Gläubigen bestehen.

Bistum

Gewöhnlich umfasst sie ein bestimmtes, räumlich abgegrenztes Gebiet, das Diözese oder Bistum genannt wird. Die Grenzen orientieren sich üblicherweise an politischen Grenzen. In größeren Staaten existieren meist mehrere Diözesen, deren Bischöfe zu einer nationalen Bischofskonferenz zusammengeschlossen sind. Aus theologischer Sicht wird eine Diözese vom Bischof, den Priestern und dem Gottesvolk, also der Gemeinschaft der Gläubigen, gebildet, und ist in zahlreiche Gemeinden untergliedert. Errichtet, umschrieben oder aufgehoben wird die Diözese vom Papst.

Aufgaben

Die Aufgaben eines Bischofs sind schon in einer kleinen Diözese sehr umfangreich. Um sie erfüllen zu können, stehen dem Bischof weitere qualifizierte Mitarbeiter zur Seite. Die Leitung der gesamten Verwaltung hat der Generalvikar inne, der zugleich ständiger Vertreter des Bischofs ist. Einen Generalvikar zu ernennen, ist der Bischof kirchenrechtlich verpflichtet. Inhaber der ordentlichen Gerichtsgewalt ist der Offizial oder Gerichtsvikar. Wenn es Weihbischöfe gibt, kann sie der Diözesanbischof zu Bischofsvikaren ernennen und ihnen die Verantwortung für einen Teil des Diözesangebiets oder für bestimmte Aufgabenbereiche übertragen.

nicht Herrschaft, sondern Verkündigung

Angesichts der umfassenden Vollmachten erinnert das Bischofsamt an vordemokratische weltliche Herrschaftsformen. Doch dieser Vergleich geht am Wesen des bischöflichen Auftrags vorbei. Seine Aufgabe ist es nicht, Herrschaft auszuüben. Vielmehr muss der Bischof dafür sorgen, dass die Menschen durch die Verkündigung von Gottes Wort und die Spendung von Sakramenten zum Heil geführt werden. Der Bischof hat sich um alle Menschen in seiner Diözese zu kümmern, er muss in seinem Bistum präsent sein, und er soll mit den Menschen und für sie an Sonn- und Feiertagen die Eucharistie feiern. Ganz besonders soll er sich um jene kümmern, die sich von der Kirche entfernt und die religiöse Praxis aufgegeben haben.

Verantwortung und Pflichten

Zum Bischofsamt gehört die Verantwortung für den Religionsunterricht und für das Theologiestudium, ebenso wie die Sorge für die materiellen Besitztümer und die Kulturgüter der Diözese. Eine weitere Verpflichtung ist es, in enger Abstimmung mit den anderen Mitgliedern des Bischofskollegiums bei der Leitung der Gesamtkirche mitzuwirken und persönlich in Kontakt mit dem Papst zu bleiben. Und nicht zuletzt gehört es zum Auftrag des Bischofsamtes, durch ständige Verbesserung der Beziehungen zu den anderen Konfessionen auf die Einheit des Christentums hinzuwirken. Das Bischofsamt ist ein Amt auf Lebenszeit, und so war es früher gang und gäbe, dass Bischöfe ihren Dienst bis zum Lebensende versahen. Nach dem heute geltenden Kirchenrecht sollen sie allerdings mit Vollendung des 75. Lebensjahres dem Papst ihren Rücktritt anbieten, wobei dieser jedoch den Amtsverzicht nicht annehmen muss.

Amt auf Lebenszeit

Auftrag Jesu in der Gegenwart

Das Bischofsamt ist eine herausfordernde Aufgabe, deren Erfüllung höchsten Einsatz verlangt. Es repräsentiert die Einheit der Kirche, und es trägt den apostolischen Auftrag, den Jesus Christus seinen Jüngern erteilt hat, weiter in die Gegenwart. Für den jeweiligen Menschen, dem das Bischofsamt übertragen wird, wäre die Last der Verantwortung sicherlich zu groß, könnte er nicht mit Gewissheit darauf vertrauen, dass Gott ihm jederzeit Hilfe gewähren wird.

Christiana Reemts OSB

Orden

Definition

Mit dem Begriff „Orden" meint man Verbände geistlicher Gemeinschaften von Frauen oder Männern, die auf Dauer zusammenleben, gemeinsam beten, gemeinsam, meist täglich, Eucharistie feiern und ihr Leben vom Glauben an Jesus Christus bestimmen lassen. Sie orientieren sich dabei am Jüngerkreis Jesu und an der Jerusalemer Urgemeinde, wie sie in der Apostelgeschichte beschrieben wird (vgl. Apostelgeschichte 2–5).

Wenn wir in die Bibel schauen, so sehen wir, dass Jesus von Beginn seines öffentlichen Wirkens an Menschen in seinen Dienst ruft (vgl. z. B. Lukas 5,1–11). Dabei geht die Initiative immer von ihm aus, nicht von denen, die er ruft. Auch der Eintritt in einen Orden entspringt nicht zuerst und hauptsächlich der Entscheidung dessen, der eintreten will, sondern der Berufung durch Gott. Gott ruft aus freier, ungeschuldeter Liebe Menschen in die Nachfolge seines Sohnes und gibt ihnen damit einen Auftrag für die anderen. Berufung ist also immer konkret, ein Mensch wird nicht nur allgemein zur Nachfolge berufen, sondern erhält eine ganz bestimmte Sendung; er wird in eine Aufgabe und Lebensform hineingestellt, die Gott für ihn vorgesehen hat, sehr oft auch in eine, die er aus Eigenem nie gewählt hätte. Ordensleute sind keine exponierten Christen, und die Berufung zum Ordensleben ist nicht „mehr" als die Berufung, die jeder Christ in der Taufe empfangen hat; aber die Berufung in einen Orden macht die innere geistige Wirklichkeit der Taufgnade nach außen hin sichtbar.

Ordenseintritt geschieht durch Berufung durch Gott

Ordensleben

Die Formen des Ordenslebens sind geschichtlich bedingt verschieden: Während es in der Ostkirche zwar auch Mönche und Nonnen gibt, so haben sich dort doch keine verschiedenen Orden mit unterschiedlichen Regeln entwickelt. Dagegen entstand in der Westkirche ab dem Mittelalter ein reich gegliedertes Ordensleben, so dass man heute bei uns monastische Orden (z. B. Benediktiner, Zisterzienser), kontemplative Orden (z. B. Karmeliter, Kartäuser) und apostolisch tätige Orden (z. B. Franziskaner, Dominikaner, Jesuiten, die verschiedenen karitativ und seelsorglich arbeitenden Kongregationen) unterscheidet. Die Vielfalt und Unterschiedlichkeit des Ordenslebens hat ihren Ursprung in

Jesus Christus selbst, denn er begegnet uns in den Evangelien als Beter (Markus 6,46), als Lehrer (Markus 1,21f), als jemand, der Kranke heilt und sich den Armen zuwendet (Matthäus 15,30f, Lukas 5,12f), als Prediger (Lukas 6,20–23) und als Freund der Kinder (Lukas 18,16). In der Nachfolge Jesu Christi versuchen Ordensleute, all die verschiedenen Aspekte des Lebens Jesu aufzugreifen, wobei kein Orden alles verwirklichen kann, sondern jeder Orden seine spezifischen Schwerpunkte setzt.

Gelübde

Gemeinsam ist allen Christen, die in einem Orden leben, dass sie sich mit Gelübden an Gott binden und ein Leben in Gehorsam, Armut und Keuschheit führen. Was aber bedeuten diese Gelübde im Einzelnen?

Gehorsam

Jesus sagt von sich selbst, dass es seine Speise ist, den Willen seines Vaters zu tun (vgl. Johannes 4,34). Menschen im Orden versuchen, im Gehorsam auf Gott zu hören, und auf das, was er ihnen sagt, Antwort zu geben. Das bedeutet das Loslassen eigener Pläne und Wünsche im Wissen darum, dass ein Mensch nicht glücklich wird, wenn er ausschließlich sich selbst verwirklichen will, sondern nur dann, wenn er zulässt, dass Gott sein Bild in ihm verwirklicht. Gott spricht in anderen Menschen; der Gehorsam ihm gegenüber wird in ganz alltäglichen Aufträgen oder Bitten konkret und wahrnehmbar. Dabei zeigt sich, dass Gehorsam Kreuz und Freiheit zugleich bedeutet, denn der Verzicht darauf, um sich selbst zu kreisen, führt, wenn es in die Größe und Weite Gottes hinein geschieht, zu neuer Freiheit und Einfachheit.

Armut

Jesus hatte dem reichen Jüngling gesagt: „Wenn du vollkommen sein willst, geh, verkauf deinen Besitz und gib das Geld den Armen; so wirst du einen bleibenden Schatz im Himmel haben; dann komm und folge mir nach" (Matthäus 19,21). Dieses Wort Jesu wollen Ordensleute mit ihrem Leben verwirklichen. Dabei geht es ihnen nicht um eine Verachtung der Güter dieser Welt, sondern darum, sich ganz in Gottes Hand zu geben und von seiner Güte alles zu erwarten, in Dankbarkeit anzunehmen, was er ihnen schenkt und es miteinander und mit den Armen dieser Welt zu teilen. Daher gehört zum Gelübde der Armut immer auch die Option für die Armen, der Einsatz für Gerechtigkeit und eine gelebte Gastfreundschaft.

Keuschheit

Keuschheit oder Jungfräulichkeit ist die Bereitschaft, das Wort Gottes aufzunehmen, in sich wachsen zu lassen wie Maria und dafür auf menschlich-natürliche Fruchtbarkeit zu verzichten. Im Gelübde der Keuschheit wird bis in die Leiblichkeit hinein sichtbar, dass Menschen vollkommen in der Nachfolge Jesu Christi leben wollen, im Wissen darum, dass nur Gott allein in einem letzten und endgültigen Sinn bedingungslos und aus ganzem Herzen, ganzer Seele und mit ganzer Kraft (vgl. Deuteronomium 6,5; Matthäus 22,37) geliebt werden kann.

Aufnahme in einen Orden Die Aufnahme in einen Orden wird in jeder Gemeinschaft etwas anders gestaltet, auf jeden Fall aber handelt es sich um einen mehrjährigen Prozess, in dem der oder die Bewerber(in) Zeit hat, sich selbst zu prüfen und von der Gemeinschaft geprüft zu werden. Die einzelnen Schritte dieses Prozesses heißen Postulat, Noviziat, zeitliche Profess (Juniorat). Es ist der Kirche sehr wichtig, dass niemand ohne gründliche Vorbereitung die ewige Profess ablegt. Die stufenweise Aufnahme gewährleistet, dass die Berufung über einen längeren Zeitraum geprüft wird und sich so, bevor eine endgültige Entscheidung fällt, schon in verschiedenen Situationen und auftauchenden Krisen bewährt hat.

Zahlen Insgesamt lebt ca. 1 Million katholischer Ordensleute auf der Welt, davon etwa 75 % Frauen, in Deutschland ca. 23.000 Ordensfrauen und 5.000 Ordensmänner. Dazu kommen die sogenannten Dritten Orden (manchmal auch Oblaten genannt), das sind Vereinigungen von Frauen und Männern, die sich einer Klostergemeinschaft angeschlossen haben, nach der Regel eines Ordens ihr geistliches Leben ausrichten, aber nicht im Kloster leben, sondern versuchen, mitten in der Welt die Werte des Ordenslebens zu verwirklichen.

Das Leben im Orden ist natürlich nicht der einzige Weg, Christus nachzufolgen, aber es ermöglicht eine Freiheit und Weite des Denkens und Suchens, die im Alltag außerhalb des Klosters oft nicht erreicht werden kann. Ordensleute haben ihre

Berufung für andere Berufung nie nur für sich selbst erhalten, sondern um weiterzugeben, was sie selbst empfangen haben, und um stellvertretend für die ganze Kirche, ja die ganze Welt, ihr Leben auf Gott auszurichten und darin schon jetzt etwas von der zukünftigen Gemeinschaft mit dem dreifaltigen Gott vorwegzunehmen.

Ralf Miggelbrink

Laien

Definition

In der katholischen Kirche bezeichnet „*Laie*" nicht den spirituell oder theologisch Ungebildeten oder Ungeübten, sondern dem griechischen Wortursprung *(laikós)* gemäß den *Zum-Volk-Gehörigen*. Das Gegenteil von „Laie" ist im katholischen Verständnis nicht der Gelehrte oder der Spezialist, sondern der Kleriker, dem ein besonderes Los (*klêros*) zugefallen ist. Das Los des Klerikers ist es, gegenüber Gemeinde den auferstandenen Herrn auf eine eigene und besondere Weise zu vergegenwärtigen. Das Urbild dieser besonderen Repräsentanz ist die Rolle des Priesters in der Eucharistiefeier. Als Lehrer und Verkündiger des Glaubens in seiner Gemeinde ist der Kleriker *eingegliedert (ordinatus)* in die Reihe *(ordo)* aller vergangenen und gegenwärtigen Verkünder des Glaubens, die so in innerer Gemeinschaft mit den Aposteln *(Apostolizität)* und der universalen Kirche stehen. Dieses *Eingebundensein* meint der in der katholischen Kirche gebräuchliche Begriff der *Hierarchie*.

Im alltäglichen kirchlichen Reden erscheint der Laie oft nur als der Nicht-Kleriker, der somit wesentlich durch ein Defizit bestimmt ist. Historisch entspricht dieser Sicht ein abwertender Begriff von „Volk", mit dem sich insbesondere im Mittelalter der gebildete Klerus gegenüber dem rohen und halbheidnischen Nichtklerikern absetzte.

Das Zweite Vatikanische Konzil verwendet dagegen die Formel „Volk Gottes" als *Grundbegriff der Kirche* und wertet damit das *Zum-Volk-Gehören*, also das Laie-Sein, theologisch auf. Im Anschluss an die alttestamentliche Erwählungstheologie bestimmt das Konzil die Kirche insgesamt als sakramentales „Zeichen und Werkzeug" Gottes „für die Vereinigung der Menschen mit Gott und für die Einheit der Menschen untereinander" (*Lumen Gentium* 1). Damit aber erfüllt die Kirche *gemeinsam als ganze einen priesterlichen Dienst an der Menschheit*. Das Konzil nimmt die biblische Rede von dem *Volk aus Priestern* bejahend auf (Exodus 19,5; 1 Petrus 2,9; *Lumen Gentium* 9–10) und knüpft damit zustimmend an die Lehre der Reformation vom gemeinsamen Priestertum aller Gläubigen an. Mit dieser Lehre hatte sich Luther gegen die Vorstellung gewandt,

Kirche als sakramentales Zeichen Gottes

Priestertum aller Gläubigen

die Priesterweihe eröffne einen exklusiven und privilegierten Zugang zu Gott.

Bedeutung der Laien für die Kirche

Gerade angesichts der großen Vielgestaltigkeit sich immer weiter voneinander abgrenzender Lebensbereiche ist die Suche jedes einzelnen christlichen Menschen nach seinem besonderen Beitrag zur priesterlichen Sendung der Kirche als ganzer unentbehrlich. Die hier notwendige Gestaltungsaufgabe kann nicht an den Klerus abgegeben werden. Die Kirchengeschichte kennt zahlreiche Beispiele dafür, wie mitten im Leben stehende Christen immer wieder klug und mutig auf die Herausforderungen ihrer Zeit reagiert haben und der Kirche als ganzer so den Weg gewiesen haben.

Die kirchliche Lehrverkündigung betont die aktive Teilhabe aller Gläubigen am liturgischen Handeln der Kirche, womit nicht gemeint ist, dass diese innere, geistliche Aktivität auch in der Übernahme von Aufgaben in der Liturgie ihren sichtbaren Ausdruck finden muss. Daneben hebt das Lehramt den Wert eines tugendhaften Lebens für die Ausübung des gemeinsamen Priestertums der Gläubigen besonders hervor (*Lumen Gentium* 10).

Zölibat

Wegen der Ordinationsvoraussetzung der Ehelosigkeit fällt der *Aufbau der Kirche durch die Gründung einer Familie* in der katholischen Kirche fast exklusiv den Laien zu. Durch die aus der Familiengründung sich ergebenden ökonomischen Notwendigkeiten kam es im Mittelalter zu der Unterscheidung: Die Laien kümmern sich um die weltlichen Güter – die Kleriker pflegen die geistlichen Güter. Diese Unterscheidung ist aber nicht besonders hilfreich. Sie wird solchen Laien nicht gerecht, die ein ausgesprochen geistliches Charisma entfalten. Sie verkennt, wie viele Aufgaben der Laien in der Welt einer geistlichen Bildung und Lebensführung bedürfen. Hierzu zählt insbesondere auch die Erziehung und Bildung der nachwachsenden Generation. Die Rede vom Weltdienst der Laien ignoriert darüber hinaus, wie weltlich notwendigerweise die kirchlichen Leitungsaufgaben des Klerus in vielen Bereichen sein müssen.

Klerus muss weltlich handeln

Kirchliche Aufgabenfelder der Laien

Schwierig wird es manchmal, wenn Laien einen Auftrag für Tätigkeiten wahrnehmen, die sachlogisch eine Ordination erfordern: Eine Pastoralreferentin leitet zum Beispiel das kirchliche Begräbnis, der Gemeindereferent steht regelmäßig Wort-Gottesdiensten vor, der Religionslehrer erfüllt erfolgreich seinen Auftrag als Schulseelsorger, die Ordensfrau leitet eine große kirchliche Einrichtung. Menschen in solchen Diensten wollen sich der vollen Dynamik ihres geistlichen Auftrages mutig überlassen. Sie dürfen ihr Tun nicht als Notbehelf deuten. Durch ihre bischöfliche Beauftragung sind sie innerlich und rechtlich mit der Hierarchie verbunden und in gewisser Weise ihr auch eingeordnet. Wo Kleriker und Laien sich gemeinsam zuvorderst als priesterliche *Diener* an der Einigung und Heiligung der Menschheit als ganze verstehen, achten sie behutsam darauf, einander in der Fruchtbarkeit ihres Wirkens für die Kirche nicht zu beschneiden, sondern fördern und unterstützen sich wechselseitig.

Gemeinsame Arbeit von Priestern und Laien

Dorothea Sattler

Ökumene

Definition

Sprachlich leitet sich der Begriff *„Ökumene"* von dem griechischen Verb *„oikein"* (deutsch: in Häusern wohnen) ab. Die gesamte bewohnte Welt ist somit der Bezugspunkt der Ökumene im weitesten Sinn. Die Zusammengehörigkeit aller Geschöpfe, die in unterschiedlichen Kulturen leben, im Blick zu bewahren, ist ein Grundanliegen der Ökumene. In einer ersten Begrenzung ist die *„Ökumene der abrahamitischen Religionen"* darum bemüht, die Gemeinsamkeiten von Judentum, Christentum und Islam zu erfassen. Die *„Ökumene der christlichen Traditionen"* fragt nach der Geschichte der konfessionellen Spaltungen in der einen, heiligen, katholischen und apostolischen Kirche. Diese vier Kennzeichen der Kirche sind im Wortlaut des Glaubensbekenntnisses von Nizäa (325 n. Chr.) und Konstantinopel (381 n. Chr.) enthalten und beanspruchen Gültigkeit in der gesamten Christenheit. Der Begriff „katholisch" (allumfassend) kann als ein Synonym für „ökumenisch" gelten.

Der (engere) Begriff von „Ökumene" im Sinne der Beziehungen zwischen den christlichen Traditionen ist in der römisch-katholischen Alltagssprache am weitesten verbreitet. Je nach der Größe des in der Nachbarschaft bezeugten Christentums konzentriert sich die Aufmerksamkeit auf wenige Gesprächspartner. Im deutschen Sprachraum liegt es nahe, insbesondere lutherische und reformierte Lehrtraditionen als ökumenisches Gegenüber zu wählen. Die Ökumene darf jedoch nicht auf das Gespräch zwischen evangelischen und römisch-katholischen Traditionen beschränkt werden. In anderen Regionen der Weltkirche sind beispielsweise orthodoxe, baptistische oder pfingstlerische Gruppierungen nicht in der Minderheit. Die in der Regel vorzufindende christlich-theologische Füllung des Begriffs „Ökumene" bedarf immer wieder der Weitung im Blick auf die gesamte Schöpfung des einen Gottes.

Entstehung der christlichen Konfessionsgruppen

Die gegenwärtigen christlichen Konfessionsgemeinschaften sind durch geschichtlich bedingte Ereignisse entstanden: Angesichts christologischer Streitfragen im 4. und 5. Jahrhundert bildeten sich *die altorientalischen Kirchen* heraus (Armenier, Kopten, Assyrer und andere), die insbesondere angesichts der schon früh erlittenen Verfolgungen in hohem gemeinsamen Ansehen stehen. Bei der Spaltung der Ost- und der Westkirchen (um das Jahr 1054 n. Chr.) und der Begründung der *Eigenständigkeit der byzantinischen Orthodoxie* waren Macht- und Gebietsansprüche ebenso wirksam wie kulturelle und theologische Unterschiede. Seit dem 16. Jahrhundert bezeugen *die reformatorischen Traditionen* den Vorrang der Schrift vor der Tradition sowie die Möglichkeit, als Sünder und Sünderin durch Gottes Gnade und allein aufgrund des Glaubens (nicht durch menschliche Verdienste) gerecht zu sein. Die *altkatholische Kirche* widersprach Ende des 19. Jahrhunderts den Lehren über den päpstlichen Primat und die päpstliche Unfehlbarkeit. *Freikirchliche Traditionen* haben die Frage der Taufe in den Mittelpunkt gerückt; neben den frühen Freikirchen (Baptisten, Mennoniten und Methodisten) sind heute *charismatisch-pfingstlerisch geprägte Gemeinschaften* zu finden. Alle Konfessionsgemeinschaften haben in historischen Prozessen, die sich nicht leicht rückgängig machen lassen, unterschiedliche institutionelle Gestalt angenommen. Die Streitfragen, die eine Spaltung bewirkt haben, werden in den ökumenischen Gesprächen immer wieder aufgenommen. Dabei zeigt sich, dass in den Grundlehren des christlichen Glaubens (Gottesbekenntnis und Erlösungslehre) weitreichende Annäherungen zu erreichen sind, während bei Fragen der amtlich-institutionellen Gestaltung der Kirche(n) in apostolischer Tradition noch immer viele Streitpunkte bestehen.

Ökumenische Bewegung

Die sogenannte moderne *Ökumenische Bewegung* wurde in der ersten Hälfte des 20. Jahrhunderts zunächst weitgehend von den reformatorischen Gemeinschaften (vorrangig Anglikaner, Methodisten und Lutheraner) getragen. Von Beginn an waren auch einzelne orthodoxe Kirchen an diesem Prozess beteiligt. Ein wichtiger Impuls zur Begründung der Ökumenischen Bewegung war im ausgehenden 19. und im beginnenden 20. Jahrhundert die (bleibend wichtige) Erfahrung, dass die christliche Mission nicht glaubwürdig erscheint, wenn die kirchlichen Gemeinschaften, die die in Jesus Christus geoffenbarte Versöhnungsbereitschaft Gottes verkündigten, untereinander zerstritten sind. Die Weltmissionskonferenz 1910 in Edinburgh gilt daher als die Geburtsstunde der Ökumenischen Bewegung. Sie festigte sich auf institutioneller Ebene mit der Gründung des Ökumenischen Rates 1948 in Amsterdam (heute mit Sitz in Genf und einem Studienhaus in Bossey bei Genf). Zwei tragende Zweige der

Ökumentischer Rat seit 1948

Ökumenischen Bewegung wurden dabei institutionell zusammengebunden: Die Sorge um die weltweite diakonische Aufgabe des Christentums (Life and Work) und die Verantwortung bei der Suche nach einer Verständigung in theologischen Streitfragen (Faith and Order). Zudem blieben Fragen der christlichen Mission, sowie der Bildung und Erziehung beständig im Blick. Die seit 1948 in Abständen von ca. sieben Jahren einberufenen Vollversammlungen des Ökumenischen Rates der Kirchen haben jeweils zeitbezogen wichtige Impulse gegeben. In enger Zusammenarbeit mit den konfessionellen Weltbünden ist der Ökumenische Rat der Kirchen heute um eine Koordinierung aller ökumenischen Bemühungen weltweit bemüht. In vielen Regionen haben sich nationale Kirchenräte gebildet, die die geschilderten Anliegen aufnehmen. In Deutschland hat diese Aufgabe seit 1948 die Arbeitsgemeinschaft Christlicher Kirchen in Deutschland (ACK) übernommen, bei der der Verband der Diözesen Deutschlands (VDD) seit 1974 Mitglied ist.

Zweites Vatikanisches Konzil begrüßt Ökumenische Bewegung

Das *Zweite Vatikanische Konzil* (1962–1965) hat die Ökumenische Bewegung dankbar als ein Geschenk des Geistes Gottes begrüßt, das von anderen Konfessionsgemeinschaften angenommen und gestaltet worden ist (vgl. Ökumenismusdekret, *Unitatis Redintegratio* Nr. 1). Während die Römisch-katholische Kirche sich bis zur Mitte des 20. Jahrhunderts zunächst von der Ökumenischen Bewegung distanzierte, weil sie darin eine Gefährdung der ja bereits bestehenden Einheit sah, die lediglich als solche anzuerkennen wäre, stimmte sie in den Konzilstexten der Auffassung zu, dass die sichtbare Einheit der Kirchen noch nicht gegeben ist. Das Ärgernis der Spaltungen innerhalb der einen Christenheit widerspricht dem Willen Jesu Christi und ist mit allen Kräften zu überwinden (vgl. *Unitatis Redintegratio* Nr. 1).

Spaltung der Christenheit widerspricht Jesu Willen

Als Leitprinzipien des ökumenischen Engagements der römisch-katholischen Kirche können im Sinne des Zweiten Vatikanischen Konzils gelten:

- die Grundorientierung an den *Gemeinsamkeiten im christlichen Leben* (die Bezugnahme auf die biblischen Schriften;
- das Bekenntnis zum in Jesus Christus geoffenbarten trinitarischen Wesen Gottes, die eine Taufe, die altkirchlichen Glaubensbekenntnisse);
- der *Ruf zur Umkehr* aller christlichen Traditionen zu der einen Mitte des christlichen Evangeliums (vgl. *Unitatis Redintegratio* Nr. 4);

- die Anerkennung der *Hierarchie der Wahrheiten* innerhalb der christlichen Glaubenslehren (vgl. *Unitatis Redintegratio* Nr. 11);
- die *Bereitschaft zu Dialogen* mit ost- und westkirchlichen Traditionen auf der Grundlage solider Kenntnisse der jeweiligen konfessionellen Positionen und mit Achtsamkeit auf die Notwendigkeit, den eigenen Standort argumentativ auszuweisen.

Hohe Bedeutung hatte in der Ökumenischen Bewegung immer schon die gemeinsame *geistliche Besinnung* auf die Motivation bei der Suche nach Wegen zu einer sichtbaren Einheit der Kirchen. Ein biblischer Basistext der Ökumenischen Bewegung ist Johannes 17,21: „Alle sollen eins sein, wie du, Vater, in mir bist und ich in dir, damit auch sie in uns eins sind und die Welt glaubt, dass du mich gesandt hast." Demnach gibt es einen Zusammenhang zwischen der Glaubwürdigkeit des christlichen Bekenntnisses und der Weise, wie Menschen in der Nachfolge Jesu in Gemeinschaft miteinander leben. Der Auftrag zu einer ökumenischen Gesinnung aller christlichen Traditionen ist angesichts dieser biblischen Weisung alternativlos. Ein weiterer biblischer Grundbezug ist Epheser 4,1–6: Das Leben, das der Nachfolge Jesu Christi entspricht, ist ein demütiges, friedfertiges und geduldiges. Der eine Christusglaube, die eine Taufe und das eine trinitarische Gottesbekenntnis verbinden die christlichen Konfessionen in Zeiten und Räumen der Ökumene: in der einen von Gottes Geschöpfen bewohnten Welt.

Keine Alternative zu ökumenischer Ausrichtung aller christlichen Traditionen

Thomas Söding

Judentum

Bedeutung des Judentums

Das Judentum ist für das Christentum von herausragender Bedeutung. Das Zweite Vatikanische Konzil hat diese in seiner Erklärung über die nichtchristlichen Religionen *Nostra Aetate* („In unserer Zeit") präzise bestimmt: Es gibt eine „geistliche" Verbindung mit dem „Stamm Abrahams". Das heißt: Es gibt nicht nur diplomatische, kulturelle und soziale Kontakte, sondern ein theologisches Verhältnis wie zu keiner anderen Religion.

„In unserer Zeit"

Nostra Aetate setzt drei starke Akzente: Die Konzilsväter betonen die gemeinsamen Wurzeln von Judentum und Christentum in der Geschichte Israels; sie betonen die Bedeutung des Judentums für das Verständnis Jesu und der Kirche; und sie äußern Bedauern über die Verfolgung der Juden, ohne allerdings schon die Mitschuld von Christen direkt anzusprechen, wie das später Johannes Paul II. in einem Bußgottesdienst aus Anlass der Jahrtausendwende getan hat.

christlich-jüdisches Verhältnis

Hinter diese Theologie Israels kann die katholische Kirche nicht zurückfallen. Aber sie kann sich von der alt- und neutestamentlichen Bibelwissenschaft, von der Judaistik und der Geschichtswissenschaft helfen lassen, das Bild des Judentums historisch und theologisch noch genauer zu betrachten. Die Päpstliche Bibelkommission hat 2001 in ihrer Studie „Das jüdische Volk und seine heilige Schrift in der christlichen Bibel" einen Meilenstein auf dem Weg zu einer Neubesinnung auf das jüdisch-christliche Verhältnis gesetzt.

Stellung des Judentums

Drei Lektionen sind es vor allem, die zu lernen sind:

- Das Judentum ist nicht nur eine Größe der Vergangenheit, sondern auch der Gegenwart und der Zukunft.
- Das Judentum hat zwar eine profilierte Identität, die sich von den anderen Religionen klar unterscheidet, war und ist aber kein monolithischer Block, sondern eine vielschichtige Größe mit verschiedenen Strömungen.
- Das Christentum bezieht sich von Jesus und den Aposteln her nicht einfach auf *das* Judentum, sondern knüpft an bestimmte jüdische Traditionen an, die auf verwandelte Weise im Chris-

tentum weiter gepflegt werden, während anderen Positionen entschieden widersprochen wird.

Entstehung des Judentums

Es ist eine Definitionsfrage, wann man das Judentum beginnen lassen will: Manche verweisen auf Abraham, einige auf Mose, andere auf Esra und Nehemia, die nach dem babylonischen Exil Jerusalem und den Tempel wieder aufgebaut haben, wieder andere auf die Krisenzeit der Makkabäer, in der sich das Judentum politisch und kulturell formiert habe. Auf jeden Fall ist das Judentum älter als das Christentum, auch wenn es sein Profil später auch durch die Abgrenzung von der Kirche geschärft hat. Jesus ist von Maria, seiner jüdischen Mutter, geboren worden (Galater 4,4 f). Petrus und Paulus sind gebürtige Juden. Am Pfingstfest bilden Juden aus aller Herren Länder die Hörerschaft der ersten christlichen Predigt (Apostelgeschichte 2).

Israel/Judentum

In breiten Strömungen moderner christlicher Theologie wird gerne zwischen Israel einerseits und dem Judentum andererseits unterschieden. Während das Israel Abrahams, Isaaks und Jakobs für die Kirche grundlegend sei, müsse es sich später vom Judentum absetzen. So denkt das Neue Testament nicht. Es sieht vielmehr das Judentum in der Kontinuität Israels. Deshalb ist es theologisch richtig, dass Papst Johannes Paul II. und Papst Benedikt XVI. Juden als „ältere Brüder und Schwestern" anreden.

Gemeinschaft mit Israel

Die Verwurzelung des Neuen Testaments im Alten Testament und des Christentums im Judentum gehört zum Kern des urchristlichen Glaubens. Durch Paulus ist auch die Hoffnung begründet, dass es in der Zukunft, wenn „der Retter vom Zion" kommt, zur Gemeinschaft mit ganz Israel im vollendeten Reich Gottes kommt (Römer 9–11).

Judentum als Freund

Viel schwerer ist es den Christen aller Zeiten gefallen, das jeweils gegenwärtige Judentum nicht als feindliche Macht, nicht als Konkurrenz oder als überholtes Modell zu betrachten, sondern als brüderliches Gegenüber, als Partner, als Freund. Schon das Neue Testament kennt harsche Töne gegen die Pharisäer, die nach der Zerstörung des Tempels 70 n. Chr. die Meinungsführerschaft im Judentum übernommen haben. Aber das ist eine Kritik, die erstens zeigt, dass es um etwas geht, und zweitens verrät, dass beide einander noch sehr nahe sind. Später ändert sich das Bild – bis zum Hass gegen Juden im Namen Jesu Christi.

Liebe zum Judentum

Die Kirche kann aber von den Juden nicht anders denken, als Jesus von ihnen gedacht hat. Deshalb kann es keinen Hass, keine Verachtung und Verwerfung geben, auch nicht bloß Toleranz und Respekt, sondern nur Liebe.

Überlebende der Shoa

Heute definieren viele Juden sich dadurch, dass sie zu den Überlebenden der Shoa gehören. In der Antike haben viele sich als diejenigen gesehen, die aus dem Sklavenhaus Ägypten und später aus der babylonischen Gefangenschaft befreit worden sind. Klassisch gilt als Jude, wer eine jüdische Mutter hat. Theologische Positionen spielen eine geringere Rolle als im Christentum; ein regelrechtes Glaubensbekenntnis kennt das Judentum nicht. Aber es gibt theologische Gemeinsamkeiten: der Bezug auf Mose und die Thora, auf die Zehn Gebote und das „Höre, Israel" (Deuteronomium 6,4f), auf den Glauben an den einen Gott und die Treue zum Gesetz.

Judentum in Israel und in der Diaspora

Heute gibt es im Wesentlichen zwei Unterscheidungen: erstens das Judentum in Israel, dem jüdischen Staat, und außerhalb Israels, der Diaspora, wo die meisten Juden leben, aber als – oft genug verfolgte – Minderheit, und zweitens das „orthodoxe" und das „liberale" Judentum, wobei die einen, so weit es geht, das Gesetz des Mose in seiner heutigen Auslegung halten, die anderen jedoch etwas laxer mit den Vorschriften umgehen.

Zur Zeit Jesu lebten weit mehr Juden in der Diaspora als in Palästina; es gab viele liberale und wenige orthodoxe Juden, und unter ihnen verschiedene Strömungen: die Essener, deren Überzeugungen sich in einigen Qumran-Texten spiegeln, die Pharisäer, die eine breite Bildungs- und Reformbewegung begonnen haben, und die Sadduzäer, die Priester von Jerusalem.

Judentum aus Sicht des Christentums

Zu Beginn seines Evangeliums hat Lukas das Judentum beschrieben, aus dem Jesus stammt. Es ist das Judentum seiner Mutter Maria und seiner Verwandten Elisabeth und Zacharias, der Eltern des Täufers Johannes, aber auch des greisen Simeon und der Witwe Hanna, die im Tempel auf den Messias warten. Dieses Judentum, das treu zum Gesetz steht und auf das Kommen des Messias setzt, ist das Judentum, auf das sich Jesus und die ersten Christen beziehen. Durch dieses Judentum sind die Heiligen Schriften Israels zu den Christen gekommen. In seinem Geist werden die Psalmen auch in der christlichen Liturgie gebetet.

Unterschiede im Glauben

Aber man muss Unterscheidungen treffen; sonst geschieht doch wieder eine unterschwellige Vereinnahmung Israels: Damals wie heute gibt es Juden, die nicht an die Auferstehung glauben – anders als Jesus und seine Jünger. Damals wie heute findet man Juden, die das Heil vom Gesetz erwarten – anders als

Jesus und seine Jünger, die es von der Herrschaft und vom Sohn Gottes und deshalb vom Glauben erwarten. Diese Unterschiede haben nichts mit einem höheren oder niedrigeren Niveau der Moral oder der Spiritualität zu tun; es sind Unterschiede im Glauben, die davon abhängen, ob Jesus der Messias ist oder nicht.

Judentum ist Gottes Volk

Die Unterschiede nicht zu verwischen, aber auch nicht zur Abkehr vom Judentum zu benutzen, ist die entscheidende Voraussetzung, das Judentum als das anzuerkennen, was es in den Augen Jesu nach Gottes Willen ist: das Volk Gottes, berufen zur Teilhabe am Reich Gottes.

Claude Ozankom

Islam

Selten hat eine Religion in jüngster Zeit so polarisierend auf die Weltöffentlichkeit gewirkt wie der Islam: Zum einen wird der Islam vielfach als Bedrohung für ein friedliches Zusammenleben der Menschen in den modernen, pluralisierten und globalisierten Gesellschaften der Welt angesehen, wobei die verschiedenartigen Richtungen und Positionen im gegenwärtigen Islam nicht angemessen berücksichtigt werden. Gleichwohl wird zum anderen eingeräumt, dass der islamische Glaube das Leben der Muslime gerade in einer als säkularisiert geltenden Welt entscheidend prägt.

Islam und Christentum

Was ist der Islam? Warum ist er aus katholischer Sicht interessant? Warum sollten Christen wissen, wie und was Muslime denken und glauben? Weil der Islam mitten in Europa sicht- und greifbarer geworden ist, aber auch, weil es eine Furcht vor der Islamisierung des christlichen Abendlandes gibt, erscheint es auch und gerade aus katholischer Sicht wichtig, sich mit dem Islam zu beschäftigen. Nicht zuletzt hat die Türkeireise Papst Benedikts XVI. (28.11. bis 1.12.2006) und die vorherige Auseinandersetzung um die Regensburger Vorlesung des Papstes (12.9.2006) den Islam und sein Verhältnis zum Christentum und hier vor allem der Katholischen Kirche ins Bewusstsein vieler katholischer Christen gerückt. Daher gilt es, erst einmal zur Kenntnis zu nehmen, was der Islam eigentlich ist.

Die Eckpfeiler des Islam

Bei der Frage nach den wichtigsten Grundlagen des Islam gilt der Blick naturgemäß der Gestalt des Propheten Mohammed (arabisch Muhammad) und dem Koran. Auf dieser Grundlage können sodann die Glaubenslehren des Islam näher erläutert werden.

Mohammed

Mohammed ist für die Muslime nicht nur der letzte Prophet, sondern das Siegel der Propheten, der die gesamte Offenbarungsgeschichte seit Abraham zum Abschluss bringt und zu einem unüberbietbaren Höhepunkt führt. Die Offenbarungen, die ihm zuteil wurden, werden als Bestätigung seines Prophetenamtes angesehen.

Dabei wird zugleich deutlich, dass der Koran nicht durch Mohammed hervorgebracht wurde: Es ist nicht seine Leistung.

Mohammed ist nur Werkzeug oder Instrument Allahs (Gottes) und damit Prophet. Als solcher wird er verehrt, weil er von Gott als würdig befunden wurde, die Offenbarung zu empfangen. In diesem Zusammenhang kommt ihm auch eine Vorbildfunktion zu: Mohammed hat sich so verhalten, wie ein Mensch sich verhalten soll, nämlich offen für Gott.

Der Koran

Der Koran ist die heilige Schrift der Muslime. In ihm befinden sich die Offenbarungen, die Mohammed in den Jahren 610–632 n. Chr. empfangen hatte. Diese waren zunächst nur teilweise schriftlich fixiert worden. Nach Mohammeds Tod erhielt sein ehemaliger Sekretär, Said Ibn Thabit, vom Kalifen Osman (644–656) den Auftrag, die Texte (von ihren bis dahin verschiedenen Schreibmaterialien wie Zetteln, Steinen, Knochen, Leder- und Holzstücken) zusammenzutragen, durch Hinzuziehen sachkundiger Menschen zu vervollständigen und auf Blätter zu übertragen. Die erste, noch heute gültige „Standardausgabe" des Korans erschien 1923 in Ägypten.

Der Koran weist 114 selbstständige „Suren" (Abschnitte) auf, die ihrer Größe nach im Sinne der Anzahl der Verse, die sie enthalten – auch wenn dies nicht konsequent durchgeführt wurde – angeordnet wurden. Demzufolge stehen die langen Suren am Anfang des Koran. Jede Sure bekam zudem einen Namen und eine Angabe zum Entstehungsort.

Das Entscheidende: Der Koran ist für die Muslime nicht das Wort eines Propheten, sondern das Wort Gottes, das Mohammed treu, d. h. Wort für Wort, in arabischer Sprache empfangen hat.

Der Koran ist somit die Urkunde der göttlichen Offenbarung, erste Quelle und der Maßstab des rechten Glaubens sowie die Grundlage und die Norm des richtigen Handelns für die Muslime. Nach Einschätzung mancher Kommentatoren geht der Koran auf ein himmlisches Urexemplar zurück. Demnach stellt der konkrete Koran gleichsam eine Abschrift des himmlischen Urkorans dar. Er ist absolut verbindliche Richtschnur und vermittelt den Gläubigen eine tiefe Einsicht in ihre Beziehung zum Willen Gottes und in den Sinn der Lebensumstände.

Zentrale Glaubensinhalte

Wesentliche Inhalte der islamischen Glaubenslehre sind: der Glaube an Gott und damit einher geht der Glaube an die Boten Gottes, an die geoffenbarten Bücher, an den Jüngsten Tag sowie an die Auferstehung.

Der Glaube an Gott

Das Glaubensbekenntnis (Shahada) der Muslime hält fest: „Es gibt keinen Gott außer Allah und Mohammed ist sein Prophet."

Allah (Gott) wird näherhin als einzig, Schöpfer, souverän, ewig, unendlich und barmherzig bekannt. Seine neunundneunzig schönen Namen, die auf Mohammed zurückgehen, beschreiben seine Wesenszüge: „Der Erbarmer, der Treue, derjenige, der alles hervorbringt, der Allhörende, der Allsehende, der Allgegenwärtige, der Allerliebevollste, der Sichtbare, der Verborgene, der König aller Königreiche." Für den religiösen Alltag der Muslime sind diese 99 Namen Gottes von eminenter Wichtigkeit.

Glaube an Gottes Boten

Weil Gott unsichtbar ist, erschuf er Boten, die den Menschen seinen Willen kundtun und seinen auserwählten Gesandten seine Offenbarung mitteilen. Auf diese Weise überbrachte der Erzengel Gabriel dem Propheten Mohammed den Koran.

Glaube an die geoffenbarten Bücher und an die Gesandten

Unbeschadet der Überzeugung, nach der der Koran als Siegel der Heiligen Bücher gilt, erkennen die Muslime (nach Maßgabe von Sure 2,285) auch alle vorhergehenden heiligen Schriften an. In diesem Sinne werden die Thora der jüdischen Bibel, der Psalter, die „Blätter Abrahams" und das Evangelium im Koran erwähnt. Dies verdankt sich der Vorstellung einer Uroffenbarung, die bei der Schöpfung an den ersten Menschen erging. Dabei wird die Offenbarungsgeschichte als ein Geschehen ausgelegt, das von Treue und Verfehlung geprägt ist, das auf Mohammed als Höhepunkt und unüberbietbaren Verkünder hinausläuft. Konkret: Obwohl der Islam den anderen Offenbarungen Anerkennung zollt, macht er gleichwohl deutlich, dass mit Mohammeds Verkündigung die Offenbarungsgeschichte zu ihrem Ursprung zurückgefunden hat und damit an ihr Ende gekommen ist.

Glaube an den jüngsten Tag und die Auferstehung

Zu den Grundfesten des islamischen Glaubens gehört auch die Grundüberzeugung, dass Allah am Jüngsten Tag allem ein Ende bereiten wird. Dabei wird zum einen die ganze Schöpfung vergehen. Zum anderen werden die Toten auferstehen und für ihren Glauben und ihre Taten gerichtet werden: die Gerechten kommen ins Paradies und die Ungerechten in die Hölle.

Glaube an die Vorherbestimmung

Allah ist allwissend. Sein Wille, der alles umfasst und einen verborgenen Sinn hat, bleibt dem Menschen unergründlich. Der Mensch indes wird von Gott zur Rechenschaft für seine Taten gezogen werden. In engem Zusammenhang damit steht die Annahme einer Vorherbestimmung, wobei die Frage offen bleibt, ob die Vorherbestimmung so zu deuten ist, dass der Mensch vollkommen (fremd-)bestimmt ist, oder ob ihm doch noch so etwas Willensfreiheit möglich ist. Zur Lösung dieser Spannung schlägt die Theologie des Islam in der Hauptsache die Unterscheidung zwischen moralischer Verantwortung und

Zustandekommen einer Tat vor. Konkret: Unterstellt man, dass jede Tat von Gott vorherbestimmt wird, so muss sie dennoch vom Menschen vollbracht werden, wodurch ihm die Verantwortung für besagte Tat zufällt.

Die fünf Säulen des Islam

Die bisher beschriebenen zentralen Lehren des Islam werden gleichsam nochmals zusammengefasst und im Glaubensleben in den fünf Säulen des Islam konkretisiert:

1. Shahada (Glaubensbenntnis)

Wer (in arabischer Sprache und vor zwei Zeugen) bekennt: „Es gibt keinen Gott außer Allah und Mohammed ist sein Gesandter", wird zum Muslim bzw. zur Muslima. Mancherorts werden in Ergänzung hierzu zusätzliche Kenntnisse über den Islam verlangt. Das Wesentliche: Der Übertritt zum Islam ist ein rechtlich relevanter Akt und wird daher beurkundet.

2. Saum (Fasten)

Für den Ramadan (den neunten Monat des islamischen Kalenders), sieht der Islam ein allgemeines Fasten vor. In engem Zusammenhang damit gilt der Blick in dieser Zeit der Besinnung, dem Geben der Almosen und dem Gedenken. Und da sich der Islam am Mondjahr orientiert, bewegt sich der Ramadan durch alle Jahreszeiten.

3. Zakat (Sozialabgabe)

Zugunsten der Allgemeinheit und der Armen schreibt der Islam eine Steuer vor, der dasselbe Gewicht wie dem Glauben an Gott und dem Gebet zugeschrieben wird.

4. Salat (Die Pflichtgebete)

Die fünf Pflichtgebete geben dem Ablauf des Tages eine Struktur: Jeder Tag fängt an und endet mit dem Gebet.

5. Hadsch (Wallfahrt nach Mekka)

Die Wallfahrt nach Mekka, dem Zentrum und der Heiligen Stadt des Islam, soll einmal im Leben stattfinden, sofern die Gesundheit und die Finanzen es zulassen. Ehepaaren wird naturgemäß eine gemeinsame Wallfahrt empfohlen. Die Große Wallfahrt findet am neunten Tag des zwölften Monats des islamischen Jahres statt.

Glaubensrichtungen

Ähnlich wie die meisten religiösen Traditionen anderer Religionen weist auch der Islam eine innere Pluralität auf. Die beiden zahlenmäßig signifikanten Gruppen sind die Sunniten (ca. 85 %) und die Schiiten (ca. 15 %). Ihr Hauptunterschied besteht in der Frage nach der Nachfolge Mohammeds, insofern als nach dessen Tod den Muslimen grundsätzlich zwei Optionen offen standen: Die Wahl einer Person aus dem Kreis der Gefährten des Propheten oder die Bestimmung eines Familienangehörigen. Dabei entschied sich die Mehrheit für die erste Lösung und setzte sich damit gegen diejenigen, die einen engen Verwandten des Propheten, nämlich Ali, Cousin und Schwiegersohn Mohammeds, als die bessere Lösung favorisierten.

Letztere wurden als Partei Alis, Schi'a, bezeichnet, woraus später die Bezeichnung Schiiten und damit eine Bezeichnung für eine der prägenden Glaubensrichtungen des Islam hervorging. Demgegenüber standen diejenigen, die den Ausdruck Sunniten als Selbstbezeichnung wählten und für sich beanspruchten, dem Vorbild des Propheten in besonderer Weise Rechnung zu tragen.

Schiiten

Sunniten

Alewiten

Aus dem Islam schiitischer Prägung sind auch die Alewiten hervorgegangen. Sie stellen 20 % der türkischen Muslime dar. Viele Muslime betrachten sie als nicht zur Umma (der Gemeinschaft) des Islam zugehörig. Die Alewiten kennen nicht die fünf Säulen des Islam.

Ahmadiyya-Bewegung

Eine besondere Erwähnung verdient zudem die Ahmadiyya-Bewegung. Sie entstand im Indien des 19. Jahrhunderts als eine inner-islamische Erneuerungsbewegung.

Kalif

Vier wichtigste Ämter gibt es im Islam. Der Kalif ist Nachfolger des Propheten als Leiter der Gemeinschaft. Ab dem 10. Jahrhundert büßte dieses Amt Macht und Bedeutung u. a. durch die Entstehung von Gegenkalifaten (in Ägypten, Mekka, Spanien und Irak) und durch die zunehmende Missachtung des Amtes ein; lediglich die ersten drei oder vier Kalifen gelten als allgemein verehrungswürdig. Gänzlich verschwand das Amt des Kalifen nach Abschaffung des Kalifats durch Kemal Atatürk im Jahre 1924.

Mufti

Die Aufgabe des Muftis besteht darin, Gutachten (die sog. Fatwas) über die Zulässigkeit von Handlungen vorzulegen.

Kadi

Der Kadi hat über die Ausführung der Vorschriften zu achten. Und wenn mehrere Rechtsschulen vorhanden sind, urteilt jeder Kadi selbstständig.

Imam

Für die Muslime sunnitischer Prägung ist der Imam Vorbeter. Bei den Schiiten hingegen ist der Imam Leiter der Gemeinde.

Juden und Christen im Islam

Wie bestimmt der Islam sein Verhältnis zum Christentum? Tatsache ist, dass Juden und Christen in der islamischen Gemeinschaft eingebunden wurden. Mission zum Zwecke der Bekehrung zum Islam wurde als nicht notwendig angesehen, da Juden und Christen auf der Grundlage ihres jeweiligen Bekenntnisses ins Paradies gelangen können. Dahinter steht die islamische Einsicht, wonach Allah jede Glaubensgemeinschaft mit eigenem Recht und eigenem Weg ausgestattet hat, welche zum Heil führen können (Sure 5,48). Unter der Voraussetzung, dass ein Tribut entrichtet wird (Sure 9,29), garantiert der Islam Christen und Juden, das Existenzrecht sowie eine (relative) Religionsfreiheit und gewährt ihnen den Status von Schutzbefohlenen.

Dschihad

Ein besonderes Augenmerk verdient hierbei der „Dschihad". Ausschlaggebend ist hier die Forderung des Koran an die Gläubigen, sich persönlich und mit ihrem Vermögen auf dem Weg hin zu Gott abzumühen (Sure 9,41). Damit kommt zunächst die Verpflichtung in den Blick, Glaube und Gesetz Gottes gegen Gegner des Islam und gegen alle Gefahren zu schützen (Sure 9,23). Und dies kann unter Umständen die Form des Krieges annehmen. In diesem Zusammenhang wurde die Welt geteilt: in das Lager des Islams und in das Gebiet der Ungläubigen bzw. des Krieges. Im Vollzug der Begegnung zwischen beiden Welten nahm die islamische Gemeinschaft entweder eine angreifende oder aber eine defensive Haltung ein.

Galt der Blick zunächst der offensiven Haltung, so ging es darum, Ungläubige zum Islam zu führen. Wurde dem friedlichen Bekehrungsaufruf keine Folge geleistet, so musste er dem bewaffneten Einsatz weichen. Nach islamischer Auffassung richtet sich diese Vorgehensweise vornehmlich gegen die Heiden (Sure 9,13–14;123). Denn gegen Juden und Christen (und mit ihnen alle Empfänger der Offenbarung) durfte kein Krieg geführt werden. Ihnen gegenüber bestand kein Bekehrungszwang zum Islam. Von ihnen wurde nur die Zahlung eines Tributs verlangt.

Daneben gibt es eine abwehrende Haltung, die darin besteht, Widerstand – auch mit Waffengewalt – gegen alle Formen antiislamischer Aggression zu leisten. Dies kann verschiedene Formen annehmen: vom persönlichen Einsatz bis hin zur Mobilmachung der weltweiten islamischen Gemeinschaft.

Insgesamt muss dennoch festgehalten werden, dass unter Einfluss verschiedener theologischer Schulen der bewaffnete Kampf eher als allerletzte Möglichkeit gedacht wird und zwar für den Fall, dass die ganze Gemeinschaft an der Ausübung des islamischen Glaubens gehindert wird. Demgegenüber wurde das tägliche Abmühen des Gläubigen auf dem Weg zu Gott in den Mittelpunkt des Glaubenslebens gestellt.

Zweites Vatikanisches Konzil

Von eminenter Bedeutung für das theologische Aufschließen der Bedeutungsgehalte des Islam sind für die katholische Christenheit die einschlägigen Aussagen des Zweiten Vatikanischen Konzils, welches an zwei Stellen vom Islam spricht.

Ausdrücklich nennt die Kirchenkonstitution *Lumen gentium* die Muslime in Nr. 16, in der die Ausrichtung des Evangeliums auf alle Menschen beschrieben wird. Im Anschluss an die Aussagen über die Juden heißt es dort: „Der Heilswille umfasst aber auch die, welche den Schöpfer anerkennen, unter ihnen besonders die Muslime, die sich zum Glauben Abrahams bekennen und mit uns den einen Gott anbeten, den barmherzigen, der die Menschen am Jüngsten Tag richten wird." (*Lumen Gentium* Nr. 16).

Ausführlicher nimmt die Erklärung *Nostra aetate* 3 zum Islam Stellung: „Mit Hochachtung betrachtet die Kirche auch die Muslime, die den alleinigen Gott anbeten, den lebendigen und in sich seienden, barmherzigen und allmächtigen, den Schöpfer des Himmels und der Erde, der zu den Menschen gesprochen hat. Sie mühen sich, auch seinen verborgenen Ratschlüssen sich mit ganzer Seele zu unterwerfen, so wie Abraham sich Gott unterworfen hat, auf den der islamische Glaube sich gern beruft. Jesus, den sie allerdings nicht als Gott anerkennen, verehren sie doch als Propheten, und sie ehren seine jungfräuliche Mutter Maria, die sie bisweilen auch in Frömmigkeit anrufen. Überdies erwarten sie den Tag des Gerichtes, an dem Gott alle Menschen auferweckt und ihnen vergilt. Deshalb legen sie Wert auf sittliche Lebenshaltung und verehren Gott besonders durch Gebet, Almosen und Fasten. Da es jedoch im Lauf der Jahrhunderte zu manchen Zwistigkeiten und Feindschaften zwischen Christen und Muslimen kam, ermahnt die Heilige Synode alle, das Vergangene beiseite zu lassen, sich aufrichtig um gegenseitiges Verstehen zu bemühen und gemeinsam einzutreten für Schutz und Förderung der sozialen Gerechtigkeit, der sittlichen Güter und nicht zuletzt des Friedens und der Freiheit für alle Menschen."

aktuelles Verhältnis

Gegenwärtig sind Christentum und Islam bemüht, ohne die eigene Identität preiszugeben, einander mit Respekt und Anerkennung zu begegnen. Dabei verweisen beide Seiten auf die Gestalt Abrahams, des gemeinsamen Stammvaters im Glauben für Juden, Christen und Muslime. Vor diesem Hintergrund sind in der nachkonziliaren Zeit vor allem seitens der katholischen Leitungsinstanzen verschiedene Schritte unternommen worden, um den Dialog mit dem Islam zu institutionalisieren und zu fördern. So betont auch Benedikt XVI. in der Tradition seines Vorgängers Johannes Paul II. die Notwendigkeit des Dialogs zwischen Christen und Muslimen und beteiligt sich selbst an diesem. Zu den markanten Themen eines solches Dialogs gehören das aus christlicher Sicht unzulängliche Verständnis der Gottessohnschaft Jesu Christi und seines Erlösungswerks im Islam und die Rolle der Frau. Mit Blick auf gesellschaftliche Ereignisse der jüngsten Vergangenheit muss zugleich die Frage nach der Politisierung des Religiösen in den Blick genommen werden. Es ist nicht zuletzt diese Problematik, die als wichtiger interreligiöser Impuls von der Regensburger Vorlesung des Papstes her gewonnen werden kann: dass sich nämlich Religion nicht instrumentalisieren lassen darf bzw. sich die Weltreligionen abseits des Politischen im Gott des Glaubens und der Vernunft begegnen sollen.

Vielleicht würde der Islam als ein primär religiöses Sinnangebot im gegenwärtigen Verstehenshorizont besser zum Tragen kommen, wenn es der Glaubensgemeinschaft der Muslime gelänge, die vielerorts wahrzunehmende Ansätzen von Instrumentalisierung und Politisierung des Islam wirkungsvoll in die Schranken zu weisen. Auf diese Weise könnte deutlich gezeigt werden, dass der Islam nicht mit Fundamentalismus oder gar Terrorismus gleichzusetzen ist. Denn er hat vielmehr eine zutiefst religiöse Botschaft zu vermitteln, in deren Mittelpunkt der Ruhm Gottes und das Wohl der Menschen stehen.

Gemeinde / Pfarrei

1. Laie / Diakon / Priester
2. Kinder / Jugendliche / Erwachsene
3. Frauen in der Gemeinde
4. Religiöse Erziehung
5. Seelsorge / Pastoral
6. Katechese
7. Caritas
8. Evangelisation und Mission
9. Ethik
10. Sexualität und Partnerschaft
11. Alltag

Vincent Willem van Gogh (1853–1890), Die Kirche von Auvers-sur-Oise, 1890; Öl auf Leinwand, 94×74 cm; Musée d'Orsay, Paris.

Vincent van Gogh, dem der Erfolg zeit seines Lebens versagt blieb, gilt bereits den Expressionisten als Vorbild und wird heute als einer der Wegbereiter der Moderne gesehen. Mit seiner autodidaktischen Malweise ist er einen individuellen Weg gegangen, der von seiner rastlosen, energischen Künstlerpersönlichkeit und den Anregungen impressionistischer Malerei geprägt ist.

Das Bild der Kirche von Auvers-sur-Oise entstand kurz vor seinem Tod und verbindet die leuchtende Farbigkeit der in der Provence gemalten Bilder mit einem wieder etwas gemäßigteren Pinselduktus unter einem religiösen Motiv, wie er es zuletzt in seiner Frühzeit in Holland gemalt hat.

Der Betrachter wird über einen sich teilenden Weg und eine Rückenfigur in den Bildraum geführt, dessen Tiefe durch die dominierende Form des Kirchenbaus jedoch gleich wieder begrenzt wird. Die Augenhöhe des Betrachters liegt am Fuß des auf einer kleinen Anhöhe gelegenen Kirchenbaus, der mit seiner Dreiecksform die Bildfläche dominiert.

Van Gogh wählte bewusst nicht die Westfassade, sondern die architektonisch interessantere und vierteilige Chorseite der Kirche als Motiv. Während durch die blaugrüne Hauptfarbigkeit und die die Form unterstreichenden, dichtgesetzten Pinselstriche zunächst der Eindruck von etwas sehr Kompaktem entsteht, werden bei genauerem Hinsehen die einzelnen Baukörper (Chor, Apsis, Seitenkapelle u. a.) sowie viele Architekturdetails (Stützpfeiler, Maßwerk, Fries usw.) sichtbar – eine Tatsache, die wegen des expressiven Duktus und Gesamteindrucks fast verblüfft.

Interessant ist auch, dass durch den mit der Dreiecksgiebelseite nach oben weisenden Vierungsturm, der von den Pinselstrichen für die Himmelsfläche umspielt zu werden scheint, eine deutliche senkrechte Tendenz der lagernden Form entgegengesetzt wird. So erhält das Bild einerseits durch kompositorische Elemente, andererseits durch den Farbauftrag und vor allem die Farbigkeit einen ungeheuer lebendigen Eindruck. Die Farbgebung verbindet Expressivität mit Anlehnung an vorgefundene Licht-Schatten-Verteilung.

Farbgestalterisch nimmt die Kirche zwischen dem tiefblauen Himmel und dem in leuchtenden Hellgrün-, Gelb- und Ockertönen gemalten Vordergrund eine vermittelnde Position ein. In den Dachflächen kontrastieren warme Orangetöne mit dem Blau des Himmels und auch dem kühleren Grün der Mauern, stellen aber wie dieses eine optische Verbindung zur Bodenfläche her. Das Nachtblau des Himmels wird jedoch wieder aufgenommen in den Schattenzonen und vor allem den Fensterflächen. So wirkt die Kirche wie das Symbol einer Verbindung zwischen Himmel und Erde.

Kerstin Clasen

Matthias Pulte

Laie / Diakon / Priester

Stellung von Laien und Klerikern

Das Zweite Vatikanische Konzil (1962–1965) hat der katholischen Kirche ein von Grund auf erneuertes Verständnis des Zu- und Miteinanders aller Gläubigen, seien sie nun Geistliche oder Laien, gebracht. Während in der Zeit vor dem Konzil der christliche Laie vor allem als Person beschrieben wurde, die dadurch gekennzeichnet war, dass sie nicht Kleriker ist, stellt das Konzil das Kirchenbild und damit auch das Menschenbild vom Kopf auf die Füße. Nun geht es nicht mehr in erster Linie darum, ob eine Person Kleriker oder Laie ist, sondern dass die beiden grundlegenden Personenstände etwas gemeinsam haben. Zusammen sind sie Christgläubige. Mit der gleichen Würde, aufgrund der Teilhabe am gemeinsamen allgemeinen Priestertum aller Gläubigen (*Lumen Gentium* 10,31), nehmen sie am Aufbau der Kirche teil (*Lumen Gentium* 32). Von da ausgehend, ergibt sich ein weiterer wichtiger Ansatz für das Verständnis des Zusammenlebens und der Verantwortung beider Stände in der Pfarrei, im Bistum und schließlich in der Weltkirche. Alle Gläubigen tragen Mitverantwortung für das religiöse und gemeinschaftliche Leben. Davon ausgehend, werden auch die hier zu behandelten „Ämter" verständlich.

Laie

Der christliche *Laie* bezeichnet die Grundform jeden Christseins. Das hat nichts mit einer Amateurhaftigkeit zu tun, auf die das Wort Laie im allgemeinen Sprachgebrauch hindeutet. Der Begriff kommt vom griechischen Wort *laos* (Volk). Über die adjektivische Form *laikos* (zum Volk gehörig) hat sich dann der kirchenlateinische Begriff *laicus,* der (kirchliche) Laie, entwickelt.

Definition

Laien sind also diejenigen, die zum Volk Gottes gehören. Eingegliedert durch die Taufe, das grundlegenden Sakrament, das den Einzelnen in die Gemeinschaft mit Christus und der Kirche hinein nimmt, begründet ein jeder Christ seine Mitgliedschaft im Volk Gottes und konkret in der Kirche, in die er hineingetauft wird. Dabei handelt es sich um einen einzigartigen Akt, der ganz unabhängig vom je konkreten Lebensverlauf unumkehrbar ist, so wie es bei Jesaja (49,16) heißt: „*Ich habe dich eingeschrieben in meine Hand, nun bist du mein.*" Durch die Taufe wird der Mensch eingegliedert in das Volk Gottes, von dem Bibel und Konzil sagen, dass es ein priesterliches Volk ist (Exodus 19,5; 1 Petrus 2,9; *Lumen Gentium* 9–10). Der christliche Laie steht infolge der Taufe in einer unmittelbaren Beziehung zu Gott. Er hat Gottes Anruf vernommen und ihn angenommen. Das hat Konsequenzen. Wer von Gott gerufen ist, wird auch von ihm gesandt, nicht unbedingt gleich in offizieller Mission, aber doch aufgrund dessen, was sich in dieser Beziehung zwischen Gott und Mensch aufgrund des sakramentalen Bandes der Taufe ereignet. Daher ist es wichtig, dass die Laien ihren Auftrag zur aktiven Gestaltung des christlichen Lebens in Kirche und Gesellschaft erkennen und wahrnehmen. Damit dieses Wirken Struktur hat, enthält der *Codex Iuris Canonici* erstmals in der Geschichte der Kirche klar ausformulierte Rechte und Pflichten der Christgläubigen, der Kleriker und Laien. Man kann diesen Normen Grundrechtscharakter zusprechen. Die Bezeichnung Laie ist im innerkirchlichen Sprachgebrauch höchst ehrenvoll. Sie sagt etwas über den Stand einer Person in der Kirche aus, nicht jedoch darüber, ob sich diese Person professionell oder privat mit dem Glauben und der Theologie beschäftigt.

Beziehung zu Gott

Auftrag

Pastoral- und Gemeindereferenten

Als *Pastoral- und Gemeindereferenten* oder auch als *Katechisten* (vom griech. *katecheo*: ich unterrichte) können Laien in der Kirche hauptamtlich am Sendungsauftrag der Kirche teilnehmen. In diesen kirchlichen Ämtern ist ihr christliches und missionarisches Handeln nicht mehr privates christliches Engagement, sondern amtliches Handeln der Kirche, im Namen und im Auftrag des Bischofs. Deshalb erhalten diese Personen auch eine bischöfliche Ernennungsurkunde und eine spezifische Stellenzuweisung. Sie stehen in einem kirchlichen Dienst- und Arbeitsverhältnis.

Katecheten

Katecheten sind im Unterschied dazu ehrenamtliche Laien, die ebenfalls aufgrund einer Beauftragung durch den Bischof oder den Pfarrer vor allem Kindern und Jugendlichen den Glauben vermitteln. Einer schriftlichen Dokumentation dieser Beauftragung bedarf es dafür nicht. Dabei bezeichnet schon der Begriff Katechet das, was die so benannte Person tut: Es geht hier um eine kompetente Vermittlung des Glaubens durch Weitergabe des eigenen Glaubenswissens, das mit der religiösen

Lebenspraxis übereinstimmt. So können die Kinder und Jugendlichen sehen, dass Glaube nicht wortlastig, sondern eine reale Möglichkeit der Lebensgestaltung ist.

Diakon

Der *Diakon* (griech. *diakonos*) ist ein Stand in der Kirche, der nicht nur aufgrund von Taufe und Firmung, sondern aufgrund einer sakramentalen Weihe durch einen Bischof begründet wird. Neben dem Bischofsamt ist das Diakonenamt das älteste, schon im Neuen Testament (Apostelgeschichte 6,1–7; 1 Timotheus 3,8–13) bezeugte Amt in der Kirchengeschichte. Durch die Jahrhunderte hin hat der Diakonat immer fortbestanden, ist jedoch ab dem 9. Jahrhundert, seiner tiefsten inneren Sinnbedeutung weitgehend entkleidet, lediglich zu einer Vorstufe der Priesterweihe geworden.

Das Zweite Vatikanische Konzil hat den Diakonat als eine beständige Weihestufe wiederentdeckt. Sinn und Zweck der Diakonenweihe ist es, den christlichen Bruderdienst als Erlöserdienst Christi selbst anfassbare Wirklichkeit für die Menschen werden zu lassen. Das Ureigene des Diakons besteht darin, aufgrund der Stärkung durch die sakramentale Gnade und aufgrund der besonderen sakramentalen Verbindung zum christlichen Heilsmysterium, Christus überall dort sichtbar, erkennbar und berührbar zu machen, wohin er vom Bischof gesandt wird. So war es schon in der Apostelgeschichte und so ist es auch heute wieder, in einer Zeit, in der mehr als 2.900 Diakone in der katholischen Kirche in Deutschland ihre ganz unterschiedlichen und vielfältigen Dienste tun. In der Pfarrei begegnen sie uns immer wieder an den entscheidenden Wegmarken des Lebens. Sie spenden die Sakramente der Taufe, der Eucharistie und Wegzehrung, assistieren den Eheschließungen der Brautleute, geleiten die Verstorbenen auf ihrem letzten irdischen Weg. Diakone assistieren dem Bischof und dem Priester bei der Feier der Gottesdienste, verkündigen das Evangelium und predigen, so wie es schon in der Urkirche ihre Aufgabe war und stehen nichteucharistischen Gottesdiensten (Stundenliturgie, Andachten) vor. Sie leisten den Dienst der Nächstenliebe an denen, die aus ganz unterschiedlichen Gründen am Rande der Gemeinde oder Gesellschaft stehen. Auf diese Weise sind sie die amtlich bestellten Helfer des Bischofs und der Priester. Seit dem Zweiten Vatikanischen Konzil können auch verheiratete Männer zum Diakon geweiht werden, sofern die Ehefrau der Weihe des Mannes zustimmt. Der Weihe voraus geht entweder ein theologisches (Universität) oder religionspädagogisches (Fachhoch-

2.900 Diakone in Deutschland

schule) Studium oder eine berufsbegleitende Ausbildung je nach den diözesanen Regelungen. Der Einsatz der *Ständigen Diakone* erfolgt in den Diözesen nach Maßgabe der jeweiligen Bestimmungen, entweder im Hauptamt oder verbunden mit einem weltlichen Beruf.

Zulassung von Frauen?

Ob und in welcher Weise Frauen zu diesem Weiheamt zugelassen werden können, wird in der Theologie unterschiedlich beantwortet. Die Frage ist durch den Apostolischen Stuhl bisher nicht abschließend geklärt worden. Mit Blick auf die Einheit des Weiheamtes (Bischof, Priester, Diakon) wird man eine Diakoninnenweihe theologisch vertreten können, wenn sie, wie zum Beispiel die Jungfrauen- oder die Äbtissinnenweihe, eine spezielle Segnung, nicht aber eine sakramentale Weihe darstellt.

Priester

Der *Priester* (griech. *presbytero*), zumeist als Pfarrer/Kaplan/Vikar tätig, ist für den katholischen Christen von ganz besonderer Bedeutung. Den Begriff des Priesters gibt es in allen Religionen. Damit werden Menschen bezeichnet, die aufgrund einer speziellen Berufung und Ordination die Heilsgeheimnisse der Gemeinschaft authentisch und exklusiv feiern sowie die Einhaltung der religiösen Ordnung beobachten. Der Priesterstand geht nach der Lehre der Kirche auf den Willen des Herrn zurück, der die Kirche auf dem Fundament der Apostel gegründet hat (*Lumen Gentium* 28, *Presbyterorum ordinis* 6). Der Priester ist Helfer der Apostel und ihrer Nachfolger, der Bischöfe, in der umfassenden Seelsorge. Er wird in der katholischen Kirche aus dem Stand der (ledigen) Diakone gerufen und ist aufgrund seiner Weihe durch den Bischof dazu befähigt, stellvertretend in der Person Christi, des einzigen Hohenpriesters, die Eucharistie zu feiern, die Sakramente zu spenden, insbesondere den Menschen ihre Schuld zu vergeben und die Gemeinde im Auftrag des Bischofs zu leiten. Das Priesteramt stellt nach der kirchlichen Lehre keine Bevorzugung der Person dar. Es ist ein Dienstamt, das seinen Träger in die Pflicht nimmt, sich ganz für die ihm anvertrauten Menschen einzusetzen. Aus diesem Grund und weil der Priester in besonderer Weise Christus vor Ort repräsentiert, hat sich die katholische Tradition dafür entschieden, das Priestertum in der Regel mit der zölibatären, d.h. der ehelosen und enthaltsamen Lebensform zu verbinden. Je nach seinem konkreten Amt kommt dem Priester eine spezielle Amtsbezeichnung zu.

Pfarrer

Der *Pfarrer* (lat. *parochus*) ist derjenige Priester, der vom Bischof beauftragt ist, eine bestimmte Gemeinde zu leiten. Diese

Leitungsaufgabe bezieht sich auf alle drei kirchlichen Grundfunktionen: Gottesdienst, Glaubensweitergabe und Nächstenliebe. Die Kirchensprache nennt das treffend den Hirtendienst. Vor allem aber ist ihm die Sorge für ein lebendiges Glaubensleben vor Ort anvertraut. Daher gehört es zu seinen Pflichten, die Sakramente zu spenden, die Menschen zu besuchen, den Kranken und Sterbenden beizustehen und auch Gottes Wort in der örtlichen Gesellschaft angemessen zur Sprache zu bringen. Dabei muss und soll der Pfarrer nicht alles selbst machen, sondern auch die Gemeindemitglieder dazu befähigen und dabei unterstützen, eigene Aktivitäten für ein lebendiges Gemeindeleben zu entfalten. Dem Bischof gegenüber hat der Pfarrer diese umfassende Seelsorge in seiner Pfarrei zu verantworten. Er steht gerade für das Handeln all seiner haupt- und ehrenamtlichen Mitarbeiter.

Mitarbeiter des Pfarrers

Vikar und Kaplan sind die priesterlichen Mitarbeiter des Pfarrers. Sie stehen mit Blick auf den Weihegrad auf derselben Stufe wie der Priester, tragen aber nicht die Verantwortung für die Pfarrei. Vikar und Kaplan unterstützen den Pfarrer, sie vertreten ihn bei Abwesenheit und bereiten sich zumeist in der Einübung des umfassenden priesterlichen Dienstes auf die spätere Einweisung in eine Pfarrstelle vor.

Kaplan

Der *Kaplan* (lat. *capellanus*) war in der Kirchengeschichte ursprünglich ein Priester, der an einer Kapelle Dienst tat. Anders als die Pfarrei, handelte es sich dabei nicht um eine rechtlich selbständige Einheit, sondern nur um einen bestimmten Gottesdienstort, der oft, wie z.B. die königliche Hofkapelle, im Eigentum eines weltlichen Herrschers stand. Mit der Säkularisation im 19. Jahrhundert blieb die Bezeichnung Kaplan im deutschen Sprachraum erhalten, erfuhr aber eine begriffliche Umdeutung hin zum Hilfspriester in einer Pfarrei. Dabei ist es bis heute geblieben. International werden unter Kaplänen jedoch Priester verstanden, die einem Pfarrer rechtlich gleichstehen, ohne selbst einer Pfarrei vorzustehen.

Vikar

Die Bezeichnung *Vikar* (lat. *vicarius*) bedeutet wörtlich Stellvertreter. Im kirchlichen Kontext handelt es sich aber nur dann um einen Stellvertreter des Pfarrers, wenn das eindeutig aus seiner Amtsbezeichnung hervorgeht. Dann heißt er zumeist Pfarrvikar. Ansonsten ist er dem Kaplan rechtlich gleichgestellt. Gelegentlich kommt ihm in einigen Regionen die autonome Verwaltung des Vermögens einer rechtlich selbständigen Vikarie zu. Unabhängig davon bleibt aber jeder Vikar dienstrechtlich einem Pfarrer zugeordnet.

Michael Fischer

Kinder / Jugendliche / Erwachsene

(Ver-)Sammlungspunkte

Gemeinden sind ein Ort der Sammlung und der Sendung. Gott sammelt sein Volk – gestern, heute und auch morgen. Allerdings sammelt Gott sein Volk nicht nur, sondern er sendet es auch. Sammlung und Sendung sind zwei zusammenhängende und wesentliche Grundaspekte der Kirche: So wie die Sammlung in die Sendung mündet, führt auch die Sendung in die Sammlung. Dies gilt auch für die Gemeinden. Aber was bedeutet dies heute für uns heute?

Pastoral ist Werbung für die Kirche

Im Gegensatz zu früher hat sich im Glauben der Menschen und in ihrem Verhältnis zur Kirche Grundlegendes verändert. Menschen werden heute nicht mehr automatisch in die Kirche hineingeboren und bleiben dort von der Wiege bis zur Bahre. Früher gab es keine Wahl, heute schon. Und die Menschen machen von ihrem Wahlrecht Gebrauch. Sie können aus einer Vielzahl von spirituellen und weltanschaulichen Angeboten auswählen. Viele Menschen ziehen aus der Kirche aus, um in andere spirituelle Orte einzuziehen. Dies ist die Ausgangslage heutiger Pastoral.

an Lebensalter angepasste Pastorale

Der Glaube wächst und verändert sich mit der Entwicklung eines Menschen. In den verschiedenen Lebensphasen melden sich unterschiedliche religiöse Fragen und Bedürfnisse an. Sie kommen zwar nicht immer zu Wort, sie sind aber dennoch da. Um den unterschiedlichen Lebens- und Reifungsphasen gerecht zu werden, liegt es nahe, pastorales Handeln entlang den Lebensphasen zu bedenken: von der Kinderzeit über die Jugend in das Erwachsenenalter hinein.

Kinderpastoral

Kinder sind neugierig. Sie fragen uns an und sind offen für Neues. Sie lassen sich faszinieren von den biblischen Geschichten, haben Sinn für Symbole und Riten. Der kindliche Glaube hat nicht den Realitätsbezug von Erwachsenen. Daher kann der Zauber vieler biblischer Geschichten Kinder faszinieren und auf sie wirken. Dieser Kinderglaube sollte nicht entzaubert werden, auch wenn Kinder im Laufe ihres Lebens mit ihrer kritischen Vernunft auf religiöse Fragen immer wieder neu Antworten suchen müssen.

Beachtung des familiären Umfelds

Möchte die Kirche vital und zukunftsfähig sein, muss sie den Bedürfnissen der Kinder gerecht werden und sollte sie nicht wie Störenfriede behandeln. Wer Kinder in die Mitte stellt, nimmt automatisch ihre Familien dorthin mit. Zwar wachsen viele Kinder in traditionellen Kleinfamilien auf, aber zunehmend leben Erwachsene und Kinder in unterschiedlichen Familienkonstellationen (vgl. „Patchwork"-Familien) zusammen, die wir achten und schätzen sollten. Kinder erfahren den Glauben in erster Linie von ihren Eltern. Sie sind Vorbilder, auch in religiöser Hinsicht. Wer sich mit Kindern im Glauben auf den Weg macht, kommt an Fragen, die er für sich selbst (erneut) klären muss. Daher stehen viele Eltern mit Kindern vor der Aufgabe, sich selbst wieder mit religiösen Fragen zu beschäftigen. In dieser Situation fließen Kinder- und Elternpastoral zusammen. Die Erkenntnis, dass Kinder ohne ihre Eltern den Glauben nicht lernen, bedeutet für die Vorbereitung auf die Erstkommunion, dass die Begleitung von Eltern ebenso wichtig ist wie die Arbeit mit den Kindern. Aber nicht nur das familiäre Umfeld prägt den Glauben. Der religiöse Weg der Kinder wird auch von ihrem Umfeld wie beispielsweise Krabbelgruppen, Kindergarten und Kindergottesdienste bestimmt. Gerade in den außerfamiliären Kleingruppen ist das Lernen von und der Umgang mit Religion unersetzlich.

Jugendpastoral

Die religiöse Sozialisation der Jugend ist ein immer aktuelles und nicht einfaches Thema. Junge Menschen suchen nach Sinn und tragenden Werten. Sie experimentieren. Die Jugendliche- von heute sind ihre eigenen Sinnkonstrukteure. Auf der Suche nach ihrer Identität sind sie mit verschiedensten Sinnwelten, Jugendkulturen und religiösen Bewegungen konfrontiert. Interessanterweise geht es jungen Menschen in der Auseinandersetzung mit Religion nicht darum, ein umfassendes und in sich zusammenhängendes Welt- und Selbstkonzept zu entwickeln, sondern Religion so zu erleben und sich anzueignen, wie sie zum eigenen Selbstverständnis passt. Allerdings greifen einfache Deutungsmuster zu kurz, denn die Jugend und ihre gelebten Jugendkulturen sind bunt und vielfältig.

Bereiche der Jugendpastoral

Kirchliche Jugendpastoral ruht auf drei Säulen: der gemeindlichen, der verbandlichen und der offenen Jugendarbeit. In der Pfarrgemeinde kommen Jugendliche zu verschiedenen Aktivitäten zusammen: Sternsingen, Ferienfreizeiten, Jugendgottesdienste, „Frühschichten" und vieles mehr. Einen umfangreichen Teil der Jugendarbeit tragen die Jugendverbände wie beispielsweise Pfadfinder, die christliche Arbeiterjugend oder die katholische Landjugendbewegung. Da die Verbände in verschiedenen Traditionen beheimatet sind, haben sie unterschiedliche Profile entwickelt. Die Spannweite reicht von sozialpolitischen Aktionen über die Organisation von Freizeiten bis hin zum Angebot kontinuierlicher Gruppenarbeit. Die „Offene Jugendarbeit" bietet schließlich Jugendlichen die Möglichkeit, ihre freie Zeit gemeinsam zu erleben und zu gestalten. Offen meint in diesem Zusammenhang, dass die Lebenswirklichkeit der jungen Menschen im Vordergrund steht, ohne Zugangsvoraussetzungen wie Religionszugehörigkeit, Nationalität oder Geschlecht zu beachten.

Vertrauensaufbau

Wer heute mit jungen Menschen in Kontakt treten und sie verstehen möchte, muss sich auf ihre Sprache, ihre Musik und ihre Selbstinszenierungen einlassen. Für Jugendliche sind glaubwürdige Menschen als Vorbilder wichtig, an denen sie sich orientieren können. Bei der Arbeit mit jungen Menschen bleibt der Weg, den sie einschlagen, ungewiss. Dennoch ist das Vertrauen wichtig, dass sie im Laufe ihres Lebens den Weg finden, ihre existentiellen Fragen und ihre Lebensthemen im Horizont des Glaubens zu deuten.

Erwachsenenpastoral

Karl Rahner hat einmal sinngemäß gesagt: Der Christ von morgen wird ein Mystiker sein oder er wird nicht mehr sein. Mit Mystiker meinte Rahner einen Menschen, der vor das Geheimnis seines Lebens gerät, ein Mensch, der im Geheimnis Gottes daheim ist. Darin verwurzelt kann der Mensch wachsen und dorthin reifen, zu was Gott die Menschen bestimmt hat: Liebende zu werden. Aus dieser Gottesliebe erwächst die Liebe zu den Menschen.

Suche nach Sinn

Religionssoziologische Studien bestätigen, dass eine beträchtliche Anzahl moderner Zeitgenossen die Sehnsucht treibt, einen spirituellen Weg für sich zu finden. Sie suchen ein „Obdach für die Seele" (Paul M. Zulehner). Allerdings – und das ist der wichtige Unterschied zu früher – ist es nicht mehr allein die Kirche, die diese Sehnsucht stillt. Menschen können heute wählen. Dabei sind die Menschen in religiösen Fragen nicht nur wählerischer geworden, sondern sie sind auch gezwungen, sich ständig zu entscheiden, weil kulturelle und religiöse Selbstverständlichkeiten weggefallen sind. In welchem Maß sie dabei auf die Kirche hören, bestimmen sie selbst.

Gemeinde/Pfarrei

Erwachsenen-pastoral lehrt sehen

Die Grundfrage aller Pastoral für Erwachsene ist: Worum geht es, wenn Gott im eigenen Leben im Spiel ist? In diesem Sinn ist die Erwachsenpastoral eine Sehhilfe für die Unterscheidung von Sein und Schein, eine Lebenshilfe gegen die Banalisierung und Trivialisierung des eigenen Lebens und eine Aufforderung, sich nicht im eigenen Selbst zu verlieren, sondern im anderen Menschen zu Gott und zu sich selbst zu kommen.

Martina Blasberg-Kuhnke

Frauen in der Gemeinde

Emanzipation ist „Zeichen der Zeit"

Vor fast einem halben Jahrhundert hat der Konzilspapst Johannes XXIII. in seiner Enzyklika *Pacem in Terris* (*Frieden auf Erden*) die Emanzipation der Frau als „Zeichen der Zeit" bestimmt, als eines von drei Merkmalen des 20. Jahrhunderts. Die Frauenfrage als „Zeichen der Zeit" im Blick auf eine den „Frieden unter allen Völkern in Wahrheit, Gerechtigkeit, Liebe und Freiheit" garantierende Weltordnung herauszustellen, hat in der römisch-katholischen Kirche für viele, gerade der engagierten Frauen, in der sich entwickelnden Auseinandersetzung von Katholikinnen mit ihrer Stellung in Kirche und Gesellschaft eine Stärkung und Ermutigung bedeutet. Mindestens ebenso wichtig aber ist die inhaltliche Argumentation des Konzilspapstes: Die Frauenfrage wird als „Zeichen der Zeit" (vgl. Matthäus 16,1–4; Lukas 12,54–56) gewertet und damit im Kern zu einer theologischen Herausforderung erklärt, an der sich entscheidet, ob der christliche Glaube in der Konkretheit der römisch-katholischen Kirche an der Zeit ist oder aber die Herausforderungen der Gegenwart „verschläft", mit unabsehbaren, womöglich nicht wiedergutzumachenden Folgen für die Weitergabe des christlichen Glaubens an nachwachsende Generationen und für die Zukunft des kirchlich verbürgten christlichen Glaubens selbst.

Würde der Frau

Pacem in Terris stellt gar einen Zusammenhang her mit dem wachsenden Selbstbewusstsein der Frauen von ihrer eigenen Würde. Die emanzipatorischen Impulse für die Stellung der Frau in Familie und Staat, wie in der Kirche selbst, müssen dem christlichen Glauben und der jüdisch-christlichen Tradition als ganzer innewohnen. Es geht um die Würde der Frau als Würde der menschlichen Person, die es dem Schöpfungsbericht zufolge nur als Würde der männlich und weiblich geschaffenen *einen* Menschheit gibt.

Emanzipation ist kirchliche Aufgabe

An diese bahnbrechende Textpassage aus *Pacem in Terris* wird erinnert, weil sich hier, in der Phase des Umbruchs und der Neuorientierung in der Nachkriegszeit und für die katholische

Kirche in der Konzilszeit die weit ältere Frage nach der Stellung der Frau in Gesellschaft und Kirchen zuspitzt und zugleich die bleibende Herausforderung deutlich wird, die diese für Theologie und Kirchen bedeutet. Denn das wachsende Selbstbewusstsein der Frauen von ihrer Würde ist gerade keine Einzelthematik, die nur eine Glaubensgemeinschaft oder eine Kirche, hier die römisch-katholische, betrifft, sondern sie ist als „Zeichen der Zeit" biblisch fundierte Herausforderung an das Christsein in der Welt von heute, sogar Aufgabe der Menschheit in der Einen Welt.

Wie steht es um diese Jahrhundertherausforderung am Beginn des dritten nachchristlichen Jahrtausends? Wie zeigt sie sich vor allem den Frauen in den Gemeinden? Im Folgenden wird also bescheidener danach gefragt, wie es um die Stellung der Frau in der römisch-katholischen Kirche im deutschsprachigen Kontext bestellt ist, vor allem, wie es den Frauen in den Gemeinden ergeht.

Stellung der Frau in der Kirche

Gerade aber, wenn die Frage auf die Stellung der Frauen in Kirche und Gemeinden begrenzt wird, ist es umso wichtiger, diesen übergreifenden und theologisch bedeutsamen Zusammenhang nicht aus dem Auge zu verlieren: Es geht um die Bedingungen und Möglichkeiten von Frauen weltweit, unter verschiedensten sozialen, kulturellen, religiösen und politischen Verhältnissen ihr weibliches Menschsein in Würde, Freiheit, Gleichheit und Wechselseitigkeit mit Männern leben zu können. Theologisch geht es um jene Gerechtigkeit und jene Liebe, die die Menschenfreundlichkeit Gottes, die unter uns erschienen ist (Titus 3,4), widerspiegelt. Unterhalb dieses Niveaus kann von der Stellung der Frau in der Kirche streng genommen nicht gehandelt werden, denn es geht eben um so viel mehr als um etwas „Frauenfreundlichkeit" in den Kirchen oder eine bequeme Anpassung an die gesellschaftliche Übereinkunft, nach der Frauen wenigstens in den demokratischen westlichen Gesellschaften bessere Chancen der Beteiligung und Mitgestaltung in Staat und Gesellschaft, in Wissenschaft und Politik einzuräumen sind. Von *Pacem in Terris* auszugehen verlangt eigentlich, die kirchlichen Dokumente zur Stellung der Frau im Konzil und in der nunmehr fast fünfzigjährigen Nachkonzilszeit differenziert darzustellen; wer es tut, findet Höhen und Tiefen, Entwicklungen, die ermutigen, ebenso, wie Rückschritte hinter diese bahnbrechende Enzyklika. Dazu ist hier nicht der Raum; wohl aber gilt es immer wieder, dessen eingedenk zu sein, was die katholische Kirche theologisch fundiert als Grundlage ihres Denkens – und hoffentlich auch ihres Handelns! – ausgesagt hat.

Herausragende Zwischenschritte zur Gegenwartssituation der Frauen in Kirche und Gemeinden seien wenigstens erwähnt, so die Pastoralkonstitution *Gaudium et Spes* (*Freude und Hoffnung*) und die Vierte Weltfrauenkonferenz 1995 in Peking, zu deren Anlass Papst Johannes Paul II. einen Brief an die Frauen, „Würde und Rechte der Frauen im Lichte des Wortes Gottes", verfasst hat. Die dort benannten Formen des Unrechts, der Diskriminierung und Gewalt weltweit gegen Frauen werden u. a. auch als Schuld von „Söhnen der Kirche" anerkannt. Das Schreiben des Papstes zur Weltfrauenkonferenz schließt mit dem eindringlichen Appell, den „Genius der Frau" gebührend zur Geltung kommen zu lassen, der vor allem in der Beteiligung am ethisch-sozialen, aber auch am wissenschaftlich-technischen Fortschritt festzustellen ist. Gerade in den Bereichen der Erziehungsarbeit und des Gesundheitswesens sei weltweit die Bereitschaft und die besondere Fähigkeit von Frauen festzustellen, „sich in den menschlichen Beziehungen zu verausgaben, besonders für die Schwächsten und Schutzlosesten".

Weltfrauenkonferenz

Der „Konziliare Prozess für Gerechtigkeit, Frieden und die Bewahrung der Schöpfung" der christlichen Kirchen weltweit stellt einen weiteren Meilenstein auch für die römisch-katholische Kirche in den achtziger Jahren des 20. Jahrhunderts dar, sich an den gesellschaftlichen und weltweiten Bemühungen zur Überwindung der Diskriminierung, Benachteiligung und Unterdrückung von Frauen nur aufgrund ihres Geschlechts zu beteiligen. Das Schlussdokument der europäischen christlichen Kirchen, die „Konferenz Europäischer Kirchen", die die Kirchen der Reformation vertritt und der „Rat der Europäischen Bischofskonferenzen", der die römisch-katholische Kirche in Europa sammelt, hat sich Pfingsten 1989 auf der „Ersten europäischen ökumenischen Versammlung" in Basel zu einer neuen Praxis zwischen den Geschlechtern verpflichtet. Im selben Sinn hat sich die Katholische Deutsche Bischofskonferenz schon 1981 „Zu Fragen der Stellung der Frau in Kirche und Gesellschaft" geäußert. Gar vom Modellcharakter der Kirche im Blick auf das Geschlechterverhältnis ist dort die Rede: „Die Kirche soll Modell für das gleichwertige und partnerschaftliche Zusammenleben und -wirken von Männern und Frauen sein." Das also sind die Maßstäbe, an denen sich die römisch-katholische Kirche messen lassen möchte – und messen lassen muss.

Neue Praxis des Geschlechterverhältnisses

Gemeinde / Pfarrei

Feministische Theologie

Parallel und diese offizielle Sicht auf die Stellung der Frau in Kirche und Gesellschaft kritisch begleitend und befördernd, hat sich vor allem seit den 1970er Jahren nicht nur die Feministische Theologie und die Theologische Frauenforschung entwickelt. Gerade auch in Frauengruppen und -verbänden in vielen Gemeinden denken Frauen über sich, über die Welt und Gott im Licht des Glaubens und des biblischen Gotteswortes nach. Unterstützung erfahren sie dabei bis zur Gegenwart besonders von den katholischen Frauenverbänden, unter den die „Katholische Frauengemeinschaft Deutschlands" (KFD) mit ca. 800.000 Mitgliedern der größte ist.

Frauenverbände

Änderung der Lebensmodelle

Die beschriebenen Entwicklungen dürfen gleichwohl nicht den Blick dafür verstellen, dass sich die Lebensmodelle und Lebenssituationen von Frauen in den letzten Jahrzehnten und auch ihre Bindung an die Kirchen und ihre Religiosität verändert haben. Von einem „Exodus" der Frauen aus ihren Kirchen ist ebenso die Rede, wie vom „lautlosen Auszug" gerade der jüngeren Frauen. Das hat die Deutsche Bischofskonferenz 1992 dazu veranlasst, in einer Repräsentativbefragung von Katholikinnen ab 16 Jahren die Beziehungen zwischen Frauen und Kirche genauer untersuchen zu lassen. Die Ergebnisse lassen das Verhältnis von Frauen zu ihrer Kirche anschaulich zutagetreten: Die Bindung der Katholikinnen an ihre Kirche hat innerhalb weniger Jahre seit Mitte der 1980er Jahre des letzten Jahrhunderts deutlich abgenommen. Anfang der 1990er Jahre bezeichnen gerade noch 25 % ihre Bindung an die Kirche als eng; 1982 waren es noch 40 % gewesen. Der Anteil der Frauen ohne oder nur mit einer schwachen Kirchenbindung ist im selben Zeitraum von 19 auf 31 % gestiegen. Ähnliche Zahlen gibt es für die kirchengebundenen Protestantinnen. Damit gleicht sich die Kirchenverbundenheit gerade der jüngeren Frauen in beiden Konfessionen dem niedrigen Niveau der gleichaltrigen Männer zunehmend an; sie praktizieren wie ihre männliche Altersgenossen eine kirchlich distanzierte Christlichkeit. Dieser Trend hat sich in den vergangenen zwanzig Jahren eher noch verstärkt und beschleunigt! Da er inzwischen alle Frauengenerationen erfasst hat, ist auch nicht mehr damit zu rechnen, dass Frauen sich mit zunehmendem Alter, etwa in der nachfamilialen Phase, wieder intensiver ihrer Kirche zuwenden werden. Die Lebenssituationen und -modelle der Frauen aller Generationen, besonders aber der jüngeren, haben sich gravierend verändert: bessere Schul- und Berufsausbildung, ein emanzipatorisch bestimmtes

Exodus der Frauen

Selbstverständnis, partnerschaftliche Rollenbeziehungen zwischen den Geschlechtern, eine wachsende Berufsorientierung und die damit einhergehenden Konflikte zwischen Familie und Beruf, aber auch das hohe Engagement für die Familie, veränderte Einstellungen zur Ehe und zu Lebensinhalten und -zielen werden nach der Meinung der Mehrheit der befragten Frauen von der Kirche entweder nicht wahrgenommen oder aber nicht gebilligt. Die von Frauen bekundete Diskrepanz zwischen Selbstverständnis und vermutetem Frauenbild der Kirche und die damit verbundene Entfremdung hat Karl Kardinal Lehmann seinerzeit von erheblichen Kommunikationsschwierigkeiten und -defiziten sprechen lassen, durch die sehr viele kirchliche Äußerungen auf der Strecke geblieben seien.

Gegenbeispiele

Ermutigende Gegenerfahrungen lassen sich gleichwohl auch beschreiben: Noch immer sehen viele Frauen, gerade die selbstbewussten, verantwortungsvollen und politisch interessierten unter ihnen, Kirche als sinnvollen Ort ihres Engagements. Zu nennen sind auch die große Bedeutung von Frauen bei der Weitergabe des Glaubens, vorrangig an die eigenen Kinder in der Familie, aber auch in Gemeindekatechese und Religionsunterricht, die vielfältigen Engagements von Frauen in Diakonie, Verkündigung und Liturgie in der Gemeinde sowie die Präsenz von Frauen in Theologie und leitenden kirchlichen Positionen.

Frauen von Kirchenämtern ausgeschlossen

Wenn nach Frauen in Kirche und Gemeinden gefragt wird, wird aber nicht zuletzt auch an die Möglichkeit von Frauen, ein Amt oder Ämter in der Kirche zu bekleiden, gedacht. Gerade weil die evangelische Pfarrerin längst selbstverständlich geworden ist, machen nicht wenige katholische Christinnen ihre Kritik an der nach wie vor minderen Stellung der Frau in der Kirche auch an ihrem Ausschluss vom kirchlichen Amt fest. Dem Votum der Würzburger Synode in den 1970er Jahren, die Frage des Diakonats der Frau entsprechend den heutigen theologischen Erkenntnissen zu prüfen und angesichts der gegenwärtigen pastoralen Situation womöglich Frauen zur Diakonatsweihe zuzulassen, steht die ablehnende Haltung der offiziellen römisch-katholischen Kirche gegenüber, die den Weihediakonat als untrennbar mit dem Priesteramt im Kontext des dreigeteilten Weihesakraments verbunden sieht.

Ämterfrage

Gerade in der Ämterfrage ist realistisch von einer Änderung der Haltung der katholischen Kirche in absehbarer Zeit nicht auszugehen. Die Stellung der Frauen in Kirche und Gemeinden vorrangig oder gar ausschließlich aber an der Zulassung zum

Amt zu bemessen, griffe, so konnte gezeigt werden, deutlich zu kurz: Kirche und Gemeinden waren und werden wesentlich getragen vom Engagement und vom Glauben von Frauen; ihre Zukunftsfähigkeit hängt wesentlich daran, dass dies auch unter sich wandelnden globalen, gesellschaftlichen und kirchlichen Bedingungen so bleibt.

Franz-Peter Tebartz-van Elst

Religiöse Erziehung

Sichtbares Bekenntnis

Glaube braucht Gestalt, damit er erlebt, ergriffen und begriffen werden kann. Religiöse Erziehung in Familie und Gemeinde, in Kindergarten und Schule zielt darauf, dass junge Menschen mit einem gelebten Glauben in Berührung kommen. Wo das Bekenntnis der Christen anschaulich wird, gewinnt unser Glaube Format. Die Formung des Menschen als Geschöpf Gottes besteht in der Vermittlung der Erfahrung, dass wir als Kinder Gottes Schwestern und Brüder im Glauben sind. Dieser wesentliche Zusammenhang kennzeichnet den Horizont religiöser Erziehung.

Der Mensch lernt über sich hinaus zu schauen, wo Gott in den Blick kommt.

Woher kommt dieser Glaube? Wir haben ihn uns nicht selbst gegeben. Er entspringt nicht zuerst aus einer logischen Schlussfolgerung oder dem denkerischen Nachvollzug einer wissenschaftlichen Abhandlung. Der Glaube kommt vom Hören. Er vermittelt sich, wo die Selbstoffenbarung Gottes in seinem Sohn Jesus Christus den Menschen berührt und bewegt.

Vorleben und bezeugen

Glaube wächst in Gemeinschaft. Wir glauben auf das Zeugnis der Anderen hin. Der „Anfang" des Glaubens, den wir als Geschenk und Gabe Gottes empfangen, ist auf Gemeinschaft („communio") angelegt.

Familie ist der erste Glaubensort

Als erste Zeugen des Glaubens begegnen dem Kind und Jugendlichen die eigenen Eltern. Die Familie ist der primäre Ort, der auf die gesamte Entwicklung des jungen Menschen Einfluss nimmt. Sie ist der Ort, an dem ein Grundvertrauen in das Leben eröffnet wird. Die Familie ist Kirche im Kleinen (*ekklesiola*). Durch das Beispiel und die Anleitung der Eltern lernen Kinder religiöse Vollzüge kennen und wachsen in diese hinein: das Morgen- und Abendgebet, der elterliche Segen, das gemeinsame Tischgebet, sowie die Hinführung zu den Gottesdiensten der Gemeinde. Durch das Einüben des Kreuzzeichens, durch bewusste Gestaltung familiärer oder kirchlicher Ereignisse, sowie im täglichen Miteinander vermittelt sich der christliche Glaube als Band der Liebe, das alles zusammenhält (vgl. Kolosser 3,14).

Kindergarten und Schule als zweiter Glaubensort

Darauf gründet sich die Aufgabe, die den Erzieherinnen und Erziehern, Lehrerinnen und Lehrern in Kindergarten und Schule zukommt. Für eine wachsende Zahl der Kinder und Jugendlichen sind Kindertagesstätte und Schule die ersten Orte der Begegnung mit dem Glauben der Kirche. Wo Familie als vorrangiger Ort der Glaubensweitergabe heute von Kindern und Jugendlichen immer seltener erfahren wird, bekommen diese Einrichtungen eine noch größere Bedeutung. Hier sind Erzieherinnen und Erzieher, Lehrerinnen und Lehrer immer öfter als die ersten Beter und Verkünder des Glaubens gefragt. So, wie sie das Beispiel eines gelebten Glaubens geben, werden Kinder und Jugendliche bewegt, es selbst zu versuchen. Die Gestaltung des Kirchenjahres, eine Kirchenraum-Katechese und die gemeinsame Vertiefung von praktizierten Symbolen unseres Glaubens helfen, die innere und inhaltliche Botschaft des christlich-kirchlichen Glaubens zu erschließen.

Wo Zugänge dieser Art eröffnet werden, kommen die nachfolgenden katechetische Vorgänge in den Blick.

Erzählen und verkünden

Weil „der Glaube vom Hören kommt" (vgl. Römer 10,17), inspiriert gerade das persönliche Glaubenszeugnis des Anderen jene, die im Glauben heranwachsen. Wo das „Zeugnis des Lebens" nach dem „Zeugnis des Wortes" ruft, wird deutlich: Erzählen ist Deuten.

Dieser Vorgang charakterisiert das Sprechen von Gott in der ganzen Bibel. Sie erzählt von den Großtaten Gottes und davon, wie Menschen darauf antworten. Gerade die Verkündigung Jesu geschieht in Form von Erzählungen und Beispielen, Geschichten und Gleichnissen. Sie beziehen sich auf die Glaubenserfahrungen Israels und sprechen vom nahe gekommenen Reich Gottes.

Die gesamte Bibel hat damit eine erzählerische (narrative) Grundstruktur. In den Evangelien verdichten sich Leben und Lehre Jesu. Sie berichten von seinem Handeln in zahlreichen Berufungs- und Nachfolgegeschichten, in Heilungs- und Begegnungserzählungen, in Konflikten und ganz unmittelbar in den Passions- und Auferstehungsberichten. Die Briefe des Neuen Testaments beziehen sich auf das verkündete Leben Jesu, seinen Tod und seine Auferstehung, und setzen diese Geschichte voraus.

Die Apostelgeschichte erzählt vom Werden der Kirche. Sie beschreibt, wie die Jünger mit Maria erkennen, wie sie durch ihr Miteinander in Gebet und Gespräch zu einer Gemeinschaft im Glauben werden. Sie können nicht schweigen über das, was sie erfahren haben (vgl. Apostelgeschichte 4,20).

Erzählen wird zu Verkünden

So reift persönliches Erzählen im Glauben zu kirchlicher Verkündigung. Die Gemeinschaft im Bekenntnis vermittelt Halt und Zugehörigkeit. Sie beheimatet im Glauben der Kirche und bewegt zum Zeugnis für die Welt.

Feiern und vertiefen

Der Glaube, der durch (vor-) gelebtes Zeugnis, durch Erzählen und Verkündigung geprägt und erlebt wird, ist stets ausgerichtet auf den gemeinsamen Vollzug. An der gemeinsamen Feier wird ablesbar, was die Gemeinde der Christen an Überzeugungen miteinander teilt und in Verantwortung füreinander pflegt: Glaube braucht Liturgie, Gebet und Gedächtnis. Heilsame Erinnerung wird zur Vergegenwärtigung gläubiger Verheißung.

Liturgie ist anschaulicher Glaube

In der Liturgie wird der ganze Glaube der Kirche anschaulich. Hier erhält er eine Symbolgestalt, die mit dem Verstand und dem Herzen, das heißt, mit allen Sinnen erfahrbar wird. Was wir feiern, spricht an, was wir glauben. Wie wir feiern, vermittelt, wie wir glauben.

Die gemeinsame Feier des Glaubens stiftet christlich-kirchliche Identität. Sie lebt wesentlich von wieder erkennbaren und mit anderen zu teilenden Zeichen und Symbolen, die eindeutig sind. Wo Liturgie in ihren Zeichen und Worten aufgreift, was gewachsen ist, und benennt, was von Gott her zu erwarten ist, wird eine neue Lebensqualität im Glauben eröffnet. Durch dieses neue Bewusstsein wächst ein vertieftes und erweitertes Gottvertrauen und stiftet sich Identität im Glauben.

Gottesdienst ist Glaubensweitergabe

Die feiernd erschließende Vertiefung dessen, was wir im Glauben und der Gemeinschaft der Kirche empfangen haben, ist seit der Zeit der frühen Kirche eine zentrale Form der Glaubensweitergabe.

In unserer Zeit entwickeln gerade junge Menschen ein neues und besonderes Gespür für das Geheimnis des Glaubens. Sie begreifen den Glauben tiefer, wo sie sich durch eine gestaltete Liturgie von ihm zunächst ergreifen lassen. Hier wird deutlich, dass das Glaubensbekenntnis der Kirche den Resonanzboden der Glaubensfeier braucht. Dieser Zusammenhang macht bewusst, wie wichtig es in der Glaubensweitergabe ist, Kinder und Jugendliche schon früh in die Liturgie der Kirche einzuführen. Die Ministrantenarbeit und das Engagement von Kinder- und Jugendchören leisten hier einen unverzichtbaren Beitrag.

Vom Wort zum Zeichen

„Die Kirche befriedigt keine Erwartungen, sie feiert Geheimnisse." (Carlo M. Martini). In diesem Sinne braucht Glaubensweitergabe als feierliches Geleit in das Geheimnis Gottes zunehmend eine Liturgiekatechese, die vom Wort zum Zeichen führt.

Gemeinde / Pfarrei

Matthias Sellmann

Seelsorge / Pastoral

Seele

Die Seele ist vorstellbar wie ein großer leerer Platz im Inneren und im Leben des Menschen, auf dem Gott sich mit ihm exklusiv verabreden will. Gott wartet dort bereits. Für den einen ist dieser Platz ein Marktplatz, für die andere eine Waldlichtung, für einen dritten vielleicht ein Kinosaal – ganz gleich.

Wichtig ist das Eindenken in die theologische Behauptung, in mir liege ein ganz unverwechselbar nur mir zugehöriger Ort, an dem sich die Begegnung mit meinem Gott vollzieht. Es ist der Gott, der mich geschaffen hat, der etwas von und mit mir erreichen will und der mich am Ende meines Lebens erwartet.

Seele ist der Raum für Gott

Die Seele ist der Beziehungsraum zu diesem Gott: Hier treffen wir uns, hier streiten wir, hier feiern wir, hier schreie ich ihn an – hier leben wir.

Seelsorge ist Beziehungssorge

Seelsorge ist demgemäß die Pflege dieses leeren Platzes im Sinne einer Beziehungspflege zu Gott. Seelsorge ist Beziehungssorge. Zum einen ist sie *Selbstsorge*: Im Laufe einer vitalen Beziehung zu Gott wächst die Sensibilität dafür, wie man als Partner in dieser geistlichen Beziehung ihm gegenüber präsent ist. Die Sorge für die eigene Seele kann dann beinhalten, ganz allgemein gut auf sich zu achten, für Ausgleich zu sorgen und sozusagen alles dafür zu tun, einigermaßen balanciert zum Treffpunkt mit Gott auf den leeren Platz zu kommen. Zum anderen kann sich Seelsorge als Dienstleistung für andere verstehen und

Beziehungshilfe

ist dann so etwas wie *externe Beziehungshilfe*: Es geht dann darum, gewissermaßen Gott und einen anderen Menschen zusammenzubringen; dafür zu werben, dass Menschen diesen leeren Platz mit Gott überhaupt entdecken und besuchen. Diese Seelsorge kann durch Gespräche erfolgen, durch sakramentale Feiern, durch Wallfahrten oder Ferienlager, aber auch einfach durch ein faszinierendes Vorleben einer Gottesbeziehung, die Lust auf eine eigene Beziehung mit Gott ausstrahlt.

gnostisches Missverständnis

Der christliche Begriff der Seelsorge (*cura animarum*) ist gegen zwei Missverständnisse des Seelenbegriffs zu profilieren. Das erste kann man das *gnostische Missverständnis* nennen. Hiernach wäre nur das am Menschen erwähnenswert, was seine geistlichen Tiefen betrifft. Der Körper des Menschen, sein Geist und auch seine Psyche wären dann nebensächlich. Tatsächlich hat es in der Kirchengeschichte diese Reduzierung des Menschen auf seine so verstandene Seele gegeben, die verbunden war mit Leibfeindlichkeit und der Missachtung des menschlichen Verstandes, etwa in den vielen noch bekannten Volksmissionen im 19. und beginnenden 20. Jahrhundert unter dem Motto „Rette deine Seele!"

szientistisches Missverständnis

Das *szientistische Missverständnis* sagt, die Sorge um die Seele sei eine rein psychologische und naturwissenschaftlich rekonstruierbare Tätigkeit. Hier wird die Seele letztlich zur steuerbaren Körperfunktion und der Seelsorger zum Psychologen. Dies ist eine echte Verwechslungsgefahr, denn tatsächlich arbeiten ja viele Seelsorger mit psychologischem und therapeutischem Sachverstand, und viele Menschen suchen den Rat von Seelsorgern und Seelsorgerinnen gerade in psychischen Krisensituationen (z. B. Notfallseelsorge, Telefonseelsorge). Und umgekehrt gibt es viele professionelle Psychologen, die in ihren Sprechzimmern auch über religiöse Fragen und Konflikte zu reden haben. Gerade wegen dieser Ähnlichkeit ist einer Verwechslung beider Tätigkeiten vorzubauen, und zwar im Sinne ihres jeweiligen Qualitätsschutzes: Psychologen richten ihre Aufmerksamkeit im Kern und in der Intention auf etwas anderes als Seelsorger und umgekehrt.

Wo ist die Seele lokalisierbar

Was aber ist dieser Kern? Die Antwort hat gewissermaßen einen strategischen Charakter. Denn natürlich kann der christliche Glaube angesichts einer heute durchgreifenden naturwissenschaftlichen Welterklärung nicht behaupten, die Seele sei irgendwie stofflich im menschlichen Körper lokalisierbar. Sie kann aber auch nicht behaupten, die Seele sei ein reines Gedankengebilde ohne jeden Anhalt im Sein des Menschen. Die Lösung aus dem Dilemma liegt in einem Wechsel auf die Sprachebene: Wir halten mit dem Begriff der Seele einen Zusammenhang sprachlich fest, den wir denken müssen, wenn wir mit der Bibel behaupten, dass Gott mit jedem Menschen eine sowohl individuelle wie universale Geschichte lebt. Wenn dem so ist, muss erstens eine vitale und individuelle Verbindung jedes Menschen mit seinem Gott gedacht werden, für die in ihm zweitens ein Anknüpfungspunkt in seiner individuellen Konstitution vorliegen muss. Und drittens ist Gott so zu denken, dass von ihm her diese Initiative, diese Aktualisierung des genannten Anknüpfungspunktes ausgeht. Um es mit alter Schultheologie zu sagen: Mit dem Begriff der Seele wird der

Seele als Anknüpfungspunkt Gottes

Gemeinde / Pfarrei

Mensch als ein Wesen gedacht, das *capax Dei* ist, das heißt: das gottesfähig ist.

Dies ist in der Tat faszinierend. Hier geht es um eine großartige These über den Menschen – eine These, die im Übrigen auch viele berührt, die gar nicht an den biblisch bezeugten Gott glauben können.

Das Zweite Vatikanische Konzil hat vor allem in der Pastoralkonstitution *Gaudium et spes* für eine wichtige Fortentwicklung des Seelsorgebegriffes gesorgt. Dies führt heute zu einem anderen Sprachgebrauch: Der Begriff der *Pastoral* hat den Begriff der Seelsorge weitgehend ergänzt, oft sogar abgelöst. Damit will man folgende drei Öffnungen anzeigen:

Seelsorge und Pastoral

Erstens ist Pastoral nicht klerikalistisch engzuführen. Seelsorge / Pastoral ist keineswegs das exklusive Geschäft von geweihten Priestern oder bezahlten Hauptamtlichen der Kirche. Pastoral ist das, was alle im Volk Gottes einander geben können. Und daher darf sich zu Recht jeder, der in seinem eigenen Umfeld Seelsorge übt, als Seelsorger oder Seelsorgerin fühlen.

Jeder ist Seelsorger

Zweitens ist Pastoral keine Kirchenrekrutierung. Das Ziel von Pastoral / Seelsorge ist nicht die Verkirchlichung der Leute, sondern, wie die Konstitution *Lumen Gentium* es nennt, die innigste Einheit der Menschen mit Gott und untereinander. Diese Einheit kann einen explizit kirchlichen Ausdruck bekommen, dies ist aber als eigene Freiheitsoption unter anderen zu bewerten.

Einheit der Menschen und mit Gott

Drittens ist Pastoral / Seelsorge keine individualistische und rein spirituelle Angelegenheit. Pastoral ist die *kreative Konfrontation von Evangelium und Existenz heute in Wort und Tat* (Rainer Bucher). Insofern geht es bei der Seelsorge immer wesentlich auch um Politik, Engagement und Diakonie. *Gaudium et spes* zeigt an: Der leere Platz mit Gott liegt zwar im Inneren des Menschen; aber die Begegnung mit ihm auf diesem Platz befähigt den Menschen, sich auf die Plätze dieser Welt zu begeben und auf ihnen für mehr Recht und Gerechtigkeit zu streiten.

Pastoral ist Diakonie, Politik und Engagement

Thomas Meurer

Katechese

Katechese ist eine – wenn nicht sogar *die* entscheidende – Grundgeste kirchlichen Handelns. Schon vom Ursprungssinn des Wortes her bezeichnet das griechische Verb *katēchein* die Mitteilung und damit Weitergabe einer Botschaft. Damit rückt das Verständnis von Katechese in die Nähe von Verkündigung – ein Begriff, der oft in einem Atemzug mit Katechese verwendet wird. Im frühchristlichen Verständnis ist mit Katechese aber mehr gemeint als die bloße Mitteilung, es geht dabei auch um Darstellung und Belehrung. Katechese ist, so betrachtet, eine Darstellungskunst. Die Katecheten, diejenigen also, die in den christlichen Glauben einführen, müssen die Fähigkeit beherrschen, mit den Katechumenen, denjenigen also, die Interesse am christlichen Lebensmodell haben, in einen Dialog zu treten. Das Suchen und Fragen der Katechumenen soll auf überzeugende Antwortmodelle der Katecheten treffen. Katechese ist deshalb immer ein beidseitiges Lehr-Lern-Geschehen.

Katechese heißt Weitergabe einer Botschaft

In der Frühzeit der Kirche bestand die Aufgabe der Katechese darin, ihre Adressaten im christlichen Glauben und Handeln kompetent zu machen. Da die Erwachsenentaufe in der frühen Kirche der Normalfall war, bezeichnete Katechese jenen Vorbereitungsprozess, den ein erwachsener Taufbewerber absolvierte. Drei Schritte waren dabei zurückzulegen: zunächst eine unverbindliche und zeitlich unbegrenzte Phase des Katechumenats, in welcher der Interessent in „bewussteren" Kontakt mit dem Leben der Christen kam. Dann schloss sich die zeremonielle Einschreibung zur verbindlichen Taufanmeldung an, der dann eine intensive Taufvorbereitung folgte. Am Schluss stand dann die Taufe selber. In dieser Frühphase verstand die Kirche ihr katechetisches Handeln als eine Einführung in das Geheimnis des christlichen Glaubens (Mystagogie). Dessen Inhalte und Praxis – so die Überzeugung vieler Kirchenlehrer des vierten und fünften Jahrhunderts – waren gegenüber den Nichtchristen geheim zu halten. Wahrscheinlich hatte jene Aura der Geheimhaltung auch pädagogisch-psychologische Gründe. Mit der Verbreitung und damit auch Vermassung des Christentums ab dem 3. Jahrhundert wurde so die Vorstellung aufgebaut, das Christentum sei

Katechese ist Vorbereitung auf die Taufe

nur etwas für Eingeweihte und nicht zu verbilligten Konditionen zu haben.

Mehr und mehr setzte sich mit der Ausbreitung des Christentums die Kinder- und Säuglingstaufe als gängige Form durch. Mit diesem Wandel aber vollzog sich im Blick auf die Katechese eine Änderung: die Unterweisung über und damit die Einführung in den christlichen Glauben wurde von einer Zulassungsvoraussetzung zu einem der Christwerdung nachgeordneten Moment. Katechese war nun Aufgabe der Eltern, vor allem aber der Paten. Über die Hauskatechese an den Heranwachsenden hinaus wurde die Katechese an den bereits Getauften seit dem frühen Mittelalter Aufgabe der Kirche, die durch Predigten, Mysterienspiele, Kunst und Brauchtum, aber auch durch Unterweisungen angesichts von Beichte, Kommunion und Firmung größtenteils eher schlecht als recht bewältigt wurde.

Katechese wird Aufgabe der Familie vor der der Kirche

Erst mit der Reformation brach sich aufgrund der Betonung des Priestertums aller Gläubigen die Forderung nach einer systematischen und fundierten Katechese für alle Bahn. Stand diese in streng lutherischen Kontexten zunächst noch ganz im Zeichen des Auswendiglernens und Abfragens von Lehrsätzen, so gewann durch den Jugendunterricht des Pietismus die Vorstellung an Boden, dass Katechese nie nur Instruktion sein dürfe, dass vielmehr die Gemütsverfassung der Kinder zu berücksichtigen sei. Auch die Selbstentdeckungskräfte der Schüler müssten beachtet werden. Wieder vollzog sich an der Schwelle zur Neuzeit also ein entscheidender Wertigkeitswechsel für die Katechese. Katechetisches Handeln wurde nun nicht mehr nur als Glaubensweitergabe im Sinne einer Einbahnstraße verstanden, sondern als eine Art sokratischen Gesprächs angesehen, in dessen Verlauf es dem Kind gelingen sollte, seine eigenen religiösen Gefühle einbringen zu können. Die subjektive Religion sollte durch die ihm vermittelten Lehrsätze der objektiven Religion bestätigt, vertieft oder auch korrigiert werden.

Geschichte der kirchlichen Katechese

Stellte sich Katechese in der frühen Kirche noch als eine Art Einführung in das Christentum dar, um sich im christlichen Kosmos bewegen zu können, so hat sich das Verständnis in der Kirche nach dem Zweiten Vatikanischen Konzil dahingehend verschoben, dass Katechese ein lebensbegleitendes Handeln meint, das über den gesamten Lebenslauf hinweg zu einem reflektierten Bewusstsein über den eigenen Glauben und zu einem Leben aus christlicher Überzeugung beiträgt. Statt Wegbereitung also Wegbegleitung! Das Alltagsgeschäft der Kate-

Katechese ist lebensbegleitendes kirchliches Handeln

chese ist es, das Geheimnis Gottes am Grunde der menschlichen Existenz zu erschließen. Insofern geht es darum, den Lebensweg eines Menschen insgesamt wie anlässlich seiner einzelnen Stationen im Licht des Glaubens und der Botschaft Jesu zu betrachten und zu deuten. Damit ist Katechese heute mehr zu einem Begriff geworden, der seelsorgliches Handeln überhaupt meint und unter den sich solche Aspekte wie geistliche Begleitung, Exerzitien, Seelsorgegespräch, Predigt, Lektüre spiritueller Texte, liturgische Handlungen und die Hinführung zu ihnen, etc. fassen lassen. Im Laufe der Jahrhunderte scheint also die Katechese aus der Schule in die Gemeinde hinübergewechselt zu sein. Die religionspädagogische Diskussion ist sich heute weitgehend einig darin, dass Religionsunterricht nicht Katechese sein kann und darf, sondern (wissenschaftliche) Vermittlung des Glaubens und den Richtlinien der Kultusministerien unterworfen sein muss.

Katechese ist heute seelsorgerisches Handeln

Dass Kinder in christlichen Zusammenhängen aufwachsen und damit in Kontakt kommen mit christlichen Glaubensüberzeugungen und Traditionen, ist heute eher die Ausnahme. Folglich können sie sich in christlichen Lebenszusammenhängen nicht mehr selbstverständlich bewegen und erleben die angestammte Religion nicht mehr als überzeugende, tragfähige und froh machende Lebensform. Manche Religionspädagogen gehen hier den Weg, wieder stärker auf eine Hauskatechese (Initiationskatechese) zu setzen. Insgesamt wird aber darüber nachzudenken sein, ob es nicht im oder neben dem schulischen Religionsunterricht Angebote geben müsste, in denen zur christlichen Botschaft und ihrer Tradition hingeführt wird. Fraglos lässt sich hier viel vom Katechese-Verständnis der frühen Kirche lernen. Anders gesagt: die Katechese muss ihre mystagogische Dimension wieder entdecken!

Gemeinde / Pfarrei

Paul Josef Kardinal Cordes

Caritas

Gebot der Nächstenliebe

Nicht ohne Stolz können wir Christen wahrnehmen, dass das Herrengebot der Nächstenliebe durch die Geschichte hin die Glieder der Kirche geformt hat. Viele Ordens- und Laiengemeinschaften haben es sich zu eigen gemacht. Heilige und Selige wie Martin von Tours, Elisabeth von Thüringen, Maximilian Kolbe und Mutter Teresa von Kalkutta faszinierten durch eine von Christus geschenkte Hingabe an notleidende Brüder und Schwestern. Auch Staat und Gesellschaft haben zunehmend die Verantwortung dafür entdeckt, dass sie das Elend der Bürger des eigenen Landes und auch ferner Zonen lindern müssen. Katastrophen wie der Tsunami (2004) oder das Erdbeben in Haiti (2010) zeigten erst jüngst, dass Helfen gleichsam ein Faktor moderner Kultur geworden ist. Muss es trotz der so verbreiteten humanitären Sensibilität heute weiterhin eine kirchliche „Caritas" geben?

dreifacher Kirchenauftrag

Der Kirche obliegt seit ihrer Gründung eine dreifache Sendung. Sie hat die Erlösung durch Jesus zu verkünden, sie bekundet diese in ihrer Liebestätigkeit, und sie feiert das geschenkte Heil in ihrer Liturgie. Diese Dienste kennzeichnen ihren dreifachen Auftrag. Sie bedingen sich und durchdringen einander, so dass sich das kirchliche Wirken zum Torso entstellte, würden sie voneinander getrennt oder um einen von ihnen verkürzt. Das Evangelium wirkt ganzmenschlich das vom Herrn verheißene Heil: „der Herr hat mich gesandt, damit ich den Armen eine gute Nachricht bringe; damit ich den Gefangenen die Entlassung verkünde und den Blinden das Augenlicht; damit ich die Zerschlagenen in Freiheit setze und ein Gnadenjahr des Herrn ausrufe" (Lukas 4,18 f). Christus besiegt in seiner Liebe alle Kräfte, die den Menschen niederdrücken. In ihrer Bekämpfung des Elends rettet die Gemeinschaft der Glaubenden in die Gegenwart hinein ein wenig von den Zeichen, die den Herrn als Messias auswiesen. Kirchliche Liebestätigkeit ist demnach unersetzlich. Der Herr hat sie gestiftet und ihr aufgetragen, und sie erhöht die Glaubwürdigkeit der kirchlichen Sendung.

Deus caritas est

Papst Benedikt XVI. stellte zu Weihnachten 2005 die Enzyklika „*Deus caritas est* – Gott ist die Liebe" (= DCE) der Öffentlichkeit vor. Viele in Gesellschaft und Kirche waren überrascht, hatten sie doch von dem großen Theologen eher eine kritische Auseinandersetzung mit umlaufenden Glaubensirrtümern erwartet. Er jedoch wählte für sein erstes Lehrschreiben, das – ähnlich denen seiner Vorgänger – die Grundausrichtung des Pontifikats angeben will, das Thema „Liebe". Er übersieht keineswegs, dass sich die Liebe in der Tat erweist. Er möchte darum unter Nah- und Fernstehenden das Bewusstsein für größere Gerechtigkeit wecken, damit die Leidenden allüberall auf Mitmenschlichkeit treffen und damit Regierungen die Menschenwürde im eigenen und in anderen Ländern fördern. All das bildet die Speerspitze der Kirche in Kampf gegen die Not.

theologisches Fundament

Papst Benedikt begnügt sich jedoch nicht mit der Bekräftigung der rechten Praxis. Er gibt seinen Ausführungen über die Nächstenliebe ein theologisches Fundament. Er zielt auf den Geist, in dem unsere Sorge um den Notleidenden zu beantworten ist. Seine Überzeugung wird erkennbar, dass sich der Glaube auf die Ausstrahlung der Helfer und die Intensität des Helfens niederschlägt. Seine Weisung beginnt mit einem Schriftzitat, das im modernen Stimmengewirr der Forderung nach Menschlichkeit gleichsam wie ein Paukenschlag ertönt: „Gott ist die Liebe" (1 Johannes 4,16). Sein Blick auf Gott integriert in die übliche funktionale Betrachtungsweise humanitären Helfens neue, spezifische Elemente, auf die der Christ nicht verzichten sollte – schon weil sie der Tatsache besser gerecht werden, dass diesseitig-irdische Mittel beim Menschen nicht ausreichen, um seinem Mangel an Bedürftigkeit abzuhelfen.

Liebeshandeln biblisch begründet

Offenbar sah der Bischof von Rom den Zeitpunkt gekommen, der Welt des Helfens neu die Quellen zu erschließen und die Ermöglichung selbstloser Hingabe mit gewinnenden Argumenten in den Herzen der Glaubenden zu verankern. Nicht weil Staat und Öffentlichkeit die fundamentalen Prinzipien zur Sicherung der Würde des Menschen leugneten. Er hat einen anderen Grund: Die erfreuliche Bereitschaft des Menschen von heute, dem bedürftigen Nächsten zu helfen, könnte ja Glieder und Institutionen der Kirche verleiten, Gott als den Nährboden aller Liebe zu verschweigen oder gar zu vergessen. Große kirchliche Hilfswerke lösten sich dann aus der Kirche und aus ihrer Bindung an die Bischöfe; sie identifizierten sich umfassend mit „Nicht-Regierungsorganisationen" (NGO). Und sie befürworteten ein Programm, das sich von dem des „Roten Kreuzes" oder dem der „Vereinten Nationen" nicht mehr unterschiede. Eine

2000-jährige Geschichte verarmte; der Grundauftrag der Kirche wäre veruntreut.

Programm der Apostelgeschichte bindend

Die drei zentralen Dienste kirchlicher Sendung, die Verkündigung der Heilsbotschaft (Martyria), die Feier der Sakramente (Leiturgia) und die Liebestätigkeit (Diakonia) finden ihre Letztverantwortung im Diözesanbischof. Der Papst formuliert ohne Umschweife, es entspräche der bischöflichen Struktur der Kirche, dass „in den Teilkirchen die Bischöfe als die Nachfolger der Apostel die erste Verantwortung dafür tragen, dass das Programm der Apostelgeschichte (vgl. Apostelgeschichte 2,42–44) auch heute realisiert wird" (DCE 32). Alle übrigen in diesem Feld tätigen Instanzen (in Deutschland etwa der Deutsche Caritas-Verband; weltweit die *Caritas Internationalis*) sind nachgeordnet und lediglich unterstützend.

Hilfe und Glauben bedingen einander

Mit der Wahl des Bibelzitats „*Deus caritas est*" und seinem Ansatz der Enzyklika in Gott zeigt Benedikt XVI. auf, wie sich die Welt des Helfens und die des Glaubens gegenseitig durchdringen. Wenn er z. B. von der Initialzündung handelt, die im Mitmenschen den Willen zum Zupacken auslöst: Der Engagierte mag wohl zunächst von seinem Gefühl bewegt sein; aber – so der Papst – weil Gefühle kommen und gehen, braucht der Wille Stabilisierung, die jenseits des psychologischen Kräftespiels verankert sind. Wie soll ich sonst als Helfer bei dem aushalten, der meinen Abscheu erregt? Wo soll der freiwillige Helfer Kraft schöpfen, wo seinen seelischen Gleichmut wieder finden – wenn nicht in Gott, dem liebenden Vater?

Frage des Leids in der Welt

Natürlich übersieht ein scharfer Denker wie Benedikt XVI. nicht, dass sich dem gegenüber neue, letzte Fragen über und an Gott auftun, der das Leid in der Welt in Gottes Licht stellt. Quält nicht Manchen der alttestamentliche Vorwurf gegenüber dem Allmächtigen angesichts des schrecklichen Elends in der Welt? Der weise Ijob spricht ihn aus: „Wissen möchte ich die Worte, die er mir entgegnet, erfahren, was er mir zu sagen hat. Würde er in der Fülle der Macht mit mir streiten? […] Darum erschrecke ich vor seinem Angesicht: denke ich daran, gerate ich in Angst vor ihm. Gott macht mein Herz verzagt, der Allmächtige versetzt mich in Schrecken" (Ijob 23,5 ff). Oft haben wir keine Antwort, warum das Schlimme geschehen ist; warum Gott seinen Arm zurückhält und nicht eingreift. Dennoch sollen wir in dieser Verwirrung vor seinem Angesichts bleiben; in betendem Dialog; es steht uns nicht zu, bloß noch *über* ihn zu räsonieren. Unser Aufstöhnen unterstellt Gott nicht Irrtum, Schwäche oder

Gleichgültigkeit. Sondern selbst der Aufschrei unserer Seele zu ihm bekundet noch einmal seine Souveränität. Und der Papst erinnert an den knappen und genialen Satz des Hl. Augustinus: „*Si comprendis, non est Deus* – Wenn du ihn verstehst, so ist er nicht Gott" (*Sermones* 52,16, PL 38,360).

Handeln durch Glauben

Gerade beim Thema „Caritas" leuchtet ein, dass in Glaubensdingen das Nachdenken nur ein erster Schritt ist. Alles bleibt fruchtlos ohne die Tat. Schon Jesu Gleichnis vom Barmherzigen Samariter endet mit dem Hinweis: „Dann geh und handle genauso" (Lukas 10,37).

Obiora Ike

Evangelisation und Mission

Religion und die Sinnfrage

Zu Beginn dieser Ausführungen sei der aus eigener Erfahrung erwachsene Hinweis gestattet, dass das Geschenk des Glaubens und die Begeisterung für Religion und ihre Ausübung – oftmals beschrieben als „außergewöhnliche Beziehung eines Individuums, einer Gruppe oder Gemeinschaft zu einem unbesiegbaren, allmächtigen, ewigen Schöpfer und absolutem Sein, nämlich Gott" – in unserer Zeit sich weiterhin in den verschiedenen Nationen und Völkern der Welt verbreiten. Daneben gibt es jene, die keinen Glauben haben und sich weigern, eine Religion und ihre Glaubenssätze anzuerkennen. Sie widerstehen der Religion in all ihren Ausprägungen und verbreiten ihre eigene Auffassung und ihr säkulares Empfinden im Hinblick auf Themen des Glaubens, der Moral und der Religion, wobei sie sich mitunter auf „Atheismus", „Nihilismus" oder sogar „Neutralität" berufen.

Antworten auf Lebensfragen gesucht

Die Geschichte lehrt uns, dass die Suche nach dem Sinn des Lebens und das Streben nach Frieden und Glück ein wesentlicher Bestandteil der menschlichen Natur sind. So wurde zu allen Zeiten und in allen Generationen gefragt: Wer bin ich? Was ist das Leben? Warum leiden wir? Wo kommen wir her? Wo gehen wir hin? Warum sterben wir? Was geschieht nach dem Tod? Nützliche Antworten auf solche Fragen zu geben, haben die verschiedensten Disziplinen versucht: die Naturwissenschaften, die Philosophie, die Kulturwissenschaften und die Religion. Der Bereich der Religion sticht insofern hervor, als sie den Menschen hilft, sich bei ihrer Suche nach Wahrheit, Frieden, Glück und Sinn außerhalb der realen Gegebenheiten der materiellen Welt wahrzunehmen. So sind im religiösen Bereich und innerhalb verschiedener menschlicher Kulturen und Gesellschaften früherer Zeiten große geistliche Führer, Lehrer und Persönlichkeiten im Laufe der Geschichte aufgetaucht, die den göttlichen Bereich innerhalb des menschlichen ausstrahlten. Beispielsweise sind die traditionellen Religionen Afrikas, Asiens und Lateinamerikas so alt wie ihre Völker, und viele Aussagen ihrer Lehre versuchen, mittels mündlicher Tradition die Fragen des Lebens sinnstiftend zu beantworten.

christlicher Glaube gibt Gewissheit

Mit dem Christentum geschieht allerdings etwas Neues: Das Geheimnis der Fleischwerdung, die Gottes Teilhabe an der Menschheitsgeschichte veranschaulicht, indem Jesus Christus Mensch wird und am Kreuz stirbt aus Liebe zu den sündigen Menschen, um Heil und Rettung für jede Kreatur zu bringen, radikalisiert die Rolle der Religion und des Glaubens. Christlicher Glaube lehrt eindeutig, dass Gott in uns und unter uns wohnt („Immanuel"). Jesus beauftragte seine Jünger, das Evangelium überall zu verkünden. Er schickte sie zur Mission für das Evangelium „bis ans Ende der Welt" (Matthäus 28,19–20). Christlicher Glaube eröffnet – anders als viele uns bekannte Religionen und Glaubensgemeinschaften – Gewissheit, eine Mischung aus Hoffnung und Realitätssinn, die sich jeglicher Desillusionierung widersetzt. Christliche Gläubige spüren den Kontrast zwischen Gottes verheißener Zukunft und den Rahmenbedingungen von Armut, Schrecken und Mutlosigkeit, die unsere Welt heute wie zu jeder anderen Zeit auch prägen, und sie sind erfüllt von der Motivation, alles zu tun, um Letzteres in Ersteres zu verwandeln.

Mission als Evangelisation

Der Gebrauch des Wortes „Mission" bedarf der Klärung, weil er in verschiedenen Sprachen unterschiedliche Bedeutungen hat. So wird „Mission" mitunter benutzt, um damit eine „diplomatische Mission", eine „politische Mission", eine „militärische Operation" oder eine „ökonomische Mission" zu bezeichnen. In diesem Artikel wird der Begriff verstanden als „Evangelisation" (griech.: *euangelion*, gute Nachricht). Es ist der Auftrag Jesu an seine Jünger, bevor er in den Himmel auffährt, gleichermaßen sein letzter Befehl, in der Bibel überliefert als „Gehet hinaus in alle Welt und verkündet das Evangelium allen Geschöpfen." (Markus 16,15) Derselbe Missionsbefehl wird den Jüngern in der Apostelgeschichte folgendermaßen übermittelt: „Aber ihr werdet die Kraft des heiligen Geistes empfangen, der auf euch kommen wird, und werdet meine Zeugen sein in Jerusalem und in ganz Judäa und Samarien und bis an das Ende der Erde." (Apostelgeschichte 1,8) Im Gegensatz zu den meisten anderen Religionen ist das Christentum einzigartig im Hinblick auf seine Mission, d. h. die Mission seines Gründers Jesus Christus, der als historischer Jesus inmitten der Menschen seiner Zeit lebte und ihre Erfahrungen teilte.

Motivation zur Mission

Durch Gottes Wille ist Jesus auferstanden von den Toten, und er beauftragte die Jünger, seine begonnene Mission fortzuführen, vor allem die Verbreitung der Guten Nachricht von der Erlösung aller Menschen. Von da an hatte der Tod keine Macht mehr über jene, die glauben und das Heil in Christus finden. Im Christentum nimmt sich Gott der menschlichen Natur, des Lebens an, er lehrt die Menschen und identifiziert sich mit dem Sünder in allem außer der Sünde. Das Geheimnis der Fleischwerdung und der schändliche Tod Jesu Christi am Kreuz beweisen Gottes Geheimnis der Liebe zum Menschen. In seinem irdischen Leben hat Jesus sich mit den Armen identifiziert, mit den Notleidenden, den Verstoßenen, den Sündern und all jenen, die nichts hatten außer ihrem Glauben an Gott, der immer da ist, um zu heilen und zu trösten. Das ganze Neue Testament beschäftigt sich mit Jesu Sorge um die Menschen seiner Zeit. Er heilte die Kranken, gab den Hungrigen zu essen, tröstete gebrochene Herzen, erzählte vom Ende der Zeit in Bildern und Gleichnissen und ermutigte die Menschen, ihr Hab und Gut zu teilen, damit alle an der Fülle teilhaben: „Denn ich bin hungrig gewesen, und ihr habt mir zu essen gegeben. Ich bin durstig gewesen, und ihr habt mir zu trinken gegeben. Ich bin ein Fremder gewesen, und ihr habt mich aufgenommen. Ich bin nackt gewesen, und ihr habt mich gekleidet. Ich bin krank gewesen, und ihr habt mich besucht. Ich bin im Gefängnis gewesen, und ihr seid zu mir gekommen." (Matthäus 25,35–36) Das Zeugnis des heiligen Petrus im Hause des römischen Heiden Cornelius verdeutlicht dieses: „Petrus aber tat seinen Mund auf und sprach: Nun erfahre ich in Wahrheit, dass Gott die Person nicht ansieht; sondern in jedem Volk, wer ihn fürchtet und recht tut, der ist ihm angenehm." (Apostelgeschichte 10,34–37)

Fortsetzung von Christi Werk

Evangelisation setzt Christi Lehre, Werke, Taten und Leben fort; sie bezeugt seine Liebe und seinen Dienst, seinen Tod und seine Auferstehung; die Verbreitung seiner Guten Nachricht unter allen Völkern und Nationen ist unmissverständlich und klar. Die Gute Nachricht lautet, dass Gott seine Schöpfung liebt, dass er ihr Sinn und Heil gegeben hat und er immer da sein wird, um zu leiten und zu beschützen, um die Menschen zu erhöhen und die Gaben der Wahrheit und der Liebe über alle die auszuschütten, die an ihn glauben. An dieser Stelle sei also betont, dass Evangelisation als Mission Christi bis heute fortgesetzt wird durch die Anhänger Jesu, durch die Kirche, die er gründete, damit die Welt glaube. Es ist Aufgabe der Kirche zu lehren, zu führen und zu heiligen.

Ursprung der Evangelisation

Alles begann in Jerusalem mit dem Zeugnis der frommen Frauen am frühen Morgen, Anhängerinnen Jesu, darunter auch Maria aus Magdala, Maria, die Mutter von Cleopas, sowie einige Jünger Jesu, darunter Petrus und Johannes, die in der Morgendämmerung zu seinem Grab wanderten. Das Grab war leer. Damit begann eine andere Geschichte. Die Frage der Engel aus dem Johannesevangelium klingt bis heute nach: „Was sucht ihr den Lebenden bei den Toten?" (Lukas 24,5 f) Diese Worte verwandelten die Hoffnungslosigkeit der Jünger in einen neuen Lebenshorizont, in eine Zukunft, die bis dahin unvorstellbar schien, in einen neuen und frischen Glauben, in etwas Außergewöhnliches; die weiteren Entwicklungen verblüfften sie. Ihnen fehlten zunächst die Worte, doch schon bald waren die Jünger mutig genug, für das Zeugnis von der Auferstehung Jesu, des Herrn und Retters, ihr Leben hinzugeben. Dies bildete die Basis, auf der sich die Nachricht von der Auferstehung wie ein Lauffeuer überall verbreitete bis ans Ende der Welt: Ein Toter, dessen Tod von allen Augenzeugen bestätigt worden war, wurde begraben und später als auferstanden beschrieben. So etwas war noch nie geschehen, solange der Tod die letzte Station im menschlichen Dasein war. Diesmal wurde der von den Toten Auferstandene von vielen gesehen, wie es die Bibel berichtet.

Verbreitung des Christentums

Von Jerusalem aus verbreitete sich diese gute Nachricht schon früh und schnell über Israel und Griechenland nach Kleinasien, dann nach Afrika über Ägypten, Äthiopien und das ganze nördliche Afrika zusammen mit einem aufblühenden Glauben an die Botschaft von Jesus Christus. Bald schon rezipierten auch die nubischen Regionen im Sudan und andere Teile Afrikas das Evangelium. Durch das großartige Wirken der Apostel Petrus und Paulus empfing auch das Machtzentrum Rom die Gute Nachricht; auch wenn Verfolgung und Märtyrertum viele Generationen lang andauerten, so verbreitete sich dennoch das Christentum und die damit einhergehende Mission über die ganze Welt, getragen von der einen heiligen, katholischen und apostolischen Kirche (vgl. Katechismus der Katholischen Kirche). Durch zwei Jahrtausende hat sich die Zahl der Gläubigen stets vergrößert. Die auf den Fels Petrus gegründete Kirche hat die Mission, die Botschaft Christi in der ganzen Welt verbreitet mit der Erzählung vom Leidensweg Christi.

Christliche Religion und ihre Verbreitung in der Welt sollen Hoffnung wachsen lassen, nicht Hoffnungslosigkeit. Doch es muss auch erwähnt werden, dass Menschen der Hoffnung zugleich auch harte Realisten sind, die die Grenzen dessen erkennen können, was heutzutage im Kampf um Gerechtigkeit erreicht werden kann.

Mission und Evangelisation in Afrika – Ein Spezialfall

Das Evangelium Christi, von der katholischen Kirche verkündet, kam bereits in den ersten Jahrhunderten nach Afrika, wurde im 15. Jahrhundert und dann erneut im 19. und 20. Jahrhundert durch das großartige missionarische Wirken von Europa und Amerika aus wiederbelebt. Die christliche Religion ist mittlerweile in Afrika zu Hause und hat sich dort fest etabliert. Papst Johannes Paul II. hat mehrfach betont, „dass Afrikas Stunde geschlagen hat … Afrika ist die neue Heimat Jesu Christi", und Papst Benedikt XVI. nannte in seiner Eröffnungsrede zur zweiten Afrika-Synode im Oktober 2009 die Kirche Afrikas „die geistliche Lunge der Weltkirche". Afrika ist im Laufe der letzten 100 Jahre im Hinblick auf Zahl und Ansehen der Christen sehr gewachsen, was auch die steigende Zahl von Priestern und Missionaren belegt sowie deren Leidenswege angesichts von aggressivem religiösem Islamismus, der Globalisierung und ihren Auswirkungen, erschreckender Armut, Diktaturen aller Schattierungen und kolonialgeschichtlichen Ereignissen und menschlichen Ungerechtigkeiten von außen wie von innen.

Nutzen christlicher Werte

Afrika hat das Evangelium Jesu Christi angenommen und will nunmehr die Gute Nachricht in alle Welt weitergeben, auch in Zeiten, da die westliche Hemisphäre religionsmüde geworden ist. Afrikas Stunde hat geschlagen, um zu zeigen, was der Rest der Menschheit benötigt, nämlich christliche Werte: die Familie als Kernzelle der Gesellschaft; Gemeinschaftssinn, das Miteinander von Glaube und Leben, Achtung vor aller Kreatur und der Umwelt; Achtung vor den Älteren und dem Alter; Solidarität mit den Leidenden; Menschlichkeit und Unterstützung für jegliches Leben; Suche nach der ganzen Wahrheit. Afrika ist bereit und willens, diese von der ganzen Welt benötigte Mission zu übernehmen und seine Ausbreitung zu fördern. Dies ist in Kürze eine Zusammenfassung der Vorschläge des Papstes auf der zweiten Afrika-Synode im Oktober 2009.

Afrika-Synode 1994

Kein Ereignis in der Geschichte der katholischen Kirche in Afrika hatte so starken Einfluss und weltweites Interesse hervorgerufen wie die afrikanische Synode in Rom 1994. Bei dieser Synode stellte Hyacinth Kardinal Thiandoum, Erzbischof von Dakar (Senegal) und Berichterstatter der Versammelten, die berühmte Frage: „Kirche in Afrika! Wie musst du dich heute entwickeln, damit deine Botschaft überzeugend und glaubwürdig ist?“ Afrikas Bischöfe bestätigten zusammen mit dem Heiligen Vater und der ganzen Kirche auf dieser Synode, dass Evangelisation in Afrika heutzutage das Image der Kirche als Familie vertreten muss. Evangelisation ist fünfgliedrig:

Dialog

Zunächst muss die Evangelisation in Afrika heute betrachtet werden als Verkündung der Guten Nachricht der Erlösung, welche Jesus Christus selbst ist. Zudem meint Evangelisation auch Dialog – Dialog mit den Ungläubigen, mit Menschen anderer christlicher Religionen und anderer Glaubensrichtungen, mit säkularen Strömungen und mit der Welt als ganzer. Evangelisation als Mission umfasst auch die Eingliederung der Guten Nachricht, so dass Christus und seine Umgebung eine Einheit bilden, alles wird in Gott versöhnt. Schließlich muss Mission heute auch angesehen werden als die Annahme einer grundlegenden Position, die sowohl prophetisch ist als auch auf Wahrheit und Nächstenliebe gründet (Veritas in Caritate).

Afrika an der Spitze der Evangelisation

So sind die Wege von Frieden und Gerechtigkeit wesentlich für das tägliche Leben aller Menschen und auf dem afrikanischen Kontinent die Speerspitze gegen Armut und Ungerechtigkeit. Dringend notwendig ist die Umsetzung von *Gaudium et Spes:* „Freude und Hoffnung, Trauer und Angst der Menschen von heute, besonders der Armen und Bedrängten aller Art, sind auch Freude und Hoffnung, Trauer und Angst der Jünger Christi.“ (*Gaudium et Spes* 1) Die Anwendung der oben zitierten Beschlüsse der zweiten Afrika-Synode meint die Zusicherung, dass die Zusammenhänge von politischen, sozialen, ökonomischen und kulturellen Gegebenheiten genau geprüft werden müssen im Lichte des Evangeliums Jesu Christi, um so Menschenwürde und Menschenrechte aller, die zum Ebenbild Gottes geschaffen wurden (Genesis 1,26), zu fördern. Weltweite Gerechtigkeit und Frieden sind unabdingbar notwendig für Mission und Evangelisation im Geiste Jesu Christi. Daher muss die Kirche Afrikas im Zuge ihres missionarischen Wirkens „das Licht der Welt und das Salz der Erde“ werden (Matthäus 6).

Aus dem Englischen von Kirsten Blanck

Gemeinde / Pfarrei

Peter Schallenberg

Ethik

Gegenüber von Natur und Mensch

Natur und Person. Der Mensch ist Person und hat Natur. Insofern bildet er eine Person-Natur-Einheit. Dies heißt näherhin: „Die Person subsistiert in Wiederholbarkeit" (Klaus Demmer). Dabei fällt es der biologischen Natur zu, personale Entfaltung zu schützen wie zu begrenzen. Die Natur gibt zu denken und zu deuten; sie fordert zu Wertung und Urteilsbildung heraus. Hierbei wird zwischen Gütern und Werten unterschieden: Natürliche Güter (wie Familie, Leben, Frieden) können durch ethische Reflexion zu moralischen Werten aufsteigen. „Die menschliche Natur als unmittelbares Kriterium sittlichen Handelns ist das Ergebnis eines komplexen Verstehensprozesses, von Deuten und Werten. Für die sittliche Urteilsbildung ist immer von Bedeutung, welcher Wert einem Gut beigemessen wird." (Klaus Demmer). Die spezifische Natur des Menschen liegt gerade in seiner Fähigkeit zur Selbsterkenntnis und Selbstbestimmung. Diese steht im Dienst an der vernunftgeleiteten Formung einer eigenständigen Persönlichkeit aus der Vorgegebenheit der Natur.

Nur der Mensch weiß von sich selbst

Es ist für den Menschen eigentümlich, sich nicht als bloße Sache zu behandeln, sondern ein Bewusstsein seiner selbst zu erlangen, von sich als „Ich" zu sprechen und ein Selbstbild zu haben. Thomas von Aquin nennt die höchste Fähigkeit menschlicher Geistseele die „reditio completa ad seipsum", also den vollkommenen Rückgang auf sich selbst. Klassisch wird daher der Mensch als Person bezeichnet. Im Begriff verschränken sich die Übersetzung des griechischen Wortes für Angesicht (pròsopon), das im Theater die Maske des Schauspielers bezeichnet, und die Bedeutung des lateinischen Wortes „personare" (hindurchtönen), das auf die tragende und hintergründige Rolle des Trägers der Maske in der dramaturgischen Handlung hinweist. Dieser Träger der Maske wird zum Träger des eigentlichen, aber verborgenen Wesens, die unter und hinter der Sichtbarkeit steht: die Substanz. So bezeichnet Boethius (480–524) den Menschen in seiner berühmten Schrift aus dem Gefängnis „De consolatione philosophiae" (Vom Trost der Philosophie) den Menschen nicht nur als „animal rationale", als vernunftbegabtes Lebewesen, sondern bringt auch den Personbegriff auf den

Punkt: Person ist eine „individua substantia rationalis naturae“ – eine individuelle Substanz vernünftiger Geistnatur.

Verschiedene Rollen des Menschen

Der Gedanke dieser empirischen Unauslotbarkeit des Menschen, der für sich und in seinem Leben verschiedene Rollen spielen und doch zu seiner tragenden Rolle, zum durchtragenden Selbstverständnis kommen muss, ist alt; er begegnet schon in der stoischen Philosophie und zwar im Vergleich der Rolle des Menschen in der Welt mit der Rolle des Schauspielers im Theater. Nach Cicero (106–43 v. Chr.) enthält eine solche Rolle vier Grundzüge: Verknüpfung von Sprechen und Handeln, individuelle Charakterzüge, Bewährung der handelnden Person in konkreten Situationen, Notwendigkeit der Entscheidung für eine bestimmte Rolle im Stück. Demgemäß gilt für den Menschen als Person: Er handelt nach vorhergehenden und nachfolgenden Urteilen, er agiert aufgrund seiner persönlichen Talente, er bewährt sich in unvorhersehbaren und konkreten Situationen, er wird Selbst und Persönlichkeit durch die bewusste Wahl und Entscheidung für ein tragendes Lebensprojekt.

Individualität

Damit ist der Begriff der Individualität bereits gestreift, und der Weg von der Person zur Persönlichkeit kommt in den Blick. *Als Individuum ist jeder Mensch einzigartig und von unvergleichlicher Würde bestimmt.* Und zugleich kommt dieses Individuum zu einzigartigen und unverwechselbaren Lebensentscheidungen und Handlungsweisen, die erst aus der Person eine Persönlichkeit erwachsen lassen. Die Persönlichkeit gewinnt Profil, sie steht vor der Reihe der anderen, sie nimmt die Last der letzten Einsamkeit und Unvertretbarkeit auf sich.

Gott ist in jedem Menschen präsent

Aus christlicher Sicht gelingt das, weil das tragende Lebensprojekt der menschlichen Person nicht zum Scheitern verurteilt ist, sondern vorgängig als geglückt erklärt wurde: von Gott in Schöpfung und Erlösung. Gott selbst wird präsent in der Rolle einer jeden individuellen Persönlichkeit, sein Bild wird in jeder Peron durchscheinend und immer neu sichtbar. Mit der Fleischwerdung des Sohnes vollendet sich der christliche Begriff von Person: In jeder menschlichen Person wird Christus sichtbar, je anders und individuell, aber in gleich gültiger Weise. Jede Lebensgeschichte wird zu einer geglückten Geschichte der Gegenwart Christ in der Welt, die von der Person als je eigenes Glück angenommen und gestaltet (Tugend) oder auch abgelehnt werden kann (Sünde). Der seine individuelle Rolle spielende Mensch weiß sich als Person zur Persönlichkeit berufen, das verleiht ihm eine letzte Gelassenheit und eine Sicherheit, die aus Gott kommt: Der Mensch ist Person mit der Berufung zur Personalität, berufen von Gott, der selbst dreipersönlich ist.

Mensch ist Gottes Ebenbild

Gottebenbildlichkeit in Schöpfung und Erlösung. Grundlegend für die katholische Moraltheologie ist seit Thomas von Aquin (um 1225–1274) dessen anthropozentrische Gliederung seines theologischen Hauptwerks, der *Summa Theologiae*, die sich wiederum der christozentrischen Struktur dieses Denkens verdankt: Nach Gottes- und Schöpfungslehre folgt in der *Summa* der moraltheologische zweite Teil. Er beginnt mit dem programmatischen Vorwort: „Weil nach dem Worte des Johannes von Damaskus (*De fide orth*. 2,12; vgl. *De imaginibus* 3,20) der Mensch nach dem Ebenbild Gottes gemacht gilt, insofern mit Ebenbild „das Verstandesmäßige und Wahlfreie und durch sich Machhafte" bezeichnet wird, so bleibt, nachdem über das Musterbild, nämlich über Gott, gehandelt ist und über das, was aus der göttlichen Macht, ihrem Willen gemäß, seinen Ausgang hat, als Endfolge, sein Bild zu betrachten, das heißt der Mensch, insofern auch er seiner Werke Urheit ist, so er ja freien Wahlentscheid und die Macht zu seinen Werken hat" (*Summa Theologiae* I–II Vorwort).

Ungeachtet der Tatsache, dass Thomas von Aquin noch kaum mit strukturellen und dauerhaften, ja sogar pathologischen Einschränkungen der menschlichen Wahlfreiheit und demnach mit dissozialen Persönlichkeiten rechnete, er somit auch nicht Bezug nahm auf das „Unbewusste in der Freiheit" und manche moderne Frage deswegen bei ihm keine Antwort finden kann, so bleibt doch die Aktualität und Gültigkeit dieses Vorworts für die katholische Theologie und Ethik ungebrochen. Die Welt insgesamt ist Schöpfung, und der Mensch als deren Krone ist in besonderer Weise als Ebenbild Gottes geschaffen und nach dem Verlust dieser Abbildlichkeit (durch den Sündenfall) durch die Menschwerdung Christi wiederhergestellt.

Welt ist Schöpfung

Der Mensch handelt gottbezogen

Dem liegt das thomanische Schema von *exitus – redditus* (Ausgang – Rückkehr) zugrunde: Der Mensch geht von Gott aus und soll nach seiner Zielbestimmung zu ihm zurückkehren, kraft eigenen Willens und eigener Freiheit. In diesem „soll" liegt die Quelle der theologischen Ethik auf der Grundlage dieses Menschenbildes. Wo aber ein Bild in Vergleich und Beziehung zu seinem Urbild betrachtet wird, tritt eine Zielgerichtetheit in das Denken ein, die programmatische Züge annimmt. Denn wenn Thomas von Aquin nach dem Vorwort nun in der ersten Untersuchung das Endziel des Menschen erörtert – und dies Endziel des menschlichen Lebens als Glückseligkeit definiert –, so bleibt er zunächst in der griechisch-aristotelischen Tradition. Er vollendet sie aber zugleich in der christlichen Sicht: Der Mensch strebt durch ethisch-vernünftiges Verhalten nicht zuerst nach Zwischenzielen, sondern je schon nach dem Endziel, nach dem umfassenden guten Leben, das allein Gott und seine Gemeinschaft schenkt, das aber der Mensch durch die Kräfte des Verstandes und des Willens, die Gott ihm gibt, erreichen kann. Das Gute ist ganz Gottes Werk und ganz zugleich das Werk des Menschen: Es besteht kein Konkurrenzverhältnis, sondern der Mensch wird zur Zweitursache, zum „cooperator veritatis", zum Mitarbeiter an der Wahrheit des eigenen und des mitmenschlichen Lebens. Der Mensch ist – scholastisch gesprochen: in Potentialität, der Möglichkeit nach – Ebenbild und soll es – in Aktualität, der tatsächlichen Wirklichkeit nach – frei und willig werden.

Lebensziel ist Glück in Gott

Zugleich wird damit ein zweiter Grundgedanke der griechischen Philosophie aufgegriffen und vertieft. Aus dem antiken „Werde, der du bist!" wird nun das scholastische Prinzip „agere sequitur esse" (Das Handeln folgt dem Sein). Dieser Gedanke darf nicht mit dem naturalistischen Fehlschluss der neuzeitlichen Moralphilosophie verwechselt werden, als ob die Natur konkrete Normen aus sich entließe, etwa das Verbot, sich die Haare zu schneiden, weil dies natürlicherweise nicht vorgesehen ist, oder Wasser zu erhitzen, weil Wasser natürlicherweise kalt ist.

Menschliches Handeln aus menschlichem Sein

Die Natur des Menschen ist Vernunftnatur: Sie gibt zu denken und zu deuten. Ein Projekt geistiger Art wird an das menschliche Wesen herangetragen und der Mensch befragt sich und seine Wesensnatur nach dem bleibend und normativ Gültigen. Und diese Frage wird inspiriert vom Gottesbild, das in Jesus Christi offenbart wurde: Wie kann das Bild Gottes durch Ausbildung des individuellen Selbstbildes sichtbar werden? Meister Eckhardt (um 1260–1328) wird das in der mittelalterlichen Mystik auf den Satz bringen: Die Leute sollen nicht so viel darüber nachdenken, was sie tun sollen; sie sollen darüber nachdenken, was sie sein sollen! Michel de Montaigne (1533–1592) formuliert zu Beginn der Neuzeit ähnlich, im Anschluss an ein Wort Senecas: „Menschen sind nicht wie Fässer, die gefüllt werden sollen, sondern wie Feuer, die entfacht werden wollen!" Und Romano Guardini (1885–1968) greift den Gedanken – Thomas von Aquin folgend – dann im 20. Jahrhundert auf mit seiner Unterscheidung

Vernunftnatur des Menschen

von Logos und Ethos und weist auf die genuin katholische Verordnung der Erkenntnis vor dem Willen hin, die sich vom Primat des Willens bei Kant absetzt.

Kirchenferne?

Ende des 20. Jahrhunderts scheint die Gesellschaft kirchenferner denn je zu sein. Entgegen den Prognosen der siebziger Jahre wird es jedoch aus demographischen Gründen zu keiner „Freizeitgesellschaft" kommen. Auch die „Spaß-" oder die „Eventgesellschaft" ist in ihre Grenzen verwiesen worden. Der zunehmende wirtschaftliche Druck in den Industrieländern und die Verdrängungsmechanismen am Arbeitsplatz hat die Zahl der in Europa an Depression Erkrankten deutlich ansteigen lassen.

Solidarität und Subsidiarität

Die katholische Soziallehre mit ihren Prinzipien Solidarität und Subsidiarität ist hier herausgefordert, neoliberalen Wirtschaftskonzepten, welche die breite Mittelschicht gefährden und einseitig auf Profitmaximierung ausgerichtet sind, Paroli zu bieten. Ein ausschließlich auf Konsum ausgerichteter Alltag vieler Bürger muss letztendlich sinnentleert bleiben. Hier ist die Kirche herausgefordert, dieses Vakuum mit ihren Antworten auf die dringenderen Fragen des Lebens auszufüllen.

Theologische Ethik aus der Bibel

Eine immanente Ethik ist eine permanente Überforderung des Menschen, eine theologische Ethik entspricht hingegen der Gottesebenbildlichkeit des Menschen. Gottesbild und Menschenbild der Bibel spiegeln diese Grundstruktur wider und bilden geradezu den zweifachen Rahmen der biblischen Heilsgeschichte, an deren Anfang die Schöpfung und an deren Ende die Ewigkeit steht. Der erste Rahmen: Das Urbild Gottes nimmt im Logos sichtbare Gestalt an: Im ersten Buch des Alten Testamentes heißt es: „Am Anfang schuf Gott ..." (Genesis 1,1), und Johannes präzisiert am Anfang seines Evangeliums im Neuen Testament: „Im Anfang war das Wort", um dann fortzufahren: „Und das Wort ist Fleisch geworden und hat unter uns gewohnt" (Johannes 1,1.14). So wird die Schöpfung in der Erlösung Christi vollendet. Und der zweite Rahmen unterstreicht die im Menschen durch die Schöpfung innewohnende Zielstrebigkeit auf das gute Leben, das zunächst ohne Gott (vergeblich) gesucht wird und erst durch die Erlösung in Gott ermöglicht wird: Am Anfang des Alten Testamentes steht der eigenmächtige Griff nach dem Baum der Erkenntnis von Gut und Böse, der die menschliche Nacktheit und Ungesichertheit fast brutal vor Augen führt: „Da sah die Frau, dass der Baum gut sei zum Essen und eine Lust zum Anschauen und begehrenswert, um weise zu werden. Sie nahm von seiner Frucht und aß und gab auch ihrem Mann, und auch er aß. Da gingen beiden die Augen auf, und sie erkannten, dass sie nackt waren" (Genesis 3,6–7). Am Ende der Bibel aber steht die eschatologische Teilhabe am Baum durch die Erlösung Christi, des Lammes: „Selig, die ihre Kleider im Blute des Lammes waschen! Sie sollen Anrecht erhalten auf den Baum des Lebens und durch die Tore eingehen in die Stadt." (Offenbarung 22,14). An die Stelle des Paradiesgartens tritt die Stadt, das himmlische Jerusalem, das geglückte Zusammenleben des Menschen mit Gott. Der ursündliche Griff nach dem Baum des Lebens wird geheilt durch die endzeitliche Gabe vom Baum des Lebens. Das umfassend gelungene und gute Leben wird nicht ergriffen, sondern von Gott geschenkt. Ethik ist damit nicht zuerst Reflexion menschlichen Verhaltens, sondern göttlicher Handlung. Ethik reflektiert auf Ethos als Charakter und Gewohnheit, theologische Ethik reflektiert auf das Ethos Gottes, den Charakter und die Gewohnheit Gottes, kurz auf das innerste Wesen Gottes: die Liebe. „Wir haben die Liebe, die Gott zu uns hat, erkannt und gläubig angenommen." (1 Johannes 4,16). Das richtige Handeln folgt der richtigen Erkenntnis, und dieses richtet sich auf das menschliche Sein: als Ebenbild Gottes. Diese Ebenbildlichkeit besteht im Menschen durch die Schöpfung und in höherer Weise durch die Erlösung Christus.

Handeln – Erkenntnis – Sein: Ebenbild Gottes

Eberhard Schockenhoff

Sexualität und Partnerschaft

Verschwinden der Moral

Da sich in den säkularen Gesellschaften der Moderne die öffentliche Moral aus der Bewertung geschlechtlichen Verhaltens weithin zurückzieht und fast alles als erlaubt angesehen wird, was erwachsene Sexualpartner untereinander frei aushandeln, ist die Kluft zwischen dem normativen Leitbild der kirchlichen Sexualethik und der gesellschaftlichen Bewertung sexueller Verhaltensweisen besonders groß. Umfragen zur Jugendsexualität belegen allerdings auch, dass es trotz dieser Distanz Anknüpfungsmöglichkeiten gibt. Sexuelle Promiskuität und offene Mehrfachverhältnisse werden zwar als Privatangelegenheit der jeweiligen Partner toleriert, doch moralisch als problematisch empfunden. Umgekehrt bejahen junge Menschen die Werte von Treue, Liebe und Geborgenheit. Neben dem Wert „Zufriedenheit im Beruf" nennen sie das Gelingen der Partnerschaft auf der Rangskala ihrer wichtigsten Lebensziele mit Abstand am meisten.

Mensch ist Ebenbild Gottes

Die Leitidee der kirchlichen Sexualethik folgt zentralen Aussagen des biblischen Menschenbilds. Im Gegensatz zu dem antiken Mythos vom androgynen (= männlich-weiblichen) Urmenschen, der von den Göttern zur Strafe in die beiden Geschlechter aufgespalten wurde, bewertet der erste Schöpfungsbericht der Bibel die Zweigeschlechtlichkeit des Menschen als eine positive Bestimmung, in der sich der Wille des Schöpfers widerspiegelt. Ebenbild Gottes ist nicht der einsame, in sich verschlossene Mensch, sondern der zu Liebe und Offenheit füreinander berufene Mensch. Ihre höchste Verwirklichung findet diese Berufung zum gemeinsamen Leben nach dem Willen des Schöpfers in der Beziehung von Mann und Frau. „Gott schuf den Menschen als sein Abbild ... Als Mann und Frau schuf er sie" (Genesis 1,27). Auch der zweite Schöpfungsbericht betont die innere Zusammengehörigkeit von Mann und Frau: „Es ist nicht gut, dass der Mensch allein bleibt. Ich will ihm eine Hilfe machen, die ihm entspricht" (Genesis 2,18). Dass die Frau aus der Rippe des Mannes geschaffen wurde, wie diese ältere Schöpfungserzählung annimmt, will nicht ihre Unterordnung unter den Mann, sondern die enge personale Zuordnung zu ihm betonen. Ein alter jüdischer Weisheitsspruch erläutert das intime Dasein von Frau und Mann füreinander: Gott hat die Frau weder aus dem Kopf des Mannes geschaffen, damit sie über ihn herrsche, noch aus seinen Füßen, damit sie seine Sklavin sei, sondern aus seiner Seite, damit sie seinem Herzen nahe ist.

Fruchtbarkeit der Liebe

Neben der positiven Bedeutung der Zweigeschlechtlichkeit und der Einmaligkeit der menschlichen Person, die als Gottes Ebenbild geschaffen ist, hebt die Bibel vor allem die leiblich-seelische Einheit des Menschen und den Zusammenhang zwischen der Liebe von Frau und Mann und dem Geheimnis der Entstehung neuen Lebens hervor. Die Fruchtbarkeit der Liebe gilt ihr als besonderer Segen Gottes, der Mann und Frau Anteil an seiner eigenen Schöpferkraft verleiht: „Gott segnete sie und Gott sprach zu ihnen: Seid fruchtbar und vermehrt euch" (Genesis 1,28).

Drei Dimensionen der Sexualität

Diese Grundannahmen des biblischen Menschenbildes stimmen mit wesentlichen Erkenntnissen der philosophischen Lehre vom Menschen und der modernen Sexualwissenschaft überein. Diese unterscheidet drei Dimensionen der menschlichen Sexualität, die Lustdimension, die Beziehungsdimension und die Fortpflanzungsdimension, durch deren Integration Mann und Frau ihre personale Identität finden. Aus diesen biblischen und anthropologischen Vorgaben leitet die kirchliche Sexuallehre den Grundsatz ab, dass die drei Sinnebenen menschlicher Sexualität nicht auseinandergerissen werden dürfen. Sexualität findet ihren humanen Sinn innerhalb einer auf gegenseitige Achtung gegründeten und zu lebenslanger Treue entschlossenen Partnerschaft, die in der Ehe ihren angemessenen Schutz- und Entfaltungsraum findet.

Monogamie

Die monogame Ehe zwischen Mann und Frau ist kein Auslaufmodell, das in der modernen Gesellschaft durch offene Paarbeziehungen oder mehrere aufeinander folgende Lebensabschnittspartnerschaften abgelöst wird, wie sie von manchen als Gegenentwürfe zur Ehe empfohlen und praktiziert werden. Hinter der Hochschätzung der monogamen Ehe steht vielmehr die Einsicht in die personale Würde von Mann und Frau, die sich auch in ihrem geschlechtlichen Beisammensein in dieser Würde achten sollen. Daher ist die Ehe ebenso wie ihre Erweiterung, die Familie, eine elementare moralische Institution zum Schutz der Menschenwürde beider Partner. Diese stiften im unauflösbaren Bund der Ehe, der von Christus zur Würde eines Sakramentes erhoben wurde, eine Subjekt-Subjekt-Beziehung zueinander, durch die sie sich gegenseitig vorbehaltlos annehmen und zu einem Zeichen für den Bund zwischen Christus und der Kirche werden (vgl. Epheser 5,31–32). Die Grundnorm, nach der die Sexualität ihren wahrhaft menschlichen Sinn erst innerhalb einer dauerhaften ehelichen Beziehung findet, folgt der Einsicht, dass erotische Zuwendung und sexuelle Begegnung nur dann wahrhaftig bleiben, wenn sie der realen Beziehung zwischen den Partnern und dem Grad verlässlicher Bindung unter ihnen entsprechen.

Sexualität gehört zum Leben

Das Junktim zwischen Sexualität und Liebe darf nicht als ein äußerer Ausgleich verstanden werden, wie es die alte von dem Kirchenvater Augustinus begründete Lehre von den Ehegütern annahm. Diese Lehre sah in der Nachkommenschaft, in der Treue der Ehegatten und in der sakramentalen Würde der Ehe einen Ausgleich für das Übel der sexuellen Lust, der diese entschuldigen sollte. Als Teil von Gottes guter Schöpfung ist die Sexualität für die Weltsicht der Bibel grundsätzlich positiv zu würdigen: Sie gehört zum Leben und ist dem Menschen als eine elementare Lebensenergie geschenkt, die ihm hilft, seine wichtigsten Lebensziele zu erreichen.

Auch wenn die Sexualität nicht auf ihre biologisch-triebhafte Schicht reduziert werden darf, gehört das körperliche Begehren und das Verlangen nach der sexuellen Begegnung mit dem Partner wesentlich zu ihr. Als spezifisch menschliches Begehren steht die Sexualität allerdings unter dem Gebot der Wahrhaftigkeit. Sie ist die intensivste Form menschlicher Kommunikation, in der Mann und Frau ihre Zuneigung zueinander in leib-seelischer Einheit ausdrücken. Auch als begehrende Liebe und in der Form des sexuellen Verlangens soll Sexualität einer Beziehung zwischen Personen dienen, die einander in ihrem ganzheitlichen Sein zugewandt sind.

Sexualität ist Schutzraum

Auf diese Weise ermöglicht sie die Erfüllung menschlicher Grundbedürfnisse, vor allem den Aufbau eines Schutzraumes von Intimität und Verlässlichkeit. Ebenso vermittelt sie existenzielle Erfahrungen wie Geborgenheit, Selbstsicherheit und die Fähigkeit zur Verantwortung und Hingabe an den Anderen. Das Erleben der eigenen Attraktivität für den Partner ist ein wichtiges Moment der Selbstachtung, die Mann und Frau als sexuell geprägte Personen empfinden. Sie wollen, dass der Partner sie für begehrenswert hält und in der Sprache des sexuellen Verlangens, die zur Körpersprache der Liebe wird, zu ihnen spricht: „Ich will dich, denn es ist gut für mich, dass du da bist."

Sexualität ist Grundmodell menschlicher Kommunikation

Sexualität verliert ihren spezifisch menschlichen Sinn, wenn sie auf ihren triebhaften Charakter reduziert und nur nach dem Modell von Hunger und Durst begriffen wird. Als Körpersprache der Liebe ist sie vielmehr nach dem Modell menschlicher Kommunikation zu verstehen. Es ist ein wesentlicher Unterschied, den auch junge Menschen im Selbsterleben ihrer Sexualität spontan nachempfinden, ob man einen Sexualpartner hat, den man nur solange braucht, wie man keinen besseren gefunden hat, oder ob man einen anderen Menschen ohne allen Vorbehalt liebt, mit dem man zugleich die Erfüllung des sexuellen Begehrens erlebt. Im ersten Fall bleibt Sexualität ein Spiel, das nur Spaß machen soll und das man verdirbt, wenn man mehr von ihr erwartet. Wo in kurzfristigen Partnerschaften nur ein episodisches Glück gesucht wird, fehlt die Ganzheitlichkeit der Sexualität, zu der Körper, Geist und Seele ebenso gehören wie Umwelt, Beziehung, Verstand und Gefühl.

Sexualität ist nicht Sex

Wenn diese Ganzheitlichkeit geleugnet wird und es nur um ein Aneinander-Spaß-Haben geht, dann wird letztlich wirkliche Sexualität auf trieborientierten Sex reduziert. Nach kirchlicher Lehre ist die dem Menschen geschenkte Befähigung zur Sexualität ein kostbares und verletzliches Geschenk, das etwas mit Ehrfurcht und Respekt vor der eigenen sowie Ehrfurcht und Respekt vor der anderen Person zu tun hat und seine Erfüllung und Entfaltung in der personalen Begegnung findet. Ist das sexuelle Begehren also in eine personale, zu Dauer und Treue entschlossene Beziehung eingebettet, kehrt sich die Fragerichtung um. Sie lautet nun: „Begehrst du mich?" Durch die Liebe verändert sich das sexuelle Erleben, weil es nun kein Haben mehr gibt, das nicht der Hingabe entspringt: Ich besitze den Partner nicht für mich, sondern der Andere wird als derjenige begehrt, dem ich mich hingeben darf und dessen Hingabe ich empfange.

Kein Besitz ohne Hingabe

Ort der Sexualität ist die Ehe

Viele junge Menschen akzeptieren die biblische Sichtweise, nach der die Ehe die einzig legitime Lebensform für das Zusammenleben von Frau und Mann ist, als ein verbindliches Ziel, auf das sie gemeinsam zugehen wollen. Dies ist ein Ansatzpunkt, um ihnen die kirchliche Lehre zu erschließen, gemäß der die leibliche Ganzhingabe außerhalb der Ehe „eine Lüge" darstellt, weil sie nicht Zeichen und Frucht personaler Ganzhingabe ist (Johannes Paul II., Apostolisches Schreiben *Familiaris consor-*

tio, Nr. 13). Junge Menschen erkennen auch die Verbotsnormen von Ehebruch, Untreue und offenen Dreiecksbeziehungen an, die dem Wachstum einer dauerhaften Liebesfähigkeit in der Ehe dienen. Ebenso bejahen sie die Einstellung der Liebenden zueinander, für die es in der deutschen Sprache bislang außer „Keuschheit" leider kein attraktives Wort gibt, das die Faszination der bezeichneten Sache ausdrücken könnte. Das altertümlich klingende Wort meint nicht nur Askese, Verzicht oder Enthaltsamkeit, sondern die Einbettung der Sexualität in ein gemeinsames personal-ganzheitliches Lebenskonzept.

Keuschheit

Insofern setzt Keuschheit die Bejahung und Annahme der Sexualität auch in ihren widerständigen und desintegrativen Tendenzen voraus. Wer seine sexuellen Regungen nur unterdrückt und einen Großteil seiner seelischen Energie dafür verwendet, weil er in Fantasie und Imagination ganz davon in Anspruch genommen bleibt, lebt nicht keusch, sondern unkeusch. Mit einem anderen Wort, das ihre positive Absicht besser hervorhebt, könnte man Keuschheit als Transparenz und Ehrlichkeit im sexuellen Ausdruck der Liebe bezeichnen. In diesem Sinn bejaht Keuschheit die grundlegende Personbezogenheit der menschlichen Sexualität, die nach einer Einbettung in eine als tragfähig erlebte Beziehung verlangt. In diesem Sinn kann Keuschheit auch einen zeitweiligen Verzicht aus Rücksichtnahme auf den Anderen beinhalten, wobei allerdings die Mahnung des Apostels Paulus zu beachten ist, die Partner sollten einander nicht überfordern.

keine Diskriminierung homosexueller Menschen, bei Anerkennung der Sündhaftigkeit homosexueller Handlungen

Die Einstellung gegenüber homosexuell empfindenden Menschen hat sich in den letzten Jahrzehnten grundlegend gewandelt. Innerhalb der Kirche führte die Einsicht, dass es Männer und Frauen gibt, die tiefsitzende homosexuelle Tendenzen haben, zu einem größeren Verständnis gegenüber diesen Menschen. Die homosexuelle Neigung, die objektiv ungeordnet ist, stellt für die Betroffenen zumeist eine Prüfung dar. Es gibt heute eine starke Tendenz, diese Neigung als Variante der Schöpfung, als „indifferent oder sogar als gut" darzustellen. Deshalb hat das Schreiben der Glaubenskongregation über die Seelsorge für homosexuelle Personen (1. Oktober 1986) klargestellt, dass die homosexuelle Neigung „objektiv ungeordnet" ist (ebenda, Nr. 4). Begründung: Diese Neigung „ist zwar in sich nicht sündhaft, begründet aber eine mehr oder weniger starke Tendenz, die auf ein sittlich betrachtet schlechtes Verhalten ausgerichtet ist" (ebenda). Der Katechismus der Katholischen Kirche (Nr. 2358; Neuübersetzung aufgrund der Editio typica Latina) sowie nachfolgende Dokumente (zum Beispiel Glaubenskongregation, Erwägungen zu den Entwürfen einer rechtlichen Anerkennung der Lebensgemeinschaften zwischen homosexuellen Personen, 2003) haben diese Formulierung aufgegriffen. Man darf sie nicht mit der sittlichen Bewertung homosexueller Handlungen verwechseln, die „in sich nicht in Ordnung sind" (Katechismus der Katholischen Kirche, Nr. 2357). Die persönliche Diskriminierung eines anderen Menschen ist aber ganz unabhängig von seinen sexuellen Tendenzen mit dem Liebesgebot Jesu (und seinem Verbot zu richten; vgl. Matthäus 7,1) unvereinbar. Deshalb wendet sich die Kirche in ihren lehramtlichen Äußerungen ausdrücklich gegen jede ungerechte Diskriminierung homosexueller Menschen und fordert, ihnen als Person die gleiche Achtung wie jedem Menschen entgegenzubringen (vgl. Katechismus der Katholischen Kirche, Nr. 2358). Das schließt auch die Achtung vor dem oft leidvollen Bemühen um die eigene personale Identitätsfindung und die Annahme der eigenen sexuellen Orientierung ein.

Gleichwohl verurteilt die Kirche homosexuelle Handlungen. Sie werden in der Heiligen Schrift negativ bewertet (vgl. Leviticus 18,22 und 20,13; Römer 1,18–32; 1 Korinther 6,9). Sie verstoßen gegen das natürliche Sittengesetz, weil sich weder einer wahren geschlechtlichen Komplementarität entspringen noch für die Weitergabe des Lebens offen sein können. Sie sind in keinem Fall zu billigen (vgl. Katechismus der Katholischen Kirche, Nr. 2357). Gerade wegen der von Christus selbst betonten und der Schöpfungsordnung entsprechenden Würde der Ehe zwischen Mann und Frau und ihrer Offenheit auf die natürliche Weitergabe des Lebens dürfen homosexueller Beziehungen nicht mit der Ehe gleichgestellt oder als „Ehe" bezeichnet werden.

„Homosexuelle Menschen sind zur Keuschheit gerufen. Durch die Tugenden der Selbstbeherrschung, die zur inneren Freiheit erziehen, können und sollen sie sich – vielleicht auch mit Hilfe einer selbstlosen Freundschaft –, durch das Gebet und die sakramentale Gnade Schritt um Schritt, aber entschieden der christlichen Vollkommenheit annähern" (Katechismus der Katholischen Kirche, Nr. 2359). Gegenüber einer romantischen Idealisierung homosexueller Lebensformen sollten die existenziellen Defizite solcher Beziehungen nicht verschwiegen werden. Es bleiben – und dies ist ein wesentlicher Unterschied zur zuvor beschriebenen ganzheitlichen Sexualität – stets wichtige existenzielle Sinnerfahrungen wie die gegenseitige Ergänzung von Mann und Frau, das Geprägtwerden durch die eigenen Kinder und die gemeinsame Übernahme elterlicher Verantwortung verschlossen.

Sexualität spiegelt die Schöpfungsordnung

Schließlich spiegelt sich aus katholischer Sicht in unverkrampft gelebter und verantworteter Sexualität die Schöpfungsordnung wider. Sexualität gilt daher als etwas sehr Großes, Kostbares und Schutzwürdiges, das zum Leben jedes Menschen gehört, weil jeder Mensch ein sexuelles Wesen ist.

Peter Schallenberg

Alltag

Person und Persönlichkeit

Person und Persönlichkeit. Am Beginn des alttestamentlichen Dekalogs und damit am Anfang der Zehn Gebote steht der programmatische Satz: „Ich bin der Herr dein Gott!" (Exodus 20,2/Deuteronomium 5,6) Damit ist klar: Zwar ist der Mensch, das einzige Lebewesen, das nicht nur nach dem Können, sondern auch nach dem Sollen (also nach Ethik) fragen kann, aber dem Sollen geht doch immer ein zuvor erkanntes Können voraus. Bei Vergil (70–19 v. Chr.) heißt es in den „Georgica": „Possunt quia posse videntur" – sie können, weil sie zu können glauben! Wenn Gott Schöpfer und Urbild ist, dann ist der Mensch Geschöpf und Abbild. Der richtigen Handlung (Orthopraxie) muß das richtige Denken (Orthodoxie) und das richtige Fühlen (Orthopathie) vorausgehen. Ethik also setzt Spiritualität als Bewusstsein innerer Motivation voraus und vollendet sich zugleich in einer sehr konkreten Spiritualität des Alltags. Wie einer sich fühlt und von sich denkt, so handelt er auch. Und wer sich selbst als Person aus der dreifaltigen Persönlichkeit Gottes sieht, der fühlt und denkt den Weg der Personwerdung, zur Persönlichkeit als Abbild Gottes, mit unverwechselbarem Profil. Doch der Mensch erkennt gleichermaßen als Abbild vom Urbild, dass er aus sich heraus nichts „kann", sondern Geschöpf ist, Empfangender. Positionen der Kirche in Bezug auf Schwangerschaftsabbrüche und aktiver Sterbehilfen können in diesem Bewusstsein nachvollzogen werden.

Vom Denken zum Tun

Alles hängt also an der innerlichen Erkenntnis, von Gott für ein bestimmtes Ziel vorgesehen und geschaffen zu sein. Und die bedrängende Sorge ist: Habe ich alle Talente und Möglichkeiten des guten und gelingenden Lebens ausgeschöpft? Anselm von Canterbury (um 1033–1109) bringt es auf den Punkt: „Ad te videndum factus sum, et nondum feci propter quod factus sum" – Dich zu schauen, bin ich geschaffen, und ich habe noch nicht getan, wozu ich geschaffen worden bin. (Proslogion 1) Der Weg vom Denken zum Tun markiert exakt den Weg von der Person zur Persönlichkeit, die ihr unverwechselbares persönliches Profil in den Niederungen des Alltags gewonnen hat. Anders und in der Sprache der Psychologie gesagt: Dieser Weg zur Persönlichkeit eines Individuums geht von der Ich-Werdung über die Du-Findung hin zur Selbst-Transzendierung. Die Exerzitien des hl. Ignatius von Loyola (1491–1556) bieten in gedrängter Form ein solches Lebensprogramm, vom allgemeinen Ziel des Menschen als Person (Nr. 23: „Gott zu dienen und so seine Seele zu retten") bis hin zum individuellen Ziel des Menschen als Persönlichkeit. (Nr. 189: „Denn es bedenke ein jeder, dass er in allen Dingen des Geistes soweit gefördert werden wird, als er herausspringt aus seiner Eigenliebe, seinem Eigenwillen und seinem Eigennutz.")

Mystik und Politik

Mystik und Politik. Im Anschluss an die spätscholastische Schule von Salamanca im 16. Jahrhundert und ihre theozentrisch-anthropozentrische Nationalökonomie (heute sagt man: Volkswirtschaftslehre) ist festzuhalten: Die schöpferischen Absichten und Ziele der Menschen reflektieren (auch nach der Erbsünde und im Leben jenseits von Eden und außerhalb des Paradieses) die schöpferischen Absichten Gottes, wenn auch in gebrochener und ungeordneter Weise. Wir nennen das die Spannung von Kampf und Kontemplation, von Mystik und Politik und meinen: Wie der Mensch von Gott und dem Menschen denkt und wie er darüber nachdenkt, so handelt er auch in der politischen und wirtschaftlichen Öffentlichkeit, so versucht er seinen Alltag und sein Leben zu gestalten. Es braucht Menschen, die, in einer Formulierung von Johann Baptist Metz (und im Anschluss an einen ähnlichen Gedanken von Sören Kierkegaard), „verrückt sind nach der Möglichkeit Gottes in unserer Welt" (*Gottespassion*, Freiburg/Br. 1991, 15).

Glaube und Handeln

Die erste Möglichkeit Gottes ist der Mensch – und die zweite Möglichkeit ist der Versuch zu menschengerechtem Leben, das zugleich gottgerechtes Leben wäre. Glaube und Handeln sind notwendig zwei Seiten der einen Münze, die Jesus Christus heißt: menschgewordener Gott. Noch einmal präzisiert Johann Bapist Metz: „Glaube ist hier – Nachfolge, Nachfolge des armen, des leidenden und des gehorsamen Jesus. In dieser Nachfolge leben heißt: mit den Menschen immer umgehen „etsi Deus daretur", das heißt: für sie und mit ihnen so handeln, dass in dieser Praxis die Anerkennung Gottes mitgesetzt ist" (*Zum Begriff der neuen Politischen Theologie*, Mainz 1997, 98). Unter diesem Gedanken gilt es auch für die Wirtschaft, für die Reichen der Gesellschaft, ihre Verantwortung gegenüber Gott und dem Menschen neu zu bedenken.

Alltag ist durch die Liebe Gottes befreit vom Relativismus

Nicht die Sünde, wohl aber das Leid steht im Blickpunkt, aber immer schon im erlösenden Licht der Auferstehung. Denn das Neue des Christentums ist ja nicht einfach die Bewältigung oder Verwandlung des Alltags – das Neue des Christentums ist vielmehr die erlösende Offenbarung Gottes in Zeit und Geschichte und damit in der alltäglichen Geschichte eines jeden Menschen. Dieser Alltag wird befreit und erlöst vom Zwang der Vergeblichkeit und von der Diktatur des Relativismus – als wenn alles gleich und gleich gültig wäre im Leben. Nein: Gott und seine Liebe, die uns in Jesus Christus und in den Sakramenten der Kirche entgegenkommt, ist allein gültig und absolut. Alles andere ist dazu relativ und auf dieses Ziel hinzuordnen. Erst so verwandelt sich der Alltag zum immerwährenden Sonntag. Joseph Ratzinger bringt es auf den Punkt: „Dies ist die eigentliche Neuheit des Christentums: Der Logos, die Wahrheit in Person, ist auch die Sühne, die verwandelnde Vergebung über all unser Vermögen und Unvermögen hinaus." (*Wahrheit, Werte, Macht,* Freiburg/Br. 1993, 61) In dieser Sicht gibt Gott zu denken und zu handeln – vor allem aber zu beten.

Gebet und Tat

Gebet und Tat. Das Denken und Reden von Gott stammt immer aus dem Gebet, auch der Alltag des Christen hat hier den ruhenden Pol und den Anker. Wenn es wahr ist, dass kein Verhalten einfach wie ein Blitz aus heiterem Sommerhimmel fällt, sondern sich stets einer zugrunde liegenden Haltung (einem Habitus und einer Tugend) und diese sich wiederum einem letzten und grundlegenden Halt verdankt, dann bildet das Gebet den geschützten Raum dieses letzten Haltes, der Gemeinschaft und der Kommunikation mit Gott. An der Wurzel des Gebetes stehen stets Fragen: Wer ist Gott für mich? Was will Gott von mir? Wie spricht Gott zu mir? Christlicher Alltag ist vom Beten, zumal vom Morgen- und Abendgebet umfangen, von Stoßgebeten durchzogen, von Momenten liebender Aufmerksamkeit auf mich selbst, die mir anvertrauten Menschen und auf Gott durchwoben. Christliches Beten ist immer Beten auf Christus hin und damit zugleich Erkenntnis neuer Wirklichkeit: In Christus wird der Mensch dem Menschen offenbar. Nicht in Gestalt einer voyeuristischen Preisgabe der eigenen Persönlichkeit, wie sie auf Inernetplattformen wie Facebook oder Youtube zu Tage treten, sondern in der ganzen Tiefe der seiner Existenz. Echte Perspektiven weiten sich und Horizonte werden eröffnet. Kräfte können sich entfalten und nachhaltiger werden im Blick auf Gott und seine Zumutung – im doppelten Sinn des Wortes! Eine Lebensgeschichte wächst allmählich in den Anspruch Gottes hinein, auch und insofern man sich dem Anspruch von Menschen ausgesetzt sieht und abwägen muss, wo Möglichkeiten der Liebe und der Gerechtigkeit aufleuchten.

Alltag ist durch Beten bestimmt

Wie solch eine Lebensgeschichte im Alltag auf Gott hin sich entwickelt, hängt entscheidend von der Art des Betens im Gegenüber zu Christus ab. Der hl. Ignatius von Loyola empfiehlt in seinen Exerzitien das „colloquium misericordiae", das Gespräch der Barmherzigkeit: "Christus unseren Herrn sich gegenwärtig und am Kreuz hängend vorstellen und ein Gespräch halten: Wie er denn als Schöpfer dazu kam, sich zum Menschen zu machen und vom ewigen Leben zum zeitlichen Tod niederzusteigen und so für meine Sünden zu sterben. Dann den Blick auf mich selbst richten und betrachten, was ich für Christus getan habe, was ich für Christus tue, was ich für Christus tun soll [...] Das Gespräch wird mit richtigen Worten gehalten, so wie ein Freund mit seinem Freunde spricht [...]" (Nr. 53)

Gespräch mit Christus

Alltag erfährt im Gebet Erlösung

Natürlich lebt jedes private Gebet aus dem liturgischen Beten der Kirche, aus den Sakramenten und vor allem aus der Eucharistiefeier des Sonntags. Dort, in der Liturgie des Sonntags, bündelt sich der Alltag des Christen. Und dort genau auch eröffnet sich dem Alltag ein Horizont, der alles Begreifen übersteigt. Der Alltag erfährt im Gebet die Erlösung der Vergeblichkeit und der tödlichen Zeitlichkeit. Dieses geschieht schon angedeutet im Streben des Menschen nach Kultur und Kunst, doch scheint hier statt Erlösung eine Maske angeboten zu werden. Erst für den Betenden stellen Vergeblichkeit und Zeitlichkeit keine existenzbedrohenden Tatsachen mehr dar. „Für den Beter stellt sich die Frage nach den Grenzen schon nicht mehr. Er ist vielmehr von der Sorge bewegt, ob er all den Möglichkeiten entspricht, die Gott ihm eröffnet. So betrachtet ist die Anbetung gelebte Erlösung. Sie kennzeichnet auf ganz ursprüngliche Weise das Selbstbewusstsein des Erlösten. Sie befreit in den überfließenden Reichtum Gottes, in seine Grenzenlosigkeit hinein. Das Maß des sittlichen Handelns wird fortan von der Intensität der Gottergriffenheit bestimmt." (Klaus Demmer, *Gebet, das zur Tat wird*, Freiburg/Br. 1989, 46).

Handlungsmaximen für den Alltag

Überträgt man das hier Gesagte auf das tägliche Leben des katholischen Christen, so ergeben sich daraus unmittelbare Handlungsmaximen für verschiedene öffentliche Lebensbereiche:

Das Grundrecht des Menschen auf einen Arbeitsplatz hat bereits Papst Johannes Paul II., der den Kommunismus ebenso verurteilt hat wie die Auswüchse des Kapitalismus, in der Rezeption des Philosophie Max Schelers gefordert. Es ist darauf zu achten, dass der Mittelstand in einer Gesellschaft nicht weg bricht. Es widerspricht den Prinzipien der christlichen Soziallehre, wenn Hartz-IV-Empfänger noch weiter in ihren finanziellen Mitteln beschnitten werden. Ebenso spricht die Einführung einer „Kopf-Pauschale" im Gesundheitswesen gegen die Maxime des Solidarismus. *Arbeitsplatz*

Das Grundgesetz hält fest: *Eigentum verpflichtet.* So stellt sich in Zeiten der Wirtschaftskrise die Frage, ob nicht sehr vermögende Bürger durch eine Erhöhung des Spitzensteuersatzes beispielsweise Bildung und Forschung unterstützen sollten. *Eigentum verpflichtet*

Virtuelle Börsengeschäfte, bei denen es lediglich um eine Profitmaximierung ohne realen Gegenwert geht, bei denen Geld zum Fetisch wird, sind zu verurteilen. *Börse*

Die zeitgenössische *Kunst* ist kaum noch von christlichen Impulsen geprägt, wie dies etwa in der Renaissance oder im Barock der Fall gewesen war. Kirche und Künstler müssen wieder verstärkt in den Dialog treten. *Kunst*

Die Privatisierung der Medien ist von der Kirche bisher zu wenig genutzt worden. Nur ein sehr kleiner Teil der Journalisten ist kirchlich gebunden. Um diesem Trend etwas entgegen zu setzten, sollte z. B. das Cusanus-Werk gezielt Stipendien ausschreiben, um angehenden katholischen Journalisten ihren Weg in den Beruf zu erleichtern. *Medien*

In der *Medizin* darf nicht all das erlaubt sein, was möglich ist. Für den Katholiken hat in der Diskussion um die Abtreibung, die embryonale Stammzellenforschung und die Sterbehilfe der Schutz des menschlichen Lebens, das mit der Verschmelzung von Ei und Samenzelle beginnt, sein unveräußerliches Recht. Kontrovers wird diskutiert, ob der Tod mit dem Hirn- oder dem Herztod eintritt. *Medizin*

Wenn es im Alten Testament auch heißt, man soll sich die Erde untertan machen, so darf diese nicht ausgebeutet werden. In der *Umweltpolitik* muss die Nachhaltigkeit oberstes Gebot sein. Man soll sich stets bewusst sein, dass die Ressourcen der Bodenschätze begrenzt sind. *Umwelt*

Die *Genmanipulation* von Lebensmitteln kann noch nicht endgültig bewertet werden und muss daher zur Diskussion gestellt werden. *Genmanipulation*

Gemeinde / Pfarrei

Freiheit der Kirche

Der Staat muss die Freiheit der Kirche garantieren. Diese hat daher ihre Angelegenheiten selbst zu regeln. Andererseits sind die Katholiken wie alle Bürger den staatlichen Gesetzen unterstellt. Es gibt hier für sie keinen rechtsfreien Raum.

Seelsorge und Politik

Die radikale Trennung von Staat und Kirche ist abzulehnen. Es soll vielmehr ein Kooperationsmodell vorgezogen werden, wie dies durch zahlreiche Konkordate in Deutschland gewährleistet ist. Die in der Bundesrepublik praktizierte *Trennung von Seelsorge und Politik*, die es katholischen Geistlichen untersagt, sich parteipolitisch zu engagieren oder ein politisches Mandat zu übernehmen, hat sich als positiv erwiesen. Ernst Wolfgang Böckenförde ist recht zu geben, wenn er feststellt, der weltanschaulich neutrale Staat basiert selbst auf Grundsätzen, die er nicht selbst geschaffen hat.

Glaube

1. Dreieinigkeit
2. Maria
3. Schöpfer und Schöpfung
4. Glaube und Liebe
5. Rechtfertigung
6. Sünde und Vergebung
7. Gebet
8. Glaubenstexte
9. Sakramente
10. Spiritualität
11. Einweisung in die Glaubenspraxis

Michael Franke (Jahrgang 1957), Arcuatura II, 2009; Öl auf Leinwand, 50×40 cm; Privatbesitz.

Das Gemälde „Arcuatura II" entstand mit der Hilfe von Werkskizzen, die ich 2005 vor den Ruinen des Palastes von Septimus Severus auf dem Palatin in Rom gefertigt hatte. Der Blick durch den Bogen, im goldenen, römischen Abendlicht inspirierte die Komposition zu diesem Motiv, dem ich den Charakter der Zeitlosigkeit, der Ewigkeit verleihen wollte. Zeitlosigkeit, weil das Sujet als Archetypus verstanden werden soll, als Bild, das nicht mit einer Epoche oder einem zeitlich fixierten Geschehen verbunden wird, sondern eher an einen Zustand erinnert, den man innerlich erlebt, wenn man das Durchschreiten eines Bogens bewusst auf sich wirken lässt.

Bei den Römern war Janus der Gott der Tore und Durchgänge. Janus wird dargestellt als doppelgesichtige Gottheit. Der Blick des einen Gesichtes schaut in die Zukunft, während der des anderen in der Vergangenheit verharrt.

Auch im Christentum stellt der Gegensatz zwischen Hell und Dunkel den zwischen Erde und Himmel dar, zwischen Zeit und Ewigkeit. Das Licht Gottes durchdringt die Dunkelheit der Menschen, verändert die irdische, zeitbegrenzte Welt und verheißt das ewige Leben. Daher kann Christus sagen: „Ich bin das Licht der Welt. Wer mir nachfolgt, wird nicht in der Finsternis umhergehen, sondern wird das Licht des Lebens haben." (Johannes 8,12) Der Mensch vollzieht seinen Übergang in die Ewigkeit im Vertrauen auf Gottes Heilszusage. Die verheißene Zukunft muss geglaubt werden; sie kann nicht gewusst werden.

Der Bogen des Bildes symbolisiert also jenen dimensionslosen Punkt der Gegenwart, der die Übergangspforte zwischen den Welten der Erinnerung und dem unbekannten Ausblick in das Reich der Zukunft bildet.

Der technische Aufbau des Ölgemäldes erfolgte in einer Maltechnik, die das Resultat eines langwierigen Experimentierprozesses gewesen ist. Meine Suche nach der „idealen" Maltechnik hat mich im Laufe der Jahre zu der Überzeugung geführt, dass die beste Technik zu einer Zeit existierte, als im Spätmittelalter Jan van Eyck seine Gemälde mit Öl und Temperafarbe schuf. Er erweiterte die bisher traditionelle Malweise der Leim- und Temperamalerei um die Dimension der Ölmalerei. Die zunächst mit Ei- oder Kaseintempera gebundenen Farbpigmente werden durch bunte Firnisse mit oxidierenden Ölen übermalt. Dieser Bildaufbau, ausgehend von magerer Temperaemulsion zu fetterer Ölfarbe, stellt nicht nur maltechnisch die logischste Vorgehensweise dar – in der Tat sind die vor 500 Jahren geschaffenen Bilder auch heute noch voller Leuchtkraft und in einem exzellenten Erhaltungszustand –, sondern ermöglicht auch von der werkstofflichen Gestaltungsweise her die größte Flexibilität. Das ist vielleicht darauf zurückzuführen, dass die Verbindung von Wasser und Öl als Emulsion die Essenz des Lebendigen per se darstellt.

Michael Franke

Magnus Striet

Dreieinigkeit

Glaubenserfahrungen führen zur Dreieinigkeit

Sie gehört zu den umstrittensten Überzeugungen des christlichen Glaubens, aber sie markiert ihr Zentrum: die Lehre von der Trinität, der Dreieinigkeit Gottes, und sie entspringt keiner philosophischen Reflexion. Vielmehr nimmt sie Glaubenserfahrungen auf und sucht diese im Gespräch mit der Philosophie auf den Begriff zu bringen und zu bewähren. Um die altkirchliche Lehrentwicklung in der Gottesfrage begreifen zu können, die richtungsweisenden Entscheidungen der Konzilien von Nizäa (325 n. Chr.), Konstantinopel (381 n. Chr.) und Chalcedon (451 n. Chr.) in ihrer bleibenden Bedeutung würdigen zu können, ist deshalb der Blick auf den geschichtlichen Ausgangspunkt des Glaubens zu lenken.

Gott ist Liebe

Der christliche Glaube gründet ursprünglich in Erfahrungen, die Menschen mit der Person Jesu machten – einem Menschen, der ganz im Glauben Israels verwurzelt war. Israel hat sich in seiner Glaubensgeschichte immer entschiedener zu dem Gott bekannt, der Einzigkeit für sich beansprucht. Dieser Gott schließt einen Bund mit seinem Volk; er ist ein barmherziger Gott, der Gerechtigkeit in den sozialen Verhältnissen fordert. Und auch wenn Israel diesen Gott zunächst als seinen Gott bekennt, so greift schließlich die Einsicht, dass der Gott Israels der Gott aller Menschen ist. Jesus lebte ganz aus dem Geist dieses Gottes. Er legte ihn in den gesellschaftlich-kulturellen und religiösen Verhältnissen seiner Zeit aus, befreite sein Bild von einer in der Unmenschlichkeit endenden Starrheit des Gesetzes.

Gottes ureigenes Wesen

Vielleicht wirkt kein Wort so verändernd wie dieses: „Wer von euch ohne Sünde ist, werfe den ersten Stein." (Johannes 8,7) Jesus scheint tief von der Erfahrung durchdrungen gewesen zu sein, dass mit seinem Auftreten Gott endgültig in seinem wahren Wesen offenbar zu werden begonnen hat. Gott ist Liebe, in seinem Wirken auf Gerechtigkeit hin ausgelegt – aber: in seinem Zorn über menschliche Ungerechtigkeit und Grausamkeit ein Gott, der keinen Menschen definitiv verstößt. Wohl schon zu seinen Lebzeiten, endgültig dann nach seinem Tod und dem anfänglich gefassten Glauben daran, dass Gott selbst sich zu diesem so grausam Hingerichteten bekannt und ihn von den Toten auferweckt hatte, begann man, über die Bedeutung dieses Menschen nachzudenken. Keine abstrakte Spekulation provozierte dieses Nachdenken, sondern es war der Glaube daran, dass mit dem Auftreten dieses Menschen die Erlösung endgültig offen stehe und im Geist dieses Gottes bereits jetzt lebbar sei, der Menschen dazu bewog, das Geheimnis der Person Jesu zu ergründen.

Sündenvergebung Jesu

Die Messiaserwartung Israels stand im Raum. Und sie bildete auch das religiöse Zentrum des Konfliktes um Jesu, der in der Forderung seines Todes mündete. In den Ohren frommer Juden musste der Anspruch Jesu, nicht nur das Wort Gottes auslegen, sondern an Gottes Stelle handeln zu können, wie ein Gotteslästerung klingen. Die neutestamentliche Überlieferung akzentuiert dies besonders da, wo Jesus aus eigener Vollmacht die Sünden vergibt. Dabei muss man sehen, dass die Vergebung der Sünden sich nicht einfach auf die Übertretung von Geboten bezieht. Sünde meint etwas anderes.

Sünde

Es gibt eine im Wesen des Menschen gründende Angewiesenheit auf einen, der in letzter Entschiedenheit und Macht ein unbedingtes, grenzenloses Ja zum Menschen zu sprechen vermag. Sünde meint Abwendung von Gott.

Sündenvergebung Gottes

Sünde und Sündenvergebung werden erst im Glauben daran möglich, dass Gott als einziger – vorausgesetzt nur, er ist die Allmacht einer grenzenlosen Liebe – dieses Ja zum Menschen zu sprechen vermag. Ein Ja, das auch dann noch Bestand hat, wenn der Mensch sich in seine Kaltherzigkeit oder gar in seinen Hang zu einer abgründigen Bosheit verstrickt, und auch dann, wenn der Mensch unter der Last, die das Leben unweigerlich mit sich bringt, zermürbt wird oder gar zerbricht. Jesus praktiziert dieses Ja, und: Er praktiziert es nicht nur als ein menschliches, sondern als das Ja, das Gott selbst spricht. Es ist Gottes Ja, aber: Offensichtlich wurde der Anspruch, dieses Ja selbst und aus eigener Vollmacht verwirklichen zu dürfen, zum Politikum.

Gott bestätigt Jesus als seinen Sohn

Nach Jesu schrecklichem Lebensende war es die Erfahrung bzw. Erzählung von der Auferweckung Jesu, die das Nachdenken über seine Person intensivierte. Denn wenn Gott Jesus in seiner Auferweckung in seinem Anspruch bestätigt hatte, so konnte sich diese Bestätigung nicht nur auf die Botschaft Jesu beziehen. Jesus hatte seine Gottespraxis mit seiner Person verknüpft. Also hatte Gottes Handeln am getöteten Zeugen seiner Liebe auch dessen Person-Anspruch bestätigt. Dass Gott diese Entschiedenheit seiner Liebe ist und dass er, um diese offenbar und erfahrbar zu machen, selbst Mensch wurde, ist die bleibende Provokation des Glaubens.

Präexistenz Jesu

Das bereits neutestamentlich deutlich zu beobachtende Ringen um das Persongeheimnis Jesu endet mit der „Präexistenzaussage": Jesus habe schon vor seinem irdischen Leben in Gott existiert. Das Konzil von Konstantinopel (381) hat dies in die Formel „aus dem Vater gezeugt vor allen Zeiten, Licht aus Licht, wahrer Gott aus wahrem Gott" zu fassen versucht. Bei allem spekulativen Anschein antwortet sie in Wahrheit auf ein existentielles Anliegen und provoziert damit das griechische Denken: Man wollte daran festhalten können, dass tatsächlich mit und in dem Auftreten des Menschen Jesus Gott selbst sich geoffenbart hat, die Wende der Zeit geschehen und Gott tatsächlich so ist, wie die Mütter und Väter Israels dies bereits bekannt hatten. Die Präexistenzaussage entspringt also nicht einer Spekulierlust, vielmehr war es eine geschichtliche Erfahrung, die dazu führte, das monotheistische Bekenntnis Israels an die geänderte Auffassung anzupassen.

Unterschiedlichkeit in einem Gott

Ist diese geschichtliche Erfahrung aber der Ausgangspunkt der trinitarischen Auslegung des Gottesbegriffs, dann hat das, was hier offenbar geworden ist – die in der Selbstunterscheidung Jesu vom Vater bezeugte Unterschiedlichkeit *in dem einen Gott selbst* – auch den trinitarischen Gottesbegriff zu bestimmen. Dass die Forderung einer innertrinitarischen Widerspiegelung der Selbstunterscheidung Jesu vom Vater von einer Vorentscheidung bestimmt sein muss, ist augenscheinlich. Die Gretchenfrage lautet am Ende: Wie hältst du es mit der Freiheit Jesu? Konkret: Welche Bedeutung gewinnt das freie Sich-Beziehen Jesu auf den, den er als *abba* anredet, mit dem er ringt und dem er sich anvertraut, für die innertrinitarischen Verhältnisse? Keine Frage kann es sein, dass Gott trinitarisch differenziert zu betrachten ist. Dies verlangt das Bekenntnis zur Bedeutung Jesu. Wie aber Gottes trinitarisches Dasein zu verstehen ist, ist damit noch nicht beantwortet.

Der Konflikt um die Beantwortung dieser Fragen besteht bis in die Gegenwart und unterscheidet den christlichen Gottesbegriff von dem der beiden anderen großen monotheistischen Religionen, dem Judentum un dem Islam. Gott ist in der Logik dieses Glaubens, der auf der Ausdeutung geschichtlicher Erfahrungen basiert, nicht mehr anders als in sich differenziert zu denken.

Ein Gott in drei Personen

Dass dies bis heute zu erheblichen begrifflichen Schwierigkeiten führt und sich der christliche Glaube immer wieder dem

Vorwurf ausgesetzt sieht, sich in den Irrationalismus des Glaubens an den einen Gott in drei Personen zu verlieren, liegt auf der Hand. Und auch das – so könnte man sagen – existentielle Risiko dieses Glaubens kann nicht verschwiegen werden: Wenn die Ausdeutung der Erfahrungen mit der Person Jesu falsch sein sollte, so ist auch das trinitarische Verständnis Gottes falsch. Andererseits ist eben nicht auszuschließen, dass diese Ausdeutung wahr ist. Gott in drei Personen – das bedeutet auch: Gott ist jeweils ganz Gott, in jeder dieser drei Personen, weil diese drei Personen aufeinander bezogen sind und eine Einheit bilden. Es bleibt immer ein Risiko, auf diesen Glauben zu setzen, weil ihm Erfahrungen zugrunde liegen, deren Ausdeutung strittig bleibt. Wer jedoch das Vertrauen wagt, dem ermöglicht dieser Glaube – trotz aller Widrigkeiten des Lebens eine tiefe Freude am Daseindürfen.

Glaubenserfahrung ist wahr

Erfahrung Gottes durch den (Heiligen) Geist

Bereits neutestamentlich wird diese Erfahrung als Geisterfahrung beschrieben. Und so wie der Glaube überhaupt unverfügbar durch Gott selbst möglich wurde, indem er sich offenbar machte, weil er es wollte, so wird auch die Erfahrung des Geistes als von dem einen Gott selbst ermöglicht gedacht. Wenn Gott frei ist, er nicht das durchdringende Prinzip aller Wirklichkeit ist, sondern sich selbst in der Vollkommenheit seiner Freiheit genügsam ist, die Welt auch nur deshalb ist, weil er das Andere, dem er sich würde zuwenden können, wollte, so ist auch die Erfahrung des Geistes durch die Erfahrung der Freiheit dieser Zuwendung bestimmt. Dabei vergegenwärtigt der Geist keinen anderen Geist als den Geist des Vaters und des Sohnes. Das monotheistische Bekenntnis gebietet strikt, daran festzuhalten. Denn wenn es nicht der Geist des einen Gottes wäre, den der Geist vergegenwärtigt, so mündete der Glaube zwangsläufig in die Mehrgötterei. Dies wäre philosophisch ein Gräuel, vor allem aber wäre dies theologisch fatal. Denn Jesus kündete und lebte den Gott Israels, dessen Einzigkeit sich im eschatologischen Versprechen seiner Namensoffenbarung ausdrückte: „Ich bin der, der ich für euch da sein werde." (Exodus 3,14) Dieser Gott ist es, den der Geist im Glauben der Christen vergegenwärtigt: Es ist der Gott, den Jesus in seinem Blut bezeugte und der sich immer wieder neu in der Geschichte zu Gehör zu bringen versucht. Wird er gehört und nicht nur gehört, sondern gelebt, so zeigt sich das Reich Gottes zumindest anfänglich bereits hier und jetzt – auch wenn es Gott für das Ende der Zeiten überlassen bleiben muss, die Vollendung seines Reiches zu gewähren.

„Ich bin, der ich bin."

Israels Verdienst ist der Monotheismus

Wenn aber der Glaube an diesen Gott erst mit seinem geschichtlichen Erscheinen endgültig möglich wurde, in einer radikalen geschichtlichen Bedingtheit, so fragt sich, ob dieser Gott tatsächlich der Gott aller Menschen ist. Israels ewige Auszeichnung unter den Völkern liegt darin, dass es sich durchrang zum Bekenntnis zu diesem einen, das Heil aller Völker und damit aller Menschen wollenden Gottes. Deshalb konnte Gott auf diese einzigartige Weise in diesem Volk Mensch werden, und bereits Paulus quält sich im Römerbrief mit dem Problem, was es für Gott selbst heißt, dass ausgerechnet dieses Volk nicht zu diesem Glauben fand.

Gott zeigt sich mit unendlicher Geduld dem Menschen durch den Geist

Vor dem Hintergrund der heutigen, radikal angeschärften Wahrnehmung religiöser Pluralität stellt sich noch eine andere Frage. Was bedeutet es, von der Selbstvergegenwärtigung Gottes durch den Geist zu reden, wenn man die radikale geschichtliche Bedingtheit des Offenbarwerdens Gottes nicht verdrängt? Wie ist angesichts dieser Eindeutigkeit, mit der die Rede vom Geist profiliert wurde – dass es der Geist Christi und damit der Geist des Gottes Israels sei, der sich um den Menschen werbend immer wieder neu vergegenwärtigt –, die in langen geschichtlichen Prozessen gewachsene religiöse Pluralität zu verstehen? In der christlichen Glaubenslogik kann nicht davon abgesehen werden, dass Gott trinitarisch existiert. Auch kann nicht davon abgesehen werden, dass Gott nicht anders als in der menschlichen Freiheit Gott für den Menschen sein will. Vom Gott Jesu zu reden beinhaltet deshalb, mit einer unendlichen Geduld zu rechnen. Gottes Allmacht besteht darin, warten zu können. Sein Geist ist langmütig und muss dies sein, weil er die Freiheit des Menschen achtet, unbedingt.

Gott benötigt Freiheit

Wenn Gott freilich Freiheitsprozesse braucht, um das freie Gegenüber zum Ziel seiner Liebe zu machen, so ist denkbar, dass Gott eine sich durch enorme Ungewissheiten auszeichnende Menschheitsgeschichte riskiert hat. Er kann als dieser Gott nur Gott für den Menschen werden, wenn Menschen die Sehnsucht nach ihm entwickeln. Nicht eine vage, sich ins Unbestimmte verlierende Sehnsucht darf dies sein, sondern es muss eine bestimmte sein: Der ersehnte Gott soll freiheitsachtsam sein. Wenn der christliche Glaube nun behauptet, der ersehnte Gott habe sich offenbar gemacht in einem Menschen, zutiefst partikular und dennoch universal ausgerichtet, weil vollkommene Liebe keine Grenze kennt: Ist dann nicht der Gedanke zu riskieren, dass die Form der Zuwendung Gottes zu den

Menschen das Wissen Gottes bedingte, dass die allermeisten Menschen in der Geschichtszeit ihn nicht in der Bestimmtheit würden erkennen können, wie dies einigen Menschen in der Begegnung mit dem irdischen Jesus möglich wurde? Nicht eine ursprüngliche Sünde verstellt die Klarheit Gottes, sondern die Klarheit ist durch die Form seines Offenbarwerdens verdunkelt, an die er sich bindet, um offenbar zu werden, die Geschichte. Und dennoch darf daran festgehalten werden, dass Gott in seinem Geist allgegenwärtig war, ist und sein wird. Denn die Liebe, als die er offenbar geworden ist, ist wahrhaft unbedingt. Jesus hat den von ihm verkündigten Gott bis ins Äußerste, bis in seinen Tod hinein gelebt, und weil der von ihm unterschiedene Vater ihn als den Auferweckten offenbar gemacht hat, ist das Pathos der Unbedingtheit dieses Gottes zu verkündigen. So verlangt zwar einerseits das Bekenntnis zum dreieinigen Gott daran festzuhalten, dass dies der wahre Gott und damit der Gott aller Menschen ist. Zugleich wird aber eine Wertschätzung anderer Religionen möglich, weil auch diese Menschen sich in ihrer Sehnsucht nach dem letzten Grund aller Wirklichkeit ausstrecken und Gott in seiner unendlichen Menschenzugewandtheit auch hier real gegenwärtig ist. An letzterem zu zweifeln, würde den Gott aufgeben, den Jesus bezeugt hat, den Gott, der jeden Menschen sucht.

Würde des Menschen in seiner von Gott gegebenen Selbstbestimmung

In der christlichen Glaubenslogik besteht die Würde des Menschen darin, so von Gott anerkannt und gesucht zu werden, dass er in der Geschichte in Selbstbestimmung seine Identität gestalten darf, und dass er von Gott hierin unendlich wertgeschätzt wird und umfangen bleibt. Das Elend des Menschen besteht darin, immer wieder – auch im Glauben – vom Zweifel erfasst zu werden. Der Schritt vom gefassten Glauben in die mögliche Sünde bleibt angesichts der realen Erfahrungen eine dauernde Möglichkeit. An Gottes guten Geist glauben zu können, schließt jedoch ein, nicht verzweifeln zu müssen. Aber die Frage der „Theodizee", der Rechtfertigung Gottes – die Frage danach, ob Gott dieses alles überhaupt riskieren durfte – ist dem Glauben nicht zu ersparen.

Karl Josef Wallner

Maria

Marienlehre

Das Zweite Vatikanische Konzil (1962–1965) hat in der Konstitution über die Kirche tiefsinnig und ausführlich die Lehre der Offenbarung über Maria entfaltet und zur vertrauensvollen Marienverehrung eingeladen: „Alle Christgläubigen mögen inständig zur Mutter Gottes und der Mutter der Menschen flehen." (*Lumen Gentium* 69).

Marienverehrung

Die Marienverehrung gehört untrennbar zur Kirche. Nicht nur, dass so viele unserer Kirchen, Heiligtümer und Orden der jungfräulichen Muttergottes geweiht sind: Auch das liturgische Jahr ist durchzogen von Gedenktagen und Festen zu Ehren Mariens; die offiziellen Gebete jeder Heiligen Messe erwähnen mehrmals die Jungfrau Maria. Man findet kaum eine katholische Kirche, wo es nicht einen Marienaltar oder zumindest ein Gnadenbild Mariens gibt. Und aus unserer Spiritualität ist Maria schon gar nicht wegzudenken: was wäre unsere Frömmigkeit ohne den meditativen Rosenkranz, ohne die persönlichen Weihen an die Gottesmutter. Im Gebetsschatz der Kirche wenden sich unzählige Gebete an Maria. Das „Gegrüßet seist Du Maria" etwa ist eines der katholischen Grundgebete, das aus zwei ganz und gar biblischen Worten besteht: dem Gruß des Engels an Maria und der Lobpreisung Elisabeths (Lukas 1,28–42). Erwähnung verdienen auch die marianischen Privatoffenbarungen, die in den letzten 200 Jahren eine Welle der Glaubensintensivierung hervorgerufen haben. Viele von ihnen wurden nach eingehender Prüfung offiziell von der Kirche anerkannt. Katholiken sind jedoch nicht verpflichtet, an Marienerscheinungen von Lourdes, La Salette, Fatima usw. zu glauben. Abgesehen von diesen speziellen Phänomenen existiert eine „marianische Geographie", denn vielerorts gibt es nationale und übernationale Marienheiligtümer wie etwa Tschenstochau, Altötting, Kevelaer, Loretto, Guadeloupe, Mariazell, Einsiedeln. Es fällt auf, dass in den letzten Jahren die Wallfahrten dorthin wieder zunehmen.

Christus im Mittelpunkt

Eine bloß oberflächliche Schwärmerei gegenüber Maria will Jesus ausdrücklich nicht (Lukas 11,27). Bei unserem Blick auf Maria geht es immer um das *Zentrale* unseres Glaubens an den Erlöser Jesus Christus. Wir Katholiken glauben ja selbstverständlich wie alle anderen Christen, dass Jesus Christus unser einziger Erlöser, unser einziger Herr, unser einziger Heiland ist. Wir sind auf Christus getauft und nicht auf Maria oder Heilige.

Verehrung, nicht Anbetung Mariens

Wir unterscheiden klar in unserem Verhalten zwischen „Anbetung", denn diese kommt nur Gott allein zu. Bei Maria sprechen wir von „Verehrung", denn sie ist nur ein Geschöpf wie wir. Niemals könnte ein Katholik Maria „anbeten"; von ganzem Herzen aber liebt und verehrt er sie. Diese Begriffsunterscheidung ist notwendig. Die Verehrung Mariens gräbt Gott nichts an Ehre ab, sondern gibt ihm alle Ehre, denn ER war es, der Maria zu diesem Mitwirken an der Erlösung eingeladen hat.

Gott handelt, Maria reagiert

Und wie hat Maria mitgewirkt? Indem sie sich von Gott demütig hat verfügen lassen. Gott handelt, Maria reagiert. Zuerst und allem voraus ist es Gott, der handelt: Zuerst ist *Seine* Initiative. *Er* beschließt, ein Mensch zu werden wie wir, „in allem uns gleich außer der Sünde" (IV. Hochgebet; 1 Johannes 3,5; Hebräer 7,26). Um uns wirklich gleich zu sein, hat er „keine Scheu gehabt, in den Leib einer Jungfrau abzusteigen" (so heißt es im Te Deum), in einer armseligen Krippe in Bethlehem geboren zu werden, uns menschliches Leiden, ja Qualen und Tod auf sich zu nehmen. Zum Zweck dieser wahren „Vermenschlichung" hat Gott sich Maria auserwählt. Maria agiert nicht selbstherrlich, sondern sie reagiert, sie antwortet auf das Wort Gottes. Magnifikat. Im Magnifikat spricht die Gottesmutter die Worte, die alles ins rechte Lot rücken. Kaum wird sie von Elisabeth seliggepriesen, weil sie geglaubt hat, da gibt sie alle Ehre an Gott weiter: „Meine Seele preist die Größe des Herrn, und mein Geist jubelt über Gott, meinen Retter. Denn auf die Niedrigkeit seiner Magd hat er geschaut. Siehe, von nun an preisen mich selig alle Geschlechter." (Lukas 1,45–48) Aller Lobpreis Mariens ist immer Lobpreis des Handelns Gottes an ihr und durch sie.

Magnifikat

Im Bezug auf Maria gibt es vier zentrale Glaubensinhalte, die unverzichtbar zur göttlichen Offenbarung gehören: die Gottesmutterschaft Mariens, ihre immerwährende Jungfräulichkeit, ihre Bewahrung vor der Erbschuld und ihre leibliche Aufnahme in den Himmel.

Muttergottes

1. Maria ist Muttergottes. Gott hat Maria zur Mutter seines menschwerdenden Sohnes erwählt. Sie ist Gottesmutter, weil sie den geboren hat, der zugleich Gott und Mensch ist. Wir feiern die Gottesmutterschaft Mariens am 8. Tag nach Weihnachten, dem Geburtsfest Christi, also am Neujahrstag, am 1. Januar;

denn durch diese besondere Mutterschaft beginnt zugleich die Neue Zeit. Und dabei ist Maria aber keinesfalls eine Art passive „Leihmutter", die bloß ihren Körper zur Verfügung stellt. Maria ist Mutter mit aller mütterlichen Emotionalität, derer eine Mutter fähig ist. Die Mutterliebe führt sie in die Jüngerschaft Jesu, darum finden wir sie in den Evangelien in der Nähe ihres Sohnes; ja wir finden sie sogar furchtlos unter dem Kreuz, wo sie sich mütterlich mit der Hingabe ihres Sohnes als makelloses Opferlamm für das Heil der Menschen verbindet. Ihre mütterliche Sorge endet aber mit Tod und Auferstehung ihres Sohnes nicht: die Muttergottes ist am Pfingsttag die Erstgenannte im Kreis der Jünger (Apostelgeschichte 1,4), als der Heilige Geist auf alle herabkommt. Sie führte durch ihr Gebet diese Geburtsstunde der Kirche herbei, darum ist sie auch Mutter aller, die an Christus glauben und auf Christus getauft sind. Die Mutter Christi ist auch die Mutter der Kirche, ja sie ist die Mutter aller Erlösten.

Jungfrau

2. Maria ist immerwährende Jungfrau. Bei dieser Offenbarungswahrheit geht es nicht um ein biologisches Wunder, wenngleich Maria wirklich und im umfassendsten Sinn des Wortes immerwährend Jungfrau war. Die Jungfräulichkeit Mariens zielt aber auf die Besonderheit Jesu: er ist eben ganz der Sohn Gottes, er entstand durch das Wirken des Heiligen Geistes an Maria. Darum bezeugen sowohl das Lukasevangelium als auch das Matthäusevangelium klar und eindeutig die uralte Überzeugung der frühen Kirche, dass Maria ohne Zutun eines Mannes empfangen hat. Wo das nicht mehr geglaubt wird, dort wird auch bald der Glaube an die wahre Gottheit Jesu Christi verblassen. Darum steht das Bekenntnis „geboren aus der Jungfrau Maria" in den ältesten Glaubensbekenntnissen. Und der Glaube an die Jungfräulichkeit Mariens ist auch ein frohes und vertrauensvolles Ja zum wunderbaren Gnadenwirken Gottes: Gott ist so wunderbar, dass er auch ohne Zutun des Menschen alles vermag. Maria hat aber nicht nur Jesus jungfräulich empfangen und geboren, sondern die Kirche ist überzeugt, dass sie auch nach Christi Geburt Jungfrau geblieben ist. Die im Evangelium erwähnten „Brüder und Schwestern" Jesu bzw. die „Herrenbrüder" aus den Apostelbriefen lassen sich leicht als nahe Verwandte ausweisen. Von den namentlich genannten vier Herrenbrüdern Jakobus, Joses (Josef), Judas und Simon (Markus 6,3; Matthäus 13,55) verrät uns die Bibel, dass ihre Mutter auch „Maria" hieß. Aber es handelt sich eindeutig um eine andere „Maria" als bei der Mutter Jesu (vgl.

Markus 15,40; Matthäus 27,56 u.ö.), vermutlich eine nahe Verwandte Mariens (Johannes 19,25). Von Anfang an hat die Kirche Maria als „immerwährende Jungfrau" verehrt, obwohl Jungfräulichkeit – also Unfruchtbarkeit und Kinderlosigkeit – zu alten Zeiten als sehr negativ galt. Maria lehrt uns, dass die Liebe zu Gott so erfüllen kann, dass Jungfrau-Sein und Kinderlos-Sein zu einer Quelle der geistlichen Reichtums, ja der spirituellen Fruchtbarkeit werden. Wenn heute die Ordensleute und die Priester dem Herrn Jesus (der selbst ehelos war) nachfolgen, so haben sie in der Jungfrau und Gottesmutter Maria nicht nur ein großes Vorbild, sondern auch eine mächtige Fürsprecherin.

unbefleckt empfangen

3. Maria ist die unbefleckt Empfangene. Schließlich glaubt die Kirche, dass Maria „vor jedem Makel der Erbsünde bewahrt wurde". Am 8. September feiert die Kirche das Geburtsfest Mariens, neun Monate vorher, am 8. Dezember, das Fest der „Unbefleckten Empfängnis". Diese von Papst Pius IX. im Jahre 1854 feierlich verkündete Glaubenswahrheit hat nichts damit zu tun, dass Maria Jesus empfangen hat, sondern dass sie selbst vom ersten Augenblick ihres Daseins – also vom Augenblick ihres Empfangenwerdens an – die Größe der Gnade Gottes aufleuchten lässt. Maria steht nicht unter dem Gesetz der Erbsünde, die unser Wollen und Tun verzerrt, sondern sie ist ganz das ursprüngliche „Konzept" Gottes: sie ist schön und rein und unbefleckt („immaculata"). Auch hier geht es wieder um Christus, denn er hat durch seine Erlösung Maria im Voraus vor dem Makel der Erbsünde bewahrt. Die ursprungshafte Schönheit Mariens, die übrigens in den Immaculata-Darstellung immer so dargestellt wird, dass ihr die Bösartigkeit Satans in Gestalt eines hässlichen Drachens oder einer heimtückischen Schlange (Genesis 3,15; Offenbarung 12,3) gegenübergestellt wird, ist uns Gläubigen ein großer Trost. Denn sie sagt uns, dass die Welt, die voller Bösem ist, am Ende nicht zum Teufel, sondern zu Gott gehen wird.

Leibliche Aufnahme in den Himmel

4. Maria ist mit Leib und Seele bei Gott vollendet. Der Blick auf die Vollendung ist auch der Inhalt der vierten großen Glaubenswahrheit über Maria: dass sie nämlich mit Leib und Seele in den Himmel aufgenommen wurde. Maria ist vollkommenste Frucht der Erlösung, in ihr schauen wir die Verklärung, die Christus durch seinen Tod und seine Auferstehung allen Menschen bringen wollte, bereits exemplarisch. Wir feiern dies am 15. August als „Maria Himmelfahrt", müssen dazu aber wissen, dass der korrekte lateinische Ausdruck „Assumptio Mariae" lautet, wörtlich: „Aufnahme Mariens [in den Himmel]". Denn auch hier liegt die Initiative wieder ganz bei Gott: Er ist es, der an Maria handelt, der sie ganz – mit Leib und Seele – zu sich nimmt, wie er an allen Gerechten am Ende der Zeiten handeln wird. Hier vollendet sich der Weg, den Maria betreten hatte, als sie Gott in der Kammer von Nazaret ihre vollkommene Verfügbarkeit erklärte: „Siehe ich bin die Magd des Herrn, mir geschehe nach deinem Wort" (Lukas 1,38).

Marienverehrung = Gottesverehrung

Marienverehrung = Gottesverehrung. Es ist eine Grundüberzeugung von uns Katholiken, die wir ohne Abstriche mit den Kirchen des Ostens teilen, dass wir eigentlich Gott ehren, wenn wir Maria ehren. Darum haben die Päpste, wenn sie feierliche Entscheidungen zur Marienlehre verkündet haben, ihre Lehrschreiben bewusst mit einem Lobpreis auf Gott eröffnet. Denn es geht bei Glaubenswahrheiten, die Maria betreffen, letztlich um den „unaussprechlichen Gott" (lateinisch: „Ineffabilis Deus", 1854, Unbefleckte Empfängnis) und um den „allerwohltätigsten Gott" (lateinisch: „Munificentissmus Deus", 1950, Aufnahme Mariens in den Himmel).

Treue zu Gottes Plan

Wir katholischen Christen nehmen Maria so ernst, weil wir Gott ganz ernst nehmen wollen; wir lieben Maria so sehr, weil wir keinen Millimeter von Gottes Offenbarung abweichen wollen. Wenn *Gott* einen Menschen, eine Frau, erwählt und sie mit den Worten anredet: „Du bist voll der Gnade, der Herr ist mit Dir" (Lukas 1,28), dann meinen wir, dass *wir* uns nicht erlauben dürfen, sie beiseite zu schieben.

Wie Maria an Gottes Heilsplan mitarbeiten

Maria ist der Weg, den Gott selbst gewählt hat, um zu uns zu kommen, um inmitten seines Volkes als „Emmanuel" zu erscheinen. Der Beitrag Mariens zu diesem Weg Gottes zu uns, ist ihr mutiger Glaube, ihr großes Jawort, ihre Bereitschaft, von der Kammer von Nazaret über Bethlehem bis hin unter das Kreuz am Erlösungsplan Gottes mitzuarbeiten. Der Blick auf Maria belehrt uns daher, dass das Heil, das einzig Jesus Christus gewirkt hat, nur durch unser Mitwirken zu allen Menschen kommt. Maria ehren heißt für uns daher, den Heilsplan Gottes ehren und an ihm mitzuarbeiten.

Marienverehrung gründet auf Gottes Offenbarung

Es ist für einen gläubigen Katholiken keine Frage der Sympathie oder der Mentalität, Maria zu mögen oder nicht zu mögen, denn er glaubt ja, dass Gott ihr in seinem Heilswerk diese erhabene Rolle zugewiesen hat. Unsere Verehrung Mariens gründet in der Offenbarung Gottes, an die wir glauben.

Magnus Striet

Schöpfer und Schöpfung

Gott ist Ausgangspunkt der Schöpfung

Die personale Anrede Gottes als Vater, als *abba*, gehört ins Zentrum einer sich aus dem Glauben Israels speisenden Spiritualität. Das Vertrauen auf Gottes neuschaffende Zuwendung zu seinem Volk bildeten den Kern der Schöpfungstheologien Israels. Auch das Gebet Jesu eröffnet mit dieser Anrede seine Bitten an Gott. Es spricht einen Gott an, welcher der Geschichte fähig ist, der Heil schaffend und rettend in die Geschichte eingreift. Damit ist dieser Gott, bei aller Unterschiedenheit zum Menschen, doch in einem uns gleich: Er kann handeln. Kosmologische Spekulationen über den Anfang der Welt spielen hier keine Rolle. Schöpfung ist immer auf Gott bezogen zu verstehen.

Dem Menschen ist die Schöpfung anvertraut

Schon in der Bibel sind die Schöpfungsgeschichten vielfältig. Neben Gottes Allmacht wird immer wieder auch der Mensch genannt, dem die Schöpfung anvertraut ist und die er bewahren soll (Genesis 2,15). Aussagen über Gott den Schöpfer stehen am Anfang der Bibel, im Alten Testament; das Neue Testament schreibt diesen Glauben fort und erweitert ihn, indem es Christus als Schöpfungsmittler (Johannes 1; Kolosser 1,15) bezeugt: „Also: wenn jemand in Christus ist, so ist er eine neue Schöpfung." (2 Korinther 5,17a)

Glaube an einen personalen Gott veraltet?

Die sehr menschliche Rede von Gott dürfte in vielen Ohren längst überholt sein. Entscheidend hat dazu beigetragen, dass so viele Menschen Gott in Situationen abgründigen Unheils ohne sichtbaren „Erfolg" zu Hilfe gerufen, dass sie ihn vermisst haben, wo sie elementar auf ihn angewiesen waren. Hinzu kommt, dass die Rede von einem Gott, der handeln kann und dessen erste Handlung in Bezug auf die Welt ist, dass er sie aus dem Nichts ins Dasein ruft, zunehmend dem Verdacht der Unglaubwürdigkeit ausgesetzt ist, seitdem dem Menschen im Verlaufe der Neuzeit immer mehr die unermesslichen Tiefen des Alls vor Augen geführt werden und dieser Prozess an kein Ende zu kommen scheint. Es mutet fast so an, als gehöre der Glaube an einen aus dem Nichts ins Dasein rufenden personalen Gott einer mythologischen Vorstellungswelt vergangener Zeiten an.

Schöpfergott aus dem Nichts

Den Glauben an den aus dem Nichts ins Dasein rufenden Schöpfergott hat zuerst der Kirchenlehrer Irenäus von Lyon (ca. 135–202) mit Vehemenz in den Kernbestand christlichen Glaubens eingeschrieben. Der Bibel ist diese Vorstellung fremd, denn sie stellt sich der Frage nach dem einen Ursprung vor allem noch nicht. Sie erinnert mit ihren verschiedenen Schöpfungstheologien zwar an die Schöpfungsmacht Gottes. Doch geht es ihnen darum, den Menschen an den guten Ursprung der Schöpfung zu erinnern und dazu aufzufordern, an dem Gott festzuhalten, der Ordnung in das Chaos bringt, so wie im Anfang. Irenäus kann hierbei jedoch nicht stehenbleiben. Zwar geht es auch ihm nicht um abstrakte Spekulationen über den Anfang der Welt. Im Zentrum seines Denkens steht die Geschichte, wie er sie als die *eine* Heilsgeschichte begreift. Gerade deshalb vertieft er aber nun resolut das biblische Denken. Der Gott Israels und damit der Gott Jesu ist der einzige Gott – also als einziger Gott auch zugleich der Ursprung von allem; er ist nicht nur die alles bewahrende, sondern auch die alles aus dem Nichts ursprünglich begründet habende Wirklichkeit.

Materie entstammt Gott

Nahm man zuvor an, dass jedenfalls die Materie – die Welt – ewig sei, so hält Irenäus als christliche Glaubensfreiheit fest: Auch die Materie verdankt ihre Existenz Gott. Fortan gab es kein Entweichen mehr, wenn die abgründigsten aller Fragen gestellt wurden: Woher kommt das Böse? Woher stammt das immer wieder in die Schöpfung eindringende Chaos? Warum diese scheinbar unvermeidliche, immer wieder jedes Verlangen nach Menschlichkeit mit Hohn strafende Entstellung von Gottes angeblich guter Schöpfung?

Gott benötigt den Menschen als Gegenüber

Die Theologie weiß auf diese Fragen keine abschließende Antwort. Natürlich wird sie sich die biblisches Erbe in Erinnerung rufende Einsicht des Johannes Duns Scotus (um 1266–1308) zu eigen machen, dass es diese Schöpfung gibt, weil Gott ein Gegenüber wollte und er sich restlos mit dem identifizierte, mit dem er sich so restlos identifizieren konnte, weil dieser sich wie er durch Freiheit auszeichnet, mit dem Menschen. Gott freut sich am Menschen, und weil er keine Marionette als sein Gegenüber will, sondern einen Freien, deshalb stößt er an Grenzen, wenn der Mensch seine Freiheit missbraucht. Aber auch wenn Gott den Menschen nur die Möglichkeit zum Bösen eingeräumt hat, so ist Gott noch lange nicht aus dem

Spiel. Schließlich war er es, der den freien Menschen und damit das Böse riskierte. Und der Verweis auf die menschliche Freiheit erklärt noch nicht, warum es die vielen erniedrigenden, manchmal gerade erst aufblühendes Leben vernichtenden und durch keine Menschenhand verschuldeten Krankheiten gibt, warum es Naturkatastrophen gibt, die plötzlich alles Leben zerstören. Wer Gott als die alles aus dem Nichts ins Dasein rufende und erhaltende Wirklichkeit versteht, sieht sich diesen Fragen ausgesetzt. Auch das Gebet Jesu schützt sich vor solchen Fragen nicht, sondern setzt sich ihnen aus. Schließlich bittet es Gott, die Menschen nicht in Versuchung zu führen und seinen Namen zu heiligen. Es fügt sich damit in die alttestamentlichen Gebetstraditionen ein, die von Gott nicht lassen wollen, um keinen Preis, selbst wenn sie ihm klagend die Widrigkeiten seiner Schöpfung ins Antlitz schreien.

menschgewordener Gott

Der christliche Glaube glaubt zudem den Gott Israels als den Gott, der bis ins Äußerste hinein sein Eintreten für den Menschen erfahrbar gemacht hat. In diesem Glauben ist es der in der Lebensgeschichte Jesu selbst Mensch gewordene Gott Israels, der um die Menschen und ihre Einstimmung in seinen Lebenswillen ringt, bis dahin, dass Jesus sich, um auch noch die letzte Ernsthaftigkeit seiner von Anfang an geltenden Entschiedenheit für den Menschen zu bewahrheiten, hierfür ans Kreuz schlagen lässt.

Gott als liebender Vater des Menschen

Der christliche Glaube an den Schöpfergott verharmlost die Realität damit nicht. Mit offenen Augen blickt er hin. Er staunt vor dem Gott, der eine Welt um der Menschen willen schafft, mit dem Ziel, sich diesen als der barmherzige und liebende Vater erweisen zu können. Diese mit dem Glauben Israels geteilte Kernaussage gilt auch da noch, wo die Menschen nicht mehr verstehen, sondern nur noch Gott selbst um Antworten bitten können. Den Vater um Antworten zu bitten heißt auch, in das Gebet Jesu einzustimmen – heißt, den um Antwort zu bitten, an den sich nach dem neutestamentlichen Zeugnis der Verlassenheitsschrei Jesu – sein *Wozu?* – richtete. Gemäß christlichem Bekenntnis ist der Vater indessen nur zusammen mit dem Sohn und dem Geist.

Glaube in Hoffnung an Gott als Ursprung der Welt

Allerdings erfordert dieser Glaube Mut: den einen Gott als den einzigen Ursprung der Welt zu glauben, als den Gott, der deshalb, weil er aller Wirklichkeit ursprünglich und bleibend mächtig ist, diese auch vollenden kann und will, und dies mit den Mitteln seiner Liebe. In dieser Weise menschlich von Gott zu reden, ihn konsequent als den freien Ursprung alles Wirklichen zu glauben, bedeutet aber nicht, vergangenen Weltbildern aufzusitzen, sondern heißt zunächst einmal, die Hoffnung in den Mittelpunkt des Denkens und des Lebens zu stellen.

Heribert Niederschlag

Glaube und Liebe

Tragende Pfeiler des christlichen Lebens sind Glaube und Liebe, zusammen mit der Hoffnung auf das ewige Leben. Glaube ist in der Religion eine Grundhaltung des Vertrauens: In der Beziehung zu Gott vertraue ich mich ihm an. Liebe als höchstes Gut, wie Paulus es im ersten Korintherbrief (13,13) formuliert, ist Bejahung des Gegenübers und Nähe zu ihm (Franz-Josef Nocke).

Glaube

Liebe

Welchen Stellenwert die Liebe bei Jesus Christus hat, lässt sich aus seinem Gebot der Nächstenliebe (Markus 12,29–31) ablesen: „Du sollst deinen Nächsten lieben wie dich selbst. Größer als dieses ist kein anderes Gebot.«

Hauptgebot Jesu

Wie aber ist es heute um Glaube und Liebe bestellt?

Vor etlichen Jahrzehnten musste der Mainzer Dom saniert werden: Der Bau stand auf einem Rost gewaltiger Eichenpfähle, die durch das Absinken des Grundwassers infolge der Rheinregulierung verfaulten. Die zum Teil geschwundenen Fundamente mussten durch Zement ersetzt werden.

Wenn die Fundamente ins Wanken geraten, kann das Gebäude ganz unvermittelt zum Einsturz kommen. Auch in unseren Gemeinden ist das geistige und geistliche „Grundwasser" zurückgegangen, und bislang tragende Balken sind ins Trockene gekommen und beginnen zu faulen. Die Fundamente müssen neu abgestützt werden. Zu diesen Fundamenten zählen Glaube und Liebe.

Sicherung der Fundamente

Oberflächlich besehen kann das Gebäude des katholischen Lebens beeindrucken. Fehlt es aber am Glauben und an der Liebe, wird es auf kurz oder lang zusammenbrechen. Signale für eine starke Veränderung liegen vor allem im Bereich des moralischen Verhaltens, weil die Orientierung fehlt. Glücklicherweise werden zentrale moralische Überzeugungen von Menschen guten Willens erfahren und geteilt. Wir sind uns einig, dass Mord, Raub, Betrug, Verleumdung, Kindesmissbrauch, Vergewaltigung u.a. böse sind. Dass verboten ist, was als eindeutiges Unrecht am Nächsten und an der Umwelt erkannt wird, wird nicht bezweifelt. Aber es gibt ein weites Feld, wo die ethische Einschätzung nicht so eindeutig ist.

Orientierung nötig

Erfahrungen von Grenzen

Angesichts der ökologischen Grenzerfahrungen, der bio- und medizinethischen Fragen sowie der internationalen ökonomischen und sozialen Herausforderungen und einer Sturzflut wissenschaftlicher Daten und Informationen fühlt sich der Einzelne verunsichert und überfordert. Die Grundfrage des engagierten Christen im Horizont dieser Entwicklung ist nicht mehr die nach dem Verhältnis zwischen der selbstbewussten säkularen Vernunft und der Einsicht des Glaubens. Den gläubigen Zeitgenossen treibt die Frage um, wie er angesichts der vielfältigen Herausforderungen seine personale Identität und seine Originalität behaupten kann, wie er als Glaubender unter den Bedingungen der Moderne ein Liebender werden und bleiben kann.

Behauptung der eigenen Identität

Unverbindlichkeit

Seit Ende der sechziger Jahre des vergangenen Jahrhunderts verweigern sich immer mehr Menschen der unbedingten Verpflichtung und begnügen sich mit freundlicher Unverbindlichkeit. Die Schuld der Unentschiedenheit vergiftet nach Albert Camus das seelische Klima und zersetzt freundschaftliche Beziehungen. Für ihn ist die freundliche Unverbindlichkeit die Todsünde der Gegenwart.

Ausübung der Freiheit

Ihr können wir nur entgehen, wenn wir mit der Freiheit ernst machen und für den anderen einspringen, der in Not ist. Freiheit ist von daher der entschiedene Wille zu tun, was hier und jetzt gefordert ist. Freiheit „wird" durch Entschiedenheit. Freiheit geht einher mit einer tiefen, existentiellen Bindung. Es ist wie in einer gelingenden Ehe, in der Freiheit waltet, weil sie ihn bzw. er sie liebt. Diese Entschiedenheit füreinander und auch für Gott ist heute kostbare Mangelware geworden. Heute gilt es, das Feuer für den christlichen Glauben wieder zu entfachen und eine christliche Kultur neu zu beleben, die die überkommene Tradition mit einer persönlichen Entschiedenheit verknüpft.

Überzeugungen

Von festen Überzeugungen, für die man einzustehen bereit ist, leben nicht nur Gruppen und Gemeinschaften, sie sind auch die unabdingbare Voraussetzung für das Glück des Einzelnen. Wo sich Verlässlichkeit, Wahrhaftigkeit, Treue, Zivilcourage in Alltagsentscheidungen umsetzen, erschließt sich dem Einzelnen die wichtigste Dimension der Zeitlichkeit und Geschichte: Die Geschichte des menschlichen Gewissens, der moralischen Siege und Niederlagen.

Gewissen

Das Gewissen verpflichtet nicht nur auf den sittlichen Wert, sondern letztlich auf die Originalität der eigenen Persönlichkeit. Im Gewissen entscheidet sich, ob ich auf dem Weg zu meiner eigenen Menschwerdung vorankomme oder zur Maske verkomme. Das Gewissen als „Anwalt der Freiheit" steuert gegen den Trend eines zu sehr am Äußerlichen und Oberflächlichen orientierten Verhaltens. Es ruft uns in die Pflicht und erinnert uns an die eigentliche Aufgabe: Du sollst werden, der du bist!

Pflicht

Unser herausgeforderter Glaube kann nur lebendig und kräftig bleiben, wenn er sich der Liebe aussetzt, und zwar in doppeltem Sinne: sich geliebt zu glauben und zu lieben. Vor Gott zählt, ob wir – so wie es Jesus uns vorgelebt hat – lieben und loslassen können. An Gott zu glauben, auf ihn zu setzen ist kein Joch, sondern Kraftquelle – eben wie eine Freundschaft, eine Liebe, auf die man bauen kann in guten wie in bösen Tagen.

Lebendiger Glaube in der Liebe

Wer den Himmel ernst nimmt, wird für die Erde tauglich. Wer in Gott eintaucht, taucht neben den Armen wieder auf. Der Blick zu Gott schärft den Blick für die Not der Nächsten. Wer jedoch Gott ausblendet, versteht sich selbst nicht mehr. Darum ist das Herz des Glaubens die Liebe, die *caritas*, die Gott selbst ist und zu der er uns herauslocken will.

Beziehung zu Gott

„Gott ist die Liebe" – das ist in der Tat die grundlegende Botschaft des christlichen Glaubens. Die Schöpfung, das ganze Heilsdrama um die Schuld und die Neueinsetzung des Menschen in seine verlorene Würde hat seinen letzten Sinn in dem staunenswerten Willen Gottes, „Mit-Liebende" (Duns Scotus) zu haben. Er hat uns wunderbar erschaffen und noch wunderbarer erneuert. Darum ist jede gelingende christliche Existenz letztendlich ein Sich-Loslassen in ein Geheimnis hinein, das einmal unsere ganze Seligkeit sein wird: geliebt zu werden und zu lieben ohne Ende und ohne Maß.

Gott ist die Liebe

Die Hinwendung der Christen zu den Armen, zu den Kranken und zu allen, die sich selbst nicht helfen können, hat ihre letzte Motivation in der Entdeckung der Liebe Gottes, die sich im Kreuz unseres Herrn Jesus Christus unwiderruflich und endgültig enthüllt hat. Wer geliebt wird, der verändert sich. Je mehr die Christen und christlichen Gemeinschaften und Gemeinden zu Räumen gelebter Menschlichkeit, Barmherzigkeit und Liebe werden, umso mehr verändern sie sich selbst und ihr Umfeld.

Gott als Mitliebender

Die Caritas Gottes und unsere oft armselige, bruchstückhafte Caritas des Alltäglichen hängen auf geheimnisvolle Weise mit der Lebendigkeit unseres eigenen Glaubens und der unserer Gemeinden zusammen. Die Kirche als die Familie des auferstandenen und erhöhten Christus weiß im Glauben ihren Herrn in doppelter Weise in ihrer Mitte gegenwärtig, in seinem Wort und

Offenbarung der Liebe Gottes im Kreuz

Sakrament und auch im Nächsten, in den Kleinen, den Geringen, den Armen und Kranken.

Wo Gottes Wort von der Kirche verkündigt wird, ist Christus am Werk. Wo die Kirche Sakramente feiert, tauft, die Eucharistie darbringt, ist Christus der in unserer Mitte Betende und Opfernde. Also gilt: Christusgegenwart in der Verkündigung und der Liturgie der Kirche.

Gegenwart Christi

Christus ist auch gegenwärtig in jedem, der uns anvertraut ist, besonders in denen, die unserer Hilfe bedürfen. Der Dienst an den Schwachen und Armen ist ein Dienst am Herrn selbst. Das wichtigste Zeugnis dafür ist die Perikope vom Weltgericht im Matthäusevangelium im Kapitel 25: „Was immer ihr einem dieser meiner geringsten Brüder getan habt, das habt ihr mir getan." (40b) Diese Geringen und Kleinen dürfen nicht verachtet werden, sonst verachten wir den Herrn selbst.

Christus in der Liturgie und in der Diakonie

Diese beiden Grundweisen der Gegenwart Christi sind der Kirche ins Stammbuch geschrieben. Das ist ihr Markenzeichen: Verkündigung der Frohbotschaft durch die Jahrhunderte regional und weltweit, die Feier der Liturgie und die Diakonie, die in den eigenen Reihen in dem geschwisterlichen Umgang miteinander ihren Anfang nimmt und den Lebens- und Todesdienst Christi präsent hält bis ans Ende der Zeiten.

Liebe ist gelebter Glaube

Die Werke der Nächstenliebe in der Kirche sind mehr als nur Bekräftigung, „Beglaubigung" des Glaubens, zum Glauben hinzutretendes Ornament: „Glaube, der durch Liebe wirksam ist" (Galater 5,6). Die Liebe, die Caritas, also die Zuwendung zum Nächsten, die Bewegung weg von mir hin zu den Anderen, besonders den Notleidenden, ist gelebter Glaube. Diese Liebe hat gleichsam sakramentalen Charakter. Sie macht Christus ebenso wirksam und heilbringend wie die Eucharistie präsent.

Johanna Rahner

Rechtfertigung

Die theologische Rede von *Rechtfertigung* – ebenso wie die von *Gnade* – ist auch bei praktizierenden Christinnen und Christen heute längst in die mittelalterlichen Kellergewölbe der eigenen Konfessionsgeschichte verbannt. Sie erinnert zu sehr an ungeliebte konfessionelle Minenfelder und Unterscheidungslehren, die allenfalls noch beim theologischen Fachpublikum antiquarisches oder archäologisches Interesse wecken. Doch damit ist ihr religiöser Gehalt noch lange nicht verschwunden. Er tritt nur in verändertem Gewand an das Bewusstsein einer weltlichen Öffentlichkeit.

Orte heutiger Frömmigkeit

Sucht man heute nach Orten moderner Frömmigkeit, so findet man sie immer weniger in kirchlich vorgeprägten Räumen, sondern viel eher in jenen, mitunter seltsam anmutenden spirituellen Sinnangeboten im Kleinanzeigenteil von Stadtmagazinen. Ob Jakobspilgerweg oder Anleitungen zur östlichen Meditation – das reiche Angebot in diesem Supermarkt der Spiritualität richtet sich gerade an die Sinnsuchenden unserer Zeit, die da kommen und glauben (wollen), auch wenn sie nicht so genau wissen, was. Spannend ist dabei die typisch westlich-ökonomisierte Variante der Aneignung der östlichen Spiritualität, bei der die „Prinzipien von Leistung und Selbstsorge" dominieren (Magnus Striet) und so die Gesetze des Marktes auch noch das geistige Leben bestimmen: Jeder ist seines Glückes und seiner Erlösung Schmied! Darum muss alles und jedes, und im Letzten der Mensch sich selbst legitimieren, rechtfertigen.

Stellenwert der Reue

Die darin sich verbergende, latente Selbstüberforderung wird eher subtil deutlich. Warum wird so emotional und lautstark darüber diskutiert, ob der Rechtsstaat einen Schwerverbrecher nach verbüßter Strafe als Gnadenakt aus der Haft entlassen darf, auch wenn dieser keine Reue zeigt? Warum ist Reue für so viele Menschen wichtig, mitunter wichtiger als die Strafe selbst? Vielleicht weil sich darin jenseits des modernen Emanzipationsstrebens gegen die Fremdbestimmung durch aufgezwungene Schuldgefühle eine Sehnsucht zeigt, die nach Gerechtigkeit angesichts geschehenen Unrechts ruft. Dieses Bedürfnis lässt offensichtlich werden, dass geschehenes Böse nicht einfach ungeschehen zu machen ist, dass es Dinge gibt, die ich selbst weder rechtfertigen, noch aus der Welt schaffen oder wieder gut machen kann. Zu Recht hat daher die Theologie des Mittelalters zwischen jener Reue entschieden, die Menschen angesichts der Strafe wie der Abgründigkeit ihrer Tat empfinden und jener eigentlichen Reue, die der Mensch gerade nicht durch eigene Leistung, sondern nur als Gnade Gottes vollbringen kann. Am Ende bleibt nicht einfach jener Ekel vor den Konsequenzen der eigenen bösen Tat, der das Gefühl der Reue erzeugt, das den Menschen wirklich menschlich werden lässt, sondern es bleibt auch der nagende Zweifel daran, ob und wie je alles wieder gut werden kann, und die Hoffnung darauf, dass dem – wider alle weltliche Erfahrung – doch irgendwann so sein wird.

Reue als Gnade Gottes

Darum wirkt gerade in einer Zeit, in der Selbstverwirklichung zum Glaubensgegenstand geworden und menschliches Miteinander auf den Markt von Rentabilitäten reduziert ist, Martin Luthers Grunderkenntnis des „allein aus Gnade in Jesus Christus gerechtfertigten Sünders" immer noch oder erst recht wieder grundlegend befreiend. Denn der entscheidende christliche Grundsatz lautet eben nicht „Du sollst" oder „Du musst", sondern „Du bist": Du musst dir dein Dasein, dein Leben, dein „du-selbst-sein-dürfen" nicht machen, verdienen, rechtfertigen, weder durch moralisches Spitzenverhalten, noch durch das, was du selbst leistest und dir daher „leisten" kannst. Es genügt, dass es dich gibt, weil Gott gesagt hat: „Sei!" und: „Fürchte dich nicht, denn ich habe dich erlöst, und rufe dich bei deinem Namen, mein bist du." (Jesaja 43,16) „Selbst sein" und trotz Schuld wieder „ein anderer werden" zu können und das nicht restlos aus eigener Kraft tun zu müssen, das ist das entscheidende Versprechen des Christentums. Nur im Horizont einer solch grundlegenden, transzendenten Bejahung entkommt der Mensch wirklich jener prinzipiellen „Angst ums Dasein", in die jede auf sich allein gestellte, rein aufs Diesseits konzentrierte Existenz notwendig gerät. Selbst die ausgefeiltste Selbstveredelungs- und Selbstrechtfertigungstaktik und -technik schafft es nämlich nicht, das Ärgernis des Todes aus der Welt zu schaffen. Christliche Hoffnung gründet und begründet sich in diesem ‚Funken von außen', diesem Gegenüber', das Glaubende ‚Gott' nennen, und sie provoziert mit dem Zusage, dass sich die Lücke zwischen dem, was ist, und dem, was als Erhofftes sein könnte, nicht durch unser Zutun, sondern durch das eines ganz Anderen schließen wird.

Luthers Rechtfertigung aus Gnade allein

Hoffnung begründet sich auf Gott als Gegenüber

Das ist eine Zusage, deren auf- und herausfordernde Wahrheit sich durch das Tun der eigenen geschenkten Freiheit bewahrheitet werden muss. Die verlässliche Leidenschaft Gottes für den Menschen eröffnet Leben, schenkt Freiheit. Sie ist keine Konkurrentin menschlicher Freiheit, sondern ihr letzter tragender Grund. Auch so kann man ‚Rechtfertigung' umschreiben.

Zusage Gottes ist Jesus Christus

Christinnen und Christen bekennen als geschichtlichen Ort dieser unaufhebbaren Zusage Gottes an den Menschen die Lebensgeschichte eines Menschen: Jesus von Nazaret. Dieses von Paulus und der an ihn anknüpfenden Tradition als ‚Rechtfertigung' des Menschen bezeichnete Geschehen bedeutet konkret: Die Zuwendung Gottes als Anerkennung des Anderen wird zum einen in einem menschlichen Dasein selbst erfahrbar. Es ist ein Akt göttlicher Solidarität, der sich genau dort vollzieht, wo der Mensch in seinem Menschsein und seiner Würde bedroht ist. Zum anderen besteht die Konkretisierung aber gerade darin, dass dieses Geschehen als Befreiung von Sünde und so als endgültige Befreiung des Menschen von der Selbstrechtfertigung, dem sich Selbst-Groß-Machen-Müssens verstanden wird. Denn dort, wo Gottes Lebenszusage an den Menschen auf die Scheinfreiheit menschlicher Selbstbehauptung trifft, wird diesem die befreite Existenz des Nicht-mehr-zuerst-zugreifen-und-machen-Müssens geschenkt. Eine in der Fleischwerdung Gotes begründete Theologie der „Rechtfertigung" beruht auf der Wahrheit, dass sich das Göttliche im Menschlichen zeigt, dass dieses Leben hier und jetzt eine göttliche Würde hat. Das geschieht, ohne dabei die vorhandenen Runzeln und Makeln einfach wegzuwischen. Aber diese haben eben nicht das letzte Wort, sondern bergen die Möglichkeit eines geschenkten Neuanfangs. Gott selbst wird zum Urbild wie zum Schöpfer wahren menschlichen Lebens.

Befreiung von der Selbstrechtfertigung

Margit Eckholt

Sünde und Vergebung

Schuld und Sühne fehlen im Wortschatz des Alltags

Schuld und Sünde sind Begriffe, die aus dem alltäglichen Wortschatz gefallen sind und deren Sinn im säkularen Kontext obsolet geworden ist. In Zeiten „jenseits der Erlösungsreligion" (Peter Gross) scheinen Menschen sich mit der „kleinen Unendlichkeit" und den Unvollkommenheiten und Begrenztheiten des Lebens zu begnügen. Und doch gibt es Momente, in denen Menschen nur zu gut spüren, wo sie selbst schuldig werden, vor allem in zwischenmenschlichen Beziehungen, oder wo sie hineingenommen werden in die Unwahrheiten der anderen oder auch größerer gesellschaftlicher und politischer Schuldverstrickungen.

Schuld ist die Kehrseite der Würde des Menchen

Die „Fehlbarkeit des Menschen" (Paul Ricœur) ist die Kehrseite der Würde des Menschen; wer die Möglichkeit und Wirklichkeit personal verantworteter Schuld bestreitet, stellt letztlich die Würde des Menschen in Frage. Schuld zerfrisst das Grundgewebe des Miteinanders.

In der Schuld ist der Mensch nur bei sich

Unter den vielen Zugängen in der theologischen Anthropologie zum Phänomen Schuld ist heute immer noch – auch auf dem Hintergrund der Erkenntnisse in Psychologie, philosophischer Ethik, Rechtsphilosophie usw. – ein Bild leitend, das bereits Augustinus geprägt hat: die „incurvatio in seipsum", das in sich selbst verkrümmte Herz. Der Mensch schließt sich ab vom „Außen", ist auf sich selbst fixiert und bezieht das „Außen" allein auf sich. Der Mensch ist aber – so die jüngeren phänomenologisch angeleiteten Studien zur Intersubjektivität – kein einsames Ich: Er ist als „Selbst" (Paul Ricœur) immer schon auf „Anderes" bzw. „Andere" bezogen, wobei diese Struktur sehr unterschiedliche Gestalten annehmen kann: den anderen Menschen, eine ganz spezifische Situation, konkrete gesellschaftliche, gemeinschaftliche Strukturen und Institutionen, aber auch die Andersartigkeit in Gestalt des eigenen Gewissens, das „forum interius" des Menschen.

Definition von Schuld

Schuld entsteht dann, wenn ich mich in irgendeiner Weise gegen die eine oder andere Gestalt des Anderen versage und darin auch mir gegenüber schuldig werde. Ein „Selbst" zu werden in der „Anerkennung des Anderen" ist stete Suche nach einem Gleichgewicht, in der die Erfahrung des „Schuldigseins" und „Schuldigwerdens" dem Anderen gegenüber gemacht wird, eine Erfahrung, die gerade in der wachsenden Offenheit und Sensibilität für den Anderen wachsen kann.

Von der Schuld zur Sünde

Das Schuldigsein wird dann zur Sünde, wenn es zu einem bewussten Versagen dem oder der Anderen gegenüber wird und vor allem dann, wenn die Beziehung zum Anderen nicht mehr von den Möglichkeiten Gottes her gesehen wird. Von Sünde wird gesprochen, wenn die Beziehung des Menschen zu Gott, die ihm erst Wirklichkeit in ihrer Fülle eröffnet, gebrochen ist. Sünde – und dies wird in der theologischen Anthropologie eines Otto Hermann Pesch, Jürgen Werbick oder Wolfhart Pannenberg deutlich – ist nicht nur der einzelne in sich schlechte Akt (auf dessen Hintergrund in der Geschichte zwischen Todsünde und lässlicher Sünde unterschieden wurde), sondern ist die Grundentscheidung des Menschen gegen Gott: nicht der Liebe Raum zu geben, die jede menschliche Liebe aus der „incurvatio in seipsum" befreit. Hier ist der Mensch in der Tiefe seiner Möglichkeiten und seines Freiheitsvollzuges getroffen. Er erfährt einen Bruch, der durch diese Freiheit selbst geht und der das Gewebe des Miteinanders – mit den anderen und mit Gott – zerstört.

Sünde ist die Entscheidung gegen Hott

Sünde verhindert Freiheit

Sünde tangiert so die Freiheit in ihrer Tiefe, sie ist nichts Oberflächliches. Der Bruch, der durch die Freiheit geht, ist Ausdruck eines Nicht-Glauben-Wollens, der Ablehnung der vergebenden Nähe Gottes und der Verheißung eines Lebens in wahrhafter „Anerkennung des Anderen". Wenn Augustinus als erster zwischen Ursünde (der Sünde Adams und Evas), Erbsünde und (Einzel-)Sünde differenziert hat, so hat er die Radikalität dieses Bruchs und der Gott-Ferne zum Ausdruck bringen wollen, die in der (Einzel-)Sünde aufleuchtet.

Umkehr

Umkehr und das heißt Einsicht in Schuld und Sünde ist möglich, wenn wir mit Gott rechnen, wenn wir glauben und vor diesem weiten Horizont – in Liebe, Demut und Anerkennung des Anderen – unser Miteinander gestalten. Weil der Mensch Gottes Ebenbild und Gegenüber ist, kann er sich zur eigenen und fremden Schuld und Sünde, zu allen „Verwicklungen" der Geschichte verhalten und kann er das benennen, was nicht gut ist, was Schuld, was Sünde ist.

Es gibt Dinge, die Gemeinschaft und Leben zerstören und die Freiheit zerbrechen, Unversöhntheit, Unfrieden, Hass, Gewalt, das sind keine kleinen Unvollkommenheiten. „Bis auf den Grund wasche ab meine Missetat, von meiner Sünde mache mich rein", so spricht der Beter im Alten Testament (Psalm 51,4).

Vergebung

Die vergebende Liebe des Schöpfergottes ist für Christen in Jesus von Nazaret offenbar geworden, in ihm, der Gabe der Liebe Gottes, in der „Ver-geblichkeit" seines Lebens und Sterbens. Das Kreuz deckt die Abgrundhaftigkeit der Sünde auf, es deckt aber auch auf, dass Gott ein Gott des Lebens ist und seine Liebe größer ist als jede lebenzerstörende Macht der Sünde. „Im Kreuz ist Heil", das haben Paulus und die Theologen in seiner Schule seiner „Schule" formuliert, in der Tiefe der Hingabe und des Wegliebens am Kreuz, in dieser Atempause wird Leben über den Tod hinaus eröffnet. Das ist Geheimnis und das bleibt Geheimnis, Auferstehung ist das Unverrechenbare, ist Einbruch Gottes in die Geschichte, gerade dort, wo alles Leben genommen ist. Hier gründet die Vergebung der Schuld, hier wird der Mensch neu befähigt, Miteinander im Sinne wahrer „Anerkennung des Anderen" zu gestalten.

Das Kreuz deckt die Sünde auf

Anerkennung des Anderen

Dazu gehört dann auch das Aufdecken von Gewalt und Ungerechtigkeiten, der Einsatz für ein menschenwürdiges Leben und die Sorge um die Bewahrung der ganzen Schöpfung.

Die soziale und strukturelle Dimension von Sünde hat vor allem die lateinamerikanische Befreiungstheologie aufgezeigt: Schuld und Sünde sammeln sich auch in den Strukturen, die abhängig machen und zur Unterdrückung führen. Papst Johannes Paul II. hat in seiner Sozialenzyklika „Sollicitudo rei socialis" von „Strukturen der Sünde" gesprochen (Sollicitudo rei socialis 36; 37; 46): Sünde, die je persönlich vollzogen wird, wird auch durch Einbindung in unfrei machende, gewalttätige Strukturen ausgelöst, solche Strukturen können als „Strukturen der Sünde" bezeichnet werden. Die Vergebung der Sünde – die sicher ein je persönlicher Zuspruch ist – steht so nicht isoliert von größeren gesellschaftlichen, politischen und wirtschaftlichen Zusammenhängen, sie ist mit einer befreienden Praxis verbunden und kann zu einer solchen führen.

Strukturen der Sünde

Vergebung als persönlicher Zuspruch

Vergebung kann der Mensch in der Alltäglichkeit seines Tuns erfahren, im heilenden und befreienden Miteinander, er erfährt sie in Gebet und Gottesdienst. Kirche ist, so die Kirchenkonstitution „*Lumen Gentium*" des Zweiten Vatikanischen Konzils, „in Christus gleichsam das Sakrament, das heißt Zeichen und Werkzeug für die innigste Vereinigung mit Gott wie für die Einheit der ganzen Menschheit" (*Lumen Gentium* 1).

Orte der Vergebung

Teilhabe an der Vergebung am Kreuz

In jeden kirchlichen Vollzug ist das Erlösungsgeschehen in Jesus Christus eingeschrieben. An den Sakramenten teilzuhaben heißt, hineingenommen zu werden in die Vergebung, die sich am Kreuz ereignet hat. In besonderer Weise wird dem Menschen die Vergebung im Bußsakrament zugesprochen. Die Praxis des Bußsakramentes ist in den letzten Jahren in einer massiven Weise abgebrochen; für viele sind die Bußandachten zum Ersatz geworden.

Ein neuer Zugang kann vielleicht dann möglich werden, wenn Vergebung wieder neu als „Unterscheidungskriterium" für kirchliche Praxis entdeckt wird. Gerade in einer durch vielfältigste Gewalt- und Unheilsgeschichten geprägten Weltgesellschaft wird die Kirche in ihrem Dienst der Versöhnung und des Friedens in besonderer Weise zum Zeichen des Heils und zum „Sakrament der Völker". Jeder Dialog nach innen und nach außen – und heute vor allem die ökumenischen, interkulturellen und interreligiösen Dialoge – gründet in der vergebenden Liebe Gottes, die ihre ausgezeichnete Gestalt in Kreuz und Auferstehung Jesu Christi erhalten hat.

Kirche als Zeichen des Heils

Vergebung zu leben – das gilt für den Einzelnen und für die Kirche – heißt, ganz auf Gott zu vertrauen: weil wir nur leben können, weil Gott uns die Schritte in die Zukunft immer wieder neu schenkt, weil Vergebung von Schuld nicht in der Hand des Menschen liegt, und es heißt zugleich, doch alles – sich selbst – einzusetzen, dass das Miteinander ein heilvolles und befreites wird. Das heißt: die Zu-Mutung annehmen, die Gott ist – der liebende, vergebende und Zukunft öffnende Gott Jesu Christi.

Vergebung liegt nur bei Gott

Vera Krause

Gebet

Jesu Gebet

Die Evangelien schildern an zahlreichen Stellen, wie Jesus betet und wie er andere zum Gebet ermutigt, ja aufruft. Dies geschieht quer durch Raum, Zeit und Begebenheit: als Rabbi und Gefährte auf dem Weg (Matthäus 6,5ff; Johannes 4,19ff; Lukas 11,1; 24,13ff), in der Synagoge, im Tempel, in Einsamkeit oder auf den Straßen (Lukas 5,16; 6,12; Lukas 4,16; Lukas 2,41ff; Johannes 2,13; Markus 11,11), voll Zuversicht oder in tiefer Traurigkeit und Angst (Matthäus 7,7ff; Matthäus 21,22; Markus 11,24; Matthäus 26,37f; Lukas 22,44), den Menschen zugewandt, inmitten der Kinder oder die intime Nähe Gottes suchend (Matthäus 5,44; Matthäus 19,13; Lukas 18,1; 22,32; Johannes 17,9ff; Lukas 3,21; 6,12; Johannes 17,1ff). Alle wichtigen Augenblicke, Begegnungen und Etappen in Jesu Leben sind umrahmt vom Gebet; augenscheinlich ist die Beständigkeit, mit der er Gottes Nähe sucht und sich einübt in das Horchen auf Sein Wort. In eindrücklichen Bildern wird im Neuen Testament von der Bedeutsamkeit dieser Momente erzählt; Momente, in denen „sich der Himmel öffnet" (Lukas 3,21) oder Jesu „Gesicht leuchtet wie die Sonne" (Matthäus 17,2). Im Gebet, wo Gottes Schönheit und Sein Licht ihn treffen, scheint Jesu göttliche Würde auf: erfahrbar ihm selbst und sichtbar für seine Jünger und die Menschen, die ihm begegnen. Hier lebt Jesu Gottes-Beziehung, gewinnt seine Verbundenheit zu Gott die Lebens-Kraft, mit der er auch der Welt und den Menschen den Himmel öffnen wird. Alles, vor allem die nicht zu verdienende Liebe Gottes, empfängt und erfährt Jesus zuerst im Gebet; alles kann er deshalb weiterschenken.

Gebet und Lebenshingabe

Es ist die Alltäglichkeit seines Betens, in der sich die Spur öffnet, in der Jesus seinen Weg findet. In dieser Spur spricht Jesus sein Lob und seinen Dank, drückt er seine Angst und sein Ringen um Wahrheit und Leben aus, bringt er seine (Für-) Bitten – schließlich sich selbst. Sein Gebet ist gebetetes Leben, ist Leben Gott dargebracht: Im Vertrauen in den ihn sendenden Gott, den er zärtlich *Abba* (lieber Vater) nennt, wird Jesus zur Hingabe fähig. Im Vaterunser gibt Jesus ausdrücklich Anteil an seinem Beten, seiner Gotteskindschaft, seinem Vertrauen und legt darin den Grund, auf dem die junge Kirche beten lernt: getroffen von Gottes Wort und der lebendig gewordenen Erfahrung Seiner Zugeneigtheit, im Glauben an Gottes Treue und im Vertrauen darauf, dass jedes Gebet immer schon gehört ist – ob sich die äußere Wirklichkeit des Lebens verändert oder nicht. In diesem Vertrauen in den Grund allen Lebens und im Ringen um dieses Vertrauen entstehen in der Geschichte der Kirche vielfältige Frömmigkeitsformen, die neben der gemeinschaftlichen Eucharistiefeier den Glauben im Alltag Gestalt gewinnen lassen. – Doch wie kann das „neue" Leben, das Christus zu seiner Mitte hat, auch „mitten zwischen den Kochtöpfen" (Teresa von Ávila) gelebt werden?

Frömmigkeitsformen

Vom Judentum übernehmen die Christen der Frühzeit die Tradition der „Heiligung der Zeit", das regelmäßige Gebet am Morgen, am Mittag und am Abend. Daraus wächst im 6. Jahrhundert die Tagzeitenliturgie, wie wir sie bis heute vor allem aus den Klöstern kennen. Zu bestimmten Stunden des Tages ruft dieses Gebet die Glaubenden, ihre Zeit und das, was sie jetzt tun, in Gottes Hand zu legen, um es aus ihr neu zu empfangen. Stundengebet: Unterbrechung des Alltags unter dem geöffneten Himmel; Dasein für Gott, für die Menschen, die mit mir beten und die in mein Beten hineingenommen sind, Zeit für mich selbst; Bekenntnis eines Lebens, das sich nicht in sich selbst begründet und gerechtfertigt weiß, sondern zu jeder Stunde von Gott her seine Würde erhält. Die wichtigsten *Horen* (Stunden) der Tagzeitenliturgie, *Laudes* und *Vesper* (Morgen- und Abendgebet), setzen sich auch in der „privaten" Frömmigkeit als die bevorzugten Zeiten für das Gebet durch. Hier ergeben sich über die Jahrhunderte hinweg eigene Akzente: etwa die (Segens-) Bitte für den Tag am Morgen oder der Tagesrückblick, die „Gewissenserforschung", am Abend. An den Wendepunkten des Tages wird so wach gehalten, was die Klöster ohne Unterlass in ihrer feierlich entfalteten Liturgie begehen: die Heiligung der Zeit und die Durchlässigkeit des Lebens für Gott.

Tagzeitenliturgie

Andere laikale Formen, Gott in das alltägliche Leben einzulassen, sind traditionell das Angelus-Gebet, der Rosenkranz und weitere Formen des Herzensgebets: die Hinwendung des Menschen zu Gott im inneren Gebet, das in seiner äußeren Form nur wenige elementare Worte kennt. Daneben stehen das Kreuzzeichen, Bitt- und Segensgebete – z.B. der Reisesegen –, die auch mit bestimmten Gesten verbunden sein können, etwa der Bezeichnung mit Weihwasser. Besondere Bedeutung als

weitere Gebete

Gemeinschaftsgebet konnte bis heute das Tischgebet gewinnen: als Dank für das Lebensnotwendige und als Heiligung der Gemeinschaft, die sich jetzt versammelt hat. Zu all diesen Gelegenheiten wird in der Regel auf geprägte Gebetstexte zurückgegriffen. Im Gebet mit Kindern etwa, zu dem auch Menschen, denen das Beten sonst fremd geworden sein mag, noch einen Zugang haben werden, ist neben dem geprägten Gebet auch das spontan formulierte Gebet üblich geworden. Die Direktheit und Spontaneität kindlicher bzw. kindgemäßer Sprache mag vor der „erwachsenen" Neigung zum abgezirkelten Wortlaut schützen und die Alltäglichkeit der Gottesbeziehung unverstellt zum Ausdruck bringen.

Stoßgebet

Exemplarisch für das spontane, „freie" Beten im Alltag ist auch das „Stoßgebet": oft nur ein Seufzer aus tiefster Seele, ein Hilferuf in der Last des Alltags mit wenigen Worten, ehrlicher Ausdruck der Grenzen, an die das Leben unversehens stoßen kann, Ausdruck auch der Hilflosigkeit – oder des überschwenglichen Glücks –, mit dem ich Gott in mein Leben hineinrufe. So oder so strecke ich mich nach dem aus, von dem ich vielleicht nur dies ahne: Er hat ein Ohr für mich – und es ist nicht vergeblich, in es hineinzubeten. Die in unseren Kirchen vielfach entzündeten Kerzen mögen Geste gewordenes Stoßgebet sein. Aufgestellt und entzündet, damit meine Sehnsucht, meine Not und meine Liebe, der Mensch, um den ich mich sorge, mein Dank Gott nahe gebracht sind. Wie die Kerze vor Ihm brennt, so steht meine (Für-)Bitte, mein Lebensmoment vor Ihm – was auch immer daraus wird.

Alltagsgebet

So geht das „private" Gebet im Alltag vielleicht oft von seiner Last aus. Aber es bleibt nicht dabei. Es will Gott nicht verfügbar machen in zudringlicher Bitte. Wo es wirklich auf Gott hin gebetet ist, da spricht es den Alltag in Gott hinein und gibt ihm den weiten Raum, in dem das Leben – so, wie es jetzt ist – sein darf und von Gott gewürdigt ist; es bringt zum Ausdruck, dass es aus Ihm und auf Ihn hin gelebt werden darf. In seinen oft einfachen Formen kann das Alltagsgebet helfen, den Glauben an die achtsame Liebe Gottes einzuüben, „himmelsfähig" zu werden in allem, was wir tun, „gottinnig" (Johannes vom Kreuz) mitten im Leben. Es ist gefundenes Wort der Sehnsucht nach Gott: auf dass Seine Schönheit und Sein Licht mich treffen.

Paul Deselaers

Glaubenstexte

Zehn Gebote, Vaterunser, Glaubensbekenntnis, Ave Maria

„Basisgepäck" für die Gläubigen

Schon früh hat die Kirche dafür Sorge getragen, eine Grundausrüstung für die Glaubenden zusammenzustellen. Sie soll den einzelnen Christen helfen, in ihren unterschiedlichen Situationen immer neu das Vertrauen auf den lebendigen Gott zu finden. Zugleich soll in dieser in jeder Notsituation bereitstehenden Gabe der Kern des christlichen Glaubens so erkennbar sein, dass er entfaltet werden kann. Die Sprachgestalt der geistlichen Grundausrüstung ist so angelegt, dass immer eine Ich-Du-Beziehung zur Darstellung kommt („Ich bin der Herr, dein Gott"; „gegrüßet seist du, Maria …"; „dein Reich komme"; „ich glaube …"). Das schließt vielfältige Bedeutungen ein:

Der einzelne Glaubende hat die in seiner Freiheit verantwortete Glaubensbeziehung zu Gott zu vertiefen und zu gestalten. Herausgefordert wird er dazu mit den Worten der Gemeinschaft der Kirche, die die Grundtexte über Israel und die Christengenerationen hin als Stärkung für den Glauben erfahren hat.

Glaubensziel

Das Ziel des vertrauenden Glaubens ist der drei-eine Gott als das alles gründende und vollendende personale Gegenüber. Er ist es, der durch seine unbedingte vorausgehende Liebe dieses Vertrauen hervorruft, schenkt und trägt. Mitte des christlichen Glaubens ist die Begegnung mit einer Person, mit Jesus Christus, in dem sich für den glaubenden Menschen die Liebe Gottes in ihrer befreienden Kraft mitteilt.

Texte aus Schrift und Tradition

Gefüllt wird diese Beziehung durch einen sachlichen Gehalt, der sich aus der in Schrift und Tradition überlieferten Geschichte des Juden Jesus von Nazaret ergibt, vor allem seine Verkündigung von Gott und sein Glauben an Gott, der sich als konkrete Gottes- und Menschenbeziehung zeigt.

Kirche entstammt der Geschichte

Lebens- und Verstehensraum dieses Glaubens ist die Kirche. Denn der Glaube kommt aus dem Hören (vgl. Römer 10,17). Das setzt voraus, dass mindestens zwei versammelt sind, ein verkündender und ein hörender Mensch. So zeigt sich die Kirche, selbst hervorgegangen aus Gottes erwähltem Volk Israel, als geschichtlich gewordene Vorgabe der heute glaubenden

Gemeinschaft. Jeder einzelne Mensch trägt die Kirche in seinem persönlichen Glauben mit. Zugleich verwirklicht sich dieser Glaube in der heutigen Lebenswelt sehr konkret. Denn immer muss zwischen Gott und den Götzen jeder Zeit klar unterschieden werden. Weil die Kirche vom Glauben an den menschenfreundlichen Gott bewegt ist, ist ihre Glaubensweitergabe zugleich anthropologisch gewendet, nämlich auf den konkreten Menschen, seine Not und seine Rettung bedacht. Im Bekenntnis des Glaubens ist die Kirche immer neu herausgefordert, Anwältin des Menschen zu sein.

Glaubenstexte zum Lobpreis Gottes

Was sich in den Glaubenstexten vermittelt, hat aufgrund des Inhalts doxologischen (rühmend sprechenden) Charakter: Indem Menschen auf ihrem Weg und in ihrer Geschichte unbedingte Güte erfahren und in ihren Erfahrungen die bleibende Wahrheit erkennen und anerkennen, werden sie sich im Rückblick darauf und in der Zusammenschau mit den Glaubenstexten zu Dank und Hoffnung, zu Freude und Lobpreis bewegt sehen. Der Sinn der Glaubenstexte ist der Lobpreis Gottes in Dank für das eigene Glaubensleben. Ihr angemessener Ort ist der Gottesdienst in Gemeinschaft.

Zehn Gebote für das Volks Israel

Die Zehn Gebote Seit jeher werden mit dem Weg eines Christenmenschen auch Markierungen dieses Weges, Gebote und Verbote, verbunden. Der Inbegriff der Gebote im „Dekalog“, in den Zehn Geboten (Exodus 20,1–17; Deuteronomium 5,6–21), ist uns vererbt vom Volk Israel. Für das Gottesvolk des ersten Bundes ist dieses „Zehnwort“ innerhalb seiner Befreiungsgeschichte überliefert. Vor der Verkündigung der Gebote und damit vor der gesamten Gesetzgebung am Sinai stellt sich der Lebendige Gott, JHWH (ausgesprochen: Jahwe), als der Gott vor, der die jetzt unmittelbar Angesprochenen aus der Knechtschaft Ägyptens befreit hat: „Ich bin JHWH, dein Gott, der ich dich herausgeführt habe aus dem Land Ägypten, aus dem Haus der Sklaverei“ (Exodus 20,2; Deuteronomium 5,6). Wir können das Gewicht und die Bedeutung der Zehn Gebote erst verstehen, wenn wir diese Geschichte Gottes mit seinem Volk bedenken und erinnern. Er eröffnet sie mit einem Evangelium, mit der Offenbarung seines Namens und mit seinem Tun.

Vorwort

Befreiung zur Freiheit

Wird das ernst genommen, dann steht an erster Stelle die Erfahrung der Befreiung, an zweiter Stelle steht die Weisung als Antwort auf die Befreiung. In dieser Zusammenordnung kommt den Zehn Geboten die Aufgabe zu, auf dem Weg in

Zehn Gebote

1 Dann sprach Gott alle diese Worte:
2 Ich bin Jahwe, dein Gott, der ich dich aus Ägypten geführt habe, aus dem Sklavenhaus.
3 Du sollst neben mir keine anderen Götter haben.
4 Du sollst dir kein Gottesbild machen und keine Darstellung von irgendetwas am Himmel droben, auf der Erde unten oder im Wasser unter der Erde.
5 Du sollst dich nicht vor anderen Göttern niederwerfen und dich nicht verpflichten, ihnen zu dienen. Denn ich, der Herr, dein Gott, bin ein eifersüchtiger Gott: Bei denen, die mir Feind sind, verfolge ich die Schuld der Väter an den Söhnen, an der dritten und vierten Generation;
6 bei denen, dic mich lieben und auf meine Gebote achten, erweise ich Tausenden meine Huld.
7 Du sollst den Namen des Herrn, deines Gottes, nicht missbrauchen; denn der Herr lässt den nicht ungestraft, der seinen Namen missbraucht.
8 Gedenke des Sabbats: Halte ihn heilig!
9 Sechs Tage darfst du schaffen und jede Arbeit tun.
10 Der siebte Tag ist ein Ruhetag, dem Herrn, deinem Gott, geweiht. An ihm darfst du keine Arbeit tun: du, dein Sohn und deine Tochter, dein Sklave und deine Sklavin, dein Vieh und der Fremde, der in deinen Stadtbereichen Wohnrecht hat.
11 Denn in sechs Tagen hat der Herr Himmel, Erde und Meer gemacht und alles, was dazugehört; am siebten Tag ruhte er. Darum hat der Herr den Sabbattag gesegnet und ihn für heilig erklärt.
12 Ehre deinen Vater und deine Mutter, damit du lange lebst in dem Land, das der Herr, dein Gott, dir gibt.
13 Du sollst nicht morden.
14 Du sollst nicht die Ehe brechen.
15 Du sollst nicht stehlen.
16 Du sollst nicht falsch gegen deinen Nächsten aussagen.
17 Du sollst nicht nach dem Haus deines Nächsten verlangen. Du sollst nicht nach der Frau deines Nächsten verlangen, nach seinem Sklaven oder seiner Sklavin, seinem Rind oder seinem Esel oder nach irgendetwas, das deinem Nächsten gehört.

das verheißene Land die gewonnene Freiheit zu bewahren und ihr eine Form zu geben. Die Präambel gibt allem den Atem der Freiheit.

Eindeutig bezeugt das Neue Testament, dass Jesus sich auf die Zehn Gebote beruft. Sie waren für ihn der schriftlich niedergelegte Inbegriff des Willens Gottes. Jesus wollte ihnen zur vollen Leuchtkraft verhelfen. Deswegen beschreibt er zwei Bedingungen dafür, den Willen Gottes genau erfassen zu können: Das Wort des Gebotes muss ohne Einschränkung und Ausflucht angenommen werden. Und: Das Gesetz führt immer zur Liebe des Anderen. Ohne Blick auf Gott und den konkreten Menschen kann niemand die Zehn Gebote richtig lesen. Sie sind der Schutz der Gottes- und Nächstenliebe.

Jesu Liebesgebot

Tief verwurzelt ist im Gottesvolk, dass die ersten beiden der Zehn Gebote einen untrennbaren Zusammenhang bilden. Sie verhalten sich zueinander wie die beiden Seiten einer Münze. Da, wo in der Anerkenntnis des einen Gottes auch sein Angebot der tragenden Beziehung zu ihm angenommen wird, wird die Freiheit zur befreiten Freiheit. Die Frage nach den Bildern ragt mitten in das konkrete Leben hinein und prägt das Gottesverhältnis zutiefst. Weil Israel sich auf den lebendigen Gott einlassen wollte, hat es das Bilderverbot besonders streng beachtet. Bilder können der Lebendigkeit aller Begegnung – besonders zwischen Mensch und Gott – ein Ende bereiten.

1. Gebot

2. Gebot

3. Gebot

Das dritte Gebot ist zur Erinnerung an die Freiheit des Gottesvolkes da und zu ihrem Schutz. Durch den Sabbat sollte Israel nie vergessen, woher es kommt: aus der Sklaverei in der Fremde, wo es ausgebeutet wurde und wo seine Kinder nicht leben durften. Die Erinnerung geht jedoch noch weiter: Das Volk soll am Sabbat auch an das Glück und an die Schönheit des eigenen Anfangs denken, an die Schöpfung und an das Paradies. Diese Erinnerung wird zur Hoffnung auf das, was einmal werden soll: Alle Lebensmühe wird dann vorbei sein, niemand wird mehr Beute des anderen.

Der lebendige Gott hat in seiner Rettung Israels aus Ägypten und den Fluten des Roten Meeres gezeigt, dass er unerbittlich für die Verletzlichen und Ungeschützten eintritt. Ebenso soll das Gottesvolk sich verhalten: Nicht Gehorsam gegenüber den Eltern ist der Sinn des vierten Gebotes, sondern dass sie „geehrt" werden. Das meint, dass für ihr Auskommen und Wohlergehen gesorgt wird, wenn sie alt und hilflos geworden sind. Angesprochen sind erwachsene Kinder. Sie sollen dem Leben der alten

4. Gebot

Eltern „Gewicht" geben, Ansehen im Lebenskreis. Solche Achtsamkeit entspricht dem Lebensentwurf einer Gemeinschaft, deren Mitte der lebendige Gott ist. Sie braucht vor dem Tod nicht die Augen zu verschließen, kann bis zur äußersten Grenze des Lebens vielmehr der Gabe des Lebens an alle treu sein.

Eine Besonderheit der Zehn Gebote ist, dass sie sich alle an ein „Du" richten. Das persönliche Angesprochensein ist die Tonart des Dekalogs. Erst wer die Zehn Gebote zu sich selbst gesprochen aufnimmt, findet hin zu dem, was Gott will: Du sollst nicht morden, nicht totschlagen, nicht töten! Dieses fünfte Gebot ruft positiv auf, das Leben auf jegliche Weise absolut zu schützen. Es hat mit dem Vergehen gegen das Leben schlechthin zu tun. Weil das Verbot – wie die folgenden beiden Gebote auch – ohne Objekt formuliert ist, meint es ein verdecktes Vergehen, es hat das heimliche, nicht nachweisbare freiwillige Töten im Blick.

5. Gebot

Das sechste Gebot richtet sich darauf, alles zu tun, was einem gemeinschaftlichen Leben Gestalt und Inhalt geben kann, was hinführt zur Gemeinschaftstreue. Wieder geht es um geheime Vergehen, die das sexuelle Zusammenleben von Mann und Frau betreffen. Es reicht dahin, wo Leben entsteht und besonders schutzbedürftig ist. Insofern ist es ein soziales Verbot, in dem die soziale und personale Seite der geschlechtlichen Beziehung von Mann und Frau gleichermaßen in den Blick genommen ist. Es geht darum, ob jemand die ehelich-geschlechtliche Gemeinschaft, die zum Fundament dieses Lebens gehört, stört oder jemanden veranlasst, sie zu stören. Immer ist davon die Familie bedroht, also eine menschliche Gemeinschaft.

6. Gebot

Entführt zu werden, das bringt immer einen tiefen Riss ins Leben. Der Diebstahl eines freien Menschen ist ursprünglich in diesem siebten Gebot angezielt. Deswegen ist es so unnachgiebig und unerbittlich formuliert wie die beiden Verbote zuvor: Wenn dir zu eigen geworden ist, dass Gott dich selbst herausgeführt hat aus der Sklaverei, dann wirst du auf keinen Fall stehlen, einem Menschen die Freiheit wegnehmen – oder ihm bewegliche Güter entwenden. Wieder wird deutlich, dass die Zehn Gebote keine Einzelfälle regeln, sondern eine Grundeinstellung des Lebens vermitteln und bilden wollen.

7. Gebot

Nach den drei überaus knappen Geboten folgen jetzt drei jeweils mit einem Objekt. Sie beziehen sich auf öffentliche Vergehen und werden zusammengehalten durch den Begriff „Dein Nächster". In der Abfolge richten sie sich auf dieselben Lebensgüter: das Leben, das (sexuelle) Zusammenleben und das Eigentum des Nächsten.

8. Gebot Auch das achte Gebot ist zutiefst theologisch gefasst. Aus dem Glauben an den Gott des Lebens und der Freiheit sollen alle die Folgerung ziehen, dass eine falsche eidliche, also öffentliche Aussage, die einem anderen ungerechtfertigt Lebensraum oder das Leben selbst nimmt, letztlich eine falsche Aussage gegen den Gott ist, der Israel aus Ägypten geführt hat.

9. Gebot Im neunten Gebot geht es um das „Begehren". Dieses Wort spricht von seinem Ursprung her das komplexe und komplizierte menschliche Streben an, das vom innerlichen Hingezogensein bis zu äußerlich sichtbaren Handlungen reicht. Das Verbot meint vom Wort „begehren" her das Vergehen, etwas in Besitz zu nehmen, was vorübergehend oder dauernd nicht vom eigentlichen Besitzer genutzt oder beansprucht wird. Hier geht es um die Frau „des Nächsten", die immer als Person gesehen wird, nicht als Besitz, wohl jedoch der männlichen Autorität unterworfen. Geschützt werden soll die Ehe vor einer auf Dauer angelegten Aneignung der Frau eines anderen Mannes. Dieser Schutz vor Übergriffen gilt unbedingt.

10. Gebot Auch das zehnte Gebot schützt ein Grundrecht, das Israel im Exodus vermittelt bekommen hat. Der Besitz, das Eigentum war für den Israeliten entscheidend: Es gab ihm seine gesellschaftliche Stellung als Vollbürger. Auch war das Eigentum als soziale Sicherung die unbedingt notwendige Lebensgrundlage. Wenn sich nun jemand planvoll das Eigentum eines anderen, von den Immobilien bis hin zur Hausgemeinschaft, aneignet, verkehrt er die Exoduserfahrung, die für jeden mit Lebensbedingungen verbunden sein soll, aufgrund derer er beruhigt leben und in seinem Vertrauen aufblühen kann.

Vaterunser ist das Gebet an sich

Das Vaterunser Es gilt als Schlüssel zur christlichen Existenz. Immer wieder hat es Glauben geweckt, ist es Halt und Magnet für Suchende gewesen. Es weist ein in das Gebet: die aus dem Vertrauen auf den unsichtbaren Gott erwachsende Rede zu Gott. Zugleich erschließt es Jesu Verkündigung von Gott, die auf dem Fundament des Gebetes steht. Indem es zu Gott spricht, spricht es von Gott.

Vaterunser in zwei Fassungen Im Neuen Testament begegnet das Vaterunser in zwei Fassungen (Matthäus 6,9b–13; Lukas 11,2b–4). Der in der Christenheit vertraute Gebetstext ist eine Kombination aus beiden Fassungen. Der größere Textzusammenhang ist im Matthäus-

9. Unser Vater im Himmel,
dein Name werde geheiligt,
10. dein Reich komme,
dein Wille geschehe
wie im Himmel, so auf der Erde.
11. Gib uns heute das Brot, das wir brauchen.
12. Und erlass uns unsere Schulden,
wie auch wir sie unseren Schuldnern erlassen haben.
13. Und führe uns nicht in Versuchung,
sondern rette uns vor dem Bösen.
[Denn dein ist das Reich
und die Kraft
und die Herrlichkeit in Ewigkeit.
Amen.]

Vaterunser in Gottesnähe

evangelium die Bergpredigt (Matthäus 5,1–7,29). Ihre Mitte ist die Entfaltung der durch die jüdische Überlieferung vertrauten Hauptformen der Frömmigkeit: Almosen, Gebet, Fasten. Hier geht es um die Konkretisierung des Gottesverhältnisses unter den Bedingungen alltäglicher Existenz. Das Gebet ist für Matthäus die Sinnmitte: Jesus verkündigt sein Gebet dementsprechend auf dem „Gipfel des Berges", in größtmöglicher Nähe zu Gott.

Vaterunser ist Übung des Gebets

Bei Lukas findet sich das kürzere Vaterunser als Mittelteil der Jüngerunterweisung (Lukas 9,51–13,21) auf dem Weg nach Jerusalem. Die Praxis des Betens Jesu ermutigt die Jünger, die Jesus nachfolgen, zur Bitte: „Herr, lehre uns beten!" (Lukas 11,1) Am Beten Jesu sehen sie nicht nur, wie über alles wichtig Jesus die Heiligung des Namens Gottes ist; sie nehmen daran auch seine Gottessohnschaft wahr, die zuinnerst mit seiner Sendung verbunden ist. Indem sie mit Jesu Worten beten, gewinnen sie Anteil am Gottesverhältnis Jesu und damit auch an jener Gottesbeziehung, die das verheißene Heil schon jetzt einschließt. Betend nach der Art Jesu sind sie für den Glaubensweg gerüstet.

Vaterunser kommt aus dem Alten Testament

Das Vaterunser bekommt seinen vollen Klang auf dem Hintergrund des Alten Testamentes. Motivlich und inhaltlich lebt es von daher. Schon die Gebetsanrede erinnert, dass JHWH im Alten Testament „Vater" genannt wird. Immer schwingt dabei mit, dass Gott der Vater auch der Schöpfer des Menschen ist, der Anwalt der Armen, der Freund des Lebens, der mütterlich liebende Erzieher.

Gott als der vertraute Vater

Er ist „Abba" (Vater) nicht im luftleeren Raum, sondern inmitten des Volkes, unter Brüdern und Schwestern, im wieder errichteten Gottesvolk. Unter seinen Wirkweisen ragen „gnädig und barmherzig, langsam im Zorn und reich an Liebe" heraus. Die Abba-Anrede Jesu im Neuen Testament gehört zur Sprache der vertrauensvollen Liebe, die radikaler, ungetrösteter und auch überschwänglicher sein kann als reflektierte Sprache. Auch formal lehnt sich das Vaterunser an die Psalmen an, indem es eine typische Technik der hebräischen Versdichtung aufnimmt, die man „Parallelismus der Satzglieder" nennt. Die Du-Bitten und die Wir-Bitten sind im Vaterunser nach diesem Schema gestaltet. Die Du-Bitten beziehen sich auf Gott und seine Anliegen, die Wir-Bitten auf die Not des Menschen.

Eingangsformel

Die Eingangsformel „Vater im Himmel" markiert den Unterschied zum irdischen Vater. Die Bitte um die Heiligung des Namens umfasst zwei Dimensionen: Einmal soll Gott selbst sein Gottsein in der Zuwendung zu den Menschen erweisen. Zum anderen sollen wir Menschen durch unser Leben uns als lebendige Symbole seines Gegenwärtigseins in einem Handeln erweisen, das ihm entspricht. Das zentrale Anliegen ist das Kommen des Gottesreiches für hier und heute. Dadurch kommt eine Wende in das Leben: Gottes Herrlichkeit soll nun alles bestimmen. Das Kommen des Gottesreiches wird dynamisch und machtvoll sein. Das Gottesreich ist die unbedingte Zukunft, ist eschatologisch, endgültig. Wenn Gottes Wille geschehen soll, geht es um ein Zusammen von Gottes Handeln und dem Handeln von Menschen, die sich dem Willen Gottes aktiv zuordnen.

Bitte um Brot

Der Hintergrund der Brotbitte als Auftakt der Wir-Bitten ist die Bedrängnis in jeder Gestalt. „Gib uns heute unser Brot für morgen" ist die am besten begründete Übersetzung. Es geht darum zu überleben, damit die Betenden ihren Weg vertrauensvoll weitergehen können.

Bitte um Vergebung

Die Vergebungsbitte rührt an die Lebensgrenze „Schuld" und öffnet sie. Die göttliche Vergebung wird an die menschliche Vergebung gebunden. Nur hier wird im Vaterunser ausdrücklich von menschlichem Handeln gesprochen („wie auch wir vergeben"), so dass menschliches Vergeben zum Ausweis der Ernsthaftigkeit der Bitte um Vergebung und um das Kommen des Gottesreiches wird. Gebet und dem Gebet entsprechendes menschliches Handeln sind nicht zu trennen. Die Versuchungsbitte zielt auf Versuchungen, die im alltäglichen Leben begegnen. Hinter ihnen wird die Macht des Bösen gesehen. Die Bitte weiß um die Gewalt der Versuchung. Versuchung ist immer und einzig Versuchung, von Gott abzufallen, ihm seinen Platz im Leben zu nehmen.

Bitte um Hilfe gegen das Böse

Die Bitte „bewahre uns vor dem Bösen" betont die Realität des Bösen in den Alltagserfahrungen wie Krankheit, Elend, böse Menschen, ins Böse ragende Triebe des Menschen. Sie richtet sich an den „Vater", dem allein die Erfüllung der Bitte zugetraut wird, indem er die Menschen stärkt, der vielfältig angreifenden Versuchung zu widerstehen.

Schlussformel

Die „doxologische" (Gott verherrlichende) Schlussformel „Denn dein ist das Reich ..." ist erst im 2. Jahrhundert n. Chr. belegt; sie ist heute Bestandteil der katholischen Messliturgie.

Das Vaterunser mit seinen durch die Du- und Wir-Bitten gestalteten zwei Strophen ist ganz vom Gottesboten Jesus von Nazaret geprägt. Parallelen aus dem außerbiblischen alten Judentum (z. B. Heiliggebet, Achtzehngebet) zeigen seine Besonderheit: Während die jüdischen Gebete die Anliegen des alltäglichen Lebens vor die Bitte um das Kommen der Königsherrschaft JHWHs stellen und somit ein zeitliches Nacheinander andeuten, kehrt Jesus diese Ordnung um. An erster Stelle steht allein Gott, der Vater: sein Name, sein Reich, sein Wille. Jesus geht es darum, dass die Betenden die liebende Nähe des Vaters entdecken und aus ihr zu leben lernen. Demnach sind nicht nur wir es, die Gott und seine Gaben suchen, vielmehr ist es Gott selber, der uns sucht und bittet. Die Vorrangstellung der Du-Bitten lässt den Vater als den entdecken, der selber bittet. Wer seine Bitten aufnimmt, macht sich Gottes Not mit dieser Welt zu eigen. Jesus offenbart den Vater als den, der die Menschen als Mitliebende sucht. Das Vaterunser führt so in einen Bund auf Gegenseitigkeit, in dem Gott freilich immer der „Vater im Himmel" bleibt. Es geht um sein Reich und seine Gerechtigkeit. Dann wird alles andere dazugegeben (Matthäus 6,33). Das Vaterunser ist das Gebet der Getauften.

Gebet als Entdeckung der Gottesnähe

Vaterunser als Bekräftigung des Bundes mit Gott

Entstehung des Glaubensbekenntnisses aus der Taufe

Das Glaubensbekenntnis Jeweils aus einem Taufbekenntnis sind schon in frühester christlicher Zeit unterschiedliche Formen eines Glaubensbekenntnisses erwachsen. Zu den bekanntesten gehören das Apostolische Glaubensbekenntnis und das umfangreichere Nicaeno-Konstantinopolitanische Glaubensbekenntnis, das die westliche und östliche Christenheit verbindet. Vom Grundriss in Matthäus 28,19 her sind alle trinitarisch (auf Gott, auf Christus, auf den heiligen Geist) strukturiert. Das Apostolische Glaubensbekenntnis hat sich allmählich zu einem in

Apostolisches Glaubensbekenntnis

Ich glaube an Gott, den Vater, den Allmächtigen,
den Schöpfer des Himmels und der Erde.

Und an Jesus Christus,
seinen eingeborenen Sohn, unsern Herrn,
empfangen durch den Heiligen Geist,
geboren von der Jungfrau Maria,
gelitten unter Pontius Pilatus,
gekreuzigt, gestorben und begraben,
hinabgestiegen in das Reich des Todes,
am dritten Tage auferstanden von den Toten,
aufgefahren in den Himmel;
er sitzt zur Rechten Gottes, des allmächtigen Vaters;
von dort wird er kommen,
zu richten die Lebenden und die Toten.

Ich glaube an den Heiligen Geist,
die heilige katholische Kirche,
Gemeinschaft der Heiligen,
Vergebung der Sünden,
Auferstehung der Toten
und das ewige Leben.

Amen.

Gemeinsames Bekenntnis der Gemeinde

der gesamten westlichen Christenheit verwendeten Allgemeingut herausgebildet. In ihm sind die wesentlichen Aussagen der apostolischen Verkündigung bewahrt. Es bespricht die Mitte des christlichen Glaubens.

Sagt die Gemeinde im sonn- oder festtäglichen Gottesdienst das Apostolische Glaubensbekenntnis, bekennen sich die Glaubenden gemeinsam zu ihrer Taufe. Sie ist die sakramentale Verdichtung christlichen Lebens überhaupt. Die verliehene Vollmacht zum Bekenntnis des drei-einen Gottes, der bedingungslose Liebe und Güte ist, schließt von früh an die entschiedene Absage an andere Götter und Mächte ein (z. B. in Gestalt des sich vergottenden Kaisers). Christlicher Glaube ist, so unvertretbar jede und jeder Einzelne den Weg des Glaubens geht, zuerst und vor allem „Wir-Glaube". Er lebt in der Gemeinschaft und stiftet Gemeinschaft. In der Kirche erwächst der Glaube der einen aus dem Glauben der anderen, erfreut sich an ihm, wird durch die Gemeinschaft gestärkt und empfängt auch in Zeiten allgemeiner Verwirrung und der persönlichen Verunsicherung daraus Kraft und Ermutigung. Wer das Glaubensbekenntnis mitspricht, stimmt in die Worte der vorgegebenen Überlieferung mit ein und bekräftigt sie damit und empfängt so den Glauben neu.

Bekräftigung der Überlieferung im Glaubensbekenntnis

Das Glaubensbekenntnis kennzeichnet verbindlich, worauf der Glaube sich beziehen darf: Es ist die Wirklichkeit des drei-einen Gottes, der mit uns Menschen Beziehung aufnehmen will und sie auch gestalten kann. Von jeher ist das in der christlichen Überlieferung als bleibende Herausforderung gegenwärtig gewesen: Wenn die christliche Rede von Gott und zu ihm in ihrer Besonderheit wahrgenommen werden will, dann muss sie trinitarisch, vom drei-einen Gott her und zu ihm hin, entfaltet werden. So nur ist sie der unersetzbare Leitfaden, um die Mitte des christlichen Glaubens und Lebens wahrzunehmen.

Christliche Rede von Gott ist immer dreiteilig

Dass Gott lebt, weil Gott als Liebe lebt, dieses Glaubenswissen erwächst aus der Erfahrungsgewissheit der Glaubenden. Sie sehen in der Geschichte Jesu Christi die Selbstmitteilung Gottes als bedingungslose und voraussetzungslose Liebe, die an nichts Irdischem ihr Maß hat. Sie glauben, am Gottesverhältnis Jesu selbst Anteil zu gewinnen und sich mit derselben Liebe geliebt wissen zu dürfen, mit der Gott Jesus Christus liebt. Diese Liebe wurde offenbar im Leben und Sterben Jesu, in der Auferweckung des Gekreuzigten. Das Maß dieser Liebe in der Geschichte Jesu Christi ist Gott selbst: die Liebe des Vaters zum Sohn, die sich im Heiligen Geist ausdrückt.

Gott als Liebe

Dass Menschen sich als sterbliche und sündige Menschen dank Jesus Christus derart voraussetzungslos erwünscht sehen können, dieses völlig Neue und Unwahrscheinliche will lebenspraktisch angeeignet und gelebt sein (in der Verwirklichung der Gottes- und Nächsten-, der Feindes- und Selbstliebe), es will immer auch nachdenkend verstanden und um der Lebenspraxis willen ins Wort gebracht sein. Nur wer weiß, an welchen Gott er glaubt, kann auch bewusst in ihm leben und aus ihm handeln.

Bewusstes Handeln erst durch Wissen von Gott möglich

Das Glaubensbekenntnis nennt „nur" die Endsumme des Lebens des unvergleichlichen Jesus: Leiden, Tod und Vollendung. Von der Geistsendung am Ende her gerät auch der Anfang in klares Licht: Jesus ist vom Ursprung her und im Ganzen seines Daseins vom Heiligen Geist. Was er lebte, wofür er starb, was er vom Ursprung her ist, das ist unmittelbar von Gott. Er ist „Gott mit uns", Gott selbst. In ihm ist etwas völlig Neues da – mitten im Alten. Er hat Gott zum Vater – und er gibt uns Anteil an seinem Gottesverhältnis. Die Wahrheit des Glaubens ist um unseres Heiles willen da, nicht um unserer Neugier willen. Die tiefste Wahrheit ist: Der Sohn des Vaters ist der Jesus Christus. In sein Gottesverhältnis weiß der Glaubende sich selbst durch den Heiligen Geist hineingenommen. Das Bekenntnis zum drei-einen Gott antwortet auf die Sehnsucht des Menschen nach Neuanfang. Es führt in die Entschiedenheit des Taufversprechens. Neues Leben im Glauben wird immer wieder begonnen.

Anteil des Menschen an Gott durch Christus

Das Ave Maria Mit Maria und wie sie zu beten, ist eine treue Übung der Christen. Auch zu ihr zu beten, ist schon früh entstanden. Dafür am häufigsten verwendet ist das nach dem lateinischen Beginn „Ave Maria" genannte Lob- und Bittgebet, das sich in der heutigen Form im 7. Jahrhundert nach Christus herausgebildet hat.

Entstehung im 7. Jahrhundert

Im ersten Teil macht sich der Beter zunächst Worte zu eigen, mit denen der Engel Gabriel Maria anspricht (vgl. Lukas 1,28). Im Angesicht des Engels und des Wortes Gottes kommt Maria allererst zu sich selbst. Sie erfährt etwas von sich, das sie von sich aus nicht wissen kann: „Sei gegrüßt, du bist voll der Gnade, der Herr ist mit dir." Die drei Elemente Gruß, Anrede und Segensspruch sind ineinander verzahnt. Das Grußwort hat dieselbe Wortwurzel wie die Anrede. Gegrüßt zu sein und voll der Gnade zu sein, sind zutiefst miteinander verwandt. Voll der Gnade zu sein bekommt seine Gestalt in dem Segensspruch, dass der Herr mit ihr ist. Was Maria hört, ist der Anruf ihres Lebens von Gott her für sie. Mit dem Wort: „Du bist voll der Gnade!" wird ihr Leben auf den Kopf gestellt, weil sie das wahre „Wissen" von sich selbst nicht aus sich wissen kann.

Gruß, Anrede und Segenswunsch

Es folgen im Gebet Worte der Elisabeth an Maria (vgl. Lukas 1,42), die herausheben, dass Maria von Gott gesegnet, von seiner wirksamen Zusage begleitet ist. Zielpunkt dieser Anrede ist nicht Maria, als ob sie ein Privileg für sich bekommen hätte, sondern das gesegnete Kind, das sie gebiert: Jesus. Das Geheimnis seines Daseins ist zugleich das Wunder ihres Glaubens.

Ziel der Rede: Jesus Christus

Maria steht im dienenden Bezug zur Christusverkündigung. An ihr wird erkennbar, dass ihre Berufung von Gott ausgeht; sie zeigt uns, was Glaube ist, wie Glauben „geht" und auf wen er sich richtet. Mit diesem Gruß schwingen sich die Betenden

Ave Maria

Gegrüßet seist du, Maria, voll der Gnade,
der Herr ist mit dir.
Du bist gebenedeit unter den Frauen,
und gebenedeit ist die Frucht deines Leibes, Jesus.

Heilige Maria, Mutter Gottes,
bitte für uns Sünder
jetzt und in der Stunde unseres Todes.

Amen.

ein in den Glauben der Maria und wagen dann, sie um Schutz und Hilfe zu bitten – für den jetzigen Augenblick und für die Todesstunde.

Lebensgestaltung durch Glaube

Es geht darum, glaubend das Leben zu gestalten und im Sterben durch die Begleitung der glaubenden Maria nicht allein zu sein und so den Glauben an den bewahren zu können, der das neue Leben ist.

Helmut Hoping

Sakramente

Sakramente sind Zeichen des Glaubens

Sakramente sind Zeichen des Glaubens, in denen dieser über das Wort der Verkündigung hinaus sichtbar wird. Unter den heiligen Zeichen hebt die Kirche sieben heraus, die sie Sakramente im engeren Sinne nennt. Das Wort Sakrament leitet sich vom lateinischen *sacramentum* ab, was ursprünglich soviel wie Eid, Verpflichtung oder Bindung bedeutet, aber auch Mysterium und Zeichen meint. Die sieben Sakramente der Kirche sind *Taufe*, *Firmung*, *Eucharistie* (Sakramente der christlichen Initiation / Eingliederung), *Buße / Versöhnung* und *Kranksalbung* (Sakramente der Heilung) sowie *Weihe* und *Ehe* (Sakramente der Gemeinschaft und der Sendung). Von den Sakramenten unterscheidet man die Sakramentalien, die in Gestalt und Wirkung den Sakramenten ähnlich sind, wie z. B. den Blasiussegen oder die Bestreuung mit Asche am Beginn der österlichen Bußzeit.

Sakramentalien

Die Sakramente gehen in unterschiedlicher Weise auf das Wirken Jesu zurück, ohne alle im Einzelnen durch ihn formell eingesetzt worden zu sein. Der hl. Thomas von Aquin macht darauf aufmerksam, dass es im Leben eines Menschen sieben unterschiedliche Entwicklungsstufen geben kann, so dass es sinnvoll ist, dass Gott die Sakramente schuf, damit jedes einzelne von ihnen einer bestimmten Stufe entspricht und zugeordnet werden kann. Wir werden geboren (*Taufe*), wir werden gestärkt (*Firmung*), wir werden genährt (*Eucharistie*), wir benötigen Heilung (*Buße / Versöhnung*), wir werden gesund (*Krankensalbung*), wir brauchen die Familie (*Ehe*) und wir brauchen Leitung im Glauben (*Weihe*). Die sieben Sakramente entsprechen für Thomas zugleich verschiedenen Mysterien des Lebens Jesu.

Ausrichtung der Sakramente auf die Eucharistie

Alle Sakramente der Kirche sind hingeordnet auf die Feier der Eucharistie. Sie gliedert nicht nur wie Taufe und Firmung in die Kirche ein, sondern ist „Quelle und Höhepunkt des ganzen christlichen Lebens" (*Lumen Gentium* 11): Die Kirche lebt aus und durch die Eucharistie. Da Jesus das menschgewordene Wort Gottes und Zeichen seiner Liebe ist, nennt die Theologie Jesus Christus das Ur- bzw. Wurzelsakrament, die Kirche aber, sofern sie Zeichen der Gegenwart Christi in der Welt ist, das Grund-

Sakrament. Die Sakramente der Kirche haben wie die Sakramentalien die Gestalt der liturgischen Feier. Sie können daher nicht ohne ihren Ritus verstanden werden. Zur Liturgie der Sakramente gehören die Elemente Versammlung, Wortverkündigung, Gebet mit Heilsgedächtnis und Epiklese (z. B. Herabrufung des Hl. Geistes auf die Gaben Brot und Wein) sowie das sakramentale Zeichen. Zentraler Inhalt aller Sakramente ist die Feier des Ostergeheimnisses Jesu Christi (*Sacrosanctum Concilium* 6–7).

Taufe Die christliche Taufe geht zurück auf die Taufe Jesu durch Johannes (Markus 3,13–17) sowie den Taufbefehl des Auferstandenen (Matthäus 28,19). Ob Jesus selbst getauft hat, ist unsicher. Der Ritus der christlichen Taufe besteht darin, dass der Täufling in Wasser getaucht oder sein Kopf mit Wasser übergossen und dabei der Name des Vaters und des Sohnes und des Heiligen Geistes angerufen wird. Durch die Taufe wird der Täufling aufgenommen in die Gemeinschaft des dreieinen Gottes und der Kirche. Die Taufe ist das „Bad der Wiedergeburt und der Erneuerung im Heiligen Geist" (Titus 3,5). Sie ist untrennbar mit dem als Bluttaufe verstandenen Kreuzestod verbunden, den Jesus auf sich genommen hat. Durch die Taufe werden wir Christus, der für uns am Kreuz gestorben ist, gleichgestaltet: „Wisst ihr denn nicht, dass wir alle, die wir auf Christus getauft wurden, auf seinen Tod getauft worden sind? Wir wurden mit ihm begraben durch die Taufe auf den Tod; und wie Christus durch die Herrlichkeit des Vaters von den Toten auferweckt wurde, so sollen auch wir als neue Menschen leben" (Römer 6,3 f). In der Taufe werden die Täuflinge wiedergeboren zu einer „neuen Schöpfung" (2 Korinther 5,17).

Verständnis der Taufe

Die heiligmachende Gnade, die Gnade der Rechtfertigung, die die Taufe schenkt, führt den von Gott durch die Sünde entfremdeten Menschen zurück zur Gemeinschaft mit ihm. Alles, was von Gott trennt, einschließlich der wurzelhaften Sünde, die Ur- oder Erbsünde genannt wird, wird durch die Taufe vergeben. Die Taufe kann jede Person empfangen, die noch nicht getauft ist. Auch Kinder werden in der Tradition der katholischen Kirche getauft. Durch die Taufe gehören sie für immer Christus an, werden von der Macht des Bösen befreit und in das Reich der Freiheit der Kinder Gottes aufgenommen.

Vergebung aller Sünden durch die Taufe

Voraussetzung der Taufe ist das Bekenntnis des Glaubens, dass entweder vom Täufling selbst oder – bei der Kindertaufe – von den Eltern und Paten gesprochen wird. Im Taufbekenntnis liegt der Ursprung des Glaubensbekenntnisses von Nizäa und Konstantinopel (381). Die Taufe prägt dem Getauften ein unauslöschlichen Siegel (Charakter) ein. Die Taufe gliedert in die Kirche ein und gibt Anteil am Priestertum Christi, dem gemeinsamen Priestertum aller Gläubigen. Daher ist ein Austritt aus der Kirche Jesu Christi dogmatisch gesehen unmöglich. Wohl aber kann man von der Kirche und ihrem Glauben abfallen. Die Taufe ist heilsnotwendig für alle, denen das Evangelium Christi verkündet wurde und die um die Bedeutung von Glaube und Taufe wissen. Es können aber, da Jesus für alle gestorben ist, auch jene gerettet werden, die Christus und die Kirche nicht kennen, aber Gott aufrichtig suchen und seinem Willen gemäß leben. Der Name, der dem Täufling bei der Taufe gegeben wird, vorzugsweise soll es der Name eines Heiligen sein, bringt die Einmaligkeit des Täuflings zum Ausdruck und stellt dem Getauften ein vorbildliches christliches Leben vor Augen.

Notwendigkeit der Taufe

Ablauf der Taufe

Der genuine Ort der christlichen Taufe ist die Liturgie der Osternacht und die sonntägliche Eucharistie. Es kann aber auch außerhalb der Eucharistiefeier in einer Wort-Gottes-Feier getauft werden. Zu Kernhandlung der Taufe (Taufwasserweihe / Gebet über das Taufwasser und Taufe mit Wasser auf denen Namen des Vaters, des Sohnes und des Heiligen Geistes) treten ausdeutende Riten hinzu (wie die Salbung mit Chrisam – einem Olivenöl mit Balsam –, zum Zeichen der Verbindung mit Christus dem Priester, König und Propheten). Ordentlicher Spender des Sakraments der Taufe sind in der lateinischen Kirche der Bischof, der Priester und der Diakon, in den Ostkirchen nur Bischof und Priester. In unmittelbarer Lebensgefahr kann jeder Mensch die Nottaufe spenden, wenn er die Absicht hat, das zu tun, was die Kirche tut.

Firmung Das Sakrament der Firmung ist aus der Taufe erwachsen. Ursprünglich wurde der Neugetaufte unmittelbar nach der Wassertaufe und der vom Priester vorgenommenen Chrisamsalbung vom Bischof gefirmt – entweder durch eine zweite Salbung und / oder durch Handauflegung. Die Firmung ist das Sakrament der Besiegelung der Taufe, der Stärkung und der engeren Verbindung mit der Kirche. Die Firmung verwurzelt den Getauften durch eine besondere Ausgießung des Heiligen Geistes stärker in der Gotteskindschaft, um vom christlichen Glauben Zeugnis abzulegen, und bekräftigt die Zugehörigkeit zur apostolischen Kirche.

Firmung ist Bestätigung der Taufe

Ursprünglicher Spender des Sakraments ist daher der Bischof, der aber einen Priester, der nicht Bischof ist, mit der Spendung des Sakraments beauftragen kann. Nur wer bereits getauft ist, kann das Sakrament der Firmung empfanden. Die Firmung wird gespendet mit der Formel „Sei besiegelt mit der Gabe Gottes, den Heiligen Geist", indem der Firmspender mit dem Daumen die Stirn des Firmlings mit Chrisam salbt.

Spendung der Firmung

Nach der Ordnung der Kirche ist die Firmung Voraussetzung für die Sakramente der Weihe und der Ehe. In der Reihenfolge der Sakramente zur Eingliederung in die Kirche ist die Firmung traditionell das zweite Sakrament. Durch die Verschiebung des Sakraments der Firmung in die Zeit nach der Erstkommunion wurde die traditionelle Reihenfolge aufgehoben. So erscheint das Sakrament der Firmung heute als ein Sakrament der Mündigkeit, was es ursprünglich nicht war. Die Wiederherstellung der traditionellen Reihenfolge der Initiationssakramente, die in den Kirchen der Orthodoxie bewahrt wurde, ist ein wichtiges Anliegen der Theologie. Denn das Ziel der christlichen Initiation ist nicht die Firmung, sondern die Eucharistie, die die Firmung – streng genommen – voraussetzt.

Firmung ist Voraussetzung der Eucharistie

Eucharistie Die Eucharistie (andere Namen sind Herrenmahl, Eucharistiefeier, heilige Messe; Göttliche Liturgie außerhalb der katholischen Tradition auch Abendmahl) ist die zentrale sakramentale Feier der Kirche. Von ihr sagt das Zweite Vatikanischen Konzil, dass „ihre Wirksamkeit kein anderes Tun der Kirche an Rang und Maß erreicht" (*Sacrosanctum Concilium* 7). Eucharistie im engeren Sinne meint die eucharistische Liturgie im Unterschied zur Liturgie des Wortes, die zusammen die beiden Teile der Messfeier bilden. Im weiteren Sinne wird mit Eucharistie auch die ganze Feier bezeichnet. Eucharistie ist dann ein Synonym für heilige Messe, die als Bezeichnung immer noch am meisten verbreitet ist. Sie entspricht auch dem liturgischen Buch für die sakramentale Feier (Missale, Messbuch).

Eucharistie als Synonym für Heilige Messe

Die Eucharistie hat ihren Ursprung im letzten Abendmahl Jesu mit seinen Aposteln, bei dem er Gott dankend in einer Zeichenhandlung den Sinn seines Lebens, den sein Sterben ratifiziert, verdeutlicht: Leib für euch gegeben – Blut für euch vergossen." Wo die Kirche Jesu Weisung „Tut dies zu meinem Gedächtnis" erfüllt, ist mit den Zeichen von Brot und Wein die Lebenshingabe Jesu nicht nur Gegenstand menschlicher Erinnerung, sondern in und unter den Zeichen von Brot und Wein

Jesus Gegenwart in der Eucharistie

wird das Kreuzesopfer reale Gegenwart, doch nicht auf blutige, sondern auf sakramentale Weise. Die katholische Lehre vom Messopfer erschließt sich von der „Pro-Existenz" Jesu, die sein Leben und Sterben von Grund auf bestimmte. Indem Jesus sich dem Vater und zu unserem Heil für uns alle dahingegeben hat, erfüllte er das menschliche Opferwesen und löst es in seiner bisherigen Form zugleich ab. Jesu Lebensopfer ist das „reine Opfer" (Maleachi 1,11), durch das Gott ein ein für allemal die Menschen mit sich versöhnt hat. In der Eucharistie dauert das Opfer des Leibes und Blutes Christi auf sakramentale Weise durch die Zeiten hindurch fort. Zusammen mit dem Priester sollen die Gläubigen die eucharistische Opfergabe und mit ihr sich selbst darbringen (*Sacrosanctum Concilium* 48; *Lumen Gentium* 11). Die katholische Kirche verpflichtet ihre Gläubigen dazu, an Sonn- und Feiertagen an der Feier der heiligen Messe teilzunehmen.

Verpflichtende Teilnahme an der Eucharistie

Ziel der Darbringung der Eucharistie ist die Kommunion, die Teilhabe am Brot des Lebens und am Kelch des Heils, durch die eine Verwandlung der Gläubigen geschieht. Daher empfiehlt die katholische Kirche den Gläubigen, die an der heiligen Messe teilnehmen, auch die heilige Kommunion zu empfangen, wenn die dafür notwendigen Voraussetzungen gegeben sind (keine Kommunion bei schwerer Sünde). Verpflichtend ist die Kommunion für die Gläubigen wenigstens an Ostern. Die Eucharistie ist das Sakrament der Einheit: „Ist der Kelch des Segens [...] nicht Teilhabe am Blut Christi? Ist das Brot, das wir brechen, nicht Teilhabe am Leib Christi? Ein Brot ist es. Darum sind wir vielen, ein Leib; denn wir alle haben teil an dem einen Brot" (1 Korinther 10,16f). Die Kommunion des „Leibes Christi" bedeutet deshalb nicht nur Vereinung mit „Christus allein", sondern mit dem „ganzen Christus", mit ihm, dem Haupt, und seinen Gliedern (Augustinus). So ist das eigentliche Ziel der Eucharistie „die Einheit des Leibes Christi" (Thomas von Aquin). Zugleich ist die Eucharistie, die wir kommunizieren, das Unterpfand des ewigen Lebens. So nennt der hl. Ignatius von Antiochien das eucharistische Brot die „Arznei der Unsterblichkeit", ein „Gegengift, dass man nicht stirbt, sondern lebt in Christus für immer".

Funktion des Altars

Die Doppelstruktur der Eucharistie als Darbringung (Opfer) und Mahl kommt auch im Altar zum Ausdruck, der zugleich der Ort des Eucharistischen Gebetes ist. Der Altar ist ein Sinnbild Christi, der in der Feier der Eucharistie zugleich gegenwärtig ist als Opfergabe und als himmlische Speise. Gewöhnlich empfangen die Gläubigen in der katholischen Kirche die Kommunion ausschließlich unter der Gestalt des Brotes. Es sind zumeist praktische Erwägungen, die dazu führen, zwar das eucharistische Brot, nicht aber den Kelch zu reichen.

Gültigkeit der Eucharistie

Gültig zelebriert die Eucharistie in der Person Christi und der Kirche nur der rechtmäßig geweihte Bischof und Priester. Ordentlicher Spender des Sakramentes sind der Bischof, der Priester und der Diakon. Laien können, wenn nicht genügend Priester oder Diakone vorhanden sind, als außerordentliche Kommunionshelfer die Kommunion austeilen.

Aussendung gehört zur Eucharistie

Neben Darbringung und Mahl gehört zur Eucharistie auch die Sendung derer, die mit dem Brot des Lebens und dem Kelch des Heiles gestärkt werden. Der Entlassruf für die heilige Messe „Ite missa est" (Geht, ihr seid entlassen) zeigt, dass sich die Eucharistie nicht in der liturgischen Feier erschöpft. Denn wer mit Christus vereint ist durch die Teilhabe an seinem Leib und seinem Blut, der ist „gesandt" (*missa* hängt mit *missio*, Sendung, zusammen), das Evangelium Christi zu verkünden. Zugleich hat die Eucharistie eine auf die letzten Dinge angelegte Dimension. Das heißt: Die Eucharistie ist ausgerichtet auf die Wiederkunft Christi: „Deinen Tod, o Herr verkünden wir, und deine Auferstehung preisen wir, bis du kommst in Herrlichkeit" (Akklamation der Gemeinde auf den Ruf „Geheimnis des Glaubens").

Christi Gegenwart in der Eucharistie

In der Eucharistie ist Jesus Christus auf einzigartige und unvergleichliche Weise gegenwärtig, nämlich nicht nur in der liturgischen Versammlung und im Wort der Verkündigung, sondern substantiell mit seinem Leib und seinem Blut, mit seiner menschlichen Seele und seiner Gottheit in den Gaben von Brot und Wein. Die Verwandlung von Brot und Wein (Transsubstantiation) in die Substanz des Leibes und Blutes Christi vollzieht sich im Eucharistischen Hochgebet durch das Handeln des Heiligen Geistes (Wandlungsepiklese) und die Wirkkraft der Worte Christi (Einsetzungsworte). Die Gegenwart Christi in Brot und Wein dauert solange, wie die eucharistischen Gaben bestehen. Daher verehren wir das Sakrament des Altars nicht nur in der Eucharistie durch das Zeichen der Kniebeuge, sondern ebenso außerhalb der heiligen Messe. So werden die geweihten Hostien nicht nur für die Krankenkommunion, sondern auch für die feierliche Anbetung und für Prozessionen aufbewahrt.

Sakrament der Beichte

Buße und Versöhnung Das vierte Sakrament heißt auch Sakrament der Beichte oder der Umkehr und Vergebung. „Kehrt um und glaubt an das Evangelium" (Markus 1,15). Dieser Ruf Jesu am Beginn seiner öffentlichen Wirksamkeit gilt nicht nur denen, die von Gott getrennt sind, sondern auch den Getauften. Immer wieder müssen sich die Christen auf den Weg machen und sich Gott öffnen. Denn die Neigung zum Bösen bleibt auch im Getauften, so dass jeder Mensch, ob getauft oder nicht, zum Bösen verführbar bleibt. So muss, wie Martin Luther richtig gesehen hat, das ganze Leben des Christen ein Leben der Buße sein. Damit ist nicht Selbsterniedrigung gemeint, sondern die Bereitschaft, immer wieder neu umzukehren und sich für Gott zu öffnen.

Umkehr

Für den Christen gibt es verschiedene Formen der Umkehr und Versöhnung. Die Taufe geschieht, wie es das Glaubensbekenntnis sagt, „zur Vergebung der Sünden". In der Eucharistie bittet der Priester um Vergebung und Nachlass der Sünden. Auch in Verbindung mit der Krankensalbung bittet der Priester um die Vergebung der Sünden, die den Kranken belasten. Wenn der Christ aber schwere Schuld auf sich geladen hat, wie dies bei Ehebruch, Unzucht, Missbrauch oder einem Tötungsdelikt der Fall ist (die Tradition spricht hier von schwerer Sünde oder auch Todsünde), dann ist er gehalten, sich im Sakrament der Buße mit Gott, aber auch mit der Kirche versöhnen zu lassen, indem er vor einem Priester beichtet und ihn um die Absolution (Lossprechung) im Namen Gottes und der Kirche bittet. Die Sünde ist eine Realität, die nicht nur das Verhältnis des Einzelnen zu Gott betrifft. Sie hat eine soziale und damit auch eine kirchliche Dimension.

Vergebung der Sünde

Versöhnung mit Gott und der Kirche

Sie kommt auch in der heute gebräuchlichen Absolutionsformel zum Ausdruck: „Gott, der barmherzige Vater, hat durch den Tod und die Auferstehung seines Sohnes die Welt mit sich versöhnt und den Heiligen Geist gesandt zur Vergebung der Sünden. Durch den Dienst der Kirche schenke er dir Vergebung der Sünden. So spreche ich dich los von deinen Sünden im Namen des Vaters und des Sohnes und des Heiligen Geistes. Amen."

Vergebung

Das Sakrament der Buße und Versöhnung entwickelte sich aus dem kanonischen Bußverfahren in der Alten Kirche, bei dem Christen, die schwer gesündigt hatten, vorübergehend in den Büßerstand versetzt wurden, was den Ausschluss aus der sakramentalen Gemeinschaft der Kirche zur Folge hatte. Das Ziel war aber die volle Wiedereingliederung in die sakramentale Gemeinschaft durch die Versöhnung. Später entwickelte sich das Sakrament der Beichte, die vor einem Priester abgelegt wurde.

Ziel der Buße: Wiedereingliederung in die Kirche

Für das Bußsakrament beruft sich die Kirche auf die Vollmacht zur Sündenvergebung, welche die Apostel vom Auferstandenen erhalten haben: „Empfangt den Heiligen Geist. Wem ihr die Sünden vergebt, dem sind sie vergeben, wem ihr die Vergebung verweigert, dem ist sie verweigert" (Johannes 20,22 f). Das Konzil von Trient (16. Jahrhundert) legt fest, dass zum Sakrament der Buße die drei Elemente „Reue, Bekenntnis und Genugtuung / Buße" gehören. Die Genugtuung umfasst die Verpflichtung, den durch die Sünde verursachten Schaden soweit wie möglich wieder gut zu machen. Die Buße kann sich in verschiedenen Formen ausdrücken, etwa durch Fasten, Gebet, aber auch durch Geldspenden und Almosengeben. Diese Formen bestimmen auch die österliche Bußzeit (Fastenzeit). Spender des Bußsakraments sind ausschließlich der Bischof und der Priester. Das Bußsakrament bewirkt die Versöhnung mit Gott durch die Vergebung der Sünden und die Versöhnung mit der Kirche. Das Bußsakrament kann neben der traditionellen „Ohrenbeichte" auch die Form des Beichtgesprächs haben.

Sündenvergebung durch die Aposteln und ihre Nachfolger

Formen der Buße

Neben dem Sakrament der Buße und Versöhnung gibt es in der liturgischen Praxis der katholischen Kirche auch Bußgottesdienste, die Orte wirklicher Buße und Umkehr sind. In Bußgottesdiensten erfolgt aber keine sakramentale Lossprechung, die Bitte um Nachlass und Vergebung der Sünden wird wie in der Feier der Eucharistie deprekativ, d. h. in der Form der Bitte, gesprochen. Gläubige, die schwer gesündigt haben, sind verpflichtet, nach einer gemeinsamen Bußfeier ihre Sünde in einer Einzelbeichte zu bekennen. Die sakramentale Generalabsolution ist nur für den Fall von Kriegen und anderen großen Katastrophen erlaubt. Eine große pastorale Herausforderung ist die Wiederbelebung des in den letzten Jahrzehnten stark rückläufigen Sakraments der Buße und Versöhnung.

Bußgottesdienste

Krankensalbung Die biblische Grundlage für das Sakrament der Krankensalbung sieht die Kirche im Jakobusbrief: „Ist einer von euch krank? Dann rufe er die Ältesten der Gemeinde zu sich; sie sollen Gebete über ihn sprechen und ihn im Namen des Herrn mit Öl salben. Das gläubige Gebet wird den Kranken retten und der Herr wird ihn aufrichten; wenn er Sünden begangen hat, werden sie ihm vergeben" (Jakobus 5,14 f). Die Wirkung der Salbung und des gläubigen Gebets ist in einem umfassenden Sinn zu verstehen, der leibliche Heilung nicht ausschließt, aber vor allem, da die Krankensalbung kein magisches

Biblischer Anfang

Ritual ist, geistliche Aufrichtung und Stärkung bedeutet. Der Kranke empfängt die Kraft, aus der Verbundenheit mit Jesus Christus die Situation der ernsthaften Krankheit, die ihn mit der Gefahr des Todes konfrontiert, vertrauensvoll zu bestehen.

Geschichte der Krankensalbung

Das Sakrament der Krankensalbung war in der Geschichte der Kirche einem großen Wandel unterworfen. Bestand das Sakrament anfänglich in dem vom Bischof während der Eucharistie geweihten Öl, dass die Gläubigen mit nach Haus nahmen, um es verschieden zu gebrauchen, indem sie bei Krankheit sich selbst und andere salbten, das Öl tranken oder als apotropäisches Zeichen (Schutzzeichen) verwendeten, entwickelte sich seit dem Mittelalter aus dieser Praxis das Sterbesakrament der Letzten Ölung. Darunter ist die Salbung am Ende des Lebens oder sogar in unmittelbarer Agonie zu verstehen, die als letztes Sterbesakrament nach dem Bußsakrament und dem Viatikum (Kommunion) unmittelbar auf die ewige Schau Gottes vorbereiten soll und wie eine Art Todesweihe aufgefasst wurde. Eigentlicher Spender des Sakraments der Kranksalbung sind nach einer Entscheidung des Konzils von Trient die Bischöfe und die Priester (*Denzinger-Hünermann* 1697). Auch wenn das Konzil von Trient das Sakrament als „Sakrament der Sterbenden" betrachtet, kann es doch, wenn der Kranke gesund wird, im erneuten Zustand einer lebensbedrohenden Krankheit nochmals gespendet werden.

Letzte Ölung

Das Zweite Vatikanische Konzil hat das Sakrament als Sakrament für die Kranken neu entdeckt (*Sacrosanctum Concilium* 73) und es vom Charakter als ausschließlichem Sterbesakrament befreit. Die neue Spendeformel knüpft an die zitierte Jakobusstelle an: „Durch diese heilige Salbung helfe dir der Herr in seinem reichen Erbarmen, er stehe dir bei mit der Kraft des Heiligen Geistes. Der Herr, der dich von Sünden befreit, rette dich, in seiner Gnade richte er dich auf." Während bis zum Zweiten Vatikanischen Konzil der Kranke bzw. Sterbende normalerweise an Augen, Ohren, Nase, Mund, Hände und Füße gesalbt wurde oder – falls dies nicht möglich war – an der Stirn, wird heute die Salbung an den Handinnenflächen und an der Stirn vorgenommen. Zur Krankensalbung wird nicht Chrisam, sondern vom Bischof bzw. im Einzelfall vom Priester geweihtes einfaches Ölivenöl verwendet.

Gestalt der heutigen Krankensalbung

Durch die Krankensalbung und das Gebet des Priesters empfiehlt die Kirche den Kranken dem leidenden und verherrlichten Herrn, dass er sie aufrichte und rette (*Lumen Gentium* 11). Da mit dem Sakrament der Krankensalbung auch nach heutigem Verständnis die Sündenvergebung verbunden ist, darf der Diakon das Sakrament der Krankensalbung nicht spenden, obschon der Dienst an den Kranken und Notleidenden zu seinen besonderen Aufgaben gehört.

Die Reihenfolge der Sterbesakramente ist heute Bußsakrament, Viatikum und Krankensalbung. Ist der Empfang des Bußsakramentes und des Viatikum nicht mehr möglich, kann in der Sterbestunde auch allein das Sakrament der Krankensalbung gespendet werden. Das Sakrament ist aber mehr als ein Sterbesakrament, es ist das Sakrament der Schwerkranken, die mit der Gefahr des Todes konfrontiert sind, ohne dass sie sich schon unmittelbar im Prozess des Sterbens befinden müssen.

Weihe zum apostolischen Dienst

Weihe Durch das Sakrament der Weihe, auch Ordination genannt, wird die Sendung, die Christus seinen Aposteln anvertraut hat, in der Kirche ausgeübt. Die Weihe überträgt die heilige Vollmacht, im Namen und mit der Autorität Christi sowie im Namen der Kirche zu handeln. Vom gemeinsamen Priestertum aller Gläubigen, das durch die Taufe empfangen wird, unterscheidet die katholische Kirche das Priestertum des Dienstamtes. Dieses ist keine Steigerung des gemeinsamen Priestertums, sondern als kirchliches Dienstamt auf das gemeinsame Priestertum aller Gläubigen hingeordnet. Es unterscheidet sich von diesem nicht nur dem Grade, sondern dem Wesen nach (*Lumen Gentium* 10). Das Weihesakrament gliedert sich in die Stufen des Episkopat (Bischofsamt), Presbyterat (Priesteramt) und des Diakonats, die nach katholischem Verständnis konstitutiv sind für die Struktur der Kirche Jesu Christi.

Dreistufige Weihe

Die Weihe erfolgt jeweilsdurch Handauflegung und das Sprechen des für die jeweilige Weihe vorgesehenen Weihegebets. Dadurch kommt die Einheit des Weihesakraments zum Ausdruck. Sie zeigt sich auch darin, dass jede Weihe, auch die Diakonenweihe, ein unauslöschliches geistliches Siegel verleiht. Es gibt innerhalb des Weihesakramentes zwei Stufen des Priesteramtes (Bischof, Presbyter) und eine Stufe des Dienstamtes. Die Bischofsweihe verleiht die Fülle des Weihesakramentes. Sie macht den Bischof zum rechtmäßigen Nachfolger der Apostel und gliedert ihn in das Kollegium der Bischöfe ein, indem er in der Einheit mit dem Papst die Ämter des Lehrens, der Heiligung und der Leitung ausübt. Der Bischof übt sein Hirtenamt mit Hilfe seiner Priester und Diakone aus.

Bischof ist Apostelnachfolger

Die Priester bilden das Presbyterium. Es ist eine Verkürzung, den Dienst des Priesters von der Vollmacht zum Vorsitz in der

Eucharistiefeier und zur sakramentalen Lossprechung her zu definieren. Die erste Aufgabe des Priesters ist die Verkündigung in ihren verschiedenen Formen (Evangelium, Predigt u. a.). Als Leiter der ihm anvertrauten Gemeinde(n) trägt er Sorge für ihre Einheit. Als Priester Jesu Christi feiert er den Gottesdienst der Kirche, vor allem die Eucharistie. Als Seelsorger soll er sich auch den Armen, Kranken und Notleidenden zuwenden. Der Diakon wird durch seine Weihe Christus, dem Diener aller, gleichgestaltet und wird in der Kirche zum Dienst am Wort, in der Liturgie und der Nächstenliebe geweiht. Der Diakon übt sein Amt in Gemeinschaft mit seinem Bischof und seinen Priestern aus. Als Diakon gehört man zusammen mit den Bischöfen und Priestern zum Klerus der katholischen Kirche.

Aufgaben des Priesters

Aufgaben der Diakone

Das Sakrament der Weihe empfängt nach katholischem Verständnis gültig nur ein getaufter Mann. Hier weiß sich die Kirche an die Entscheidung Christi gebunden, der nur Männer zu seinen Aposteln erwählt hat. Der geweihte Amtsträger hat die Aufgabe, Jesus Christus sakramental zu repräsentieren, gleichsam als „Ikone Christi". Für die Bischofsweihe ist die zölibatäre Lebensform eine unabdingbare Voraussetzung. Die Priesterweihe ist in der lateinischen Tradition in der Regel an die Bereitschaft gebunden, zölibatär zu leben. Zum Diakonat können auch verheiratete Männer zugelassen werden.

Taufe ist Voraussetzung für Weihe

Zölibat

Ausnahme Diakonat

Ehe Gott hat den Menschen als Mann und Frau aus Liebe erschaffen und sie zur Liebe in der Gemeinschaft der Ehe berufen, so dass sie „nicht mehr zwei, sondern eins" (Matthäus 19,6) sind. Die Gemeinschaft der Ehe ist von Gott gesegnet und in der Schöpfung grundgelegt. Die Ehe ist ein lebenslanger Lebensbund zwischen Mann und Frau, der hingeordnet ist auf die Zeugung und Erziehung von Kindern: „Seid fruchtbar, und vermehrt euch" (Genesis 1,28). Nach Gottes ursprünglichem Plan ist die eheliche Vereinigung unauflöslich: „Was Gott verbunden hat, das darf der Mensch nicht trennen" (Markus 10,9). Zur Ehe gehören ihre Einheit und Unauflöslichkeit. Die Ehe gehört nicht nur zur Schöpfungsordnung, sondern ist ein Sakrament, das die bräutliche Verbindung Christi zu seiner Kirche darstellen soll (Epheser 5,25–33).

Ausrichtung der Ehe auf Kinder

Während die Ehe früher als Arbeits- und Versorgungsgemeinschaft gesehen wurde, wird heute in der partnerschaftliche Liebe die Grundlage für eine dauerhafte personale Beziehung zwischen Mann und Frau gesehen. Die Ehe wird als Bund zwischen zwei Menschen verstanden, die in einer „innigen Gemeinschaft des Lebens und der Liebe" (*Gaudium et Spes* 48) miteinander verbunden sind. Der Ehebund ist „ein unwiderrufliches personales Einverständnis". So entsteht durch einen freien personalen Akt, durch den sich die Eheleute gegenseitig schenken und annehmen, „eine nach göttlicher Ordnung feste Institution, und zwar auch gegenüber der Gesellschaft" (*Gaudium et Spes* 48).

Heutiges kirchliches Eheverständnis

Gemäß der Lehre der Kirche kann es eine nichtsakramentale Ehe zwischen Getauften nicht geben. Jede gültig geschlossene Ehe zwischen zwei Getauften ist ein Sakrament und, sofern die Ehe vollzogen wurde, unauflöslich. Zur kirchlichen Trauung gehört ein Rechtsakt, der im Konsensaustausch (Jawort der Brautleute) besteht, und ein Segensakt, nämlich der Segen über die Brautleute. Der Konsens muss die wahre Ehe zum Gegenstand haben und ein bewusster und freier Akt sein. Er darf nicht auf Zwang beruhen.

Ehe ist Sakrament

Ehen zwischen einem Katholiken und eine getauftem Nichtkatholiken bedürfen der Erlaubnis durch die kirchliche Autorität und gegebenenfalls einer Dispens von der Formpflicht. Bei einer Ehe zwischen einem Katholiken und einem Ungetauften ist zur Gültigkeit der Ehe eine Dispens erforderlich. Eine solche Ehe kann unter bestimmten Bedingungen aufgelöst werden, da sie nicht sakramental ist. Die zwischen Getauften gültig geschlossene und vollzogene Ehe kann niemals aufgelöst werden. Das Sakrament der Ehe begründet zwischen den Eheleuten ein Band, das ausschließlich und lebenslang ist. Polygamie und Ehebruch verstoßen gegen die Einheit und Ausschließlichkeit der ehelichen Liebe.

Unauflösbarkeit der Ehe

Zwar schenkt Gott in der Ehe den Brautleuten die Gnade, dass ihre Ehe gelingen kann. Doch können Ehen durch eigene und fremde Schuld auch scheitern. Die katholische Kirche sieht sich hier an Jesu Verbot der Ehescheidung gebunden, mit dem er die ursprüngliche, durch die Sünde durchkreuzte Schöpfungsordnung wiederherstellen wollte (Markus 10,2–12). Daher anerkennt sie die Verbindung zivil wiederverheirateter Geschiedener nicht als Ehe und ermöglicht auch keine zweite kirchliche Trauung. Mit Verweis auf die Barmherzigkeit Gottes sehen dagegen die Kirchen der Orthodoxie bei einer gescheiterten Ehe die Möglichkeit einer neuen kirchlichen Trauung vor. Diese hat aber nicht den gleichen Stellenwert wie die erste Ehe. Die katholische Praxis führt dazu, dass wiederverheiratete Geschiedene offiziell

Verbot der Ehescheidung

Keine Zulassung zur Kommunion

nicht zur Kommunion zugelassen werden können. Für jene, die trotz gescheiterte Ehe und Wiederheirat mit ihrer neuen Familie aus dem Glauben leben wollen, ist dies eine schwere Last.

Die aus der Reformation hervorgegangenen kirchlichen Gemeinschaften betrachten die Ehe nicht als Sakrament. Hier ist die kirchliche Trauung die Segnung und Bestätigung einer schon bestehenden Lebensgemeinschaft von Mann und Frau. Bei konfessionsverschiedenen Paaren besteht die Möglichkeit zu einer gemeinsamen Feier der Trauung unter Beteiligung von Amtsträgern beider Konfessionen, die jedoch keine „ökumenische Eheschließung" ist. Der nichtkatholische Ehepartner muss zuvor erklären, die gemeinsamen Kinder im katholischen Glauben zu erziehen. Die zivile Eheschließung ist inzwischen nicht mehr notwendige Voraussetzung für die kirchliche Trauung.

Wolfgang Gottfried Buchmüller OCist

Spiritualität

Der Begriff Spiritualität – ein Hoffnungsträger für den Menschen der Gegenwartskultur – ist zu einem Modewort geworden, das für die Suche der heutigen Zeit nach authentischem Leben und Sinn steht. Bei dem Interesse an Spiritualität, das alles Subjektive, Erfahrungsbezogene und Meditativ-Innerliche wertschätzt, schwingt eine Sehnsucht nach dem Transzendenten mit, nach einer Begegnung mit dem Göttlichen. Bereits Augustinus hat diese Sehnsucht in klassische Worte gefasst: Gott, „du hast uns auf dich hin geschaffen, und unruhig ist unser Herz, bis es ruht in dir".

Sehnsucht nach dem Göttlichen

Dadurch dass aber Spiritualitäten quer durch alle Weltreligionen oft als grundsätzlich gleichberechtigt behandelt werden, entsteht der (meist unbewusste) Eindruck, dass es außerhalb der eigenen Tradition mehr zu entdecken gilt. Eine Ursache für das schillernde Angebot im Bereich „Spiritualität", das auch vor neuheidnischen Randphänomenen nicht zurückschreckt, ist sicherlich auch der Einzug einer neuen Aufklärung in die Theologie, die manche sinnenbetonte Aspekte der Volksfrömmigkeit aus dem Haus der Kirche verdrängt hat. Die Einseitigkeit der Rationalisierung ließ auf der anderen Seite im Zuge der Postmoderne einen irrationellen Spiritualitätsboom wuchern.

Rationalisierung fördert das weltliche Angebot von Spiritualität

Der bunte Schein des globalen spirituellen Angebots verdeckt aber das Wesen dessen, was Spiritualität im ursprünglichen Sinne bedeutet: Als der Kirchenvater Hieronymus die Wortschöpfung „spiritualitas" wagte, meinte er damit ein vom Heiligen Geist (*spiritus*) bewirktes inneres und äußeres Leben: Achte darauf, dass du in der Spiritualität Fortschritte erzielst! Somit bezieht sich Spiritualität immer auf einen durch den göttlichen Geist geschenkten inneren Reichtum von Menschen, die offen sind für das Gute an sich. Da dieser innere geistige Reichtum aber nicht selbst gemacht ist und auch nicht produzierbar ist, hat er Gott selbst als Urheber, der seinen Geist immer wieder verschwenderisch schenkt.

Spiritualität ist vom Hl. Geist bewirktes Leben

Der vorzüglichste Ort des Wirkens des Heiligen Geistes ist aber die von demselben Geist geleitete Gemeinschaft der Gläubigen – die Kirche. Daraus ergibt sich eine gewisse Wertigkeit:

Nicht alles ist in gleicher Weise vom Geist berührt und vom Geist erleuchtet, manches ist mitunter unausgegoren und irregeleitet, manches verweist aber in erstaunlicher Weise auf Einsichten, die sich mit denen des Christentums decken. Wenn auch nach Überzeugung der Kirche der Geist Gottes sowohl in antiken Philosophien als auch in nichtchristlichen Kulturen aufleuchtet, so ist doch die Fülle dieses Geistes nur durch das Christusereignis zugänglich. Wie es Bernhard von Clairvaux ausdrückt: Die Prägeform der göttlichen Weisheit ist Christus selbst.

Spiritualität wirkt in der Kirche

Um das Wesen der christlichen Spiritualität besser zu verstehen, ist eine Wiedergewinnung ihrer weisheitlichen Dimension nötig. Gemäß der Lehre von Kirchenvätern wie Augustinus erschließt der Geist der Weisheit tiefere Dimensionen der Wirklichkeit als die der wissenschaftlichen Rationalität (*scientia*). Er schenkt eine tiefere Einsicht in Göttliches und Ewiges. Diese vom Licht des Glaubens bewirkte Erleuchtung nennt Augustinus Weisheit (*sapientia*). Die Weisheit führt schließlich zu einer Schau der göttlichen Wahrheit und Wesenheit, die in einer intuitiven Erkenntnis erahnt werden kann. Dieser Weg der Weisheit ist aber an ein Lebensprogramm gekoppelt: Die Begegnung mit dem Transzendenten erfordert immer wieder eine Bekehrung des Denkens und der eigenen Existenz. Was ich im Glauben erfassen kann, fordert mich selbst heraus. Ich selbst bin vom Geist eingeladen, mein Leben dieser höheren Wahrheit anzugleichen.

Einsicht durch den Glauben ist Weisheit

ständige Überprüfung des eigenen Standpunkts

Daraus ergibt sich ein wichtiges Unterscheidungskriterium: Spiritualität ohne eigene Bekehrung ist unehrlich. Deshalb kann eine esoterische Spiritualität, die lediglich eine Methode zur Selbsterfahrung anbietet, in den Augen der christlichen Spiritualität keinen Bestand haben. Nach christlicher Auffassung wird der Mensch durch das Wirken des göttlichen Geistes auf einen Weg innerer Heilung und Befreiung geführt. Auch wenn dieser nicht ohne schmerzhafte Umkehrprozesse zu durchlaufen ist, so ist diese ganzheitliche Therapie des Geistes doch froh machend: „Wo der Geist des Herrn wirkt, da ist Freiheit" (2 Korinther 3,17).

Nur Spiritualität durch Bekehrung ist wirklich

Zu Beginn des spirituellen Weges steht aber eine mehr oder weniger deutlich wahrnehmbare Einladung des Geistes, das geschenkte Heil Gottes anzunehmen. Durch diesen Schritt im Glauben, der mit der Taufe und den anderen Sakramenten verbunden ist, lerne ich mich selbst und meinen Mitmenschen in Gott anzunehmen, ja ich lerne den Wegen Gottes in allen Herausforderungen des Lebens zu trauen und mich ihnen anzuver-

Freundschaft mit Gott

trauen. Ein solcher mutiger Schritt bedeutet, in die Freundschaft mit Gott hineinzuwachsen: Ich nenne euch nicht mehr Knechte, sondern Freunde (Johannes 15,15).

Gebet ist Freundschaft mit Gott

Das kommunikative Medium hierfür ist das Gebet, wie es Teresa von Àvila genial einfach definiert: „Das Gebet ist Freundschaft mit Gott." Möglich wird diese Grenzüberschreitung vom Menschen hin zu seinem göttlichen Gegenüber dadurch, dass Gott nicht nur der unendlich Große und Erhabene, sondern auch der unendlich Nahe sein kann. Die Transzendierung des rein Menschlichen geschieht insbesondere, wenn der Mensch sich Gott gegenüber im Vertrauen öffnet und der große Gott durch den Glaubensakt – das Ja des Menschen zu Gott – im Inneren der Seele wie in einem Tempel Wohnung nehmen kann (vgl. 1 Korinther 3,16), Menschliches und Göttliches durchdringen dann einander. Nun entsteht sozusagen eine Beziehung, die eine menschliche Teilhabe am göttlichen Leben bedeutet, weil Gott seinen Geist gibt.

Neue Sicht der Dinge durch den Glauben

Durch diesen existentiellen Sprung des Glaubens verändert sich die Sicht der Dinge, die nun in gewisser Weise von einer höheren Ebene aus gesehen werden. Alle Bereiche des Lebens werden nun mit dem Blick der Liebe wahrgenommen. Der Glaube ist dann nicht nur ein Fürwahrhalten von Dingen, die man nicht sehen kann, sondern ein Akt des Vertrauens und der Hingabe Gott gegenüber, der eine tiefere Einsicht in seine geoffenbarten Wahrheiten schenkt. Bernhard von Clairvaux umschreibt den Zusammenhang von Glauben, Einsicht und Liebe folgendermaßen: „Der Vater wird niemals vollkommen erkannt, wenn er nicht vollkommen geliebt wird."

Glaube, Hoffnung, Liebe

Die christliche Trias der Tugenden Glaube, Hoffnung und Liebe, die wir auch als spirituelle Kräfte für ein gelingendes Leben verstehen können, schenkt eine neue Lebensperspektive. Darüber hinaus verwandeln sie auch die menschlichen Grundtugenden Gerechtigkeit, Tapferkeit, Maßhalten und Klugheit, indem sie eine neue Zielvorgabe vorgeben: Es ist ein Unterschied, ob ich nur aus Berechnung und Opportunismus ehrlich bin, damit ich nicht bestraft werde, oder ob ich andere nicht betrüge, weil ich sie vor Gott nicht verletzen will.

Heiliger Geist nötig für christliches Leben

Um aber ein wahrhaft christliches Leben im Sinne eines positiven Zeugnisses vor der Welt führen zu können, benötige ich als glaubender Mensch bei all den vielfältigen Schwierigkeiten des Lebens trotz allem guten Willen immer noch die Gaben des Geistes. Diese Gaben sind nicht nur eine besondere Bestärkung, eine bedeutende geistige Erkenntnis und eine spirituelle Erfahrung, die nicht einfach erlernbar oder antrainierbar sind. Leitbild ist dabei die Salbung des Geistes, die auf dem Messias liegt: Es wird auf ihm der Geist Gottes ruhen, der Geist der Weisheit und des Verstandes, der Geist des Rates und der Stärke, der Geist der Wissenschaft und der Furcht Gottes (Jesaja 11,2).

Gnadengaben

Im Zuge der charismatischen Aufbrüche seit dem Zweiten Vatikanischen Konzil sind auch die außerordentlichen Gnadengaben, wie sie Paulus in 1 Korinther 12–14 bespricht, wieder vermehrt ins Bewusstsein der Kirche getreten. So wurde etwa das „Beten in Zungen" wiederentdeckt. Von großer Bedeutung für das Verständnis der Heiligen Schrift ist dabei insbesondere die Gabe der Prophetie, die als Gottes Wort im Menschenwort eine gegenseitige Durchdringung von geschenkter göttlicher Erleuchtung und menschlicher Empfänglichkeit für das Übernatürliche darstellt. Aufgabe der Kirche bleibt dabei festzustellen, ob solche außerordentliche Gaben sich bestätigen, ob sie aufbauend sind und ob sie andere Menschen im Geiste berühren.

Geistesgaben kommen aus der Erfahrung des Gebets

All diese besonderen Geistesgaben hängen mit Erfahrungen im Gebet zusammen: Die christliche Spiritualität unterscheidet zwischen Wortmystik und Seinsmystik, zwischen einem Ansatz beim Hören des Wortes der Schrift einerseits und einer Fortführung des Meditierens bis hin zur Kontemplation des göttlichen Seins andererseits. Religiöse Erfahrung beginnt in einer Religion mit einer niedergeschriebenen göttlichen Offenbarung wie dem Christentum bei der Meditation des Wortes. Christliche Mystiker und Mystikerinnen bezeugen, dass das Wort Gottes in ihrer Psyche ein Eigenleben zu führen beginnen kann und damit ihr Herz verwunden kann. Biblisches Vorbild ist dabei Maria, die nach dem Lukasevangelium das Wort der Hirten von der Rettung der Welt durch den Messias in ihrem Herzen „hin und her zu bewegen" begann (Lukas 2,19). Spirituelle Meister wie Ignatius von Loyola haben darüber hinaus Methoden der Meditation entwickelt, die das biblische Geschehen im Nacherleben in der Phantasie für sich zugänglich machen. Die Bibel gewinnt hierdurch an sinnlicher Erfahrungsqualität.

Mystische Erfahrungen im Gebet

Nähe Gottes im Gebet

Schließlich kann es zu einer innerlichen Erfahrung der göttlichen Nähe im Gebet kommen, wo Schweigen eher als angemessen und Worte als eher hinderlich erlebt werden, weil Gottes Sein in indirekter Weise berührt wird. Gerade im Schweigen wird Gott als anwesend erlebt. Paulus spricht hier von einer Gegenwart des Geistes, der mit unaussprechlichen Seufzern für den wort-losen Beter eintritt (vgl. Römer 8,26–27). Diese christliche Kontemplation, die von einigen Theologen wie Luther hinterfragt wurde, nimmt in der kirchlichen Tradition aber einen festen Platz ein. Sie unterscheidet sich von den östlichen transzendentalen Gebetsmethoden durch eine Ausrichtung auf ein göttliches Du. Diese Begegnung mit Gott geschieht in der Erhebung des Herzens und einer liebevollen Achtsamkeit auf die Gegenwart des Geistes.

Paulus: Gegenwart des Geistes

Die unbegrenzte schöpferische Fülle des Geistes hat eine große Vielfalt an Spiritualität innerhalb des Christentums hervorgebracht. Als Beispiel hierfür sei u. a. auf schöpfungsbezogene, biblische, liturgische, eucharistische und marianische Spiritualität sowie auf verschiedene Ordensspiritualitäten wie benediktinische, zisterziensische, franziskanische, ignatianische und karmelitische Spiritualität verwiesen sowie auf diverse Laienspiritualitäten, etwa verbunden mit der charismatischen Erneuerung, mit Exerzitien im Alltag oder mit der Eine-Welt-Bewegung.

Vielfalt an Spiritualität im Christentum

Franz-Peter Tebartz-van Elst

Einweisung in die Glaubenspraxis

„Der Glaube für sich allein ist tot, wenn er nicht Werke vorzuweisen hat. […] Zeige mit deinen Glauben ohne die Werke und ich zeige dir meinen Glauben aufgrund der Werke." (vgl. Jakobus 2,17 f). „Glaubenspraxis" ist nach dem biblischen Zeugnis Tat und Bekenntnis. Ein gewonnener und bewusst angenommener Glaube verlangt danach „praktiziert" zu werden. Glaube braucht Einübung und Vertiefung, bewusste Annahme und Festigung. Glaubenspraxis ist der Wahrheitstest einer inneren Bekehrung. Wer sich mit dem Tod und der Auferstehung Jesu Christi identifiziert, wer „Christus als Gewand angelegt hat" (vgl. Galater 3,27) ist eine „neue Schöpfung" in Christus (vgl. 2 Korinther 5,17).

In dem Maße, wie der Einzelne diese geistliche Realität im Glauben begreift, prägt sie sein Selbstbewusstsein und Handeln.

Haltung des Glaubens

Gebet und Gottesdienst. „Gebet ist der Ernstfall des Glaubens" (Walter Kasper). Wer aufhört zu beten, verliert den Glauben. Wer wieder anfängt zu beten, findet den Glauben. Wer betet, nimmt Gott in den Blick und lässt sich von ihm in besonderer Weise anschauen. Wo wir mit unseren eigenen Worten verstummen, am „Ende der Sprache", wird das durchgetragene Gebet zum Bekenntnis des Glaubens. Die heilige Mechtild von Magdeburg benennt diese Erfahrung: „O Gott, ich bete mich in deine Hände."

Das Gebet führt den Christen in die Gemeinschaft der Glaubenden. Nach dem Zeugnis der Apostelgeschichte erlebt die junge Kirche durch das gemeinsamen Verharren im Gebet, dass der Glaube eine Gewähr durch das Zeugnis der anderen bekommt (vgl. Apostelgeschichte 1,12–14) und in eine erweiterte Glaubenspraxis führt „Sie hielten an der Lehre der Apostel fest und an der Gemeinschaft, am Brechen des Brotes und an den Gebeten" (Apostelgeschichte 2,42): Wer glaubt, ist nie allein!

Gemeinsamkeit im Glauben vermittelt sich auch durch eine gemeinsame Sprache des Gebetes. Der reiche Gebetsschatz der Kirche eröffnet in der Tradition gemeinschaftlicher Gebete, beim Engel des Herrn, beim Rosenkranzgebet, im Gebet der liebenden Aufmerksamkeit, in Anrufungen und Litaneien und vielen anderen Vollzügen, dass zusammengehört, wer im Gebet miteinander auf Gott hört. In besonderer Weise greift das Stundengebet der Kirche die Gebetssprache der Psalmen auf. Hier tritt die Kirche in die unmittelbare Glaubenspraxis Jesu ein.

Gerade in den Sakramenten der Kirche wird sichtbar, wie Gott in Liebe an den Menschen handelt. Sie befähigen ihn, die empfangene Gabe zur persönlichen Aufgabe zu machen. So führt Glaubensfeier zur Glaubenspraxis und verweist auf ein weiteres Feld der Einweisung in das Bekenntnis der Kirche:

Tiefe des Glaubens

Katechese und Religionsunterricht. In unmittelbarem Bezug zur liturgischen Feier steht die katechetische Vertiefung des christlich-kirchlichen Glaubens. Wo die großen Zeichen unseres Glaubens zum Sprechen kommen, führen Liturgie und Katechese weiter in das Glaubensgeheimnis hinein und wollen zu dessen tieferem Verstehen beitragen.

In Gruppen zur Vorbereitung auf den Empfang von Sakramenten oder deren Erneuerung (Taufversprechen), in Gemeindekatechese oder Glaubenskursen kann die bewusste Annahme der christlichen Berufung zur Nachfolge Jesu in besonderer Weise reifen. Als ›Sprachschule des Glaubens‹ beschränkt sich Katechese nicht auf einen bestimmten Personenkreis oder eine Altersgruppe, sie ist vielmehr im Sinne einer „Katechese aller Lebenslater" zu sehen: „Alle bedürfen der Katechese." (vgl. Johannes Paul II., *Catechesi tradendae*, 35 ff.)

Eine solche Orientierung am Beispiel der Glaubenseinführung der frühen Kirche befähigt zunehmend zu einem Christentum aus Einsicht und Entscheidung (Augustinus).

Eine wichtige Ergänzung zu diesem gemeindlichen „Lernort des Glaubens" ist der schulische Religionsunterricht. Da für eine wachsende Zahl der Kinder und Jugendlichen der Religionsunterricht zum ersten oder sogar einzigen Ort der Begegnung mit dem Glauben der Kirche wird, kommt ihm sowohl eine einführend vertiefende als auch missionarische Bedeutung zu.

Der bewusst konfessionelle Unterricht gewinnt sein Profil durch das persönliche Zeugnis und die Vermittlung von Grundwissen des Glaubens. Er macht vertraut mit den gemeinsamen

Formen und Zeichen und fördert damit die Möglichkeit einer begründeten Entscheidung für den Glauben. Deshalb ist die Person der Lehrerin bzw. des Lehrers von besonderer Bedeutung. Als Pädagogen mit einer Missio, das heißt, als Gesandte der Kirche, begegnen sie den Schülerinnen und Schülern.

Sowohl die Katechese als auch der Religionsunterricht wollen zur Mitgestaltung des kirchlichen und gesellschaftlichen Lebens befähigen. Durch die unbedingte Zusammengehörigkeit von Glaubensfeier und geistlicher Vertiefung wird das Bekenntnis zur Lebensdeutung und stiftet an zur Tat der Liebe.

Weite des Glaubens

Caritas und Mission. Der Grund christlicher Caritas liegt in der unbedingten Liebe Gottes. Die Liebe zu Gott und den Menschen ist unsere Antwort auf seine zuvorkommende Initiative. Gottes- und Nächstenliebe „gehören so zusammen, dass die Behauptung der Gottesliebe zur Lüge wird, wenn der Mensch sich dem Nächsten verschließt oder ihn gar hasst." (Benedikt XVI., *Deus caritas est*, 16).

Der Andere ist der Nächste

Christlicher Glaube verweist den Einzelnen über sich hinaus. Als Kinder Gottes sind wir Schwestern und Brüder. Aus der Teilhabe an Gott aber erwächst uns die Teilnahme am Leben unserer Brüdern und Schwestern. Aus der Perspektive des Glaubens wird uns der Andere zum Nächsten.

Was die Gegenwart Gottes im diakonischen Tun aufscheinen lässt, macht die Botschaft des Evangeliums attraktiv. Wer in diesem Horizont deutet, was ihn bewegt, gibt dem Wirken Gottes Gesicht, Herz und Hand. Gelebte Caritas vermittelt die missionarische Dimension des christlichen Glaubens in einem zweifachen Sinn: sie richtet sich über das persönlich gelebte Zeugnis des Glaubenden nach außen, an die, welche noch nicht zum Glauben gekommen sind. Ebenso richtet sich dieser Anspruch auch nach innen, auf das Miteinander der Brüder und Schwestern im Glauben. Diese Ausstrahlung der Christen hängt wesentlich von der gelebten Liebe ab: „Der Glaube, das Innewerden der Liebe Gottes, die sich im durchbohrten Herzen Jesu am Kreuz offenbart hat, erzeugt seinerseits die Liebe. Sie ist das Licht – letztlich das einzige –, das eine dunkle Welt immer wieder erhellt und uns den Mut zum Leben und zum Handeln gibt. Die Liebe ist möglich, und wir können sie tun, weil wir nach Gottes Bild geschaffen sind." (Benedikt XVI., *Deus caritas est*, 39).

Liebe ermöglicht Handeln

Gottesdienst

1. Kirchenbau
2. Messe
3. Liturgie
4. Musik
5. Wallfahrt
6. Predigt
7. Eucharistie
8. Beichte / Buße
9. Segen
10. Taufe
11. Erstkommunion und Firmung
12. Trauung
13. Beerdigung

Dieric Bouts (um 1415–1475), Einsetzung des Abendmahls, Mitteltafel des Abendmahlsaltars, 1464–1467; Öl auf Holz, 180 × 151 cm; St. Peter, Leuven.

Der von Dieric Bouts im Auftrag der „Bruderschaft des heiligen Sakraments an der Peterskirche in Löwen" vertraglich verpflichtend nach einem von zwei Theologieprofessoren erarbeiteten Bildprogramm geschaffene Altar hat einzig die Einsetzung der Eucharistie beim letzten Abendmahl und – in vier Seitentafeln – ihre Präfiguration im Alten Testament zum Thema.

Die auf der Mitteltafel dargestellte Abendmahlsszene spielt in einem zeitgenössischen Innenraum, wie er wohl in einem Patrizierhaus des 15. Jahrhunderts zu finden war. Der Maler räumt der Interieurschilderung viel Platz ein; die Figuren erscheinen im richtigen Verhältnis zu dem sie umgebenden Raum, in dessen Mitte ein nahezu quadratischer Tisch platziert ist, um den herum Christus und die Apostel sitzen.

Mittels einer genau kalkulierten Komposition wird der Maler einerseits dem Anspruch an eine natürlich-zeitgenössisch wirkende Situation, andererseits der dem dargestellten Thema zugewiesenen Bedeutung gerecht.

Trotz der strengen Raumgeometrie, die durch die fluchtenden Linien insbesondere der Balkendecke und des Fliesenbodens entsteht, wirkt das Bild in seiner Ordnung lebendig. Die Achsensymmetrie wird lebend gestaltet: So entsprechen den Maßwerkfenstern auf der einen Seite die Arkaden auf der anderen, die Durchreiche links findet in der Öffnung zum Garten ihren Gegenpart. Der kleinteiligen Fläche des Fliesenbodens wirken die ruhigeren der Decke und Wände entgegen.

Die Platzierung der Christusfigur in der Mittelsenkrechten vor der „leeren" Fläche macht deren Bedeutung auf den ersten Blick offensichtlich. Durch die Sitzordnung der betenden, andächtig das Geschehen verfolgenden Apostel ergibt sich die Öffnung der Blickbahn für den Betrachter direkt auf Christus hin, der in einer feierlichen Segnungsgeste im Moment der Wandlung des Brotes dargestellt ist.

Die vor dem Altar anwesenden Gläubigen – also zuallererst die Mitglieder der Bruderschaft – werden so, von Christus angeblickt, Teil der Tischgemeinschaft. Das Gefühl der Teilhabe wird verstärkt durch den bekannten Raum und die zeitgenössischen Figuren, die betrachtend beziehungsweise betend anwesend sind.

Thema ist hier also nicht das historische Abendmahl, sondern die Liturgie des Messopfers, in dem sich die Einsetzung des Sakramentes erneuert. In der zeitlichen Kontinuität liegt die besondere Bedeutung der Bruderschaft, für die im Kult der Hostie Zeitgrenzen aufgehoben sind, das Göttliche im wahrsten Sinne greifbar in die Gegenwart reicht.

Kerstin Clasen

Albert Gerhards

Kirchenbau

Lage der Kirchen

In den meisten Ländern Europas steht die Kirche mitten im Dorf, sind die Stadtbilder von Kirchtürmen und Kuppeln geprägt. In den Landschaften bilden Kirchtürme die Orientierungs- und Markierungspunkte. Historisch betrachtet lagen die Kirchen keineswegs immer im Zentrum der städtischen oder dörflichen Siedlungen. Die Zentren der antiken Städte waren durch die paganen Tempelanlagen und andere, kultischen und politischen Zwecken dienende Gebäude besetzt. Erst in späterer Zeit, nach der Zerstörung der heidnischen Kulte, haben sich die Christen in den vorhandenen Gebäuden eingerichtet. Die ältesten christlichen Kirchen lagen oft am Ortsrand, so die Hauskirche in der Stadt Dura Europos (3. Jh.) in Syrien oder die spätantike Bischofskirche in Köln unmittelbar an der Stadtmauer. Erst die mittelalterliche Stadt schlug einen großen Halbkreis um die Kathedrale und nahm sie damit in ihre Mitte. In anderen Fällen zogen vorhandene Kirchen, die zunächst außerhalb des Siedlungsgebiets lagen, die mittelalterliche Stadt an sich. Dies gilt etwa für das heutige Bonn, das um eine auf einem außerstädtischen Gräberfeld errichtete Basilika entstand, die dem Kult der thebäischen Märtyrer geweiht war. Ein weiterer wichtiger Motor für die Entstehung christlicher Kirchen neben der Funktion der Gemeindeversammlung ist also der Totenkult, der zu zahlreichen Kirchengründungen führte. Dies gilt für die Kirchen Roms außerhalb der Mauern (St. Peter, St. Paul, San Lorenzo, San Sebastiano), aber auch in Städten nördlich der Alpen wie Köln oder Trier. Auch hier folgte die spätere Stadtentwicklung oft den schon vorhandenen Kirchen. Die Kirchentopographie einer Stadt oder auch einer Landschaft ist also keineswegs bloß zufällig, sondern gehorcht bestimmten Gesetzen.

Vorbild Jerusalem

Das große Vorbild der Vernetzung von Kirchen, Kapellen und Gedenkorten in den Städten und Landgebieten Europas war Jerusalem mit seinen heiligen Stätten. Seit dem 4. Jahrhundert bildete sich dort eine Sakraltopographie heraus, die das Stadtbild bestimmte und den Verlauf des Kirchenjahres prägte. Konstantinopel und Rom nahmen daran Maß, ohne das Original zu kopieren. Vielmehr handelte es sich um kreative Aneignung der Idee der Heiligen Stadt, die von Rom aus in der Karolingerzeit nördlich der Alpen wiederum auf je eigene Weise adaptiert wurde. Im Laufe der Zeit bildeten sich in allen bedeutenderen Städten Kirchenfamilien heraus, deren Zentrum die Kathedrale darstellte, umgeben von Kloster-, Stifts- und Pfarrkirchen. Die Feste im Kirchenjahr mit ihren Festzyklen und lokalen Patrozinien gaben Anlass, um durch Prozessionen und Stationen die ganze Stadt jeweils neu zu begehen und als sakralen Raum zu begründen.

Kirchen als Demonstration von Macht

Kirchen wurden jedoch nicht immer nur zum Lobe Gottes erbaut; nicht selten dienten sie auch der Demonstration von Machtansprüchen. Oft kam es zu Rivalitäten zwischen konkurrierenden Klöstern oder Stiftsgemeinschaften oder zwischen dem Domkapitel und dem Bischof. Im Verlauf des Mittelalters machte die aufstrebende Bürgerschaft den Stiften die Vorherrschaft über die sakrale Landschaft streitig. An die Stelle der eher bescheidenen Gemeindekirchen traten repräsentative bürgerliche Kirchengebäude, die mitunter der Kathedrale den ersten Rang abliefen. Nicht zuletzt haben Reformation und Gegenreform die Kultur des Sakralbaus stark beeinflusst. Mit dem Barock blühte der Kirchenbau noch einmal mächtig auf. Die Stilentwicklung lag dabei stets auf der Höhe der Zeit.

Säkularisation

Der in seinen Auswirkungen kaum zu überschätzende Einschnitt in der Geschichte des Kirchenbaus war freilich die *Säkularisation* (die – oft gewaltsame – Aneignung kirchlichen Besitzes durch den jeweiligen Staat) zu Beginn des 19. Jahrhunderts, der in den mittelalterlichen Städten große Teile des kirchlichen Gebäudebestandes zum Opfer fielen, aber auch zahlreiche Klöster in den ländlichen Gebieten. In der Zeit der Restauration und der beginnenden Bevölkerungsexplosion kam es im 19. Jahrhundert wieder zu reger Bautätigkeit, nun aber in den Stilformen des Historismus.

vielfältiger Kirchenbau im 20. Jahrhunert

Der Kirchenbau des 20. Jahrhunderts ist nicht zuletzt ein Dokument der Vielfalt koexistierender Bilder und Vorstellungen der Kirche, die sich in den Kirchengebäuden zeigt. Die architektonische Vielfalt erklärt sich aus der Tatsache, dass formale Vorgaben im 20. Jahrhundert eine geringere Rolle spielten als zuvor. Bis dahin war die Grundform mit der Basilika mehr oder weniger festgelegt. Nun entstanden jedoch neue, bis dahin nie gekannte Raumformen. Moderne Baustoffe, insbesondere Stahl und Beton, ermöglichten Konstruktionen, wie sie in Stein und Holz nicht möglich waren. Eine besondere Rolle spielten hier

Ideen der „Liturgischen Bewegung", die der Gemeinde eine aktive Rolle im liturgischen Geschehen zuwies und dementsprechend die Raumsituation veränderte. Der vom Kirchenschiff getrennte Klerikerraum rückte mehr und mehr in den Gemeinderaum hinein.

Ende des Kirchenneubaus

Gegen Ende des vorigen Jahrhunderts kam der Kirchenbau in Deutschland – trotz einiger spektakulärer Neubauten – fast ganz zum Erliegen. Zugleich trat die Problematik „überzähliger Kirchen" und ihre Umwidmung in den Blick. Sie hat eine ihrer Hauptursachen in der außerordentlichen Vermehrung der Kirchen seit dem Zweiten Weltkrieg.

Liturgiereform

Gravierende Veränderungen des katholischen Kirchenraums sind durch das Zweite Vatikanische Konzil (1962–1965) und die von ihm angestoßene Liturgiereform bewirkt worden. Die Folgen für den Kirchenraum waren erheblich, wenngleich vieles durch die Liturgische Bewegung der ersten Jahrhunderthälfte vorbereitet und in den Bauten der 1950er und frühen 1960er Jahre teilweise schon vorweggenommen wurde.

Neuerungen

Die wichtigsten Neuerungen bestehen in folgenden Punkten: Der Raum konzentriert sich auf einen einzigen freistehenden Altar unter Verzicht auf Seiten- oder Nebenaltäre. Altar und Aufbewahrungsort der Eucharistie (Tabernakel) werden voneinander getrennt. Der Tabernakel kann in einer eigenen Kapelle aufgestellt werden. Nach Jahrhunderten wird wieder ein fester Ort der Wortverkündigung (Ambo) im Altarbereich eingeführt. Dadurch verliert die Kanzel im Kirchenschiff ihre Funktion. Ebenfalls ist ein fester Priestersitz für die Gottesdienstleitung vorgesehen. Durch die Änderung des Kommunionritus (Kommunionprozession) werden die Kommunionbänke funktionslos, deren ursprüngliche Aufgabe, den Chorbereich abzuschranken, meist ebenfalls entfällt. Auch der Taufstein erfährt eine Funktionsänderung aufgrund der Bestimmung, das Wasser außerhalb der Osterzeit in jeder Feier zu weihen. Man empfiehlt die Verlagerung des Taufortes, an dem auch tatsächlich zu taufen ist, vom Eingangsbereich ins Angesicht der Gemeinde. Durch die Veränderung der Bußpraxis kommt es zur Einführung von Beichtzimmern und zur Reduzierung der Beichtstühle.

Erfahrung des Anderen

In jüngerer Zeit finden Kirchenbauten in der Öffentlichkeit wieder mehr Beachtung. Dies bietet den christlichen Gemeinden die Chance, durch entsprechende pastorale und kulturelle Konzepte das Proprium Sakralraum an die Gesellschaft zu vermitteln. Es geht um die Erfahrung des Anderen in einer zweckrational bestimmten Welt. Dazu ist eine Besinnung auf das, was christlich unter „sakral" zu verstehen ist, unumgänglich. Das *sacrum* ist das Ausgegrenzte, Gott Geweihte. Dem steht das *profanum* gegenüber, wörtlich das vor dem Heiligen Liegende. Erst durch die Ausgrenzung heiliger Bezirke kann der eigene Lebensraum als geordneter Raum erfahren werden. Das „Profane" steht also nicht im Widerspruch zum Sakralen, sondern ist dessen Möglichkeitsbedingung. Dennoch bleibt die Kategorie des Sakralen im Christentum (wie auch im Judentum) doppeldeutig, da das eigentliche Heiligtum nicht ein Gebäude, sondern die von Gott einberufene Versammlung aus „lebendigen Steinen" ist.

Ort der Begegnung

Theologisch verantwortet kann von einem sakralen Raum daher nur im Sinne eines Begegnungsraumes die Rede sein, wobei Begegnung im biblischen Sinne eine dreifache Dimension hat, analog dem Liebesgebot: Gottes-, Nächsten- und Selbstbegegnung (vgl. Matthäus 22,34–40). Ein Kirchenraum ist demnach umso sakraler, je mehr er eine solche Begegnung zulässt.

Altar als Mittlerort

Als Ort potentieller Sinnerfahrung darf der Kirchenbau nicht anderen Zwecken untergeordnet werden, auch wenn er unterschiedlichen Aufgaben dienen kann. Er ist zweckfreier Freiheits-Raum, „Welt vor der Schwelle" (Rudolf Schwarz), der Sinnfindung durch Begegnung unterstützt, die sich an seinen Orten, Bildern und Symbolen kristallisiert. Joseph Ratzinger: „Der Altar ist gleichsam der Ort des aufgerissenen Himmels; er schließt den Kirchenraum nicht ab, sondern auf – in die ewige Liturgie hinein."

Jörg Seip

Messe

Das Wort „Messe" ist dem spätlateinischen *missa* entlehnt. Nach verbreiteter Vorstellung ist es den Schlussworten der Heiligen Messe entnommen, dem „Ite, missa est" („Gehet hin in Frieden").

Messfeier seit dem 5. Jahrhundert

Zunächst steht „Messe" nur für die Entlassung im Sinne dieser Schlussformel, seit dem 5. Jahrhundert aber schon für die gesamte Messfeier. Verwiesen wird manchmal auch auf das hebräische *missah* (Opferung) bzw. auf das lateinische *mittere*, das häufig mit „Sendung" übersetzt wird, seltener – unter Anspielung auf den Altar – mit „das auf den Tisch Gelegte".

Messe ist wichtigste liturgische Feier

Die Heilige Messe ist die herausragende liturgische Feier der Kirche und, wie das Zweite Vatikanische Konzil sagt, „Quelle und Höhepunkt des ganzen christlichen Lebens" (*Lumen Gentium* 11).

Messopfer

In der Messe bündelt sich die Identität des katholischen Glaubens, und zugleich empfängt sich seine Identität von dorther. Das Geben und Empfangen jener Identität zeigt sich im vielfachen Gabentausch, der sich in der Messe vollzieht. Das alte, heute eher vermiedene Wort „Messopfer" ruft das noch wach: Opfer meint Gabe, Weggabe und Hingabe zugleich. In der Messe tut Gott dies für die Feiernden, wenn Jesu Tod und Auferstehung erinnert, ins Gedächtnis gehoben und vergegenwärtigt wird. Dadurch werden aber gleichermaßen die Feiernden verändert und befähigt, sich selbst Gott und den Nächsten hinzugeben im Sinne des doppelten Liebesgebotes Jesu.

Das letzte Abendmahl als Beginn der Tradition

Geschichtlicher Ausgangspunkt der Messe ist das letzte Abendmahl Jesu (vgl. Markus 14,17; 1 Korinther 11,23). Dieses greift auf das jüdische Pesachmahl zurück und wurde von den ersten Christen als Erinnerungsmahl quasi wiederholt: „Sie hielten an der Lehre der Apostel fest und an der Gemeinschaft, am Brechen des Brotes und an den Gebeten." (Apostelgeschichte 2,42)

Hier sind vier Säulen angesprochen, die innerhalb der Geschichte verschieden gewichtet wurden:

Vier Kennzeichen der Messe

1. die apostolische Lehre (die Verkündigung),
2. die Gemeinschaft untereinander,
3. das Brotbrechen,
4. das Gemeindegebet.

Brotbrechen

In der *Ur- und Frühkirche* bezieht sich das „Brotbrechen" auf das gesamte Gemeinschaftsmahl und umfasst zunächst noch sowohl das Sättigungsmahl als auch die Eucharistie. Im zweiten Jahrhundert wird das Sättigungsmahl von der Eucharistie getrennt (schon angedeutet in 1 Korinther 11,34) und lebt als Agape (Liebesmahl) weiter. Die Bezeichnung „Eucharistie" (Dank sagen, Dankbarkeit, vgl. 1 Korinther 11,24) hat sich im 1. / 2. Jahrhundert eingebürgert und meint ursprünglich das einleitende Tischgebet der Feier.

Dankbarkeit

Liturgieordnung seit dem 5./6. Jahrhundert

Einheitliche Liturgietypen bilden sich in der *Alten Kirche* in den jeweiligen Regionen heraus. Die römische Messfeier des 5. / 6. Jahrhunderts hat schon eine der heutigen Messfeier vergleichbare Ordnung: *statio* bzw. Eröffnung (mit Kyrieruf als Prozessionsgesang und Gloria), Wortgottesdienst (mit Lesung, Psalm, Evangelium, Predigt und Fürbitten), Eucharistiefeier (mit Hochgebet, Sanctus, römischem Kanon, Friedenskuss und Vaterunser) und Abschluss. Nicht wenige Orationen (Tages- oder Gabengebete), die wir noch heute beten, gehen bis in diese Zeit zurück.

Mischliturgie im Mittelalter

Verschiebung von der Gemeindemesse zur Klerusmesse

Mit den Völkerwanderungen vermischt sich am Beginn des *Mittelalters* die römische Liturgie mit der altgallischen zu einer Mischliturgie. Die Folge ist zum einen eine Vereinheitlichung der Messfeier, zum anderen das Einfügen fränkischer Traditionen. Mehr und mehr verschieben sich nun manche Praktiken: Die Begleitgebete der Messe werden leise gesprochen, gebrochen wird nur noch die Priesterhostie, die Gemeindekommunion wird seltener, kleine Hostien werden nun in den Mund und nicht mehr in die Hand gegeben, die Musik wird mehrstimmig. Die Hochform der Messe im Mittelalter ist eine feierliche Klerusliturgie, bei der die Gemeinde ein stummer Zuschauer bleibt. Der Kommunionempfang der Gläubigen findet nicht mehr in der Messe, sondern davor oder danach statt. Schließlich verdrängt die Elevation, also die Schau der vom Priester während der Wandlung emporgehobenen Hostie, die Kommunion (siehe auch 4.7 Eucharistie). Nach und nach vollzieht sich somit ein Wechsel der Grundform der Messe: War sie bis dahin mehr oder weniger eine Gemeindemesse, ist sie nun ein Werk des Priesters.

Messreform zu Beginn der Neuzeit

Solche Missstände und die von Kirche zu Kirche wachsende Verschiedenheit in den Riten werden am Beginn der *Neuzeit* von den Reformatoren beklagt und zwingen Rom zu einer Stellungnahme. Das Trienter Konzil (1545–1563), das sich vor allem mit strittigen Lehrfragen beschäftigt, legt zwar keine eigene Messreform vor, überträgt diese aber dem Papst. 1570 wird von Papst Pius V. das Einheitsmessbuch („Missale Romanum“) herausgegeben, das mit wenigen Ausnahmen für die Gesamtkirche gilt. Die Teilnahme der Gläubigen wird dabei nicht wiederentdeckt, sondern auf private Andacht beschränkt. Ausgerichtet ist die Messe seit der Barockzeit auf das Tabernakel. Davor spricht bzw. liest der Priester die Gebete still. Die heute noch gebräuchliche Redewendung „Messe lesen“ rührt daher.

Teilnahme der Gläubigen auf private Andacht beschränkt

Trotz früherer Reformversuche bewirkt erst die „Liturgische Bewegung“ zu Beginn des *20. Jahrhunderts* eine Änderung, die wieder auf eine aktive Mitfeier der Messe ausgerichtet ist. Die vom Zweiten Vatikanischen Konzil aufgetragene (vgl. *Sacrosanctum Concilium* 47–58) und in den Folgejahren umgesetzte Reform der Messe hat unter anderem bewirkt, dass die biblischen Schriften erstmals wieder in einer angemesseneren Breite rezipiert werden, dass die Predigt (Homilie) für alle Sonn- und Feiertage vorgeschrieben wird, dass das allgemeine oder fürbittende Gebet wiederentdeckt wird. Auch bekommt die Muttersprache mehr Raum.

Reform der Messe nach dem Zweiten Vatikanischen Konzil

Ein bedeutendes Kriterium ist der Blick auf die Teilnahme der Gläubigen, ausgedrückt im wiederentdeckten Lektorendienst und im neuentdeckten Kommunionhelferdienst, vor allem aber in der Gestalt der Messfeier selbst, die sich im 1970 von Papst Paul VI. herausgegebenen „Römischen Messbuch“ niederschlägt.

Teilnahme der Gläubigen als Lektoren und Helfer

Heute wirken Gläubige schon zuvor an der Gestaltung jener Messformen mit, die besondere Gruppen oder Milieus zusammenbringen (z. B. Familien-, Frauen-, Jugend-, Senioren- oder Krankenmessen). Daneben gibt es Messformen, die sich entweder am Kirchenjahr (z. B. Roratemessen im Advent, Bittmessen vor Christi Himmelfahrt) oder am jeweiligen Anlass orientieren (z. B. Votivmessen, wie die Herz-Jesu-Messe, oder Kasualien, wie die Traumesse). Im allgemeinen Sprachgebrauch sind zudem noch Bezeichnungen der Messfeier verbreitet, die den Grad der Feierlichkeit oder der Gestaltung charakterisieren (z. B. stille Messe, Betsingmesse, Hochamt, Festhochamt).

Formen der Messe

Aufbau der Messe

Den unterschiedlichen Messformen ist folgender Aufbau gemeinsam (s. gegenüber): Während der *Eröffnung* geht es

Katholische Messe

Eröffnungsriten

Einzugsprozession
Begrüßung des Altars und der Gemeinde
Bußakt
Kyrie
Gloria
Tagesgebet

Wortgottesdienst

Erste Lesung
Antwortpsalm
Zweite Lesung
Ruf vor dem Evangelium mit Evangelienprozession
Evangelium
Predigt
Glaubensbekenntnis
Fürbitten (Allgemeines Gebet)

Eucharistiefeier

Gabenbereitung
Gabenprozession und Gabengebet
Eucharistisches Hochgebet
Eröffnungsdialog
Hinführendes Lobgebet und Sanctus
Herabrufung des Hl. Geistes auf die Gaben
Einsetzungsbericht und Wandlung
Gedächtnis von Tod und Auferstehung Jesu
Herabrufung des Hl. Geistes auf die Gemeinde
Bitte um Stärkung der Gemeinschaft der Kirche
Schlussdoxologie
Kommunion
Vaterunser
Friedensgebet
Brechung des Brotes (Agnus Dei)
Kommunionempfang
Schlussgebet

Entlassung

(Verlautbarungen)
Segen und Entlassung

darum, sich vor Gott und vor einander einzufinden. Im Bußakt wird die jeweilige Verfasstheit aufgegriffen und in ein Gotteslob (Gloria) übergeführt. Es folgt der *Wortgottesdienst*, ein Wechsel zwischen dem Hören der biblischen Lesungen, die vom Ambo (Lesepult) aus gelesen werden, und dem Antwortgeben der Versammelten. Zur *Eucharistie* werden Brot und Wein zum Altar gebracht. Das Eucharistische Hochgebet wird gesprochen (Wandlung) und über die Kommunion wandelt sich das Leben der Empfangenden. Am Ende der Messe steht die *Entlassung*, also der Segen und die Aussendung.

Muttersprache und Latein

Obwohl nach dem Zweiten Vatikanischen Konzil die Muttersprache in der Heiligen Messe faktisch die Regel ist, wird derzeit das lateinische Choralamt wiederentdeckt – möglicherweise deswegen, weil hier etwas Fremdes aufscheint, das sich dem Zugriff entzieht. Im Juli 2007 hat Papst Benedikt XVI. zudem den früheren „Tridentinischen Messritus" als „außerordentliche Ausdrucksform" derselben Regel des Betens („Lex orandi") wieder zugelassen und an Auflagen geknüpft. Der alte Messritus tritt insofern neben den neuen im Gefolge des Zweiten Vatikanisches Konzil, da beide „zwei Anwendungsformen des einen Römischen Ritus" sind.

Wiederzulassung des „Tridentinischen Messritus"

Teilnehmer der Messe sind alle Gläubigen

Bei all den unterschiedlichen Messformen gilt es, trotz und angesichts der widerstrebenden gesellschaftlichen Milieus der Gegenwart, folgenden normativen Anspruch im Blick zu halten: In der Messe versammeln sich nicht allein diese oder jene Fans, Milieus oder Gruppen, sondern gerufen ist das ganze Gottesvolk.

Gregor Maria Hanke

Liturgie

Das Tun der Kirche, das wir „Liturgie" nennen, hat einen sehr hohen Stellenwert, sei es als erstrebenswertes Ziel oder einladende Kraftquelle. So würdigte die Konstitution über die heilige Liturgie (*Sacrosanctum Concilium*) des Zweiten Vatikanischen Konzils die Liturgie als „Höhepunkt, dem das Tun der Kirche zustrebt und zugleich die Quelle, aus der all ihre Kraft strömt" (*Sacrosanctum Concilium* 10). Doch was ist Liturgie?

Liturgie ist Kraftquelle der Kirche

Das Wort Liturgie kommt aus dem Griechischen und kann sowohl mit „Werk des Volkes" als auch mit „Werk für das Volk" übersetzt werden oder allgemein als „öffentliche Angelegenheit". Das Volk kann also einerseits als Handelnder, andererseits als Empfänger tätig werden. Diese Doppelrichtung des Liturgiebegriffs ermöglichte, sich ihn im Laufe der Geschichte zur Bezeichnung christlicher Gottesdienste anzueignen und mit neuem Inhalt anzufüllen.

Definition von Liturgie

Von einer nicht-christlichen Liturgie unterscheidet sich die Liturgie der Kirche wesentlich: Liturgie ist ein personaler Dialog und Lebensaustausch zwischen Gott und Mensch. Dies ist ein „unfassbares Geschenk" (2 Korinther 9,15), von dem das Eingangswort in der Weihnachtsliturgie kündet: „Denn einen wunderbaren Tausch hast du vollzogen, dein göttliches Wort wurde ein sterblicher Mensch, und wir sterbliche Menschen empfangen in Christus dein göttliches Leben. Darum preisen wir dich mit allen Chören der Engel und singen vereint mit ihnen das Lob deiner Herrlichkeit: Heilig ..." Erst der göttliche Herabstieg ermöglicht menschlichen Aufstieg. Gott wählte den menschlichsten aller Wege, um sich kundzugeben: durch Begegnung des Menschen mit der Person Jesu Christi. So zeigt z. B. die Begegnung des zweifelnden Apostels Thomas mit dem Auferstandenen (Johannes 20,24–29) und die Verwandlung der Zweifel dieses Jüngers in tiefe Liebe, was diese personale Begegnung meint. Es geht nicht darum, die irdische Person Jesu betasten und berühren zu können, sondern die Kraft seines Todes und seiner Auferstehung (Pascha-Mysterium) zu verkosten, derer wir in den Sakramenten und in seinem Wort teilhaftig werden.

Liturgie ist Dialog mit Gott

Erst Gottes Menschwerdung bewirkt den Aufstieg des Menschen

Kirche. Liturgie ist Tätigkeit Gottes für den Menschen – und umgekehrt

Liturgie ist also als erstes im ursprünglichen Wortzusammenhang „Werk für das Volk", Dienst Gottes am Leben der Menschen und der Kirche. Gott wird in Christus heilbringend tätig in Wort und Sakrament. Christus selbst ist der Ersthandelnde allen liturgischen Tuns. Als Antwort darauf ist Gottesdienst „Werk des Volkes", des Gottesvolkes, in Lob, Danksagung, Anbetung und Bitte. Dieser Dienst an Gott ist aber nicht selbstmächtiges Handeln der Kirche, sondern ein von Christus gestiftetes und der Kirche übertragenes Tun.

Sakramente sind Bestandteil der Liturgie

Bei der Frage, was denn nun zu dieser Liturgie der Kirche gehört, sind an erster Stelle die sieben Sakramente zu nennen: Taufe, Firmung, Eucharistie, Buße, Krankensalbung, Weihe und Ehe (siehe auch 3.9 Sakramente). Die Initiations-(Eingliederungs-) Sakramente, Taufe, Firmung und Erstkommunion, begründen in dem zum Glauben gekommenen Menschen den Lebensaustausch zwischen Gott und Mensch und machen ihn eucharistiefähig. Buße und Krankensalbung sind Sakramente der Heilung, die den Menschen in besonderen Leidenssituationen helfend zur Seite stehen, um ihn wieder der eucharistischen Gemeinschaft zuzuführen. Für den, der das Sakrament der Weihe (Bischof, Priester und Diakon) empfängt, gilt: „Letztlich handelt Christus selbst durch den geweihten Diener und wirkt durch ihn das Heil." (Katechismus der Katholischen Kirche, Abs. 1584) Die durch das Sakrament geeinten Eheleute „bezeichnen das Geheimnis der Einheit und der fruchtbaren Liebe zwischen Christus und der Kirche und bekommen daran Anteil" (Lumen Gentium 11). Wie schon mit dem Stichwort „eucharistiefähig" angedeutet, sind die anderen Sakramente auf die Eucharistie hingeordnet. In der Eucharistie erreicht die Liturgie ihre höchste Dichte als Dialog und Lebensaustausch zwischen Gott und Mensch. Sie steht immer im Mittelpunkt des kirchlichen Lebens, ja „die Kirche lebt von der Eucharistie" (Johannes Paul II.).

Höhepunkt der Liturgie ist die Eucharistie

Definition von Sakramentalien

Zu den Sakramenten in enger Verbindung stehen die *Sakramentalien*. Sie sind heilige Zeichen, die von der Kirche eingesetzt sind und kraft der betenden Kirche wirksam sind. Dazu gehören z. B. Segnungen von Personen, Gegenständen und Orten. Bestimmte Segnungen dienen dazu, Personen dauerhaft Gott zu weihen, etwa bei der Ordensprofess. Bei den Gegenständen gibt es beispielsweise die Weihe oder Segnung einer Kirche oder der liturgischen Geräte, wie Kelch und Hostienschale.

Ebenso gehören die Tagzeitenliturgie, auch Stundenliturgie genannt, und andere Wortgottesdienste zur Liturgie der Kirche.

Die Tagzeitenliturgie durchwebt den ganzen Tag und heiligt den Ablauf von Tag und Nacht. Auch hier ist der Dialog zwischen Gott und Mensch die wesentliche Struktur der Liturgie. Gleiches gilt für die anderen Wortgottesdienste.

liturgische Einteilung des Tages

Zu diesen liturgischen Formen, die in der Weltkirche unter der Autorität des Papstes verankert sind, kommen noch weitere auf der Ebene der regionalen Kirchenprovinzen und der Bistümer hinzu, z. B. Wallfahrten, Prozessionen und besondere Andachten.

Bei all dem ist der Herr immer bei seiner Kirche. Der Liturge Christus wirkt fortwährend, „bis er kommt in Herrlichkeit", in der Liturgie der Kirche. Und nicht zu vergessen ist, dass die Sendung des Heiligen Geistes in jeder liturgischen Handlung darauf hinzielt, die Gläubigen mit Christus zu vereinen, damit sie seinen Leib bilden. Der Katechismus der Katholischen Kirche veranschaulicht dies in dem Bildwort: „Der Heilige Geist ist wie Saft vom Weinstock des Vaters, der in den Rebzweigen Frucht hervorbringt" (Katechismus der Katholischen Kirche 1108). Und in diesem liturgischen Lebenszusammenhang ist dieser Weinstock Christus, der im Johannesevangelium von sich sagt: „Ich bin der Weinstock und ihr seid die Reben. Wer in mir bleibt und ich in ihm, der bringt reiche Frucht, denn getrennt von mir könnt ihr nichts vollbringen." (Johannes 15,5) So kommt das „Werk Gottes" vom dreieinigen Gott her (vgl. Katechismus der Katholischen Kirche 1077–1109): Der Vater ist Ursprung und Ziel der Liturgie der Kirche. Der verherrlichte Christus ist seit der Zeit der Apostel in der irdischen Liturgie zugegen, die an der himmlischen Liturgie teilnimmt. Der Heilige Geist bereitet die Gemeinde auf die Begegnung mit Christus vor. Er ruft dem Glauben der Versammlung Christus in Erinnerung, bezeugt ihn und vergegenwärtigt durch seine verwandelnde Macht das Heilswerk Christi (Pascha-Mysterium). So wird auch deutlich, dass die liturgischen Handlungen keine privaten Handlungen sind, die beliebig veränderbar wären, sondern Feiern der Kirche, unter dem Papst und den Bischöfen geeint und geordnet.

Ziel des Heiligen Geistes: Vereinigung des Gläubigen mit Gott in der Liturgie

Gott ist Ursprung und Ziel der Liturgie

Liturgie ist immer öffentlich

Richard Mailänder

Musik

In einem Glaubenskompendium etwas über Musik zu schreiben setzt voraus, dass Musik mit Glaube zu tun haben kann. Voraussetzung dafür ist aber, dass wir uns Gedanken darüber machen, was Musik überhaupt ist.

Definition der Musik

Ein Nachschlagewerk nennt Musik „die organisierte Form von Schallereignissen". Sie begegnet uns im Alltag auf der Strasse genauso wie am Feiertag in der Kirche. Sie begegnet uns bewusst in Gottesdienst und Konzert wie unbewusst im Kaufhaus und in der Gaststätte. Sie kann stören und sie kann Freude bereiten. Und doch, wenn wir beschreiben sollten, was Musik ist, dann fällt uns das nicht leicht. Jede Beschreibung, die über das rein physikalische Phänomen von Klang hinausgeht, ruft Reaktionen hervor: Wenn auch viele Menschen mit Musik das Wort Schönheit verbinden, so können andere gegenhalten, dass Musik nichts mit Schönheit zu tun haben brauche, Schönheit sogar ein nicht fassbares Kriterium sei. Insbesondere im 20. Jahrhundert gab es eine starke Tendenz, Musik als rein geistiges Phänomen zu sehen, in dem allein der Geist ordnet (z. B. in der seriellen Musik).

Musik ruft verschiedenste Reaktionen hervor

Hermann Schroeder, Lehrer an der Kölner Musikhochschule und Komponist geistlicher Musik, hat auf dieses Problem hingewiesen und eine schwer angreifbare Definition von Musik gegeben: *Musik ist eine Ordnung in der Zeit, sie organisiert Zeit.*

Musik ist Ordnung in der Zeit

Im Erleben von Musik stößt diese Definition auf ein Paradox: Hören wir Musik, die uns tief bewegt, dann hebt sie für uns für einen Moment Zeit und Raum auf. Anders ausgedrückt: Mit den Mitteln von Zeit versuchen wir, Zeit aufzuheben und etwas außer Raum und Zeit wahrzunehmen.

Musik löst Raum und Zeit auf

Was hat das nun mit Religion zu tun?

Betrachten wir dazu die Geschichte vom brennenden Dornbusch. In ihr sagt Gott von sich selbst: *Ich bin, der ich bin* (andere Übertragungen u. a. : *Ich bin der Seiende* oder *Ich bin, der ich bin da*). Es kann hier nicht der Ort sein, diese zentrale Schriftstelle (Exodus 3,14) in ihrer Tiefe zu ergründen. Es sei in unserem Zusammenhang nur auf ein Faktum hingewiesen: Es ist Gott, der ist – immer; oder anders gesprochen: von Ewigkeit zu Ewigkeit. Er ist der, der außerhalb von Raum und Zeit ist und doch in seinem Sohn Jesus Christus in unsere Zeit getreten ist. Auch dies scheinbar ein Paradox. Von daher verwundert es nicht, dass Musik und christlicher Glaube eine enge Beziehung haben.

Auch Gott ist außerhalb von Raum und Zeit

An nur einem weiteren Beispiel will ich das verdeutlichen: Uns ist die Gabe der Sprache gegeben, unser Glaube ist durch die Schrift geoffenbart. Und wenn wir beten, bedienen wir uns zunächst der Worte. Aber jeder Beter weiß: Es gibt Zeiten innerer Dürre und Leere. Ich kann viele Worte, die ich als Gebet gelernt habe, sprechen – und doch erlebe ich keine Gottesnähe. Und es kann sein, dass ich nur ein kurzes Stoßgebet spreche – und ich spüre Gott in meiner Nähe. Ich kann das Gebet mit Gott nicht machen, es geschieht nicht durch Wollen, es geschieht vor allem durch Zulassen. Das Gespräch mit Gott ist für uns nicht verfügbar, es ist nicht machbar. Nicht wenige Mystiker und geistliche Begleiter sehen aber auch das gesprochene Wort nur auf dem Weg zu einem immerwährenden Gebet ohne Worte, einem Gebet, das die Worte nicht mehr benötigt, einem Gebet außerhalb von Raum und Zeit.

Sprache ermöglicht das Gebet

Gottesnähe im Gebet durch Zulassen

Gebet ohne Worte

Das gleiche Phänomen gibt es in der Musik: Ich kann unendlich viele Töne lernen und spielen – und doch sage ich nichts. Und dann gibt es manchmal Momente, in denen ich bei nur einigen wenigen Tönen eine Unendlichkeit und Nähe Gottes (als Glaubender kann ich es nicht anders als so ausdrücken) erfahre, die mich aus dem Jetzt heraushebt. Aber auch der beste Musiker kann solche Momente nicht bestellen, er kann sie nicht machen, er kann sie nur zulassen. Und auch in der Musik ist die Pause wichtig. Nach dem Komponisten Arvo Pärt führt die ideale Musik in das *heilige Schweigen*.

Gebet und Musik gehen ins Unendliche

Anders als zum Beispiel die anderen Künste finden Wort und Musik in einer zeitlichen Abfolge statt, die sich bei beiden Künsten im Gesang zusammenfindet. Gerade daher ist dem Gesang in der Kirche ein besonderer Platz zuteil.

Wort und Musik sind zeitlich strukturiert

Die Kirche hat sich in den ersten Jahrhunderten deutlich von heidnischen Kulten (und damit auch Klängen) abgesetzt, andererseits war sie immer wieder bemüht, auf die Entwicklungen der Musik einzugehen, mal die Entfaltung der Musik eher bremsend, mal deutlich fördernd.

Dabei ging es von Beginn an um die Frage der Wirkung von Musik. In nicht wenigen heidnischen Kulten wird die Musik der Ekstase, dem Rausch zugeordnet. Demgegenüber steht bereits bei den Kirchenvätern die Forderung der *Nüchternen Trunken-*

Wirkung von Musik

heit (*Sobria ebrietas*), von der insbesondere Ambrosius von Mailand schreibt.

Papst Benedikt XVI. beschreibt die Verbindung von Liturgie und Musik

Es ist unser heutiger Papst Benedikt XVI., der sich als Professor und später als Kardinal der Musik in der Kirche wie kaum jemand vor ihm immer wieder angenommen hat. In mehreren Aufsätzen hat er auf die enge Verbindung von Liturgie und Musik hingewiesen. In der Liturgie treten wir ein in die Gegenwart Gottes, werden hineingenommen in die Gemeinschaft mit Gott, der die Mitte ist, in ein Geschehen, das größer ist als unser Verstand, in eine Gegenwart außerhalb von Raum und Zeit. Der Ausdruck der Musik selbst „erscheint als eine Präsenz der Herrlichkeit, die Gott ist: dieser Herrlichkeit respondierend nimmt sie selbst an ihr teil." Und er weist auf einen anderen Aspekt für unsere gottesdienstlichen Feiern hin: „Musik erweist sich als Kraft, die den Zusammenhalt der Gruppen bewirkt."

Liturgiekonstitution zur Musik

Wir wollen nun einen Blick auf das derzeit wichtigste Dokument der Kirche zur Musik in der Liturgie werfen: die Liturgiekonstitution des Zweiten Vatikanischen Konzils *Sacrosanctum Concilium* aus dem Jahre 1963. Wie selten zuvor hat sie die Bedeutung der Musik in der Liturgie der katholischen Kirche hervorgehoben, und das in einem eigenen Kapitel.

Gesang ist notwendiger Bestandteil der Liturgie

Dort heißt es in Artikel 112: „Die überlieferte Musik der Gesamtkirche stellt einen Reichtum von unschätzbarem Wert dar, ausgezeichnet unter allen übrigen künstlerischen Ausdrucksformen vor allem deshalb, weil sie als der mit dem Wort verbundene gottesdienstliche Gesang einen notwendigen und integrierenden Bestandteil der feierlichen Liturgie ausmacht. [...] So wird denn die Kirchenmusik um so heiliger sein, je enger sie mit der liturgischen Handlung verbunden ist, sei es, dass sie das Gebet inniger zum Ausdruck bringt oder die Einmütigkeit fördert, sei es, dass sie die heiligen Riten mit größerer Feierlichkeit umgibt. Dabei billigt die Kirche alle Formen wahrer Kunst, welche die erforderlichen Eigenschaften besitzen, und lässt sie zur Liturgie zu."

Eignung der Musik für die Messe

Wir sehen, dass die beiden Elemente Wort und Musik in ihrer Verbindung im Gesang von herausragender Bedeutung sind. Und *Sacrosanctum Concilium* verdeutlicht auch, dass nicht jede Musik für den Gottesdienst geeignet ist, dass aber die Eignung umso mehr gegeben ist, je näher sie mit der liturgischen Handlung übereinstimmt.

Es folgen konkrete Einzelbestimmungen, die hier kurz paraphrasiert werden sollen:

- Es wird großer Wert auf die kirchenmusikalische Ausbildung in den Priesterseminaren gelegt.
- Der gregorianische Choral wird sogar als „der der römischen Liturgie eigene Gesang" bezeichnet, den es zu fördern gilt. Der Grund liegt ohne Zweifel in seiner engen Bezogenheit von Wort und Melodie – „in nüchterner Trunkenheit".
- Der Volksgesang ist eifrig zu pflegen.
- Die Musiküberlieferung fremder Länder, besonders in den Missionen, ist zu berücksichtigen.
- Die Pfeifenorgel soll besondere Wertschätzung erfahren.
- Die Kirchenmusiker werden angehalten, in christlichem Geist den Schatz der Kirchenmusik zu mehren.

Einzelbestimmungen

In der Summe ergibt sich damit ein breites Spektrum von Möglichkeiten der Musik in der Liturgie, dem wir heute in vielfältiger Weise in der Kirche begegnen, sei es bei Übertragungen von Gottesdiensten einer kleinen Landgemeinde oder aus dem Petersdom in Rom, sei es in Klöstern oder in neuen geistlichen Gemeinschaften mit ihren häufig je eigenen Farben, oder sei es in Gottesdiensten verschiedener Länder und Völker der Weltkirche. Gerade in der Musik beweist die Kirche ihre Lebendigkeit in der Pflege ihrer ganz frühen und Identität gebenden Musik im gregorianischen Choral über die Entwicklung der Mehrstimmigkeit in über zehn Jahrhunderten bis in die zahlreichen Verästelungen unserer Tage.

breites Spektrum von Musik in der Liturgie möglich

Philipp Müller

Wallfahrt

Wallfahrten in allen großen Religionen

Eine Wallfahrt ist eine religiös motivierte Reise zu einer Pilgerstätte. Sie wird in sehr vielen Religionen praktiziert: Eine der „fünf Säulen" des Islam lautet, einmal im Leben nach Mekka als dem Ursprungsort der Offenbarung an Mohammed zu pilgern. Ebenso finden sich im Hinduismus und Buddhismus Hinweise auf Wallfahrten zu heiligen Orten. Auch in der zweitausendjährigen Geschichte des Christentums hat das Wallfahren seinen festen Platz. Bereits in der Antike ist Jerusalem im „Heiligen Land" das Ziel von Pilgern gewesen; der Pilgerbericht der Egeria vom Ende des 4. Jahrhundert gibt hierüber beredt Auskunft. Ähnliches gilt für die Apostelgräber des Petrus und Paulus in Rom. Im Mittelalter hat sich Santiago de Compostela in Spanien als drittes großes Wallfahrtsziel etablieren können; das dort verehrte Grab des Apostels Jakobus des Älteren hat in den vergangenen Jahren einen regelrechten Wallfahrtsboom erlebt. Andere, häufig marianische Wallfahrtsorte wie Lourdes (Frankreich), Fatima (Portugal), Tschenstochau (Polen) oder Guadaloupe (Mexiko) verzeichnen über Generationen hinweg einen kontinuierlichen Pilgerstrom auf sehr hohem Niveau. Der größte Wallfahrtsort Deutschlands ist Altötting mit jährlich etwa einer Million Pilger. Neben den großen Wallfahrtsorten gibt es in Deutschland und in vielen anderen Ländern zahlreiche regionale Pilgerziele, zu denen Menschen seit Jahrhunderten mit ihren Sorgen und Anliegen aufbrechen; mit ihren typischen Bräuchen und ihrem je eigenen Gepräge sind sie ein Ausdruck der Vielgestaltigkeit katholischer Volksfrömmigkeit.

Wallfahrtsorte

biblische Wurzeln

Christliche Wallfahrt hat ihre Wurzeln in der Wallfahrtstradition des altbundlichen Gottesvolkes. Deren liturgischer Ausdruck sind die Psalmen 120–134, die bereits in biblischer Zeit zu einem „Wallfahrtsbüchlein" (Erich Zenger) zusammengefasst worden waren. Dreimal pro Jahr sollten die Israeliten zum Jerusalemer Tempel pilgern (Exodus 23,14–17; Deuteronomium 16,16): zum Passah-, Wochen- und Laubhüttenfest. Diese drei Wallfahrtsfeste sind agrarischen Ursprungs, wurden aber teilweise schon recht früh mit der Erinnerung an Gottes befreiende Heilstaten wie der Befreiung aus Ägypten, der Gottesoffenbarung am Sinai oder der Zeit der Wüstenwanderung verknüpft. Bemerkenswerterweise erinnert sich Israel in allen drei Heilsereignissen daran, in seiner Frühzeit als wanderndes Gottesvolk unterwegs gewesen zu sein. In den Abrahamserzählungen erscheint Gott selbst sogar als ein Pilger oder Reisender (Genesis 18), der in das Leben des Abraham einbricht und ihn durch seine großen Verheißungen zum Aufbruch motiviert (Genesis 12,1–4a).

Zum Verständnis von Wallfahrt

Jesus von Nazaret ist in seinem Leben häufiger nach Jerusalem gepilgert (vgl. Lukas 2,41; Johannes 2,23 u. ö.). Gleichwohl erfährt durch ihn ein christliches Verständnis von Wallfahrt eine Relativierung: Nicht ein konkreter Ort und ein äußeres Wallfahrtsziel stehen im Mittelpunkt, sondern die Beziehung zu seiner Person. Bezeichnend ist das Gespräch Jesu mit der Samariterin am Jakobsbrunnen (Johannes 4,6–26), in dem er mit ihr über die Frage nach dem richtigen Ort der Gottesverehrung und Wallfahrt diskutiert. Jesus hält diese Frage für irrelevant und verweist darauf, dass „die wahren Beter den Vater anbeten werden im Geist und in der Wahrheit" (Vers 23). Damit nennt er die entscheidende Ausrichtung einer christlichen Wallfahrtsspiritualität, die an seine Person rückgebunden und allen Menschen zugänglich ist. Sinnenfälliger Ausdruck ist, dass bei seinem Tod am Kreuz der Vorhang des Jerusalemer Tempels, der das Allerheiligste vom profanen Bereich trennt, von oben bis unten entzwei reißt (Matthäus 27,51). Dies kann als ein Symbol verstanden werden, dass in der Lebenshingabe Jesu die räumliche Trennung von profan und heilig in gewisser Weise aufgebrochen ist und jedem Menschen der Weg zum Allerheiligsten offensteht.

Heilige Orte

Folgerichtig hat sich das Christentum zunächst nicht über konkrete Orte definiert. Heilige Orte sind dort, wo Jesus mit seinem Geist gegenwärtig ist: beim Brotbrechen in der Eucharistie (Lukas 24,30 f), in der Bruderliebe (Matthäus 25,31–46) oder einfach dort, wo zwei oder drei in seinem Namen versammelt sind (Matthäus 18,20). Doch bereits in den ersten nachösterlichen Generationen wurde das Märtyrergrab zu einer heiligen Stätte, an der sich Christen versammelt haben. Die Lebenshingabe des Märtyrers war von solcher Überzeugungskraft, dass sie einen heiligen Raum konstituiert hat, an dem die Christen ihr Leben immer wieder neu auf das Evangelium ausgerichtet haben.

Christliches Wallfahren zielt darauf, in den Pilgern den Geist Jesu Christi zu erneuern. Der Weg, den Pilger tage- oder wochenlang unter Strapazen zurücklegen, kann ein Sinnbild für den persönlichen Lebensweg mit seinen Erfolgen, Grenzerfahrungen und Brüchen sein. Doch während der Vagabund planlos und unfreiwillig umherzieht und sich der Tourist wesentlich am Erlebnis- oder Erholungsgehalt des jeweiligen Aufenthaltsortes orientiert, bewegt sich der Pilger bewusst auf einen Wallfahrtsort zu, der ihm signalisiert, dass Gott selbst das Ziel seines Lebens ist. Das Wallfahren entfaltet eine sinnstiftende und orientierende Kraft, wenn ein Pilger die früheren Etappen seines Lebensweges sowie seine jetzigen Lebensbereiche wie Beruf, Familie und Freizeit mit ihren teilweise widerstrebenden Plausibilitäten gläubig zu integrieren vermag. Die Atmosphäre und das Glaubensmilieu, die auf vielen Pilgerwegen sowie an Wallfahrtsorten zu spüren sind, tun das ihre, sich der Zusage von Gottes heilsamer Liebe zu öffnen und das eigene Leben wieder neu unter das Licht des Evangeliums zu stellen. Die Heiligen, die den Pilgern an den Wallfahrtsorten oder auf dem Weg dorthin begegnen, sind nicht Gottes oder Christi menschliche Konkurrenten, sondern Wegweiser und Weggefährten auf der Pilgerreise ihres Lebens.

Erneuerung von Christi Geist in den Pilgern

Gottesvolk unterwegs

In der Wallfahrt wird konkret erlebbar, was nach dem Zweiten Vatikanischen Konzil die ganze Kirche auszeichnet: pilgerndes Gottesvolk zu sein. Wenn sich die ersten Christen als eine Gemeinschaft „in der Fremde" (1 Petrus 1,17) erlebt haben, deren „Heimat im Himmel" (Philipper 3,20) ist, dann lassen das Pilgern und Wallfahren das Christsein auf eine sehr ursprüngliche Weise erfahren. Gegen ein Sich-Einrichten in etablierten Strukturen stehen sie für einen Aufbruch, der in die Dynamik der Nachfolge Jesu und damit in die je größere Liebe führt.

Reinhold Boschki

Predigt

Definition

Die Predigt (Homilie) als verkündigende Auslegung des Wortes Gottes ist unverzichtbarer Bestandteil der Eucharistie, insbesondere an Sonntagen und Feiertagen. Damit ist ihr hauptsächlicher Ort die liturgische Feier und mit ihr die versammelte Gemeinde. Ziel der Predigt ist es, die „Hörer durch das Wirken des Heiligen Geistes zum freien Ergreifen des Evangeliums von der ankommenden Herrschaft Gottes einzuladen" (Gottfried Bitter). Der einladende Charakter bleibt jedoch nicht im Unverbindlichen, denn die Predigt deutet das Wort Gottes im Spannungsbogen von „Zuspruch" und „Anspruch" der biblischen Botschaft. Der Zuspruch leuchtet in der verkündigten Nähe, der tröstenden, helfenden und rettenden Gegenwart Gottes auf. Der Anspruch rührt an die fordernd-herausfordernde Seite der Botschaft Gottes, die dem Menschen Weisung und Richtschnur zur Umkehr sein will. In den Worten der Predigt spricht deshalb – eher leise und versteckt in den Grenzen menschlichen Sprechen Könnens – Gott selbst als derjenige, der alle Menschen tröstend und orientierend anredet wie Freunde (vgl. *Dei Verbum* 2; Exodus 33,11; Johannes 15,14 f).

Wurzeln der Predigt

Bereits im *Alten Testament* ist die Gattung „Predigt" durch die Volks- und Gottesdienstversammlungen mit ihren Ansprachen zu finden, wobei Rechtsbelehrungen und ethische Unterweisungen wohl am Anfang stehen. Später werden die Propheten durch ihre Auslegungen der Thora, ihre Umkehrworte, Gerichts- und Heilsankündigungen als Prediger verstanden. Die eigentliche Wiege der Predigt ist die Versammlung der Gemeinde, in der ein Schriftkundiger die Tora auslegt. Die rabbinische Synagogenpredigt als auf die Gegenwart der Hörenden bezogene Schriftauslegung wird zur älteren Schwester der christlichen Predigt, die in der *Nachfolge Jesu* entsteht. Die jesuanische „Urszene" der Predigt findet sich in den Evangelien: Jesus entrollt die Tora, liest sie vor und legt sie in freier Rede aus (vgl. Lukas 4,16–30 und Parallelen). In seiner Auslegung verbindet er die Verheißungen der Überlieferung mit der Gegenwart seines Handelns, mit der das Reich Gottes anbricht: *Heute* erfüllt sich, was ihr hört. *Heute* kommt Gott zu euch. *Heute* lädt er alle in das neue Leben ein (vgl. Lukas 2,11; 4,21; 19,5.9; 23,43). Diese kühne Hoffnung vom Gottesreich, das hier und heute in der Begegnung mit Jesus Christus anfangen und wachsen will, übernehmen die frühen Christen als Kern ihrer eigenen Predigtpraxis, allen voran Petrus und Paulus in ihren Missionspredigten.

Aufgaben der Predigt

Die Begegnung mit Christus bleibt im Zentrum der christlichen Predigt, auch als mit den Kirchenvätern und besonders bei *Augustinus* das Nachdenken über die Predigt beginnt, was später als „Homiletik" (Predigtkunde) bezeichnet wird. Bis heute sind Augustins Aufgaben der Predigt im Anschluss an die antike Rhetorik wegweisend: *docere* (belehren, informieren, erklären), *delectare* (erfreuen), *movere* (bewegen, erschüttern, überzeugen). Doch alle drei Aufgaben sind keineswegs in einem oberflächlichen Sinn zu verstehen. *Belehren* will auf Christus, den eigentlichen Lehrer, verweisen; *erfreuen* kann letztlich nur die wahre Freude, die Frohe Botschaft, das Evangelium; *Bewegen* will den Hörenden zur Umkehr im Sinne des Evangeliums aufrütteln.

Predigt ist Verkündigung Gottes

Deshalb bleibt auch für einen Meister der anitken Redekunst wie Augustinus die Predigt mehr als ein rhetorisches Kunstwerk: Sie will das Beziehungsangebot Gottes, von dem Bibel und kirchliche Überlieferung Zeugnis ablegen, dem Menschen als konkrete Möglichkeit für sein eigenes Leben eröffnen. Gott hat sein Beziehungsangebot zuerst gesprochen, die Predigt gibt es in menschlichen Worten weiter. Durch die menschliche Sprache will Gott zur Sprache kommen. Die Predigt ist Anrede Gottes. In dem Maße, wie diese Anrede in der Predigt hörbar wird, ist sie „lebendige Predigt" (Ottmar Fuchs).

Predigt ist Zeugnis der Offenbarung Gottes

Das *Zweite Vatikanische Konzil* spricht deshalb wieder von *Homilie*. Das griechische Wort bedeutet so viel wie familiär oder freundschaftlich miteinander reden. Der tiefe Grund dieses weniger belehrenden als vielmehr geschwisterlicher Umgangs liegt im erneuerten Offenbarungsverständnis des Konzils: Offenbarung Gottes ist nicht Verlautbarung von „etwas", einer Lehre oder bestimmter Sätze, sondern: In der Offenbarung offenbart Gott sich selbst, sein eigenes Wesen. Offenbarung ist Selbstmitteilung Gottes. In Jesus Christus zeigt sich Gott, wie er selber ist: Gott ist Liebe, Gott ist solidarisch mit allen Leidenden, Gott will das Heil aller Menschen, Gott ist gegenwärtig. Die Homilie legt von dieser Offenbarung Zeugnis ab und wird zum Begegnungsgeschehen, das die Hörenden für die Gottes- und Christusbeziehung öffnen will.

Aufnahme menschlicher Erfahrungen

Deshalb wird die Predigt auch die Erfahrungen und das Leben der Menschen aufnehmen, auch und gerade in einer pluralen Welt. Verkündigung sucht die Herzen der Menschen auf und geht nicht an ihren Alltagserfahrungen vorbei. Denn nur wo sie die Predigt auf ihr eigenes Leben beziehen und die Botschaft vor dem Hintergrund der eigenen Fragen – Wo bin ich in der Rede von Gott angesprochen? – hören können, kann sich Predigt als Begegnungsangebot Gottes ereignen.

Predigt bildet Beziehungen ab

Jede Predigt geschieht also in einem Beziehungsviereck: Wort Gottes – Liturgie – Prediger – Hörende. Alle vier Pole stehen in enger Beziehung miteinander: Das Wort Gottes steht nicht isoliert, sondern bildet das Herz der liturgischen Feier. Der Gottesdienst wiederum bringt das Wort Gottes *heute* zum Leuchten, zum Hören, zum Klingen. Der Prediger zeugt von seiner Beziehung zum Wort, ist Teil des liturgischen Beziehungsgeschehens und baut Brücken zu den Hörenden. Die hörende Gemeinde schließlich ist nicht passive Empfängerin der Predigtworte und der Botschaft. Predigt als Anrede Gottes „entsteht" erst durch einen aktiven Prozess im Kopf und im Herzen der Hörenden. Die Hörenden verknüpfen das Gehörte mit den eigenen Bildern und Vorerfahrungen. Nur so können die Worte der Predigt sie an ihre eigene Glaubensgeschichte und an die Glaubensgeschichte anderer „erinnern".

Predigt ist Erinnerung

Die Predigt ist damit eingebunden in die dankende Erinnerung an Leben, Tod und Auferweckung Jesu Christi, die das gottesdienstliche Geschehen vollzieht. Im Kern der Liturgie steht die *Memoria passionis,* die Leidenserinnerung, die im christlichen Glauben untrennbar mit der *Memoria resurrectionis,* der Erinnerung an die Auferstehung, verbunden ist. Beide zusammen bringen die Geschichte Gottes mit den Menschen in die Gegenwart der Feiernden (re-praesentatio). Sie vergegenwärtigen den Versammelten ihr eigenes Verhältnis zu Gott und Gottes Verhältnis zu ihnen. Denn indem von der Gottesbeziehung vergangener Menschen erzählt wird, wird auch die Beziehung der Gegenwärtigen erinnert und – so die homiletische Hoffnung – erneuert.

Bertram Stubenrauch

Eucharistie

Gott ist in der Eucharistie gegenwärtig

Nach katholischer Auffassung gibt es keinen Augenblick, der Christusgläubigen die Nähe ihres Herrn deutlicher zeigt, als die Feier der Eucharistie, traditionell auch *Heilige Messe* genannt. Der eucharistische Gottesdienst vollzieht sich in drei Schwerpunkten: Lesungen aus der Heiligen Schrift eröffnen ihn, es folgt das priesterliche Gebet über Brot und Wein am Altar, den Abschluss bildet der gemeinsame Empfang von Brot und Wein als Christi Leib und Blut. In alledem zeigt sich, was Jesus tat und lehrte, wie er zu Gott, dem Schöpfer von Himmel und Erde stand, wie er sein Sterben auffasste, was ihm die Jünger bedeuteten und was er für die ganze Menschheit sein will.

Das letzte Abendmahl

Einsetzungsworte

Warum feiert die Kirche Eucharistie? Die Evangelien nach Matthäus, Markus und Lukas sowie der Apostel Paulus berichten von einer Tischrunde Jesu ganz besonderer Art; sie fand unmittelbar vor seiner Hinrichtung statt und wurde zum Schauplatz einer tiefgründigen Gebärde: „Während des Mahles nahm Jesus das Brot und sprach den Lobpreis; dann brach er das Brot, reichte es den Jüngern und sagte: Nehmt, das ist mein Leib. Dann nahm er den Kelch, sprach das Dankgebet, reichte ihn den Jüngern, und sie tranken alle daraus. Und er sagte zu ihnen: Dies ist mein Blut, das Blut des Bundes, das für viele vergossen wird. Amen, ich sage euch: Ich werde nicht mehr von der Frucht des Weinstocks trinken bis zu dem Tag, an dem ich von neuem davon trinke im Reich Gottes" (Markus 14,22–25). Das Johannesevangelium überliefert keinen eigenen Bericht über Jesu Abschiedsmahl. Aber es erzählt, dass Jesus den Jüngern die Füße wusch und ihnen damit ein Beispiel hingebender Liebe gab. Damit sie den Seinen in Fleisch und Blut übergeht, sendet er den Geist.

Liturgische Feier des Abschiedsmahls Jesu

Von erster Stunde an hat man in der Kirche die Erinnerung an das Abschiedsmahl Jesu mit dessen eigenen Worten und Gesten liturgisch begangen – als Bekenntnis zu seinem heilbringenden Tod, im Glauben an seine Auferstehung und in der Gewissheit seiner Wiederkunft. Da der von Jesus verheißene Geist mit Pfingsten gekommen war, konnten sich die Gläubigen in das eucharistische Vermächtnis ihres Herrn nach und nach vertiefen. Was haben sie erkannt?

Zunächst einmal: Jesu Beteuerung während des Mahles, als Speise den eigenen Leib und das eigene Blut darzubieten, ist kein Lippenbekenntnis geblieben. Eucharistie setzt den wirklichen Tod des Herrn am Kreuz voraus, den er beim Abschiedsmahl als einen Akt der Liebe gekennzeichnet hat. In der Heiligen Messe wird das Sterben Jesu zwar nicht wiederholt und auch nicht vervielfacht; es war wie jedes historische Ereignis einmalig. Aber Jesu Tod wird dankend und betend vergegenwärtigt, und das heißt: Jetzt geschieht, was vor zweitausend Jahren geschah. Die Festgemeinde steht unter dem Kreuz und weiß, vom Geist erfüllt: Sterbend verwandelt der Herr abgründigen Hass – die Ermordung des Unschuldigen, wie sie unablässig und weltweit geschieht – in abgründige Liebe. Er schlägt nicht zurück, dreht die Spirale der Gewalt nicht noch weiter, vergilt nicht Böses mit Bösem, sondern: Jesus lässt das Böse bei sich enden. Mehr noch: Er macht sich das Böse zu eigen – Paulus schreibt: Gott „hat den, der keine Sünde kannte, für uns zur Sünde gemacht" (2. Korinther 5,21) – und entzieht ihm so, da er reine Liebe und nichts als Liebe ist, jede Existenzgrundlage. Auf diese Weise führt er aus, was im Willen Gottes liegt.

Eucharistie setzt den Kreuzestod voraus

Umwandlung von Hass in Liebe

Die Kirche spricht diesbezüglich vom *Opfercharakter* der Heiligen Messe und unterstreicht damit zumindest dreierlei. Erstens: Jesus ist der dem Vater in allem gehorsame und in allem gleiche „Sohn", durch dessen vorbehaltlose Hingabe Gott wahrhaft angebetet und verherrlicht ist. Zweitens: Mit dem Tod des Sohnes und durch seine Auferweckung sind die Fundamente für eine neue Welt gelegt, in der nicht mehr die Sünde, sondern einzig und allein die Liebe herrscht. Und drittens: Die Kirche verdankt ihre eigene Existenz dem Kreuzesopfer Jesu und muss es in seinem Auftrag immer wieder darbringen; sie muss sich glaubend und betend um Brot und Wein versammeln, damit der Heil schaffende Gehorsam des Herrn für immer in der Welt wirksam bleibt.

Opfercharakter der Messe

Kirche entstammt Jesu Opfertod am Kreuz

In der Heiligen Messe zeigt sich also der „Sohn", durch den die Welt gerettet ist. Da freilich alle, die Christus bekennen, Söhne und Töchter des himmlischen Vaters sein sollen, gibt Jesus das Kostbarste, das er hat: sein Fleisch und sein Blut. Die Abendmahlsberichte im Neuen Testament äußern sich diesbezüglich knapp, doch entschieden: „Da – mein Fleisch! Da – mein Blut!" Diesen Unterton haben Kenner der biblischen Sprachen herausgehört, als sie den griechischen Urtext des Neuen Testaments in die aramäische Muttersprache Jesu zurückübersetzten.

Die Zuversicht der Gläubigen, dass in Brot und Wein nichts anderes gereicht wird als Christus selbst, steht demnach auf festem Grund. *Er* ist das Brot, und das Brot ist *Er*. „Hätte Jesus Besseres, er würde es uns geben", staunt der Heilige Pfarrer Johannes Maria Vianney über die eucharistischen Gaben. Der katholische Glaube lehrt, dass Brot und Wein dann zum Leib und zum Blut Christi gewandelt werden, wenn der Zelebrant am Altar die Worte Jesu beim Abschiedsmahl feierlich nachspricht. Zugleich gilt: Brot und Wein schenken Jesus als Mensch und Gott gleichermaßen. Man darf ihn deshalb in der Gestalt des eucharistischen Brotes anbeten – obgleich er in erster Linie Speise ist und deshalb verzehrt sein will. Hier liegt der *Mahlcharakter* der Eucharistiefeier begründet: Alle essen von dem einen Brot, alle nehmen ein- und denselben Christus in sich auf. So gehen – da Er der Herr bleibt – alle in Christus ein und werden gewissermaßen „ein Fleisch" mit ihm. Zwar zählt in der Heiligen Messe jeder Mensch in seiner Unverwechselbarkeit, aber niemand bleibt allein: Wahre Brüder und Schwestern umstehen den Altar. Von daher muss sich eucharistische Ehrfurcht immer auch auf die Mitfeiernden beziehen, die in Christus geheiligt sind.

Umwandlung von Brot und Wein zu Jesu Leib und Blut

Die Gläubigen werden mit Christus „ein Fleisch"

Den biblischen Berichten zufolge hat Jesus sein Abschiedsmahl mit den Jüngern, konkret: mit den „Zwölfen" gefeiert. An einen Zufall ist nicht zu denken. Denn die Zwölf waren von Jesus eigens bestellt, eigens „geschaffen" worden (Markus 3,14). Sie stehen für die Kirche als das in Christus auflebende Gottesvolk und stellen es in seinem anfänglichen Zustand dar. Dazu kommt ein klarer Auftrag: Die Zwölf sollen „Apostel" – Gesandte – sein (so der Evangelist Lukas). Jesu eigene Sendung, die vom Vater kommt, geht durch sie weiter. Für die Eucharistiefeier bedeutet das: Sie ist als Gabe des Herrn zugleich eine Lebensäußerung der apostolisch geprägten Kirche. Eucharistie lässt sich deshalb nur in apostolischer Gemeinschaft und Verantwortung feiern. Nach katholischer Auffassung setzt sich auch die Sendung der Apostel fort, und zwar im Bischofsamt. Eucharistisch gesehen, bildet der Bischof den einzig denkbaren Vorsteher der heiligen Feier ab: Wenn er wie Jesus die Worte der Hingabe über Brot und Wein spricht und sie so als dessen Fleisch und Blut ausweist, oder wenn es in seinem Namen ein einfacher Priester tut, dann redet und handelt in Wirklichkeit der Herr; es ist ja *sein* Fleisch, *sein* Blut. Kirchliche Amtsträger stehen folglich als Treuhänder, nicht als persönlich Privilegierte am Altar. Durch ihre Weihe wird das zur Geltung gebracht.

Apostel als Stellvertreter für das ganze Gottesvolk

Eucharistie ist Lebensäußerung der Gemeinde

Priester als Christi Stellvertreter

kirchliche Amtsträger sind Treuhänder

„Ich werde nicht mehr von der Frucht des Weinstocks trinken bis zu dem Tag, an dem ich von neuem davon trinke im Reich Gottes", versichert Jesus den Zwölfen. Damit rundet sich das Bild: Die Eucharistiefeier der Kirche ist das vorweggenommene himmlische Hochzeitsmahl. Sie ist das lebendige Zeichen und die Garantie dafür, dass Gott und Mensch nie mehr zu trennen sind und dass die Zeit kommen wird, da sie offen aufeinander schauen – für immer und von Angesicht zu Angesicht.

Eucharistiefeier ist das himmlische Hochzeitsmahl

Gottesdienst

Konrad Baumgartner

Beichte / Buße

Zu Beginn seines öffentlichen Wirkens verkündete Jesus die Botschaft: „Die Zeit ist erfüllt. Das Reich Gottes ist nahe. Kehrt um und glaubt an das Evangelium!" (Markus 1,15). Mit Jesu Botschaft, seinem Wirken in der Kraft des Heiligen Geistes durch machtvolle Zeichen und Wunder, mit seiner Lebenshingabe am Kreuz und seiner Auferstehung ist das Reich Gottes angebrochen. Wer sich durch Glaube und Taufe zu Jesus bekehrt, wird von Schuld und Sünde befreit, erlöst zum neuen Leben mit Gott und in der Gemeinschaft aller an Christus Glaubenden.

Ruf zur Umkehr

Am Osterabend hat der Auferstandene seinen Jüngern den Heiligen Geist verliehen und sie mit der Vergebung der Sünden beauftragt (vgl. Johannes 20,19–23). Seit den Tagen der Apostel ruft die Kirche die Menschen auf zur Umkehr: sie sollen gläubig ihr Leben nach Jesu Wort und Leben ausrichten, sich auf seinen Namen zur „Vergebung der Sünden" taufen lassen und dadurch die Gabe des Heiligen Geistes empfangen (vgl. Apostelgeschichte 2,38).

Ausrichtung des Lebens nach Jesu Wort

Christen sind durch Glaube und Taufe mit Gott, mit sich selbst und untereinander versöhnt und in die Lebensgemeinschaft mit Christus und seiner Kirche aufgenommen. Diese Gabe ist und bleibt zugleich Aufgabe: aus der Versöhnung zu leben und für die Versöhnung.

Versöhnung als Hauptaufgabe

Das neue „Leben mit Christus" bedarf der Entfaltung und Vertiefung: durch das Gebet und durch ein Leben mit der Liturgie und den Sakramenten, besonders der Eucharistie, durch christliche Werthaltungen und Orientierungen an den Weisungen der Kirche, durch ein Leben der Nachfolge Jesu im Tragen des eigenen Lebenskreuzes und im Mitragen von Not und Leid in der Welt. So ist das ganze Leben eines Christen ein immer neues Sich-Hinwenden zu Jesus, dem Gekreuzigt-Auferstandenen, der in seiner Kirche weiterlebt und weiterwirkt. Das eher negativ besetzte Wort „Buße" meint diese positiv zu sehende Ausrichtung des Lebens eines Christen: zu besonderen Zeiten (z.B. österliche Bußzeit; Advent), durch besondere Werke (Gebet; Lesung der Heiligen Schrift; Fasten und Verzicht; Almosen und Werke der Nächstenliebe), durch die Solidarität

Buße ist Ausrichtung des Lebens auf Christus

mit dem Gekreuzigten an den Freitagen des Jahres, besonders am Karfreitag, durch einen bewussten christlichen Lebensstil im Alltag von Ehe, Familie, Beruf und Öffentlichkeit. Durch all das vollzieht sich eine ständige „Lebenserneuerung von Christus her und auf ihn hin", wird auch alltägliches Versagen von Gott vergeben, wird Kraft geschenkt und Leben ermöglicht.

Lebenserneuerung durch Christus

Das neue, gottgeschenkte Leben ist freilich nicht ein fester, unverlierbarer Besitz. Auch der Erlöste ist noch unterwegs: im Glauben, in der Liebe und in der Hoffnung. Deshalb gibt es Versagen, Schuld und Sünde auch im Leben des Christen: als Müdewerden und Stehenbleiben unterwegs und als Nachlässig Werden, aber auch als bewusstes Abweichen vom Weg der Nachfolge und als Verlassen der Gemeinschaft der Glaubenden in klarer Entscheidung. Für diese letztere Situation der schweren Schuld – in einer wichtigen Sache, in klarer Erkenntnis und bewusster Entscheidung des Willens – ist die persönliche Feier des Bußsakramentes, der „Beichte", als Möglichkeit der Rückkehr in die Gemeinschaft mit Gott und der Kirche, als Wiederversöhnung, vorgesehen. Im Auftrag der Kirche wird dem Christen, der diese Schuld aufrichtig bereut, sie persönlich bekennt und zur Wiedergutmachung bereit ist, durch den Priester in der Vollmacht Christi Versöhnung geschenkt. Erst dann kann er wieder die Heilige Eucharistie empfangen und die anderen Sakramente. Dabei ist die persönliche Reue als Einsicht in die verkehrte Tat oder Haltung und als Bereitschaft zur Lebensveränderung entscheidend. Das Bekenntnis hilft das Leben im Licht des Evangeliums zur Sprache zu bringen und zum „*Ich* habe gesündigt" zu stehen. Ist doch die Schuldverschiebung „auf die anderen" Ausdruck des allgemeinen Unschuldswahnes in der Gesellschaft und eines Lebens, das sich der Verantwortung vor Gott nicht (mehr) bewusst ist.

Versagen ist menschlich

Beichte ist Möglichkeit der Rückkehr in die Gemeinschaft

Reue ist Voraussetzung für die Rückkehr

Die persönliche Beichte ist auch unabhängig von schwerer Schuld für das geistliche Leben des Christen von großem Wert und tiefer Bedeutung. Die Feier dieses „Sakrament der Umkehr und Versöhnung" in überschaubaren Zeiten des Glaubenslebens schenkt göttliche Kraft für den Weg der Nachfolge Jesu, sie befreit von alltäglich – leichten Sünden, entfaltet das persönliche Gewissen und hilft tiefer liegende Fehlhaltungen zu erkennen und sich immer mehr der Liebe Gottes zu öffnen. Gewissens- und Beichtspiegel für die verschiedenen Lebensalter in den Gebetbüchern helfen dabei und zur Formulierung des Bekenntnisses.

persönliche Beichte

Formulierungshilfen

Gottes Zusage von Vergebung in besonderen Situationen

In besonderen Lebenssituationen wie Erstkommunion und Firmung, Heirat, Trauer oder schwerer Krankheit ist es wichtig, sich von Gott durch den Dienst der Kirche Vergebung und Versöhnung zusagen zu lassen und die stärkende Kraft des Heiligen Geistes zu erfahren. (Sünden vergebend wirkt übrigens auch das andere „Sakrament der Heilung": die Krankensalbung.)

Bußfeiern

Den Gemeinschaftsbezug von Schuld und Versöhnung machen besonders die Bußfeiern deutlich, die in jeder Gemeinde einen festen Platz haben und vor allem in der Advents- und Fastenzeit regelmäßig gefeiert werden sollen. Durch sie wird das Gewissen geformt und vertieft, alltägliche Schuld wird vergeben; wer sich schwerer Schuld bewusst ist, muss diese persönlich vor dem Priester bekennen und die sakramentale Lossprechung empfangen.

Rückgang der Beichtzahlen

Aus vielen Gründen ist in den deutschsprachigen Ländern seit der Mitte des 20. Jahrhunderts die Zahl der Beichten massiv zurückgegangen. Weithin war diese hohe Zahl der Beichten gestützt durch Tradition, Gewohnheit und Sozialkontrolle. Aber auch der Zusammenhang mit dem Empfang der Heiligen Kommunion spielte eine große Rolle: die vorherige Beichte, auch der lässlichen Sünden, wurde als unverzichtbare Voraussetzung und als einziger Weg der Vergebung gesehen. Dabei war diese Beichtpraxis stark besetzt von Ängsten, von Schwierigkeiten sich angemessen auszudrücken und von mangelnder Erkenntnis des Wesens von Sünde und Schuld, nicht selten auch von dem Sakrament der Befreiung wenig angemessenem Verhalten der Priester. Auch gesellschaftliche, kirchliche und theologische Veränderungen wirkten mit an diesem zahlenmäßigen Rückgang.

Neue Wertschätzung der persönlichen Beichte

Inzwischen ist vielfach eine neue Wertschätzung der persönlichen Beichte zu erkennen, übrigens auch im protestantischen Bereich. Auch die Mitfeier der Bußgottesdienste kann den Weg dazu öffnen. Die Beichten sind weniger, aber oft intensiver und persönlicher geworden. Das Sakrament wird dann meist im Zusammenhang von geistlicher Begleitung, bei Besinnungstagen und Exerzitien im Alltag, von nächtlichen Versöhnungsfeiern oder während einer Wallfahrt gefeiert und ist dann in ein Seelsorge- oder Beichtgespräch eingebettet; auch die Bußfeier mit Bekenntnis und Lossprechung der Einzelnen ist für kleinere Gruppen in Übung.

Die Hinführung und Erziehung zu einem Leben aus der Versöhnung und für die Versöhnung in Gemeinde, Elternhaus, Schule, Jugendarbeit und Erwachsenenbildung ist eine wesentliche Dimension der Verkündigung und Katechese: je nach der Glaubens- und Lebenssituation in den genannten Formen. Wesentliche Voraussetzung dafür ist, dass in der Universalkirche, in der Ortskirche und in den Gemeinden selbst glaubwürdig Versöhnung gelebt und gewährt wird.

Leben in Versöhnung im Alltag

So wird die Kirche selbst zum Zeichen und Werkzeug der Versöhnung, der Einheit und des Friedens zwischen den Völkern und Rassen, der Religionen und Konfessionen, bis das von Jesus verkündete und mit ihm begonnene Reich Gottes sich vollendet in einem neuen Himmel und einer neuen Erde, wo Gott alles in allem ist.

Vollendung von Gottes Reich

Bruder Paulus Terwitte

Segen

Gott erlöst

Alles wird gut. Ein Satz, der zur alltäglichen Floskel geworden ist. Trotzdem: Dieses Wort steht auf festem Boden. Ihm liegt eine ureigene Erfahrung des gläubigen Menschen zugrunde. Gott handelt in zweifacher Weise: Er greift ein. Und er begleitet. Er rettet. Er erlöst. Gott zeigt sich im Leben seiner Menschenkinder in bestimmtem Momenten ihres Lebens. Doch dann stiehlt ER sich nicht davon, sondern bleibt mit ihnen auf dem Weg. Das meint: ER segnet sie.

Gott segnet

Besonders eindrucksvoll spricht davon der lateinische Begriff für „segnen": Bene-dicere. Wörtlich übersetzt heißt das: gut sprechen, Gutes sagen. Gleichzeitig bedeutet es auch Lobpreisen, Danksagen. In dem lateinischen Ausdruck schwingt mit, was Juden und Christen biblisch glauben. Sie lesen im Buch Genesis: Gott sah, dass alles, was er gemacht hatte, sehr gut war (Genesis 1,31). Damit ist gemeint: Gott freut sich an seiner Schöpfung. Mehr noch: Die Schöpfung zielt auf die Freude Gottes, Schöpfer zu sein. In ihm ist immerwährender Jubel über sich selber, wie der Künstler über sein gelungenes Werk jubelt. Er ist „der Gute, alles Gute, das höchste Gut" (Franz von Assisi). Darum wird auch von Engeln geredet, die im Himmel ständig „Halleluja" rufen. Juden wie Christen glauben an einen Gott, der fröhlich ist über sein schöpferisches Wesen. Er bleibt am Werk. Die Schöpfung ist immer noch im Werden. Mit einem Wort: Gott segnet weiter.

Gott ist im Segen präsent

Der Schöpfungsakt ist seine Art, Gott zu sein. Schöpferisch präsent zu bleiben, ist die andere Seite des Wesens Gottes. Auf den Menschen hin gesprochen: Einen Menschen ins Leben zu rufen ist das eine. Ihn zu segnen, will sagen: Ihm an der Seite zu bleiben, ist das andere. „Gott segnete sie und sprach: Seid fruchtbar und mehret euch." (Genesis 1,28) Gott bringt die Schöpfung auf eine Bahn, deren Fundament er selber ist. Die Menschen dürfen glauben: Wir werden nicht allein in die Zukunft geschickt; Gottes Segen eilt uns voraus und empfängt uns, wohin immer wir gehen. In den Psalmen heißt es dazu: „Ob ich sitze oder stehe, du weißt von mir. Von fern erkennst du meine Gedanken. Ob ich gehe oder ruhe, es ist dir bekannt; du bist vertraut mit all meinen Wegen." (Psalm 139,2 f)

Im Segen ist der Mensch aufgehoben

Wer sich so gesegnet weiß, wird zuversichtlich. Er vertraut sein Schicksal Gott an. Ihm wird es fremd, von Schicksalsmächten zu sprechen oder die Sterne nach dem Sinn des eigenen Lebens zu fragen. Er sieht in den Gewalten der Natur kein Instrument, mit dem Gott straft, weil die Aussagen „Gott schuf" und „Gott segnete" zusammengehören. Wissend um Gottes Segen kann der Mensch seinen Weg gehen, ohne dass ihm dabei im Grundgefühl nur angst und bang ist. Die gesegnete Schöpfung soll sich der Mensch vielmehr untertan machen (vgl. Genesis 1,28), allerdings – im Auftrag Gottes – wie er segnend, nicht ausbeutend. Es geht um die Freiheit, die Schöpfung schöpferisch zu nutzen. Sich am Geschaffenen freuen und es zur Freude der Mitmenschen einsetzen, sei es durch das Experiment im Labor oder die Sandburg am Strand. Die Natur ist nicht Ort böser Mächte. Wer an den Einen Gott glaubt, sieht in ihr nicht den Sitz vieler Götter, vor denen man sich hüten müsste. Die ganze Schöpfung als Auftrag, der zum Segen der Schöpfung genutzt werden kann und soll. Das allein ist unter der vielfach missverstandenen Rede vom „untertan machen" zu verstehen.

Die Erde ist dem Menschen anvertraut

Damit ist eine ethische Verpflichtung gemeint. Wenn die Schöpfung aus dem Segen Gottes kommt, müssen wir sie zum Segen Gottes gebrauchen. Was wir auch gestalten, untersuchen, erfinden oder nutzen: Es muss sich einreihen in die Freude Gottes an seiner Schöpfung. Wenn unser Tun mit der Freude Gottes geht, werden wir zum Segen des segnenden Gottes. Wir geben ihm die Ehre, weil wir ganz aus seinem Segen leben, ihn aufgreifen und durch respektvolles Handeln Gott zurückgeben. Verweigern wir uns dieser Verpflichtung, kommt es zum Missverstehen des „untertan Machens" der Schöpfung mit Ergebnissen, die uns täglich furchterregend vor Augen stehen.

Lob Gottes im Lied

Wie Gott seine Schöpfung segnend bejaht, will diese ihren Schöpfer singend bejahen. Und ihre vornehmste Stimme ist der Mensch. „Durch unseren Mund rühmen dich alle Geschöpfe!" (Viertes Hochgebet der Eucharistiefeier) betet die Kirche. Franz von Assisi gilt als der Heilige, der sensibel das Lied vernimmt, das in allen Dingen wohnt. Wie kein anderer hat er das Lob empfunden, das die geschaffene Welt ihrem Meister singt, einschließlich „Bruder Krankheitsleid" und „Schwester Totgeweiht." „Sei gepriesen", „sei gesegnet" durch Bruder Sonne, Schwester Mond, usw. heißt es in seinem berühmten „Sonnengesang". Es ist ein Lied des Vertrauens in die alles durchflutende Gegenwart Gottes. Sie wurde unüberbietbar greifbar in Jesus Christus.

Eucharistiefeier als Segensmittelpunkt

In jeder Eucharistiefeier rückt der Zusammenhang von Schöpfung und Jesus Christus zusammen. „Schenke, o Gott, diesen Gaben Segen in Fülle“ (Erstes Hochgebet) betet der Priester, während er die Hände über Brot und Wein ausstreckt, „damit sie uns werden Leib und Blut deines Sohnes, unseres Herrn Jesus Christus.“ Die ausgestreckten Hände zeigen deutlich, dass hier der Heilige Geist am Werk geglaubt wird, der als Liebesatem Gottes die Grenze von Zeit und Ewigkeit überwindet. Christen wissen um ihre Gemeinschaft mit dem, der Segen in Fülle ist: Jesus. Durch die Taufe sind sie in seinen Tod und seine Auferstehung hineingenommen. Sie sind im Hier und Jetzt gesegnet mit dem Leben, das Christus schon „in Fülle“ beim Vater besitzt.

Aaronitischer Segen

Daraus erschließt sich der Sinn der schönsten Segensformel, die Juden und Christen in ihren Gottesdiensten lebendig halten. „Der Herr segne dich und behüte dich. Der Herr lasse sein Angesicht über dich leuchten und sei dir gnädig. Der Herr wende sein Angesicht dir zu und schenke dir Heil“ (Numeri 6,24–26). Damit wird dem Menschen die bleibende Gegenwart Gottes ausgesprochen und zugesprochen. Das Angesicht Gottes trägt für Christen die Gesichtszüge Jesu. In seinem Menschsein damals, seiner Liebe, die kein Hass durchkreuzen konnte, und schließlich in seiner Auferweckung für immer hat Gott die ganze Menschheit aufgehoben. Für immer sich zugewandt. Ihr einen Platz bei sich gegeben. Gesegnet.

Segnen ist Gotteslob

Diese anziehende Liebeskraft Gottes wird wachgerufen, wann immer ein Segen gesprochen wird. Der Mensch segnet – und Gott mischt sich in dieses Tun. Ein Bibelwort wird zuvor gelesen, damit Gottes Wort den Segen und den Lobpreis erfülle. Ein Haus, eine Wohnung oder ein Auto werden gesegnet, indem darin oder darüber ein Lobpreis gesprochen wird auf Gott, dessen Schöpferkraft sich darin ausdrückt. Wasser wird ausgesprengt, das sowohl Grundstoff allen irdischen Lebens ist wie auch das Element, durch das Menschen im Sakrament der Taufe zu Christen werden. Wenn Eltern ihre Kinder segnen, Partner sich ein Kreuz auf die Stirn zeichnen oder der Priester am Ende des Gottesdienstes die Gemeinde segnet: Diese Zusagen sind wirksame Geschenke, die eng mit Gott verbunden sind und mit ihm verbinden. Sie leben aus der großen Zusage des Schöpfers der Welt an seine Schöpfung: Er wird mit seinen Menschenkindern und der ganzen Schöpfung auf dem Weg bleiben und alles zur Vollendung führen. So in Seinem Segen gesichert, können wir sagen: In ihm *wird* alles gut.

Martin Lätzel

Taufe

Definition der Taufe

Die Taufe stellt die Aufnahme in die kirchliche Heilsgemeinschaft dar. Im Evangelium findet sich ein Bericht über die Taufe Jesu durch Johannes, den Täufer (Markus 1,9–11). Dieser praktizierte eine Form, die es im Judentum schon gab. Johannes taufte mit Wasser und rief dabei zur Umkehr auf.

Taufe ist Aufnahme in die Heilsgemeinschaft

Die ersten Christen übernahmen die Taufe. Allerdings bekam sie bei ihnen einen anderen Sinn. Die christliche Taufe versteht sich als Initiation (Einführung) in die Heilsgemeinschaft. Durch die Taufe haben Christen Anteil am Geschick Jesu, seines Todes und seiner Auferstehung.

Katechumenat

Taufritus

Mahlfeier als Taufabschluss

In früheren Zeiten waren die drei Sakramente Taufe, Firmung und Eucharistie auch zeitlich eng verbunden. Vor der Taufe standen das Kennenlernen und die Einübung in den Glauben, *Katechumenat* genannt. Mit dem Katechumenat waren rituelle Elemente verbunden, die sich noch heute in abgeänderter Form im Taufritus wieder finden. In der Osternacht wurden die Täuflinge dann dreimal unter Wasser getaucht oder dreimal mit Wasser übergossen. Dieser Ritus symbolisierte den Untergang (den Tod) und den Neubeginn (das Leben) der Täuflinge. Nach der Wassertaufe wurden die Täuflinge gesalbt und nahmen an der Eucharistiefeier der Gemeinde teil. Mit der gemeinsamen Mahlfeier galt die Initiation als abgeschlossen. Der durch Sünde belastete Mensch wurde durch die Wassertaufe zu neuem Leben berufen, die Salbung sprach dem Täufling die Stärkung des Heiligen Geistes zu (die heutige Firmung) und zuletzt wurde in der Gemeinschaft Eucharistie gefeiert.

Beginn der Kindertaufe

Spätestens mit der Ausbreitung des Christentums veränderte sich die Praxis der Taufe. Man taufte nun unmündige Kinder und Säuglinge, da viele Eltern fürchteten, ungetauften Kindern sei das Paradies versagt. In Zeiten hoher Kindersterblichkeit führte das nun dazu, dass Kinder immer früher getauft wurden, eine Praxis, die bis ins 20. Jahrhundert andauerte.

Glaubensschule

Mit dem Übergang zur Säuglingstaufe verlor die Glaubensschule ihre Bedeutung. Die Unterweisung verlagerte sich auf spätere Lebensphasen. Wir kennen heute zum Beispiel ausführlichen Erstkommunionunterricht oder Firmkatechesen. Die

Unterricht vor Erstkommunion und Firmung

Riten der Glaubensschule blieben Bestandteil der Taufe, verloren jedoch ihre frühere Bedeutung. Die Glaubenszustimmung und das Glaubensbekenntnis gaben jetzt stellvertretend Eltern und Paten. Ab dem 12. Jahrhundert löste sich auch der erste Empfang der Kommunion von der Taufe. Bis dahin gab man den Säuglingen konsekrierten Wein, der aus einem Röhrchen getrunken wurde.

neue Taufordnung seit dem Zweiten Vatikanischen Konzil

Erst Mitte des zwanzigsten Jahrhunderts wurde die 1614 erstellte Taufordnung durch eine neue ersetzt. Zwar wurden und werden weiterhin überwiegend unmündige Kinder getauft, doch wird nun der Glauben der Eltern stärker in den Blick genommen und die daraus resultierende religiöse Erziehung der Kinder. So bilden sich in manchen Kirchengemeinden Taufelternkreise, die die Eltern auf dem Weg zur Taufe begleiten.

Taufe in der Sonntagsmesse

Taufritus

Mit dem neuen Taufritus geht auf jeden Fall ein Wortgottesdienst einher; idealerweise findet die Taufe wegen ihres österlichen Moments und der Eingliederung in die kirchliche Gemeinschaft innerhalb der Eucharistiefeier am Sonntag statt. Die Eltern und Paten formulieren den *Wunsch*, dass das Kind getauft werden soll. Nach dem Wortgottesdienst mit biblischen Lesungen und einer Predigt folgen die katechumenalen Elemente (s. o.). Das Kind wird mit dem *Kreuzzeichen* „besiegelt", es gehört unter diesem Zeichen nun Christus an. Die Gemeinde ruft in der *Großen Litanei* die Heiligen um Fürsprache an, und es werden *Fürbitten* gesprochen. Anschließend folgen das *Gebet* um die Befreiung vom Bösen und die *Salbung* mit dem Katechumenenöl. Nun begibt sich die Feiergemeinde zum Taufort, meist ein Taufbrunnen in der Kirche. In jüngster Zeit sind Kirchen so (um-)gebaut worden, dass sie ein Taufbecken haben, in das nach der urkirchlichen Sitte der Täufling richtig untergetaucht werden kann (z. B. St. Christopherus / Sylt). Über das *Wasser* wird ein Lobpreis gesprochen, das „Hochgebet" der Taufe. Die Eltern und Paten widersagen dem Bösen und bekennen ihren Glauben. Das Kind wird jetzt mit Wasser übergossen. Dazu werden die Worte gesprochen: „N., ich taufe dich im Namen des Vaters und des Sohnes und des Heiligen Geistes." Anschließend folgen die *„entfaltenden Riten"*: Die Neugetauften werden als Glieder des Volkes Gottes gesalbt, weil sie Anteil am Königtum Christi (des „Gesalbten") haben. Ebenso versinnbildlicht das Anziehen des Taufkleides das Hineinwachsen in Christus (Galater 3,14). Das Entzünden der Taufkerze symbolisiert Christus als Licht der Welt (Johannes 8,12). Mit dem abschließenden

Effata-Ritus: „Öffne dich!" (Markus 7,32–37) wird das Kind zur Glaubensschule, zum Hören auf das Wort Gottes eingeladen. Innerhalb des Gemeindegottesdienstes wird die Taufe mit der Eucharistiefeier weitergeführt.

neue Gesichtspunkte bei der Kindertaufe

In der heutigen Zeit ist zu überlegen, wie weitere Aspekte in der Kindertaufe berücksichtigt werden können, die insbesondere den Eltern wichtig sind. Wie kann die Freude über das neugeborene Kind zum Ausdruck gebracht werden? Vielen Eltern ist es zudem ein Anliegen, Gott um seinen Segen und die Mitmenschen um Unterstützung und Begleitung bei der Erziehung zu bitten.

Jeder Christ darf taufen

Die Taufe ist das Sakrament, welches von vielen christlichen Kirchen gegenseitig anerkannt wird. Gültig Taufen kann jeder gläubige Christ; das Kirchenrecht sieht sogar die Möglichkeit einer Nottaufe in Bedrohung ausdrücklich vor.

Erwachsenentaufe

In den letzten Jahren hat die Erwachsenentaufe eine zunehmende Bedeutung gewonnen. Viele Menschen entscheiden sich nach reifer Überlegung, in die Kirche einzutreten. Das Erwachsenenkatechumenat knüpft an die Praxis der Urkirche an, dass nämlich auf die Glaubensschule folgend die feierliche Aufnahme in die Kirche erfolgt.

Heiner Koch

Erstkommunion und Firmung

Christus ist das Ursakrament

Christus ist das Ursakrament: die Gegenwart Gottes bei uns Menschen. Er ist gegenwärtig in der Kirche, die als Grundsakrament „in Christus gleichsam das Sakrament, d. h. Zeichen und Werkzeug für die innerste Vereinigung mit Gott wie für die Einheit der ganzen Menschheit" (Lumen gentium 1) ist. Christen zum Sakrament der Eucharistie und der Firmung zu führen bedeutet, sich mit ihnen auf den Weg zu Jesus Christus und bereit zur Begegnung mit ihm zu machen. Er schenkt sich uns in den Sakramenten. Er gibt sich selbst in den Gaben der Eucharistie, er ist das Brot vom Himmel, nicht nur unser Lebens-Mittel, sondern das Leben selbst. Er ist selbst das Opfer, das sich in der Eucharistie den Menschen hingibt. Er schenkt sich im Sakrament der Firmung den Menschen: „Die Liebe Gottes ist ausgegossen in unsere Herzen durch den Heiligen Geist, der uns gegeben ist" (Römer 5,5b).

Gott sucht die Gemeinschaft mit uns

Gott will in den Sakramenten der Eucharistie und der Firmung zu uns kommen. Er wartet darauf, dass wir ihn in uns einlassen. Jesus Zugang zu uns zu gewähren, ihn in unser Leben einzulassen, ist die grundlegende Vorbereitung und Voraussetzung für den Empfang eines Sakraments. Eucharistie- und Firmkatechese führen zu dieser inneren Offenheit auf Christus hin. So wird der Empfänger des Sakraments bereit, Jesus in der Eucharistie als die Nahrung seines Lebens aufzunehmen und den Geist Gottes im Sakrament der Firmung durch das Zeichen des heiligen Öles zu empfangen, das kräftigend und „stärkend unter die Haut geht".

Die Inhalte der Kommunionskatechese

Im Kommunionunterricht soll das Kind Christus und seine Worte und Taten kennenlernen und hineingeführt werden in ein Leben in der Gemeinschaft mit ihm. Er ist uns nahe in der Eucharistie. Er gibt sich selbst, wir Menschen sind die Empfangenden, die Dankenden, die Danksagung, die Eucharistien Feiernden. In der Eucharistie wird Wirklichkeit, was Gott uns am Kreuz geschenkt hat: „Eine größere Liebe hat niemand als die, dass er sein Leben für seine Freunde hingibt" (Joh 15,13). In dieser Hingabe Gottes für uns wird die Sünde überwunden und

Versöhnung geschenkt. So wird Ostern Wirklichkeit und jede Eucharistie zur Feier der Hoffnung. „Deinen Tod, o Herr, verkünden wir, und deine Auferstehung preisen wir, bis du kommst in Herrlichkeit".

Es ist deutlich, dass Kinder einfühlsam und ohne Überforderung zu dieser Bedeutungsfülle der Eucharistie hingeführt werden müssen. Nicht wenige Kinder legen im Rahmen der Erstkommunionkatechese erst erste Schritte auf dem Weg zur Gemeinschaft mit Christus zurück. Es ist von daher wichtig, dass sie von Priestern, Katechetinnen und Katecheten sehr aufmerksam begleitet werden, dass sie ganzheitlich nicht nur durch Worte, sondern auch durch erlebbare Gesten und Riten eingeführt werden.

Die Feier der Erstkommunion

Bei der Kommunion geht es um Gemeinschaft – Communio. Das Kommunionkind geht nicht allein zur Kommunion. Deshalb ist es wichtig, dass es in der Katechese die Gemeinschaft der Kommunionkinder untereinander und mit der Gemeinde, die um den Tisch des Herrn versammelt ist, erfährt. Sehr bedeutsam aber ist es, dass das Kommunionkind zusammen mit seiner Familie diesen Weg geht. Zur Begleitung ihres Kindes müssen die Eltern, denen oft wesentliche Inhalte und Bedeutungen des christlichen Glaubens unklar sind, in einer Familienkatechese befähigt werden.

Die Feier der Erstkommunion wird im Kreise der Familie ausgerichtet, wobei auch Verwandte und engste Freunde eingeladen werden. Geschenke sind dann besonders sinnvoll, wenn sie einen religiösen Bezug haben. Es muss in jedem Fall darauf geachtet werden, dass materielle Dinge an diesem Festtag nicht im Mittelpunkt stehen.

Offen für Christus?

Werden in unseren Breiten zur ersten heiligen Kommunion vor allem Kinder geführt, so empfangen das Firmsakrament in erster Linie Jugendliche. Diese gilt es, in eigener Weise und Verantwortung zur Glaubensentscheidung und zur Annahme der christlichen Glaubensinhalte zu führen. Dabei spüren die Priester, die übrigen Seelsorger und Seelsorgerinnen, auch die Katechetinnen und Katecheten heute immer mehr, dass die Offenheit für Christus bei vielen Bewerberinnen und Bewerbern nicht gegeben ist. Selbst in katholischen Traditionsgegenden ist die christliche Prägung der Gesellschaft und vieler Einzelner flach, wenn sie denn überhaupt noch erkennbar ist. Das Verschwinden einer Kultur des Sonntags und einer diesem Feier-Tag zugehörigen Spiritualität zeigen dies an. Kaum jemand unter den jungen Menschen wächst in einem spezifisch christlichen Umfeld auf und wird christlich erzogen. Vielen wird Gott quasi vorenthalten – keine biblischen Geschichten, kein Gebetsleben in der Familie und keine Gottesdienstkultur mit ihr.

Sich auf den Weg des Glaubens machen

In dieser Situation wird die Eucharistie- und die Firmkatechese als Grundkurs des Glaubens oftmals einen längeren Weg mit den jungen Menschen, die sich auf den Empfang der Sakramente vorbereiten, zurücklegen müssen, auch mit ihren Familien und Paten. Wie sollen sonst Firmlinge verantwortungsvoll die vor der Spendung des Firmsakramentes an sie gerichteten Grundfragen des Glaubens positiv beantworten können: „Glaubst Du an Gott, den Vater, seinen Sohn Jesus Christus und den Heiligen Geist?" Wie sollen sie ernsthaft um die sieben Gaben des Heiligen Geistes bitten können, wenn sie ihnen unbekannt sind? Oder wie sollen sie die Chrisamsalbung empfangen und als Kräftigung des Heiligen Geistes annehmen können, wenn ihnen die Bedeutung des Chrisams unerschlossen bleibt?

Umkehr zum Glauben

In nicht wenigen Fällen geht es zunächst um eine Hinwendung oder Umkehr zum Glauben überhaupt. Auf dem Weg der Umkehr hin zur Offenheit für das Wirken Gottes und zur Begegnung mit Jesus Christus wird deshalb auch die (erneute) Hinführung zum Beichtsakrament eine wichtige Etappe sein. Eucharistie- und Firmkatechese werden neben einer soliden Vermittlung der Glaubensinhalte dabei immer auch den Glauben sinnlich-symbolisch erfahrbar, spürbar machen. Das geschieht am besten in der konsequent-einladenden Hinführung zur Mitfeier und Mitgestaltung der Gottesdienste des liturgischen Jahres.

Gemeinde – wLernort des Glaubens

Gerade junge Menschen sind überfordert, wenn sie diesen Weg des Glaubens alleine gehen sollen. Die Erstkommunionkatechese wird daher in eine Familienkatechese eingebunden sein müssen, die auch Eltern und Geschwister sowie Großeltern und Paten mit einbezieht. Bei der Firmkatechese sollte die Rolle der Gruppe der Firmlinge und der Firmpatinnen und Firmpaten ebenso in den Blick genommen werden, wie die Gemeinde im Ganzen. „Immer sollte man sich vergegenwärtigen, dass die gesamte christliche Initiation ein Weg der Umkehr ist, der mit der Hilfe Gottes und in ständiger Bezugnahme auf die kirchliche Gemeinschaft zu vollziehen ist." (Benedikt XVI., Sakrament der Liebe, Nr. 19.) Eucharistie und Firmung sind neben der Taufe die Sakramente der christlichen Initiation, durch die die Christen jeweils tiefer in das Leben Gottes und der Kirche hineingenommen werden. Deshalb sind diese Sakramente auch sehr bewusst in und mit der Gemeinde vorzubereiten. Dabei ist es wichtig, dass die Bewerberinnen und Bewerber im Lauf der Katechese mit verantwortlichen Aufgaben in der Kirche betraut werden. Umgekehrt muss die Gemeinschaft der Kirche erfahrbar werden, etwa indem die Firmbewerberinnen und -bewerber ihre Bereitschaft zum Empfang des Firmsakraments im Gemeindegottesdienst erklären oder Gemeindemitglieder eine Gebetspatenschaft übernehmen.

Eine Möglichkeit zur Einführung in die Gemeinde ist der Vorstellungsgottesdienst. Auch die Firmhelfer können sich in diesem Gottesdienst vorstellen. Die Firmlinge haben hier die Möglichkeit, als Lektoren zu fungieren und die Fürbitten zu formulieren. Außerdem besteht für sie die Möglichkeit, die Messe musikalisch mitzugestalten. Die Offenheit für Christus in den Sakramenten zu gewinnen heißt auch, die Offenheit für IHN zu gewinnen in der Begegnung mit den Schwestern und Brüdern in oder außerhalb der Gemeinde, die in Not sind. Sakramentenkatechese wird so immer auch zum Dienst der Caritas und zur Gottesbegegnung im Nächsten ermutigen.

Dass die Bewerberinnen und Bewerber Fortschritte auf dem Weg des Glaubens erreichen können, hängt nicht zuletzt von den Katechetinnen und Katecheten ab, ihrer Persönlichkeit, ihrer Begeisterungsfähigkeit, ihrer Glaubenskraft und ihrer Glaubwürdigkeit.

Die Inhalte der Firmkatechese

Ziel der Firmkatechese ist es, die Firmlinge näher zu Christus zu führen und zu einem Leben in der Gegenwart des Heiligen Geistes zu bewegen. Es sollen Schritte gegangen werden, den jungen Menschen ein Leben in der Gegenwart Gottes zu eröffnen und sie in eine tiefere Lebensgemeinschaft mit Christus zu führen. Firmkatechese ist also Aufbau und Stärkung von Gottes- und Christusbeziehung.

Inhaltlich werden innerhalb der Firmkatechese die zentralen Aussagen des christlichen Glaubensbekenntnisses, insbesondere die Aussagen über den Heiligen Geist bedacht, so dass die Firmlinge die Widersagens- und die Glaubensfragen vor der Firmung bewusst in der Lage zu beantworten sind: weiter die Zeichen des Firmritus, die Handauflegung, die Salbung und die Bekreuzigung, das Gebet der Firmspendung um die Sieben Gaben des Heiligen Geistes und das Amen des Firmlings als seine Bestätigung. Ohne das Verständnis dieser Gesten und Worte kann das Sakrament der Firmung nicht bewusst empfangen werden. Es ist wichtig, bei dieser katechetischen Hinführung die unterschiedlichen auch religiösen Bildungsstandards der Firmlinge zu berücksichtigen, ebenso ihre unterschiedlichen Sprach- und Ausdrucksfähigkeiten.

Der Firmgottesdienst

Im Firmgottesdienst nimmt der Bischof das Taufbekenntnis der Firmlinge entgegen. Anschließend betet die Gemeinde in Stille um die Gaben des Heiligen Geistes für die Firmanden. Dann breitet der Bischof die Hände über die Firmlinge aus und erbittet für sie den Heiligen Geist, den Beistand, den Geist der Weisheit und der Einsicht, des Rates, der Erkenntnis und der Stärke, den Geist der Frömmigkeit und der Gottesfurcht. Anschließend werden die Firmlinge von ihren Paten zum Bischof geführt. Der Firmand nennt seinen Vornamen und der Bischof zeichnet ihm mit dem Chrisam das Kreuz auf die Stirn und spricht: „Sei besiegelt durch die Gabe Gottes, den Heiligen Geist." Der Gefirmte antwortet darauf: „Amen", worauf der Bischof entgegnet: „Der Friede sei mit dir."

„Der Geist tritt für uns ein"

Bei all dem ist es wichtig, dass die Spendung der Sakramente nicht als Leistungsbescheinigung für eine erfolgreiche Absolvierung der Katechese missverstanden wird. Sakramente sind und bleiben Gottes gnadenhaftes Wirken am Menschen, das vom Menschen nie eingeholt wird. Gott wirkt, gerade auch wo wir fehlen und schwach sind. „Der Geist selber tritt jedoch für uns ein" (Römer 8,26). Diese Zusage Gottes stärkt und entlastet alle, die sich um eine gute Sakramentenkatechese bemühen. Sie ist – bei aller Erfahrung von Grenzen und Defiziten in diesem Bemühen – Grund für gläubige Gelassenheit und Zuversicht, für ihre Glaubwürdigkeit, ihre Frömmigkeit und ihre Kirchlichkeit..

Winfried Haunerland

Trauung

Ehe entspricht Gottes Schöpferwillen

Gott hat den Menschen als Mann und Frau geschaffen und sie füreinander bestimmt (vgl. Genesis 1,27 f.; 2,24). Die eheliche Gemeinschaft zwischen Mann und Frau entspricht somit dem Schöpferwillen Gottes. Wenn allerdings getaufte Christen miteinander die Ehe schließen, so ist ihre Gemeinschaft nicht von ihrer Berufung zur Heiligkeit durch Jesus Christus und von ihrer Gemeinschaft mit der Kirche zu trennen: Die gültige Ehe zwischen zwei Getauften ist immer ein Sakrament. Deshalb hat das Konzil von Trient darauf bestanden, dass katholische Brautleute gemäß gottesdienstlicher Ordnung heiraten. Sie unterliegen der sogenannten Formpflicht, sogar wenn sie sich im Laufe der Zeit von der Kirche getrennt haben (vgl. CIC/1983 can. 1117 gemäß Motu proprio „Omnium in mentem" vom 26. Oktober 2009). Die Gestalt der kirchlichen Trauung lässt erkennen, wie die Kirche eine christliche Ehe versteht und was es bedeutet, wenn die Kirche lehrt, die Ehe sei Sakrament.

Ehe ist immer Sakrament

Verkündigung

Die kirchliche Trauung wird entweder in der Messe oder in einem selbstständigen Wortgottesdienst gefeiert, so dass immer die Verkündigung des Wortes Gottes Teil der Feier ist. Die Brautleute und ihre künftige Ehe stehen also unter dem Wort Gottes: Sie vernehmen, dass Gott ihnen sein Heil zusagt, aber auch, dass dieser Gabe der Auftrag zu einer entsprechenden Lebensführung entspricht.

Befragung

Nach der Predigt, in der Sinn und Würde der christlichen Ehe aufgezeigt werden sollen, folgt die Befragung der Brautleute nach ihrer Bereitschaft zu einer christlichen Ehe. Die Brautleute müssen bezeugen, dass sie die Ehe aus freien Stücken eingehen und ihrem Partner lebenslang die Treue schenken wollen, dass sie offen sind für Kinder, diese katholisch erziehen wollen und dass sie bereit sind, in Kirche und Welt als christliche Eheleute Verantwortung zu übernehmen. In früheren Zeiten erschienen diese Fragen vermutlich vielen Brautleuten weitgehend selbstverständlich, da auch der gesellschaftliche Konsens über das Wesen einer Ehe sich nicht grundlegend vom christlichen Eheverständnis unterschied. Angesichts der hohen Scheidungsraten und der beständigen Diskussion über neue Partnerschaftsformen sind die kirchlichen Erwartungen heute jedoch nicht mehr für jedermann plausibel. Schon von daher bekommt die kirchliche Trauung ihr eigenes Profil.

Trauversprechen Im Zentrum der Trauung steht der Vermählungsspruch, mit dem Bräutigam und Braut sich als Frau und Mann annehmen: „N., vor Gottes Angesicht nehme ich dich an als meine Frau / als meinen Mann. Ich verspreche dir die Treue in guten und bösen Tagen, in Gesundheit und Krankheit, bis der Tod uns scheidet. Ich will dich lieben, achten und ehren alle Tage meines Lebens."

Priester Auch wenn die Ehe durch den Konsens der Brautleute zustande kommt und jede gültige Ehe zwischen Getauften ein Sakrament ist, so wird doch in der Trauungsliturgie deutlich, dass die Trauung als Begründung des Ehesakramentes nicht nur eine Sache der beiden Brautleute ist. Denn die kanonische Eheschließungsform verlangt, dass die Ehe vor einem trauungsberechtigten Priester oder Diakon geschlossen wird. Deutlicher aber noch wird die kirchlich-sakramentale Dimension der Ehe dadurch, dass nach den Bestimmungen des Zweiten Vatikanischen Konzils den Brautleuten immer der Trauungssegen gespendet wird. *Trauungssegen* Bis dahin war er nur vorgesehen, wenn es die erste Trauung der Braut war und die Trauung innerhalb der Messe und außerhalb der sogenannten geschlossenen Zeiten (Advent, Fastenzeit) gefeiert wurde. Sachgerecht ist der Trauungssegen jedoch keine Belohnung für ein bestimmtes Verhalten, sondern er bringt zum Ausdruck, was das Wesen des Sakramentes ist. Mit Lob und Preis kommt die Kirche zu Gott und dankt ihm für sein Heilswirken in der Geschichte: Die Kirche bekennt, dass Gott Mann und Frau erschaffen und ihre Gemeinschaft schon immer gesegnet hat. Sie dankt ihm, weil er die Ehe zum Abbild seines Bundes mit Israel gemacht und diesen Bund in Christus erneuert hat. So ist die Ehe zu einer neuen Würde gekommen, und in der ehelichen Liebe scheint nun die Treue Gottes zu den Menschen auf.

Heiliger Geist Diese heilsgeschichtliche Erfahrung ermutigt die Kirche auch in dieser Stunde der Trauung zu bitten, dass Gott nicht nur die Ehe als Institution heiligt, sondern die konkreten Brautleute mit *Fürbitten* seinem Heiligen Geist beschenkt. Die Kirche betet: „Dein Heiliger Geist schenke ihnen Einheit und heilige den Bund ihres Lebens. Er bewahre ihre Liebe in aller Bedrohung; er lasse sie wachsen und reifen und einander fördern in allem Guten." Für die Brautleute erbittet die Kirche den Beistand Gottes, damit sie einst in der Gemeinschaft der Heiligen vollendet werden.

Mit den Fürbitten, dem Vater unser und dem Abschluss

endet die Feier, wenn nicht auf die Fürbitten der Eucharistieteil der Messe folgt. Dabei ist es höchst wünschenswert, dass die Trauung innerhalb der Messfeier stattfindet. Denn die Messfeier ist die dichteste Weise, in der die Einheit der Kirche mit Christus und die Einheit der Christen untereinander gefeiert werden. So ist es nur sinnvoll, dass die Ehe als die intensivste Form menschlicher Gemeinschaft auch gestärkt wird durch die Eucharistie, das Sakrament der Einheit.

Gemeinschaft der Kirche

Damit wird aber zugleich deutlich, dass die eheliche Gemeinschaft immer eingebunden bleiben muss in die größere Gemeinschaft der Kirche. Eheleute dürfen nicht nur aufeinander bezogen bleiben, sondern brauchen Kontakte und Beziehungen nach außen. Eine christliche Ehe ist auf die Einbindung in die Gemeinschaft der Glaubenden angewiesen. Selbst wo die Trauung im kleinsten Kreis gefeiert wird, erinnert die liturgische Feier im Allgemeinen und die Messe im Besonderen daran, dass der Entschluss der Brautleute zur Ehe und ihr gemeinsames Eheleben nicht einfach Privatsache sind, sondern eine Antwort auf den Anruf Gottes und Ausdruck ihrer kirchlichen Existenz. So wird auch deutlich, dass die Eheleute an der Liebe zwischen Christus und der Kirche teilnehmen und dass sie dazu berufen sind, diese Liebe miteinander darzustellen.

Tag der Gottesverehrung

Weil die Hochzeit Öffentlichkeitscharakter hat, wird sie in der Regel mit großer Festlichkeit und erheblichem Aufwand gefeiert. Damit zeigen die Brautleute und ihre Angehörigen ihre Freude und ihre Sehnsucht nach einem unvergesslichen Tag. Denn gerade weil die Trauung für den Einzelnen einmalig ist, soll dieser Anfang des Ehelebens aus dem Alltag herausgehoben sein. Dabei soll die Festlichkeit nicht der Selbstdarstellung der Brautleute und ihrer Familien dienen, sondern sie soll ein Beitrag zur Gottesverehrung sein. Denn das gerade unterscheidet die kirchliche Trauung auch von einer großartig inszenierten weltlichen Hochzeitsfeier: Die Gläubigen vertrauen auf den Beistand Gottes. Gemeinsam mit den Brautleuten steht die Kirche vor ihm, bekennt ihn als den großen Gott, der sich in Jesus Christus offenbart hat, und vertraut darauf, dass er das gute Werk, das er in den Brautleuten begonnen hat, auch vollenden wird. So haben sich im Ehesakrament nicht nur die Eheleute aneinander gebunden, sondern sie sind von Gott in einem heiligen Bund vereinigt, der sie mit Christus und dem Vater verbindet. Für diesen Bund gilt: „Was Gott verbunden hat, das darf der Mensch nicht trennen." (Matthäus 10,6)

Heilszusage Gottes

Was in der Trauung, der Feier des Ehesakramentes, begonnen hat, bestimmt das weitere Leben der Eheleute. So wie die Taufe am Beginn des christlichen Lebens steht und diesem ein eindeutiges Vorzeichen gibt, so ist auch die kirchliche Trauung für die christliche Ehe der richtungsgebende Auftakt. Es ist Ausdruck der menschlichen Würde, dass der Mensch eine Entscheidung fällen und sich damit für sein ganzes Leben binden kann. Dies schließt nicht aus, dass es Krisen gibt, in denen es schwer fällt, die getroffene Entscheidung durchzutragen. Das Sakrament der Ehe ist dann Ausdruck der Zusage Gottes, dass er die Eheleute nicht alleine lässt. In guten und in bösen Tagen sind sie nicht nur aufeinander verwiesen, sondern können sich seiner Treue gewiss sein. Denn er ist der treue Gott, dessen Treue auch am Kreuz Christi nicht zerbrochen ist und der durch die Liebe seines Sohnes den Tod bezwungen hat.

Reinhard Hauke

Beerdigung

Die Bestattung eines Kindes gehört zu den traurigsten Diensten eines Pfarrers. Hier drängt sich die Frage nach dem Sinn des Lebens und besonders des Todes mit aller Macht auf. Dass an dieser Beerdigung Kinder teilnehmen, wird leider bisweilen von Eltern diskutiert, aber wenn es der Spielkamerad ist oder der Schulfreund bestattet werden muss, dann können die Kinder nicht außen vor bleiben.

Kindlicher Umgang mit dem Tod

Als der Schüler Johannes mit zwölf Jahren an Leukämie gestorben war, nahm auch sein kleiner Bruder Andreas an der Beerdigung teil. Während der Predigt rief der Fünfjährige plötzlich: „Halleluja!" Nach dem ersten peinlichen Erschrecken fingen aber dann doch einige Trauergäste an, zu schmunzeln und zu lächeln. Daraufhin fühlte sich Andreas animiert, den Ruf zu wiederholen, und der Pfarrer kommentierte in seiner Predigt: „Andreas hat es erfasst! Wir sind hier, weil wir an die Auferstehung der Toten glauben und auch Johannes bei Gott geborgen ist, der ewiges Leben schenkt." Ohne Andreas wäre die Beerdigung trauriger geworden. Sein Glaube und sein kindliches Osterbekenntnis haben alles verwandelt.

Als sich der Vater von Christian – 12 Jahre alt – das Leben genommen und im Abschiedsbrief verfügt hatte, eine Seebestattung zu bekommen, sagte Christian: „Das machen wir nicht so! Der Vater bekommt ein Grab auf dem Friedhof. Dann kann ich nach der Schule mit der Straßenbahn mit meiner Schülerfahrkarte hinfahren, ihn besuchen und von der Schule erzählen." Der Vater bekam sein Grab auf dem Friedhof, und Christian hatte einen Ort für seine Trauer und seinen Schulbericht am Grab des Vaters.

Bei einer Beerdigung der Großmutter konnte ich die sechsjährige Enkeltochter beobachten, die mit einer gewissen Freude an der Feier teilnahm, weil sie als jüngste Teilnehmerin irgendwie im Mittelpunkt stand. Sie hatte Blumen in der Hand und warf sie ins Grab wie alle anderen. Dazu hatte sie noch Butterblumen am Wegesrand gesammelt und warf sie hinterher. Beerdigung der Großmutter: Das war für sie ein Fest mit Blumen und Verwandten.

Abschiedsorte sind notwendig

1992 wurde ich Pfarrer der Domgemeinde St. Marien in Erfurt. Wenn ich auf den Friedhof kam, sah ich die Anschläge für die Trauerfeiern an diesem Tag und wunderte mich, dass es so wenige waren. Drei bis vier Trauerfeiern am Tag in einer Stadt mit 200.000 Einwohnern erschien mir zu wenig. Eine Rückfrage bei der Friedhofsverwaltung gab mir eine plausible Antwort auf meine Frage: Ein Großteil der Verstorbenen wird namenlos bestattet und vielfach auch ohne eigene Trauerfeier. Diese Tatsache gab mir zu denken. Ich versuchte, eine Ursache zu entdecken, die dazu führt, dass Hinterbliebene kein Grab und keine Trauerfeier wünschen. Wenn ich auch persönlich nicht Verhältnisse kennengelernt habe, wie sie im Allgäu oder dem Eichsfeld noch sind, d.h. wo die Nachbarschaft und der ganze Ort an der Trauer mitträgt und jeder weiß, was seine Aufgabe ist (z.B. das Grab auszuheben, den Sargträger zu stellen, den Leichenschmaus zu organisieren), so erscheint es mir doch hilfreich, sich zu einer Trauerfeier zu versammeln, bei der des Verstorbenen gedacht werden kann, und auch ein Grab zu haben, das für 20 Jahre Ort der Trauer sein kann, ein Ort des Abschiednehmens.

Stufen des Abschieds

Dieser Abschied, bei dem die christliche Kirche als entscheidender Trostspender zur Verfügung steht, ist nach Ehrenfried Schulz (2004) durch folgende Phasen gekennzeichnet:

- Im *Hinterbliebenengespräch* vor den Beisetzungsfeierlichkeiten geht es um teilnehmendes Zuhören.
- Das *Requiem* drückt die Zugehörigkeit des Verstorbenen mit Jesus Christus aus. Es hat seine Bezeichnung vom lateinischen Eingangswort der Eucharistiefeier für die Toten: das „*Ausruhen* von aller Mühsal des Lebens".
- In der *Beisetzungsfeier* mit der *Ansprache am Grab* steht zum einen der Verstorbene im Mittelpunkt des *ehrenden Gedenkens*; zum anderen geht es um die österliche Dimension des Trostes, um das Erinnern an das *Eingegangensein des Verstorbenen in Tod und Auferstehung Christi.*
- Die *Hinterbliebenenbegleitung* ist ein drängendes diakonisches Postulat. Vom Pfarrer kann nur die Anregung zur Organisation von *Selbsthilfegruppen* ausgehen.

Was aber sind unsere Zeichen und Symbole, die wir Christen für die Beerdigung, die Beisetzung der Urnen oder in Totengedenkfeiern anbieten können?

Ein Ort und ein Ritus für die Trauer

Nicht überall ist es selbstverständlich, dass Toten ein namentlich markierter Ort der Bestattung gestaltet wird. Die Gründe für namenlose Bestattungen sind vielfältig. Genannt werden die Mobilität der Gesellschaft, die eine Verpflichtung zur 20-jährigen Grabpflege nicht mehr erlaubt, und die Finanzierbarkeit einer Grabstätte. Der christliche Glaube bekennt: „Du bist nach dem Tod bei Gott geborgen!" Er sagt aber auch: „Dein Leib war Gottes Tempel! Dieser wurde mit dem Taufwasser besprengt und mit heiligem Öl gesalbt. Der Mund hat die heilige Eucharistie empfangen." Und letztlich werden wir dem Leib eine hohe Bedeutung zumessen müssen, weil Gott selbst in Jesus Christus einen sichtbaren Menschenleib angenommen hat. Christliche Gemeinden sind deshalb angesichts der Mobilität und Finanzprobleme von Senioren aufgerufen, Wege zu finden, wie ein Ort für die Toten geschaffen werden kann. Pfarrgemeinden treten bisweilen – z. B. in Erfurt – in die Rolle der Familie ein und übernehmen die Verantwortung für Pflege von Grabstätten. Gemeindemitglieder schließen sich zu Gebetsgemeinschaften zusammen, die beim Begräbnis die Gebete mitsprechen, die von den Angehörigen nicht mehr mitgebetet werden können, weil ihnen der Glaube und der Ritus fremd geworden ist.

Zeichen der Hoffnung

Weil die Worte beim Begräbnis oft schwer fallen, sind Zeichen hilfreich, die ausdrücken, was dem Christen Hoffnung gibt. Das *Kreuz* auf dem Sarg, der Urne oder am Beginn der Prozession gibt den Grund des Halleluja an: Tod und Auferstehung Jesu Christi. Die *Kerzen* – besonders die Osterkerze – führen das Symbol des Kreuzes weiter. Sie sprechen vom Licht des ewigen Lebens und auch von der Hingabe, denn das Wachs der Kerze wird verzehrt, wenn das Licht leuchtet. Das *Weihwasser* erinnert an die Taufe und den Beginn des bewussten Lebens mit Gott. Es erzählt von Reinigung und Leben. Der *Weihrauch* schafft die Brücke zur Verehrung Gottes, die auch durch das Leben eines Menschen geschehen soll. Die *Blumen* und das *Grün der Zweige und Kränze* erinnern an das Leben bei Gott, das ganz am Anfang der Bibel als Paradiesesgarten beschrieben wird. Der Verstorbene soll jetzt zum Ursprung des Lebens zurückfinden. Bei der Bestattung kann der Hymnus „Zum Paradies mögen Engel dich geleiten" gesungen werden.

„Bedenke, dass du Staub bist!"

In den Dörfern sind bisweilen Friedhöfe in der Mitte des Ortes um die Kirche herum angelegt. Im 18. Jahrhundert wurde diese oft geschlossen und die Bestattungen an den Dorf-/Stadtrand verlegt. Man hat die Veränderung vielfach mit Hygiene begründet. In jüngster Zeit werden Kirchen zu Begräbnisstätten (Kolumbarien) umgewidmet. Damit kommt das Thema „Sterben" wieder in die Mitte der Dörfer und Städte. Dabei wird den Bewohnern der Städte oftmals neu bewusst, dass ja im Fußboden der Kirche schon immer Begräbnisstätten waren. „Mitten wir im Leben sind von dem Tod umfangen" – heißt es in einem Kirchenlied; das wird dabei anschaulich. Am Aschermittwoch wird durch das Auflegen des Aschenkreuzes an die Vergänglichkeit des irdischen Lebens und an die Berufung zum neuen Leben mit Gott erinnert: „Bedenke, Mensch, dass du Staub bist und zum Staub zurückkehren wirst."

Über den Tod hinaus

Die Christen halten den Gedanken an die Vergänglichkeit des Lebens wach und können das auch voller Mut tun, weil sie über die Schwelle des Todes hinausdenken können, ohne Angst zu bekommen. Diese weite Sicht wünsche ich allen Menschen! In meiner Stadt leben derzeit nur 30 Prozent Christen. Ihr weites Interesse an Kirche, Glauben und besonders Bestattungsformen sagt mir: Wir haben eine Gute Nachricht geschenkt bekommen, die für alle gilt.

Kirchenjahr

1. Sonntag und Feiertage
2. Advent / Weihnachten / Epiphanie
3. Fasten- und Passionszeit / Palmsonntag
4. Ostern
5. Christi Himmelfahrt / Pfingsten / Fronleichnam
6. Volksreligiosität
7. Marienfeste und Heiligenfeste
8. Allerheiligen / Allerseelen

Giotto di Bondone (um 1267–1337), „Geburt Christi" aus dem Freskenzyklus der Cappella degli Srovegni; 200 × 185 cm; Padua.

Dem Italiener Giotto wird eine Schlüsselstellung zwischen der Malerei des Mittelalters und der Renaissance zugewiesen. Er war bereits als junger Künstler anerkannt und gefragt; auf seine Zeitgenossen wirkten die Figuren durch ihre Plastizität und ausdrucksstarke Mimik ungeheuer lebensnah, an die Stelle der flächigen Bildordnung traten Ansätze perspektivischer Darstellung und eine den Szeneninhalt ausdrucksstark stützende Figurenanordnung.

So ist in diesem Zyklus zwar jede Szene Teil des Gesamtkonzeptes der gänzlich mit Fresken ausgestalteten sogenannten Arena-Kapelle; sie wirkt aber nicht als Fragment eines größeren Ganzen, sondern ist in sich abgeschlossen.

Der Bildraum der „Geburt Christi" wird durch hoch aufragende Felsen nach hinten begrenzt, so dass ein bühnenartiger Vordergrund entsteht, auf dem das Geschehen dargestellt wird. Die Hauptszene ist durch die typischen Figuren gekennzeichnet: Im unmittelbaren Bildvordergrund hockt, dem Betrachter zugewandt, Josef in einer in sich versunkenen Pose. Neben ihm, stark angeschnitten, Ochs und Esel vor einer Futterkrippe, dem Geschehen zugewandt und damit den Betrachterblick ins Bild lenkend. Ein schlechter Holzunterstand, von der Felswand begrenzt, steht über dem Lager Mariens, die sich zur Seite dreht, um das gewickelte Kind aus den Armen einer Amme entgegenzunehmen. Wenngleich an den linken Bildrand gerückt, so liegt doch in dieser natürlich wirkenden Bewegung und vor allem dem Blick zwischen Mutter und Kind das Zentrum des Bildes: Mutter und Sohn schauen einander wissend, in tiefstem Einverständnis an und scheinen in diesem Blick ganz aufeinander bezogen und in ihrer eigenen Welt. So sind sie als Teil der diesseitigen Welt und zugleich einer anderen, der himmlischen Sphäre, gestaltet.

Für diese stehen auch die sozusagen aus dem Bildgrund in die Bildwelt gleitenden Engel im oberen Bereich, die die Szene betend betrachten und sich den Hirten zuwenden. Denn auf der rechten Bildseite wird die Erzählung bereits fortgeführt mit der Verkündigung: Die beiden nach oben blickenden Hirten sind als Rückenfiguren gearbeitet und nehmen die Position des Bildbetrachters ein, der damit seinerseits einbezogen wird in die Verkündigungsszene. *Kerstin Clasen*

Birgit Jeggle-Merz

Sonntag und Feiertage

Zeitinseln, die dem Leben Sinn und Grund geben

Fest und Feier gab und gibt es überall, wo Menschen leben. Das ist in allen Kulturen und zu allen Zeiten so. Jede der uns bekannten Gesellschaften in Vergangenheit und Gegenwart kennt die Unterscheidung zwischen herausgehobenen und gewöhnlichen Tagen, zwischen Alltag und Festtag. Der Mensch als das einzige Lebewesen, das zu sich selbst und seinem Tun in Distanz und Reflexion treten kann, braucht die Unterbrechung des Immergleichen, braucht die Vergewisserung, dass es mehr gibt als die momentane Sorge, als die jetzt erlebte Ungerechtigkeit, er ist für die Verheißung von Heil offen.

Erfüllung der Zeit mit Sinn

Fest und Feier sind wesentliche und unverzichtbare Bestandteile menschlichen Lebens, denn in ihnen geschieht in hohem Maße Sinnstiftung und Identitätsbildung. Nach dem Wesen des Festes befragt, sprechen die einen von der „Zustimmung zur Welt" (Josef Pieper), sehen sie als „Tage des Eingedenkens" (Walter Benjamin), als „Zeit in der Zeit" (Bernhard Casper) oder eben als „Ausnahmetage" (Peter Handke). Ein Fest bedeutet somit stets die Überschreitung des Alltags, durch die wiederum gerade diesem Alltag und dem alltäglichen Leben jedes Menschen in all seiner Endlichkeit und Sterblichkeit Sinn zugeschrieben wird.

Dem Alltag mit seinen unberechenbaren Wechselfällen, seinem Mangel an tieferem Sinn und seiner Routine steht das Fest mit seiner „Alltagstranszendenz" gegenüber. So geht es im Fest um eine symbolisch-rituelle Darstellung von Herkunft, Identität und damit Erhalt des je einzelnen wie auch des gemeinschaftlichen Lebens. Die Feste im jüdisch-christlichen Kontext reihen sich hier ein: Das feierliche Gedenken einer heilvollen Vergangenheit, die in der Gegenwart als lebensspendend und befreiend erfahren wird, deren endgültige Verwirklichung aber erst für die Zukunft erhofft werden kann. Liturgische Feste und gottesdienstliche Feiern sind so verstanden „Zeitinseln", um im Leben Sinn und Grund zu entdecken.

Sonntag als Zeitzeichen des endgültigen Heils

Eine „Zeitinsel" schlechthin stellt der Sonntag dar. Im Eucharistischen Hochgebet heißt es: „In Gemeinschaft mit der ganzen Kirche feiern wir den ersten Tag der Woche als den Tag, an dem Christus von den Toten auferstanden ist …" Der Sonntag ist seit Anbeginn der Christenheit der Tag der gottesdienstlichen Begegnung mit dem erhöhten Herrn Jesus Christus. Deshalb ist dieser Tag, der seit alters her als Wochenostern verstanden wird, ausgezeichnet durch die Feier der Eucharistie.

Die Feier des Sonntags gründet in der Erfahrung der Auferstehung Christi: Die Auffindung des leeren Grabes und die ersten Erscheinungen des Auferstandenen datiert die Heilige Schrift auf den ersten Tag der Woche (Markus 16,2; Matthäus 28,1; Lukas 24,1, Johannes 20,1.19.26). Die Konzilsväter bezeichnen den Sonntag daher als den „Ur-Feiertag" der Kirche. An diesem Tag sollen die Christen zusammenkommen, um das Wort Gottes zu hören und die Eucharistie zu feiern „und so des Leidens, der Auferstehung und der Herrlichkeit des Herrn Jesus zu gedenken und Gott dankzusagen, der sie ‚wiedergeboren hat zu lebendiger Hoffnung durch die Auferstehung Jesu Christi von den Toten' (1 Petrus 1,3)" (*Sacrosanctum Concilium* 106).

Sonntag heißt Gedächtnis

Der Sonntag ist dabei nicht „nur" Gedächtnistag des Heilswerkes Gottes in Jesus Christus, sondern Zeichen einer Zeit, welche die Zeit dieser Welt übersteigt. Sammlung der Kirche Christi zur Feier der Eucharistie ist Vorausgriff, Vorwegnahme des Reiches Gottes am Ende der Zeiten. Der Sonntag ist Symbol für ein alle Zeiten umfassendes Gedächtnis, das zugleich an die Schöpfung zu Beginn der Weltzeit und der Neuschöpfung der Welt in Christus erinnert sowie einen Abglanz der endgültigen Herrlichkeit am Ende der Zeiten bietet. Deshalb spricht die Bibel von dem Sonntag sowohl als dem Herrentag als auch dem „ersten und achten Tag". Der Sonntag überschreitet somit die Zeit auf Gott hin, Gott selbst ist es, der die Zeit öffnet, auf ihn hin, auf eine Begegnung mit ihm.

Der Tag der Tage

Papst Johannes Paul II. hat diesem Tag in seinem Apostolischen Schreiben *Dies Domini* über die Heiligung des Sonntags aus dem Jahr 1998 eine Reihe von Hoheitstiteln gegeben: Der Sonntag ist der Gedächtnistag des Schöpfungswerkes Gottes (*Dies Domini*), der achte Tag also, der Tag der Neuschöpfung; es ist auch der Gedächtnistag der Auferstehung des Herrn und seiner Geistsendung (*Dies Christi*); weiter der Gedächtnistag der Eucharistiefeier der Gemeinde (*Dies Ecclesiae*); doch auch der Tag des Menschen (*Dies Hominis*), der Tag der Freude, der Ruhe und der Solidarität und schlussendlich der Tag der Offenbarung des Sinns der Zeit überhaupt, der Tag der Tage (*Dies Dierum*). Quelle all dieser Bezeichnungen ist die Liturgie des Sonntags, wie sie besonders in den Präfationen des Eucharistischen Hochgebetes deutlich wird.

Feste und Feiern im Kirchenjahr

Wie der Sonntag, so bieten auch die anderen Feste und Feiern im Laufe des Jahres nicht nur eine profane Unterbrechung des Alltags, sondern deuten die Lebenszeit des Menschen aus der erinnerten Geschichte Gottes mit den Menschen, sie spenden gewissermaßen Leben aus der Mitte der Zeit. Im Licht des Christusgeschehens besehen, sind die christliche Feste sinngestiftet. Indem sie im Feiern diesen Sinn an die Feiernden vermitteln, wirken sie auch für das Leben des Einzelnen sinnstiftend. Die Konzilsväter des Zweiten Vatikanischen Konzils sprachen davon, dass die Feiernden durch das Gedenken der Heilstaten Gottes mit diesen selbst „in Berührung kommen und mit der Gnade des Heils erfüllt werden" (*Sacrosanctum Concilium* 102). Ein Beispiel: Am Fest der Menschwerdung Gottes wird nicht einfach nur an das geschichtlich datierbare Ereignis der Geburt des Gottessohnes im Stall in Bethlehem erinnert, sondern im Gedenken sind die Feiernden den vergangenen Heilstaten gleichzeitig. Die Liturgie bringt dies ins Wort: So heißt es am Fest der Geburt unseren Herrn nicht etwa „Vor 2000 Jahren ist der Heiland geboren", sondern „*Heute* ist *uns* der Heiland erschienen".

Teilnahme des Menschen an Gottes Heilshandeln

Im Feiern ist der Mensch mitten in seinem Leben Zeitgenosse des Heilshandelns Gottes als der Mitte der Zeit und kann sich so als ein vom Heil Umfangener erkennen. Dieses besondere Zeitverständnis wird bei allen christlichen Festen in Wort und Zeichen gebracht: Das Handeln Gottes an den Menschen in der Geschichte wird als wirkmächtig für das Heute beschrieben und erlebt. Es sind nicht nur ruhmreiche Ereignisse in längst vergangener Zeit, derer sich bloß erinnert würde, damit sie nicht in Vergessenheit geraten, nein: In der Vergegenwärtigung der Heilsgeschichte, im Gedenken also, geschieht die Fortsetzung des Handelns Gottes an den Menschen im Hier und Heute als Vorausgriff auf das Reich Gottes am Ende der Zeiten.

Michael Böhnke

Advent/ Weihnachten/ Epiphanie

Wortbedeutung

Weihnachten und Epiphanie gehören zum Weihnachtsfestkreis, der mit dem 1. Advent beginnt. Das Wort Weihnachten stammt vom mittelhochdeutschen *wihe naht*. Es bedeutet geweihte Nacht und ist wohl eine Verdeutschung des aus dem Tagesgebet der Christmette bekannten Ausdrucks *nox sanctissima* (heiligste Nacht). Spätestens seit dem 4. Jahrhundert wird das Weihnachtsfest, zunächst 336 in Rom, dann auch in Nordafrika, am 25. Dezember gefeiert.

Unbekanntes Geburtsdatum

Der historisch exakte Termin der Geburt Christi ist unbekannt und dürfte auch damals schon unbekannt gewesen sein. Nachdem sich die Kirchen auf dem Konzil von Konstantinopel (381) auf den 25. Dezember als einheitlichen Festtermin geeinigt hatten, wurden im Laufe der Zeit die Festinhalte voneinander abgehoben und zu unterschiedlichen Terminen gefeiert: Das Fest der Geburt des Herrn am 25. Dezember – Weihnachten –, das Fest der Anbetung der Weisen und der Taufe des Herrn am 6. Januar – Epiphanie –. Heute wird in der lateinischen Kirche das Fest der Taufe des Herrn am ersten Sonntag nach dem 6. Januar gefeiert.

Bedeutung der Feste

Die Feste haben ihre Bedeutung erlangt in Verbindung mit der christologischen Fragestellung, die die Kirche im dritten und vierten Jahrhundert bewegte: Die Frage nach Jesu wahrem Gottsein und seinem wahren Menschsein. Wenn in Jesus Christus Gottes Herrschaft endgültig menschliche Wirklichkeit für die Menschen geworden ist, dann musste der Mittler ganz auf Seiten Gottes und ganz auf Seiten des Menschen stehen. Das Glaubensbekenntnis von Nizäa (325) hat dies in der Sprache und dem Denken der damaligen Zeit gemäß mit den folgenden Worten ausgedrückt: „Jesus Christus, Gottes eingeborene[r] Sohn, […] eines Wesens mit dem Vater, […] für uns Menschen und zu unserem Heil […] ist [er] Mensch geworden."

Menschwerdung Gottes

Am 25. Dezember feiern Christen seitdem die Geburt Jesu (nicht den Geburtstag), die unter dem leitenden Gedanken der Menschwerdung Gottes steht. Im Lukasevangelium ist die Namensgebung „Jesus" jedoch nicht unmittelbar mit der Geburt, sondern mit der am achten Tag nach der Geburt erfolgten Beschneidung verbunden. „Die Menschwerdung Gottes geschieht demnach ganz konkret darin, dass er in sein Volk kommt, d.h. Menschwerdung bedeutet „Jude-Werdung". Die Kirche hat den tiefen Sinn, der in Lukas 2,21 benannt ist („Als acht Tage vorüber waren und das Kind beschnitten werden sollte, gab man ihm den Namen Jesus, den der Engel genannt hatte, noch ehe das Kind im Schoß seiner Mutter empfangen wurde"), lange Zeit dadurch betont, dass sie am 1. Januar, also acht Tage nach Weihnachten, das Fest der Beschneidung des Herrn gefeiert hat. (Dohmen 55)

Erscheinung des Herrn (6. Januar)

Älter als das Weihnachtsfest ist das vor allem im Osten beheimatete Fest der Erscheinung des Herrn, welches am 6. Januar gefeiert wurde. Es war in den verschiedenen Kirchen mit unterschiedlichen Festinhalten verbunden: in Jerusalem, Antiochien und Konstantinopel mit der Geburt Christi (Lukas 2,1–20) und teilweise in eins mit ihr mit der Anbetung der Weisen (Matthäus 2,1–12), mit dem Wunder von Kanaan als erstem Wunder Jesu nach dem Zeugnis des Johannesevangeliums (Johannes 2,1–11), und in Ägypten – vor allem – mit der Taufe Jesu im Jordan (Markus 1,9–11). Bei allen Festinhalten ging es um eins: Das Offenbarwerden (Epiphanie) der Herrlichkeit Gottes durch Jesus Christus, und zwar so, wie es von den vier Evangelien in unterschiedlicher Weise bezeugt worden ist.

Zu der im Weihnachtsfest „betonten menschlichen Seite" trat also im Festkreis um Weihnachten als korrespondierendes Fest das der Erscheinung des Herrn am 6. Januar hinzu, durch das die göttliche Seite dieses Neugeborenen in den Mittelpunkt gestellt wird und ihre Verehrung findet. So bildeten das Fest der Beschneidung und das Fest der Erscheinung des Herrn eine Einheit mit dem Weihnachtsfest." (Dohmen 55)

In der alten Kirche wurde am Festtag Epiphanie zudem der Ostertermin verkündet. Er wurde, so hatte es das Konzil von Nizäa festgelegt, durch die Kirche von Alexandrien berechnet, die ihn den anderen Kirchen mitteilte. Diese wiederum verkündeten ihn am 6. Januar feierlich in ihren Diözesen.

Advent

Das Weihnachtsfest wurde – ausgehend von Spanien – im 6. und 7. Jahrhundert erweitert durch eine Vorbereitungszeit, die der österlichen Fastenzeit nachgebildet war: unserer heutigen Adventszeit. Advent bedeutet übersetzt Ankunft. Die Vorbereitung auf die Geburt Jesu gehört ebenso wie die Erwartung der Wiederkunft des Herrn zum liturgisch erinnerten Gehalt des Advents. Mit dem Warten auf den Messias, den Erlöser, beginnt für die Katholiken das neue Kirchenjahr, welches durch Weihnachts- und Osterfestkreis strukturiert ist. Die Dauer der Adventszeit wurde auf dem Konzil von Trient (1545–1563) auf vier Wochen festgelegt.

Zeitenwende nach Christi Geburt

Mit der Menschwerdung Gottes in Jesus änderte sich für die Christen die reale Geschichte. Das, was Menschen gemäß der Verheißung der Treue und Menschenfreundlichkeit Gottes erhoffen, nämlich dass Sünde und Tod nicht das letzte Wort haben, ist in Jesus Christus Realität und Grund christlicher Hoffnung geworden: Die Nähe Gottes zu den Menschen und die Erlösung von Sünde und Tod als Heilsangebot an die gesamte Menschheit: Der Beginn einer neuen Zeit – am 24. Dezember endet der Advent mit dem liturgischen Gedächtnis an Adam und Eva, dem *alten* Adam stellt die Liturgie typologisch Christus als den *neuen* Adam gegenüber – und einer neuen Zeitrechnung: Seit dem 4. Jahrhundert gilt die Geburt Christi als *Zeitenwende*. Die europäisch geprägte Welt orientiert sich in der Zählung der Jahre an ihr: vor und nach Christi Geburt. In diesem Zusammenhang ist es erwähnenswert, dass mancherorts bis ins 16./17. Jahrhundert hinein als Jahresbeginn der 25. Dezember galt.

Brauchtum im Advent

Das Brauchtum im Advent wird dominiert von der Lichtsymbolik. Die Erwartung von Christus als dem Licht der Völker findet ihren Ausdruck in den Kerzen des Adventskranzes, die zunehmend die freilich angesichts des Lichterglanzes der Innenstädte nur noch schwer erfahrbare Finsternis der Welt durchdringen (Johannes 1,5). Die vorweihnachtliche Erwartungshaltung der Kinder wird durch die Adventskalender, von denen manche von beachtlicher pastoraler und pädagogischer Qualität sind, geweckt und unterstützt. Liturgisch hat die Lichtsymbolik vor allem in den Rorate Messen (Jesaja 45,8) ihren Ausdruck gefunden.

Brauchtum an Weihnachten

Um das Weihnachtsfest entwickelte sich im Laufe der Zeit ein reichhaltiges, von verschiedenen Motiven geprägtes Brauchtum, das bis in die Gegenwart hinein bestimmend geblieben ist: Weihnachten als Lichterfest (Johannes 8,12), als Krippenfest (Lukas, 2,12; besonders gefördert durch Franz von Assisi), als Fest der Geschenke, die das „Christkind" bringt (Martin Luther), und des Lebens (Weihnachtsbaum, dessen Grün Leben und Hoffnung symbolisiert); als romantisch geprägtes Familienfest (Weihnachtslieder; Bescherung, Festessen). Der christologische Gehalt des Festes ist dabei für viele Zeitgenossen gegenüber der konsumorientierten Weihnachtsfolklore ins Hintertreffen geraten.

Brauchtum an Epiphanie

Auch die Bedeutung des Festes der Erscheinung des Herrn wird durch das Brauchtum überlagert. Das Stern- oder Dreikönigssingen, welches seit dem 16. Jahrhundert bezeugt ist, wirkte hier in jüngster Vergangenheit bewusstseinsbildend. Die jährliche Sammelaktion des Kindermissionswerkes prägt die Vorstellungen von Epiphanie als dem Fest der Heiligen Drei Könige, zu denen die die Göttlichkeit Jesu nach dem Matthäusevangelium bezeugenden Weisen im 6. Jahrhundert wurden. Ihre Gebeine werden seit dem Mittelalter in Köln verehrt. Zwischen 1180 und 1225 wurde für sie ein kostbarer Reliquienschrein angefertigt, der dann auch ein entscheidender Anlass zum Bau der gotischen Kathedrale, dem Kölner Dom gewesen ist. Köln wurde somit zu einer der wichtigsten Pilgerstätten des Spätmittelalters.

Franz Josef Backhaus

Fasten- und Passionszeit/ Palmsonntag

Bußzeit zur Besinnung auf Gott

Die österliche Bußzeit – landläufig als Fastenzeit bezeichnet – hat aus der Sicht des Zweiten Vatikanischen Konzils eine *doppelte Aufgabe:* Einerseits durch Tauferinnerung oder Taufvorbereitung, andererseits durch Buße die Gläubigen in einer Zeit des intensiveren Hörens auf das Wort Gottes und des intensiveren Gebets auf das Osterfest (Pascha-Mysterium) vorzubereiten (vgl. Konstitution über die heilige Liturgie, *Sacrosanctum Concilium* 109). Gerade durch die in der Buße geschehende Umkehr soll sich jeder Christ wieder seines Taufauftrages und damit der österlichen Heilstat bewusst werden. Das Fasten als Entsagungsform bildet *einen* wichtigen Aspekt der österlichen Bußzeit, sollte aber sprachlich nicht an ihre Stelle treten, da die österliche Bußzeit positiv gewendet auch die Intensivierung des geistlichen Lebens meint.

40-tägige Fastenzeit

Während sich die Christen im 2. Jahrhundert durch ein zweitägiges Trauerfasten auf das Osterfest vorbereiteten, und dies später auf die ganze Karwoche ausgeweitet wurde, sprach das Konzil von Nizäa (325 n. Chr.) schon wie selbstverständlich von der vierzigtägigen Vorbereitungszeit. Damit nahm man Bezug auf die 40 Tage, die Jesus nach seiner Taufe fastete (Matthäus 4,2; Lukas 4,1 f). Entsprechend dem hohen Symbolwert der Zahl 40 sahen die Kirchenväter darin u. a. auch Hinweise auf die 40 Tage und Nächte, die Mose auf dem Sinai (Exodus 34,28) oder die der Prophet Elija auf dem Weg zum Berg Horeb (1 Könige 19,8) fasteten. Ebenfalls dauert die Sintflut 40 Tage (Genesis 7,17), die Wüstenwanderung des Volkes Israels 40 Jahre (*Deuteronomium* 8,2.4) und Jona predigt der Stadt Ninive ihren Untergang in 40 Tagen (Jona 3,4). Da an den Sonntagen nicht gefastet wird, zählte man, um auf die Zahl 40 zu kommen, nicht nur Gründonnerstag, Karfreitag und Karsamstag zur österlichen Bußzeit, sondern begann mit dem Mittwoch vor dem 1. Fastensonntag.

Weil aber der Aschermittwoch bei den Gläubigen fest verankert war, beginnt mit ihm weiterhin die österliche Bußzeit, auch wenn im Rahmen der liturgischen Neuordnung Gründonnerstag, Karfreitag und Karsamstag zu den drei österlichen Tagen gehören und somit die österliche Bußzeit bis zum Beginn der Abendmahlsmesse am Gründonnerstag dauert. So kommt man nach Abzug der Sonntage nicht mehr auf die Zahl 40.

Aschermittwoch und Karfreitag

Der Aschermittwoch ist neben dem Karfreitag *gebotener* Fasttag, d.h. an diesen Tagen sollte es nur eine Mahlzeit geben (keine Fleischspeise). Ausgenommen von diesem Fasten sind Kinder, Alte, Kranke, Schwangere und Menschen, die körperlich schwer arbeiten. Im Mittelpunkt des Aschermittwochs steht die mit Weihwasser gesprengte Asche, die aus den Palmzweigen des Vorjahres gewonnen wird. Die Asche, die ein Symbol der Vergänglichkeit aber auch der Trauer, der Buße und der Reinigung ist, wird entweder in Kreuzesform auf die Stirn aufgetragen oder auf den Kopf gestreut. Der Priester spricht dazu „Kehrt um, und glaubt an das Evangelium!" (Markus 1,15). Darin drückt sich die doppelte Aufgabe der österlichen Bußzeit aus: Buße und die Frohe Botschaft vom Tod und Auferstehung Jesu Christi, auf die jeder Christ getauft ist.

Liturgien zur Passionszeit

Auch die Ausgestaltung der österlichen Bußzeit steht unter diesem doppelten Aspekt: Einerseits betonen u.a. Bußandachten oder Kreuzwegandachten den Bußcharakter, andererseits wird in den Gottesdiensten verstärkt das Taufmotiv in den Vordergrund gestellt (*Sacrosanctum Concilium* 109).

1. und 2. Fastensonntag

Die ersten beiden Fastensonntage behandeln in ihren Evangelien in allen drei Lesejahren jeweils die gleichen Themen: am 1. Fastensonntag die Versuchung Jesu, am 2. Fastensonntag die Verklärung Jesu. Beide Fastensonntage in allen drei Lesejahren bilden *thematisch* eine Einheit: Jesus ist nicht nur der Sieger über alle gottwidrigen Mächte, sondern vor allem über den Tod. Kreuz und Tod sind nicht das Ende, sondern bilden den Hindurchgang zur Herrlichkeit. So bereiten die ersten beiden Fastensonntage schon auf das österliche Geheimnis vor.

3. bis 5. Fastensonntag

Die nachfolgenden drei Fastensonntage sind entsprechend den Evangelien im Lesejahr A durch das Thema „Taufe", im Lesejahr B durch das Thema „Tod und Auferstehung" und im Lesejahr C durch das Thema „rettende Bekehrung" geprägt. So spiegelt sich auch in den Evangelien des 3. bis 5. Fastensonntag in allen drei Lesejahren die doppelte Aufgabe der österlichen Bußzeit wider: Die Christen sollen sich daran erinnern, dass sie als Gemeinde auf den Tod und die Auferstehung Jesu Christi getauft sind. Sie sind dazu eingeladen, ihr Leben durch Umkehr immer wieder neu an diesem österlichen Sakrament auszurichten.

Vor der liturgischen Neuordnung begann mit dem Passionssonntag die Passionszeit. Damit wurde das Leiden Christi besonders hervorgehoben. Da aber die liturgische Neuordnung die innere Einheit der österlichen Bußzeit betont (Hindurchgang Christi durch Leiden und Tod zur Auferstehung), nennt man den Passionssonntag einfach 5. Fastensonntag. Dennoch ist der Brauch geblieben, in Kirchen und Kapellen Kreuze und Bilder zu verhüllen, wobei die Kreuze bis zum Ende der Karfreitagsliturgie und die Bilder bis zu Beginn der Osternachtfeier verhüllt bleiben. In diesem „Fasten der Augen" drückt sich der Gedanke aus, dass Christus in der Zeit des Leidens seine Gottheit verbirgt.

Palmsonntag

Eine herausragende Stellung nimmt der 6. Fastensonntag ein, der nach dem römischen Messbuch „Palmsonntag vom Leiden Christi" heißt. Am Beginn der Liturgie steht der Einzug Jesu in Jerusalem und damit der Lobpreis mit den Siegespalmen, mit denen man Jesus als Sieger und König huldigt. Entsprechend dem deutschen Messbuch von 1975 gibt es verschiedene Formen für die Feier des Einzugs Christi in Jerusalem. Die Palmprozession soll öffentlich die Christusnachfolge aus dem Glauben heraus bekunden. In der Eucharistiefeier mit den jeweiligen Leidensgeschichten nach Matthäus, Markus und Lukas steht das Leiden und der Tod Jesu im Mittelpunkt. Damit wird auf die kommende Karwoche (*Heilige Woche*) eingestimmt. Der Doppelcharakter des Palmsonntags – Christi Sieg und Christi Leiden und Sterben – zeigt sich eindrücklich in der Präfation: Er war ohne Sünde und hat für die Sünder gelitten. Er war ohne Schuld und hat sich ungerechtem Urteil unterworfen. Sein Tod hat unsere Vergehen getilgt, seine Auferstehung uns Gnade und Leben erworben.

In dieser Präfation klingt am Ende schon das österliche Geheimnis an und damit *die Grundlage* christlichen Lebens und Liturgiefeierns.

Clemens Leonhard

Ostern

Ostern zweitältestes Fest der Christen

Ostern ist nach dem Sonntag das zweitälteste Fest der Christenheit. Es wurde bereits Mitte des zweiten Jahrhunderts an einem – zunächst nicht an einen Wochentag gebundenen – Datum des alttestamentlichen Pessach (Passah / Pascha) gefeiert. Von Anfang war es aber mit der Erinnerung an Leiden, Tod und Auferstehung Jesu verbunden. Nachdem die Auferstehung Jesu an einem Sonntagmorgen von den Frauen entdeckt wurde, lag es nahe, diese Erinnerung auch an einem Sonntag zu feiern. Heftige Debatten führten in der alten Kirche zur Einigung auf denjenigen Termin, an dem Ostern bis heute gefeiert wird.

Osterdatum

Das Osterdatum errechnet sich (wie auch das jüdische Pessach-Fest) über den Mondkalender: Nach der Tagundnachtgleiche im Frühling liegt es am Sonntag nach dem ersten Vollmond.

Übertragung biblischer Geschichte in Liturgie

Die grundlegende Verbindung der biblischen Geschichte mit dem Termin des Festes führte bald dazu, dass auch in der Gestaltung der Liturgien biblische Zeit in liturgische Zeit übertragen wurde. Der Rückblick in die Zeit Jesu wird zwar auf einzelne Feiern über mehrere Tage aufgeteilt. Das Fest deutet im Licht der Vergangenheit aber auch die Gegenwart und gibt Gründe für die Hoffnung auf die Zukunft. Die großen Feiern der Kirche erlauben es dabei nicht, bei der Erinnerung an die eine oder andere Episode aus der Leidensgeschichte länger zu verweilen. Sie alle lenken immer wieder den Blick auf das Ganze und die Gegenwart.

Palmsonntag als Osterbeginn

Im Sinn der biblischen Geschichte beginnt Ostern am Palmsonntag, als den Tag, an dem Jesus in Jerusalem einzog. Die feiernden Gemeinden ziehen mit Zweigen in den Händen in die Kirche. Dort feiern sie allerdings die Messe. Sie spielen nicht die biblische Geschichte weiter, in der Jesus in den Tempel geht und die Tische der Händler umstößt (Matthäus 21,12).

Gründonnerstag

Die nächste große Feier ist die Messe am Abend des Gründonnerstags. In der Liturgie werden in den Einsetzungsbericht die Worte „das ist heute" eingefügt. Diese Brücke über zwei Jahrtausende meint nicht, dass das Abendmahl Jesu nachgespielt wird. Es wird an diesem Abend besonders gefeiert, dass in jeder Messe der Auftrag Jesu „tut dies zu meinem Gedächtnis" (vgl. Lukas 22,19; 1 Korinther 11,24f) erfüllt wird. Das Neue Testament erzählt als Ereignisse der folgenden Nacht Gefangennahme und Verurteilung Jesu. Diese Ereignisse werden am Vormittag und zu Mittag in kurzen Gebeten der Tagzeitenliturgie angedeutet, nicht aber zum Anlass großer Versammlungen der Gemeinden genommen.

Karfreitag

Am Karfreitag versammeln sich die Gläubigen wieder um die Zeit des Todes Jesu. In dieser Liturgie wird nochmals die ganze Leidensgeschichte vorgelesen. Leiden und Tod Jesu sind nicht nur Ereignisse der Vergangenheit. Christus wird in der Liturgie als der Gekreuzigte heute von den Menschen verehrt. Dieselben Menschen der Gegenwart treten in den Großen Fürbitten für die Nöte der Welt vor Gott ein. Im alten Gesang „O du mein Volk, was tat ich dir?" (in der deutschen Fassung aus dem 17. Jahrhundert: *Gotteslob* 206) wird auch keine Anklage des historischen Jesus an die Bewohner des antiken Jerusalems in Szene gesetzt. Im Gegenteil, die heutigen Sänger des Liedes bedenken darin ihr eigenes Leben angesichts des Kreuzes.

Karsamstag

Was die Jünger Jesu am Karsamstag getan haben, sagt das Neue Testament nicht. Sie sind vielleicht kurz am Grab Jesu geblieben (Matthäus 27,61, allerdings als Umdeutung von Markus 15,47). Matthäus erzählt, dass das Grab von römischen Soldaten bewacht wurde. Die Frauen konnten das leere Grab erst am nächsten Morgen entdecken, weil sie die Ruhe des Sabbats einhielten (Lukas 23,56). Am Karsamstag kann heute viel getan und bedacht werden. An manchen Orten ist es üblich, das heilige Grab in der Pfarrkirche zu besuchen oder an einer Segnung von Speisen teilzunehmen. Der Karsamstag ist in jedem Fall vom Warten auf die große Liturgie der Osternacht und nicht von der Erinnerung an eine biblische Erzählung geprägt.

Osternacht

Die Feier der Osternacht (in der Nacht zwischen Samstag und Sonntag oder zum Morgen des Sonntags hin) ist die größte und erhabenste Liturgie der österlichen Tage. Sie beginnt mit der Lichtfeier, die die Wohltat des Feuers und des Lichts, das es spendet, zum Anlass nimmt, Gott zu preisen. In einem ersten Höhepunkt der Nachtfeier, dem Gesang des „Exsultet", wird gesagt, worum es zu Ostern geht: „Dies ist die Nacht, die auf der ganzen Erde alle, die an Christus glauben, scheidet von den Lastern der Welt, dem Elend der Sünde entreißt, ins Reich der Gnade heimführt und einfügt in die heilige Kirche." Die folgenden Lesungen beginnen heute mit der Schöpfung der Welt (Genesis 1,1–2,2). Als die Liturgie der Osternacht entstand, las man allerdings noch bis zur Vertreibung von Adam und Eva aus dem Paradies (bis Genesis 3,24) vor. Die Lesungen erzählen daher nicht die biblische Geschichte nach. Sie beleuchten alle aus unterschiedlicher Perspektive den Grund von Ostern: Christus hat durch Leiden, Tod und Auferstehung die Vertreibung aus dem Paradies, die Folgen der Sünden, aufgehoben: „Der Glanz dieser heiligen Nacht … reinigt von Schuld, gibt den Sündern die Unschuld, den Trauernden Freude."

Glockenläuten

Zu Beginn der feierlichen Messe, wenn zum ersten Mal nach der österlichen Bußzeit wieder der Gesang des „Ehre sei Gott in der Höhe" angestimmt wird und die seit dem Gründonnerstag nicht mehr geläuteten Glocken erklingen, werden alle Lichter der Kirche entzündet. Lied, Glocken und Licht zeigen den Beginn eines neuen Teils der Liturgie an, nicht die Abwertung der alttestamentlichen Lesungen.

Ostersonntag

Das Evangelium setzt die Erzählung der Leidensgeschichte mit der Entdeckung des leeren Grabes am Sonntagmorgen und der ersten Verkündigung der Auferstehung fort. Auch wenn keine Taufe gefeiert wird, folgt das Gebet „Lobpreis und Anrufung Gottes über dem Wasser" und das gemeinsame Glaubensbekenntnis. Über viele Jahrhunderte sind die theologischen Themen um Ostern und die Taufe zusammengewachsen. Auch jenes Gebet verkündet daher die Osterbotschaft. Die Osternacht wird mit der Messe abgeschlossen.

Ostermontag

Das Evangelium des Ostermontags erzählt in der Geschichte der „Jünger von Emmaus" (Lukas 24,13–35), wie die Schar der Zeugen der Auferstehung immer größer wird.

Einladung ins Ostergeschehen

Wer den Liturgien von Ostern aufmerksam folgt, hört viele biblische Texte, die um die Grundfragen des Christseins angeordnet sind und in Liedern und Gebeten weiterverarbeitet werden. Sie laden ein, sich nicht als Zuschauer, sondern als Handelnde in die Geschichte Jesu verwickeln zu lassen.

Felix Genn

Christi Himmelfahrt/ Pfingsten/ Fronleichnam

Christi Himmelfahrt

Die Stunde der Himmelfahrt sieht den Auferstandenen noch einmal im Kreis der Apostel, von denen Jesus, wie es der Evangelist Lukas berichtet (vgl. Lukas 24,50 f), segnend Abschied nimmt, und in denen er die Kirche auf Erden mit der klaren Sendung zurücklässt: „Geht zu allen Völkern, und macht alle Menschen zu meinen Jüngern; tauft sie auf den Namen des Vaters und des Sohnes und des Heiligen Geistes, und lehrt sie, alles zu befolgen, was ich euch geboten habe." (Matthäus 28,19 f)

Vierzig Tage hindurch war der Herr nach seiner Auferstehung zuerst den Frauen am Grab, dann den Aposteln und vielen anderen Jüngern als der erschienen, der tot war und lebt. Er hatte ihnen den österlichen Lebenskeim selbst ins Herz gelegt, und nun, da das Werk der Erlösung vollbracht ist, kehrt er zu dem zurück, von dem er ausgegangen war, kehrt heim zum Vater, um uns „einen Platz [...] vorzubereiten" – „damit auch ihr dort seid, wo ich bin", wie Jesus es in seinen Abschiedsworten sagt (Johannes 14,3).

Jesu Weg ist auch der Menschen Weg.

Das bedeutet: Jesu Weg ist auch unser Weg. So wie er nach seinem irdischen Leben durch den Tod hindurch in das Reich seines Vaters gelangt, so werden auch jene, die ihm folgen, ans Ziel kommen: zum ewigen Leben bei Gott. Das Tagesgebet bekennt diese Wahrheit mit den Worten: „Gott, [...] in der Himmelfahrt deines Sohnes hast du den Menschen erhöht. Schenke uns das feste Vertrauen, dass auch wir zu der Herrlichkeit gerufen sind, in die Christus uns vorausgegangen ist."

Bei Gott hat der Mensch seinen Platz. Der wahre Mensch Jesus von Nazaret ist in die Höhe gehoben. Welche Würde! Auch für uns ist die Schwelle des Todes keine endgültige Grenze. Im Gegenteil: Wir haben die berechtigte Hoffnung auf die Erfüllung unseres Lebens in Gott, gerade durch Kreuz und Leid hindurch. Wir haben Hoffnung auf Herrlichkeit.

Zeugen für die Hoffnung

Dafür sollen wir Zeugen sein. Diese Hoffnung bis an die Grenzen der Erde zu tragen, bis in alle Dimensionen unseres Menschseins hinein, ist der Auftrag der Kirche. Sie kann ihn erfüllen nur in der Kraft seines Segens, im Vertrauen auf die Verheißung Christi, wie sie uns der letzte Satz des Matthäusevangeliums überliefert: „Seid gewiss: Ich bin bei euch alle Tage bis zum Ende der Welt." (Matthäus 28,20) Und doch gibt es eine Art ›Trennungsschmerz‹, der in den Herzen der bei der Himmelfahrt um den Herrn versammelten Apostel die tiefe Sehnsucht weckt, Jesus wiederzusehen. Dieses Sehnen und die Überzeugung, dass der Herr wiederkommen wird am Ende der Zeit, das unaufhörliche Warten darauf, wird in jener Stunde der Kirche ins Herz geschrieben: „Deinen Tod, o Herr verkünden wir, und deine Auferstehung preisen wir, bis du kommst in Herrlichkeit."

Pfingsten

Das Hohe Pfingstfest krönt, fünfzig Tage nach der Auferstehung des Herrn, die Osterzeit. Darum versetzt uns das Festevangelium erneut in die unmittelbare Gegenwart des Auferstandenen, der seinen Jüngern erscheint, als sie sich aus Angst vor Nachstellungen eingeschlossen haben. Mit österlicher Kraft überwindet Jesus, der die Pforten des Todes schon durchbrochen hat, auch jetzt die verschlossenen Türen und schenkt den Jüngern den Heiligen Geist. Der Evangelist Johannes beschreibt diesen Augenblick sehr innig, ja intim: „Jesus trat in ihre Mitte und sagte zu ihnen: Friede sei mit euch! Nach diesen Worten zeigte er ihnen seine Hände und seine Seite. […] Wie mich der Vater gesandt hat, so sende ich euch. Nachdem er das gesagt hatte, hauchte er sie an und sprach zu ihnen: Empfangt den Heiligen Geist!" (Johannes 20,21 f)

Gründung der Kirche

Der Heilige Geist ist die Gabe des erhöhten Herrn, die unmittelbare Frucht seiner Erlösungstat am Kreuz. Er strömt aus den Wunden, die Jesus aus Liebe zu uns erlitten hat. Deshalb zeigt er ihnen seine Wunden, die das Lieben bis zum Ende mit sich bringt. Ihre Botschaft ist tiefer Friede. So stellt er die junge Kirche, diesen zarten Anfang, in seine eigene Sendung, die er selbst vom Vater empfangen hat. Kirche ist Mission, Sendung. Hier liegt ihr Fundament, ihre Gründung: in der Beziehung zwischen Vater und Sohn, im Sein, in der Liebe Gottes selbst, die uns der Heilige Geist mitteilt.

Das begreift der Apostel Paulus, wenn er im Römerbrief schreibt: „Die Liebe Gottes ist ausgegossen in unsere Herzen durch den Heiligen Geist, der uns gegeben ist." (Römer 5,5)

Diese Liebe versetzt in Bewegung und brennt – so sehr, dass uns die berühmte Pfingsterzählung der Apostelgeschichte davon berichtet, wie der Heilige Geist in Gestalt von Feuerzungen und mit großem Getöse auf die Urgemeinde herabkommt. Da hielt es sie nicht mehr. Sie mussten hinaus, um von dem zu sprechen, was sie mit diesem Jesus von Nazaret, dem Sohn Gottes, der gekreuzigt wurde und auferstand, erfahren hatten; und sie sprachen so von ihm, dass alle Menschen, ganz gleich welcher Herkunft, sie verstehen konnten (vgl. Apostelgeschichte 2,1–11).

Beginn der Kirche

An Pfingsten feiern wir dankbar diesen Anfang der Kirche, der immer ‚frisch' bleibt. Die Liebe Gottes ist so unerschöpflich, die Auferstehung Christi so machtvoll und die Kraft des Heiligen Geistes so gewaltig, dass die Christen aller Zeiten daraus leben und die Kirche sich unablässig daraus erneuern kann. Wo immer wir uns heute von dieser Liebe treffen lassen, können wir dem Auferstandenen begegnen und in seine Sendung eintreten. Da gilt: „Anfang ist jetzt." In diesem Sinne betet die Kirche am Pfingstfest für ihre Mission: „Gott, […] erfülle die ganze Welt mit den Gaben des Heiligen Geistes, und was deine Liebe am Anfang der Kirche gewirkt hat, das wirke sie auch heute in den Herzen aller, die an dich glauben."

Fronleichnam

Auch Fronleichnam, das Hochfest des Leibes und Blutes Christi, hat einen österlichen Charakter. Die Kirche feiert es am zweiten Donnerstag nach Pfingsten und betrachtet noch einmal mit besonderer Aufmerksamkeit, in tiefer Ergriffenheit und Dankbarkeit, was ihr der Herr am Gründonnerstag mit der Einsetzung der Eucharistie geschenkt hat. Das Wort: „Seid gewiss: Ich bin bei euch alle Tage" (Matthäus 28,20) ist real und fassbar im Sakrament des Altares, in dem der gekreuzigte und auferstandene Herr wahrhaft unter uns bleibt. So werden das während der Messfeier in den Herrenleib verwandelte Brot und der in Christi Blut gewandelte Wein zum Inbegriff der Liebe Gottes, die uns nie verlässt. Darum sagt Jesus von sich im Johannesevangelium: „Ich bin das lebendige Brot, das vom Himmel herabgekommen ist. […] Das Brot, das ich geben werde, ist mein Fleisch, ich gebe es hin für das Leben der Welt." (Johannes 6,51) Seine liebende Hingabe, die Frucht seines Todes und seiner Auferstehung, hält an und wirkt fort. Das bekennen und verkünden wir, wenn wir das Allerheiligste in Gestalt der Brothostie an diesem Tag mit der Monstranz – einem kostbaren Schaugefäß – in festlicher Prozession durch unsere Straßen und auf die Plätze tragen und Jesus um seinen Segen für alle Menschen bitten.

Pilgerndes Gottesvolk

Dabei wird diese jährliche Prozession auch zum Bild für die Kirche selbst, so wie sie uns das Zweite Vatikanische Konzil neu in Erinnerung gerufen hat: Sie ist das „pilgernde Gottesvolk" auf dem Weg durch die Zeit, ja sie ist „in Christus gleichsam das Sakrament, das heißt Zeichen und Werkzeug für die innigste Vereinigung mit Gott wie für die Einheit der ganzen Menschheit" (*Lumen Gentium* 1). Jesus Christus hat sich sakramental an seine Kirche gebunden. Wenn er unseren Blicken auch entzogen ist, so bleibt er doch bei uns in der Kraft seines Geistes, durch alle Wechselfälle der Geschichte hindurch. So werden jene, die an ihn glauben, selbst zum Sakrament, also zu Trägern und Spendern der wirklichen Gegenwart Gottes unter den Menschen.

Gegenwart Christi

Das Fronleichnamsfest erinnert die Kirche daran, dass der Herr lebendig in ihrer Mitte ist. Seine Gegenwart macht ihren Weg und ihre Sendung zu einem österlichen Geschehen. Im Geheimnis des Leibes und Blutes Christi betrachtet die Kirche gleichzeitig das Geheimnis ihrer eigenen Wirklichkeit, das der heilige Kirchenlehrer Augustinus auf den Punkt bringt: „Wenn ihr also Leib und Glieder Christi seid, dann liegt euer Geheimnis auf dem Tisch des Herrn: Euer Geheimnis empfangt ihr. [...] Seid, was ihr seht, und empfangt, was ihr seid." (*Sermones* 272)

Herbert Haslinger

Volksreligiosität

Definition

Begriff. Im allgemeinen Verständnis verbindet man mit „Volksreligiosität" religiöse Haltungen und Vollzüge, die weniger von den theologisch-kirchlichen Autoritäten vorgegeben, sondern von den breiten Schichten der Gläubigen eigenständig praktiziert werden. Der Begriff bezeichnet also die *Religiosität des Volkes*. Diese Definition ist nur scheinbar trivial. Denn tatsächlich lässt sich an den beiden Begriffen „Religiosität" und „Volk" das Wesen der Volksreligiosität festmachen.

Abgrenzung von „Religion"

Als „Religiosität" ist sie nicht einfach gleichzusetzen mit Religion. Letztere bezeichnet ein festes System an Lehren, Praxisformen, Normen und Strukturen, mit denen eine Gruppe von Menschen ihren Bezug auf eine transzendente Größe zum Ausdruck bringt, die unabhängig vom je einzelnen Individuum einheitlich gelten, also objektiven Charakter haben, und die in der jeweiligen Gesellschaft einen gewissen Grad der Institutionalisierung bzw. öffentlichen Anerkennung aufweisen. Religiosität dagegen ist die individuell getragene, subjektive Verwirklichungsform solcher Religion. Sie meint das Ensemble von Überzeugungen und Praktiken, das sich Menschen als Bestandteil der eigenen Identität bzw. Lebensführung aneignen und mit dem sie ihren Glauben an eine transzendente Größe in einer persönlich adäquaten Form vollziehen. Deshalb, aber auch wegen nationalistischer Anklänge, sollte für den gemeinten Sachverhalt nicht der Begriff „Volksreligion" verwendet werden.

nicht nur Brauchtum

Volksreligiosität ist auch nicht einfach (nur) Brauchtum. Fraglos haben viele volksreligiöse Elemente den Charakter eines Brauchs, z. B. das Aufstellen eines Adventskranzes, und bestehen zwischen Volksreligiosität und Brauchtum denkbar große Schnittflächen. Volksreligiösen Formen eignet aber für die sie vollziehenden Menschen noch eine andere Qualität. Sie werden nicht vollzogen, „weil es halt so Brauch ist", wie zum Beispiel das Essen von Krapfen zur Faschingszeit, sondern zu dem Zweck, einem Gehalt des eigenen religiösen Glaubens Gestalt zu geben. Wer etwa beim Tod eines Angehörigen ein Sterbebild mit Kreuz verteilen lässt, erlebt dies nicht (nur) als Vollzug eines Brauchs.

kein Aberglaube

Als problematisch erweist sich die verbreitete Verknüpfung der Volksreligiosität mit Aberglauben bzw. ihre Sicht als Rest heidnischer Mythen. Vor allem dieses Denkschema führt bis heute dazu, dass die Volksreligiosität innerhalb von Theologie und Kirche selbst mit herablassender Despektierlichkeit als Form einer minderen, weniger fundierten oder nicht eigentlich christlichen Religiosität abgetan wird. Dem ist aus theologischer Sicht entgegenzuhalten, dass Volksreligiosität, insofern sie von Menschen aus deren Selbstverständnis als Christen und Kirchenmitgliedern heraus praktiziert wird, aus sich heraus eine kirchliche und christliche Religiosität ist. Zum anderen erweist sich eine solche Wertung auch aus kulturwissenschaftlicher Sicht als überholt. Die Rede von „Aberglaube" wird weitgehend abgelehnt als Ausdruck einer selbstherrlichen Haltung, in der man Elementen einer fremden Religiosität in nicht statthafter Weise den Authentizitätscharakter abspricht. Zudem zeigt der Forschungsstand insbesondere der Volkskunde, dass die Formen christlicher Volksreligiosität in deutlich geringerem Ausmaß als gemeinhin angenommen Ausflüsse heidnischer Mythen sind.

Der Begriff „Volksreligiosität" ist schließlich dem (gleichbedeutend gebrauchten) Begriff „Volksfrömmigkeit" vorzuziehen, weil letzterem der Ton des Harmlosen, Betulichen anhaftet, der den Hang zur Nichternstnahme der Volksreligiosität verschärft.

„Volk" im Begriff „Volksreligiosität" steht für „die Vielen", die breite Masse der Bevölkerung und – in Hinblick auf die soziale Struktur der Kirche – die zahlenmäßig umfangreiche, hierarchisch niedrig angesiedelte, aber soziologisch tragende Schicht der einfachen Gläubigen. Entscheidend für die Charakteristik der Volksreligiosität ist also der Gegensatz zwischen ihren Trägern und der religiösen Elite bzw. dem kirchlichen „Establishment". Das heißt: Zu ihrem Wesen gehört die Unterscheidung sowie Abgrenzung gegenüber den religiösen Inhalten und Praktiken derer, die aufgrund theologischer Bildung, hierarchischer Ämter oder beruflicher Funktionen zu den tragenden Repräsentanten der Kirche zählen. Allerdings darf diese Gegenüberstellung zwischen Volksreligiosität und religiöser Elite nicht als feste Trennung verstanden werden; es kommt zu vielfachen Wechselwirkungen zwischen beiden Sphären. Auch ist sie nicht deckungsgleich mit der Unterscheidung zwischen „Laien" und Klerus; es gibt viele „Laien", die aufgrund ihres innerkirchlichen Status oder ihres Gebarens zum kirchlichen Establishment gehören. Da die Volksreligiosität an die einfachen, hierarchisch untergeordneten Gläubigen gebunden ist, bilden sozial benachteiligte Schichten eine ihrer vornehmlichen Trägergruppen, weshalb sie in den Befreiungstheologien der unterdrückten Kulturen weit mehr Beachtung findet als in der Theologie der „Ersten Welt".

Unter „Volksreligiosität" werden also Praktiken und Überzeugungen verstanden, die sich die breiten Bevölkerungsschichten, die „einfachen Gläubigen", in Abgrenzung zur religiösen Elite als Ausdruck ihres persönlichen Glaubens an eine transzendente Größe und als Bestandteil ihrer Lebensführung aneignen.

Erscheinungsformen. Volksreligiöse Erscheinungsformen lassen sich anhand verschiedener Kategorien ordnen, zum Beispiel nach *Zeiten, Orten, Handlungsformen, Personen und Gegenständen.*

Die wohl wichtigste Form der Strukturierung der Volksreligiosität nach *Zeiten* besteht in der Abfolge des Jahreskreises, bei dem sich die Phasen des offiziell-amtlich definierten Kirchenjahres mit immer wiederkehrenden Vollzügen des alltäglichen Lebens (z. B. Ernte in der Landwirtschaft) zu einem Strang verknüpfen. Als Elemente, die auf dieser Zeitschiene angesiedelt sind, lassen sich exemplarisch nennen: Adventsbräuche, Fastengebote, Osterbräuche wie Speisenweihe oder Emmausgang, Maiandachten, Kräuterweihen, Erntedank, Kirchweih, Totengedenken an Allerheiligen. Eine weitere, allerdings zunehmend verblassende Struktur volksreligiöser Zeiten stellt, vor allem mit Tisch-, Angelus- und Abendgebet, der Tagesablauf dar. *1. Zeiten*

Unter volksreligiösbedeutungsvollen *Orten* sind zum Beispiel Kapellen, Wegkreuze, Totenbretter, Wallfahrtswege und -orte sowie Klöster aufzuführen. Aber auch die Natur als solche dient volksreligiösem Handeln. Dabei lässt sich gerade an diesem Ort ablesen, dass sich immer wieder auch neue volksreligiöse Formen herausbilden und mit alten Formen verbinden bzw. an deren Stelle treten. Während etwa die in der bäuerlichen Kultur verankerten Flurprozessionen im Zuge der Umstrukturierung der Landwirtschaft seltener werden, entstand in jüngerer Zeit mit den Friedwäldern als Begräbnisstätten eine ganz neue, mit einem zeitgemäßen ökologischen Bewusstsein verknüpfte Form volksreligiöser „Nutzung" der Natur. *2. Orte*

3. Handlungsformen

Volksreligiosität zeigt sich drittens in ritualisierten *Handlungsformen*, die entweder immer wiederkehrend bei bestimmten Gelegenheiten vollzogen werden (z. B. Standardgebete, Prozessionen, Kreuzzeichen) oder für Sondersituationen reserviert sind (z. B. Wallfahrten, Sakramente an den Lebenswenden, Segnungen). Typisches Beispiel einer immer wieder praktizierten Form ist der Rosenkranz, der nicht nur als Oktober-Gebet ein festes liturgisches Element des Jahreskreises bildet, sondern als „Allzweck-Gebet" in allfälligen Lebenssituationen dient. Die Form der Segnung zeigt wiederum die Wandlungsfähigkeit der Volksreligiosität. Mit Fahrzeug- und Haussegnungen haben sich Praktiken herauskristallisiert, die von der mobilen, wohlständigen Lebensweise heutiger Menschen veranlasst sind.

4. Personen

Volksreligiöses Leben rankt sich viertens um *Personen*. An vorderster Stelle stehen dabei Heilige und Märtyrer/-innen, deren Verehrung in bildlichen Darstellungen, Gebeten und Liedern, aber auch in der Begehung der Namenstage Gestalt gewinnt. Reliquien können als symbolisch-materialisierte Variante solcher Verehrung verstanden werden. Neben den Heiligen sind auch nicht kanonisierte Personen Bezugspunkte volksreligiöser Einstellungen, wenn sie etwa – wie z. B. die Bischöfe Oscar Romero und Dom Helder Camara, Papst Johannes XXIII. oder viele Ordensfrauen – aufgrund ihrer christlichen Glaubenshaltung oder ihrer Lebensleistung als Vorbild dienen.

Maria

Eine Sonderstellung nimmt innerhalb dieser Kategorie Maria, die Mutter Jesu, ein. Der auf sie bezogene Kult wird praktiziert zum einen in Gebeten, Liedern und Gottesdiensttypen (Maiandacht), wobei das Ave Maria nach dem Vaterunser den Rang eines katholischen Zentralgebets einnimmt; zum anderen in bildlichen Darstellungen sowohl der professionellen Kunst als auch der Popularkunst, spezifisch ausgeprägt etwa in Gestalt der Votivbilder an Marienwallfahrtsorten; und zum dritten in spezifisch marianischen Institutionen, etwa dem Fest Mariä Himmelfahrt (15. August). Damit bildet Maria die Figur, auf die sich in Gestalt der vielschichtigen Marienfrömmigkeit der umfangreichste Komplex an volksreligiösen Ausdrucksformen bezieht.

5. Gegenstände

Schließlich äußert sich Volksreligiosität in *Gegenständen* bzw. materiellen Elementen. Aus dem unüberschaubaren Feld lassen sich hier beispielhaft aufführen: Kruzifixe, Bilder, Statuen, Rosenkränze, Fahnen, Weihwasser, Weihrauch, geweihte Speisen, Kerzen (z. B. Wetterkerzen), Pflanzenschmuck (z. B. Palmbuschen oder Blumenteppiche an Fronleichnam), Gebetbücher.

Kennzeichen. Es lassen sich durchgängige Kennzeichen der Volksreligiosität benennen, mit denen diese sich insbesondere von der „Eliten-Religiosität“, also der von Theologie und kirchlichem Lehramt vorgegebenen Glaubenspraxis, unterscheidet.

- Volksreligiosität bildet ein *ursprünglich zum „Volk“ gehöriges* Phänomen. Sie erwächst aus den breiten Schichten der „einfachen Gläubigen“ und ist in deren Lebenswelt verwurzelt. *Religiosität aus dem Volk*
- Die Gläubigen praktizieren ihre Volksreligiosität relativ *autonom*. Diese entzieht sich weitgehend der Steuerung oder Kontrolle durch die theologisch-kirchliche Elite. *Autonomie*
- Aus der Unabhängigkeit erwächst ein gewisser *anarchischer Zug* der Volksreligiosität, ihre Eigenschaft also, dass sie nicht selten von den Inhalten und Handlungsmustern der theologisch-kirchenamtlich vorgegebenen Religion abweicht. Das ist vor allem dann der Fall, wenn diese einem Bedürfnis des Volkes nicht gerecht wird oder gar ein solches zurückdrängen will und sich das Volk in seiner autonomen Religiosität dafür eine Kompensation schafft bzw. bewahrt. Treffliches Beispiel ist die Gestalt Marias. Allen theologisch-lehramtlichen Absagen an ein Verständnis Gottes als Frau bzw. Mutter zum Trotz hat sich die Volksreligiosität mit ihr über Jahrhunderte hinweg ein Motiv erhalten, anhand dessen sie ein weibliches Gottesbild in eine konkrete religiöse Praxis umsetzen kann, und kommt der „Gottesmutter“ im volksreligiösen Bewusstsein faktisch der Status einer göttlichen Person zu. *Anarchischer Zug*
- Volksreligiosität ist in ihren Ausdrucks- und Erfahrungsformen mehrschichtig angelegt. Im Unterschied zur einseitigen Vernunftorientierung der offiziellen Religion spricht sie die Menschen durch bildliche, symbolische, ästhetische und praktische Elemente auch auf den Ebenen der Gefühle und der Körperlichkeit an. Diese Mehrschichtigkeit bedingt, dass sich im Repertoire volksreligiöser Formen auch Elemente dessen erhalten bzw. neu ausbilden, was unter dem Begriff „Irrationalität“ firmiert, was sich also einer rationalen Erfassung und Bearbeitung entzieht, zum Beispiel Wunderglaube, Mythen oder spiritistische Vorstellungen. Deshalb stellt die Volksreligiosität eine gewisse Korrektur oder ein Gegengewicht dar zu einer rational aufgeklärten Reform religiösen Lebens. *Mehrschichtigkeit*
- Volksreligiosität wird meist nicht verschriftlicht, sondern *mündlich bzw. praktisch* tradiert und angeeignet. Zwar gibt es viele volksreligiöse Elemente in Schriftform; Gebete und Lieder, aber auch Inschriften an Wohnhäusern, Kirchen und *Mündlichkeit*

religiösen Objekten (z. B. Texte zu Votivbildern). Aber während in der kirchenamtlich normierten Religion Schriften (z. B. ein Katechismus) vielfach die Funktion haben, eine entsprechende religiöse Praxis hervorzubringen bzw. zu steuern, sind in der Volksreligiosität verschriftlichte Elemente eher eingebettet in eine an sich bestehende religiöse Praxis und fungieren als Ausdrucksmittel derselben. Die Weitergabe und Aneignung volksreligiöser Formen erfolgt weniger über das Lesen von Schriften, sondern primär über das Nachahmen und Mitvollziehen religiöser Praktiken sowie über die alltagsweltliche Kommunikation zwischen den jeweiligen Personen.

Probleme. Unter den Bedingungen des heutigen gesellschaftlichen Lebens und der innerkirchlichen Entwicklungen zeichnen sich für die Volksreligiosität verschiedene Probleme ab. Die wohl gravierendste, weil den Bestand vieler volksreligiöser Elemente gefährdende Beeinträchtigung erwächst aus allgemeinen Veränderungen in den Strukturen und Lebensformen der Gesellschaft. Den Menschen wird in ihrer alltäglichen Lebensführung zunehmend regionale wie soziale Mobilität abverlangt. Der ursprünglich weithin präsente Sektor der Landwirtschaft dünnt immer mehr aus und verliert damit die Funktion einer flächendeckenden Struktur des gesellschaftlichen Lebens. Infolgedessen nimmt der von einer bäuerlichen Kultur geprägte Anteil der Bevölkerung ab. Damit erleidet die Volksreligiosität, die vornehmlich in einer ländlichen, von stabiler Ortsverbundenheit gekennzeichneten Kultur ihren Nährboden hat, zusehends einen *Verlust ihres stützenden lebensweltlichen Rahmens*.

Verlust der ländlichen Kultur

Vielerorts gibt es Bemühungen, gegenläufig zum Trend der lebensweltlichen Auflösung volksreligiöse Elemente wieder zu beleben oder sie in zeitgemäßer erscheinenden Varianten am Leben zu erhalten. So erfuhr zum Beispiel das Erntedankfest in der jüngeren Vergangenheit eine Renaissance, gelegentlich in der Variation, dass statt der bäuerlichen Erntefrüchte Produkte aus heute gängigen Berufen präsentiert werden. Das Problem besteht freilich darin, dass rituelle Vollzüge nach dem Verlust ihrer lebensweltlichen Verwurzelung nicht einfach künstlich rekonstruiert werden können. So kommt es vielfach zu einer *Folklorisierung bzw. Nostalgisierung* volksreligiöser Praktiken, indem man sie macht, „weil das auch früher so schön war".

Folklore

Eine schwierige Lage erwächst der Volksreligiosität auch daraus, dass die religiöse Elite ihr gegenüber eine *widersprüchli-*

che Haltung an den Tag legt. Über weite Strecken wird, gerade von sich zeitgemäß gerierenden Theologen und Kirchenvertretern, die Volksreligiosität despektierlich als Ausdruck einer naiven, unmündigen, unaufgeklärten Gläubigkeit abgetan. Der Umstand, dass die Kirche ihre Stellung als unhinterfragbare, flächendeckend prägende Gesellschaftskraft zunehmend verliert, führt nun aber gerade dazu, dass man sich bei den Instanzen der Kirche wieder der Volksreligiosität als Reservoir einer selbstverständlichen, lebensweltlich tief verankerten Religion erinnert und sie idealisierend als Beispiel einer (wieder) anzustrebenden Verfasstheit der Kirche vor Augen hält.

Volksreligiosität als eine Quelle der Religion

Dazu tritt die Tendenz einer *Instrumentalisierung*, bei der Kräfte der offiziell-amtlichen Kirche volksreligiöse Elemente aufgreifen, um damit eigene Interessen zu bedienen. Wallfahrten etwa dienen als „Begleitprogramm" für Weltjugendtage und Formen der sinnlichen Erfahrung werden genutzt für die Inszenierung von Gottesdiensten als *events*. So soll die Attraktivität der Volksreligiosität der Kirche wieder Bindekraft verschaffen-

Instrumentalisierung

Bei aller Wertschätzung der Volksreligiosität darf ihre nach wie vor bestehende *Anfälligkeit für unkritische, unreflektierte Verhaltensmuster* nicht übersehen werden. Gerade wenn sich Menschen auf die erbauliche Ästhetik emotional aufgeladener, sinnenfreudiger Vollzüge fixieren, besteht die Gefahr, dass sie auf eine kritische und damit weniger erbauliche Reflexion ihrer religiösen Inhalte und Praktiken verzichten und sich so in den Status einer unaufgeklärten, vermeintlich unhinterfragbaren und somit Stabilität vorgaukelnden Religiosität einrichten. Deshalb gilt: Der idealisierende Blick auf die Volksreligiosität ist *nicht* der ideale Umgang mit ihr.

unreflektierte Verhaltensmuster

Kirchenjahr

Christian Schaller

Marienfeste und Heiligenfeste

Marienfeste. Spätestens seit dem Magnifikat, dem großen Lobgesang Mariens, den sie bei der Begegnung mit Elisabeth (Lukas 1,39–56) betet, wird deutlich, welche herausragende und verehrungswürdige Person in der Mutter Jesu bereits in biblischer Zeit gesehen wird: „Siehe, von nun an preisen mich selig alle Geschlechter, denn der Mächtige hat Großes an mir getan.“ Die Kirche erinnert daran am Fest der *Heimsuchung* Marias (2. Juli). Der Tradition der Verehrung der Mutter Jesu ist die Kirche seit ihren Anfängen treu geblieben.

Mariä Heimsuchung

Das Zweite Vatikanische Konzil (1962–1965) formuliert in seiner Konstitution über die Heilige Liturgie *Sacrosanctum Concilium* die enge Verknüpfung zwischen dem Heilshandeln Jesu Christi und seiner Mutter und drückt so auf anschauliche Weise die Begründung für die Verehrung der Gottesmutter (Synode von Antiochien 324/325) aus, wenn es – im Bezug auf die liturgischen Feiern des Kirchenjahres – sagt: „Bei der Feier dieses Jahreskreises der Mysterien Christi verehrt die heilige Kirche mit besonderer Liebe Maria, die selige Gottesgebärerin, die durch ein unzerreißbares Band mit dem Heilswerk ihres Sohnes verbunden ist. In ihr bewundert und preist sie die erhabenste Frucht der Erlösung. In ihr schaut sie wie in einem reinen Bilde mit Freuden an, was sie ganz zu sein wünscht und hofft“ (*Sacrocanctum Concilium* 103). Aus dieser Wertschätzung heraus entwickelten sich einzelne Marienfeste, die jeweils einen eigenen theologischen Aspekt in das Zentrum der Betrachtung rücken:

Jesu und Mariä Heilshandeln

Hochfest der Gottesmutter Maria

Das *Hochfest der Gottesmutter Maria*, das die Kirche am 1. Januar feiert, gilt als das älteste Marienfest. Durch die Nähe zu Weihnachten (es gehört zur Weihnachtsoktav) wird auch die christologische Dimension herausgestellt: Christus ist wahrer Mensch und wahrer Gott. Und als wesensgleicher Sohn des Vaters ist er von Maria in seiner menschlichen Natur geboren worden.

Hochfest der Aufnahme Marias in den Himmel

Am 15. August begeht die Kirche das *Hochfest der Aufnahme Marias in den Himmel.* Der Ursprung der am 1. November 1950 von Papst Pius XII. dogmatisierten Lehre liegt bereits im 4. Jahrhundert und ist im 5. Jahrhundert für den 15. August in Jerusalem unter dem Titel Fest des Heimgangs Marias bezeugt. Besonders im süddeutschen Raum verbinden sich damit spezifische Formen der Volksfrömmigkeit, z. B. die Kräuterweihe.

Dogma der unbefleckten Empfängnis

1854 hat Pius IX. die Lehre von der ohne Erbsünde empfangenen Jungfrau und Gottesmutter dogmatisiert. Das Festgeheimnis erinnert daran, dass der Mensch seinen Anfang in der Gnade Gottes nimmt. Gerade die Mutter Jesu wird so zum Idealtyp wahren Menschseins, das sich in Freiheit dem Heilswillen Gottes überantwortet. Das von Maria bei der Verkündigung gesprochene *fiat*, „mir geschehe nach deinem Willen", ist gnadengewirkte und freie Annahme der Heilsankündigung der Geburt des Erlösers (Lukas 1,26–38).

Geburt Marias
Maria Königin
Schmerzen Marias
Unserer Lieben Frau vom Rosenkranz

In Jerusalem errichtete man angeblich an der Stelle, an der das Geburtshaus Marias gestanden haben soll, eine Anna-Kirche. Zur Erinnerung an den Weihetag der Kirche, die den Namen der Mutter Marias erhielt, wird am 8. September das Fest der *Geburt Marias* gefeiert. Daneben gibt es den Gedenktag *Maria Königin* am 22. August, der mit dem Abschluss des Marianischen Jahres 1954 für die Gesamtkirche verbindlich vorgeschrieben wurde, das Gedächtnis der *Schmerzen Marias* (15. September), das zusammen mit dem Fest Kreuzerhöhung zu seiner eigentlichen Bedeutung findet und erneut die christologische Relevanz der marianischen Feste hervorhebt. Im Rosenkranzmonat Oktober gilt das Gedenken auch *Unserer Lieben Frau vom Rosenkranz* (7. Oktober), das seine Anfänge im 16. Jahrhundert im Umfeld der Seeschlacht von Lepanto (1571) nachweisen kann.

Weitere Marienfeiertage

Hinzu treten nichtgebotene Gedenktage *Unserer Lieben Frau von Lourdes, Unbeflecktes Herz Mariä* (Samstag nach dem Herz-Jesu-Fest), *Unsere Liebe Frau auf dem Karmel* (16. Juli) mit Bezug auf das Kloster Karmel und *Mariä Namen* (12. September), das in Spanien Ende des 16. Jahrhunderts nach der Bedrohung ganz Europas durch die Türken von Papst Innozenz XI. eingeführt wurde.

Marienfrömmigkeit

Allen Marienfesten eigen ist die Anknüpfung an das Heilsgeschehen in Jesus Christus. Eine Marienfrömmigkeit muss von daher verstanden und gelebt werden als ein Hinweis auf die Offenbarung, die „ein für allemal" im Sohn Gottes in die Welt gekommen ist: „Die verschiedenen Formen der Verehrung der

Gottesmutter, die die Kirche im Rahmen der gesunden und rechtgläubigen Lehre je nach den Verhältnissen der Zeiten und Orte und je nach Eigenart und Veranlagung der Gläubigen anerkannt hat, bewirken, dass in der Ehrung der Mutter der Sohn, um dessentwillen alles ist (vgl. Kolosser 1,15 f) und in dem nach dem Wohlgefallen des ewigen Vaters die ganze Fülle wohnt (Kolosser 1,19), richtig erkannt, geliebt, verherrlicht wird und seine Gebote beobachtet werden" (*Lumen gentium* 66).

Heiligenfeste. „In diesen Kreislauf des Jahres (Liturgisches Jahr) hat die Kirche auch die Gedächtnistage der Martyrer und der anderen Heiligen eingefügt, die, durch Gottes vielfältige Gnade zur Vollkommenheit geführt, das ewige Heil bereits erlangt haben, Gott im Himmel das vollkommene Lob singen und Fürsprache für uns einlegen" (*Sacrosanctum Concilium* 104). Durch die Heiligen wird dem Getauften jene Heiligkeit zum Vorbild, die ihm von der Kirche als Beispiel geschenkt wird. Der Gläubige findet die gleiche Heiligkeit bei jenen, die unverfälscht das Zeugnis Christi leben und in der langen geistlichen Tradition und Geschichte der Heiligen, die ihm in den Jahrhunderten der Kirche vorausgegangen sind und derer die Kirche an jeweils bestimmten Tagen gedenkt. Jesus Christus hat von seinen Jüngern bedingungslose Nachfolge gefordert, selbst wenn das eigene Leben auf dem Spiel steht.

Märtyrer. Gerade die ersten Jahrhunderte der Geschichte des Christentums sind gezeichnet durch die Verfolgungssituation durch das Römische Weltreich. Dennoch ist der Gedanke des Martyriums kein abgeschlossenes Kapitel der Kirchengeschichte. Blutzeugen für den Glauben mussten unter dem nationalsozialistischen Schreckensregime unmenschliche Qualen durchleiden und starben oftmals einen barbarischen Tod. Dass sich die Kirche an den Gedenktagen der Heiligen insbesondere der Märtyrer erinnert, liegt in der Unbedingtheit ihrer Hingabe voller Vertrauen auf den, der alles zum Guten führen wird. Ferner sind Heiligengedenktage stets von einer fortschreibenden Dynamik durchdrungen, weil das Bekenntnis zu allen Zeiten und an allen Orten seine Bedeutung hat. Maximilian Kolbe zum Beispiel, der in einem Konzentrationslager den Tod im Hungerbunker fand, ehren wir am 14. August, und Polykarp von Smyrna, als den frühesten Zeugen der Martyrerverehrung feiert die Kirche am 23. Februar.

Weitere Gedenktage. Erhebliche Bedeutung haben auch die Festtage der Apostel, die als erste Zeugen der Botschaft Jesu in der Verkündigung des Evangeliums zu Blutzeugen wurden: Apostel z.B. Petrus und Paulus (29. Juni) und Andreas (30. November). Mit der historischen Entwicklung der Kirche hinein in die Welt und die unterschiedlichen Aufgaben, die sich ihr stellten, treten auch andere Gestalten in den Mittelpunkt: Ordensgründer, wie der Heilige Benedikt (11. Juli) und Franz von Assisi (4. Oktober), die mit ihrem geistlichen Leben neue Formen der Gemeinschaft und der Spiritualität entwickelt haben. Die Kirche erinnert sich auch an die Gelehrten, die sich mit großem Engagement der wissenschaftlichen Theologie verschrieben haben: Die Heiligen Bonaventura (15. Juli) und Thomas von Aquin (28. Januar).

Apostel

Ordensgründer

Gelehrte

Die Heiligen bilden das gesamte Spektrum kirchlicher Wirklichkeit ab und führen uns ein in ein Leben, das sich ganz von Gott getragen weiß. Mit dem Dankgebet von den Heiligen (Präfation) können wir zusammenfassend sagen: „Die Schar der Heiligen verkündet deine Größe, denn in der Krönung ihrer Verdienste krönst du das Werk deiner Gnade. Du schenkst uns in ihrem Leben Vorbild, auf ihre Fürsprache gewährst du uns Hilfe und gibst uns in ihrer Gemeinschaft das verheißene Erbe."

Dankgebet der Heiligen

Michael Kunzler

Allerheiligen / Allerseelen

Melancholie des Spätherbstes

Allerheiligen und Allerseelen haben etwas Melancholisches an sich. Meistens passen ja auch das nasskalte Wetter und die zunehmende Dunkelheit dieser Zeit zum Fest, das für die allermeisten Menschen viel mehr vom Totengedenken her geprägt ist als von der Feier so unübersehbar vieler Heiligen, welche die glückselige Vollendung ihres Lebens bei Gott gefunden haben. Wenn sich dazu noch – was in früheren Zeiten dieses Fest ganz stark mit bestimmte – eine mehr oder weniger große Sorge, ja Angst um das jenseitige Heil der Verstorbenen einstellt, und die religiösen Aktivitäten immer auch mit im Blick haben, die lieben Heimgegangenen möglichst bald aus einem furchtbaren Fegefeuer herauszuholen durch Gottesdienst, Gebete und gute Taten, dann war mit dem Allerheiligen- und Allerseelentag genau jene Stimmung gegeben, die man mit dem November gerne verbindet und die die meisten Menschen möglichst schnell hinter sich bringen. Im Abendland ging nämlich die Melancholie des Spätherbstes eine unglückselige Verbindung ein mit einer ganz unösterlichen Angst um das endgültige Schicksal der Verstorbenen, wie sie sich früher in der Sequenz „Tag des Zornes, Tag der Zähren, wird die Welt in Asche kehren..." („Dies irae, dies illa ...") niederschlug, die in der Totenmesse und damit auch am Allerseelentag vor dem Evangelium gesungen wurde.

Gedächtnis der Verstorbenen

Am 1. November feiert die katholische Kirche das Hochfest „Allerheiligen", dem am Tag darauf „Allerseelen" folgt, das dem Gedächtnis der Verstorbenen geweiht ist. Am Allerheiligenfest feiert die Kirche die vielen unbekannt gebliebenen Gläubigen, die an der himmlischen Herrlichkeit Anteil erlangt haben, von deren Lebensgeschichten aber kaum noch etwas bekannt ist. Auch sie sind wirkliche Heilige, nicht nur jene mit ihrem Leben und Sterben berühmt gewordenen Heiligen, die zur „Ehre der Altäre" erhoben worden sind, die von der Kirche um ihre Fürsprache bei Gott angerufen werden und von deren Leben und

Sterben es viele Zeugnisse gibt, die die Kunstgeschichte nachhaltig beeinflusst haben.

Märtyrer

Zunächst galten in der Alten Kirche allein die Märtyrer als Heilige. Angesichts von Folter, Qualen und Tod erwies in ihrem treuen Bekenntnis die göttliche Kraft ihre übermenschliche Macht und ließ die Glaubenszeugen furchtlos für Christus ihr Leben opfern. So entwickelte sich besonders an den Gräbern der Märtyrer die Heiligenverehrung. Hier beging man ihr „natale", ihren Sterbetag als „Geburtstag für den Himmel"; unter den Blutzeugen spielten alsbald die Apostel eine besondere Rolle. Auf ihre Fürsprache bei Gott vertrauend, erwarteten die Gläubigen geradezu Wundertaten, deren Eintreffen (z. B. Genesung bei schwerer Erkrankung) die Heiligkeit des Heiligen bezeugten. Darum gilt bis heute ein von der Kirche anzuerkennendes Wunder, das auf die Fürsprache des angerufenen Heiligen zu Stande gekommen ist, als wesentliches Element im Heiligsprechungsprozess. Für die Heiligsprechung sind zwei Wunder die Bedingung. Der heilige Polykarp von Smyrna († um 155) dürfte der erste Märtyrer gewesen sein, den eine Christengemeinde offizielle Verehrung erwiesen hat.

Heiligsprechung

Heilige
Maria

Erst mit dem Ende der Verfolgungen weitete sich der Blick auch auf andere Arten der Heiligkeit über das Martyrium hinaus. Dies gilt für die „Bekenner" (die Heiligen im weitesten Sinn, die nicht Märtyrer sind) wie auch für die Gottesmutter, für deren Verehrung es schon im frühen Christentum Zeugnisse gibt, die aber erst mit dem Konzil von Ephesus 431 zur vollen Entfaltung gelangt ist. Diese neue Wertung der Nichtmärtyrer bezeugt die Weihe eines Oratoriums in St. Peter durch Papst Gregor III. (731–741) „zu Ehren des Erlösers, seiner heiligen Mutter, aller Apostel, Märtyrer und aller vollkommenen Gerechten, die auf dem ganzen Erdkreis entschlafen sind."

Allerheiligenfest

Die sich hierin schon äußernde Idee eines Allerheiligenfestes wurde aber erst unter Papst Gregor IV. (827–844) verwirklicht, der Ludwig den Frommen dazu bewegte, das Fest in seinem ganzen Reich einzuführen. Dabei wurde als Termin der 1. November übernommen, der sich in England und Irland schon seit der Mitte des 8. Jahrhunderts für das Allerheiligenfest durchgesetzt hatte. Das Fest schließt nicht nur die kanonisierten Heiligen ein, sondern alle schon zur Vollendung gelangten Verstorbenen, also sicher auch verstorbene Angehörige und Freunde. Damit ist schon der innere Zusammenhang mit dem Allerseelentag am 2. November hergestellt.

Totengedenktage

Schon das heidnische Rom kannte Totengedenktage, so die vom 13. bis 22. Februar dauernden „Parentalia", an denen die Familien ihrer verstorbenen Angehörigen gedachten. Die Christen haben die Totenbräuche der Heiden zunächst behalten, sofern sie mit dem Glauben nicht in Widerspruch standen. Mehr und mehr gingen aber auch diese in spezifisch christliche Bräuche über, blieben jedoch auf den Kreis der Familie beschränkt; ein Gedächtnistag aller Verstorbenen war der Alten Kirche fremd.

Allerseelenfest

Als eigentliches Geburtsjahr des Allerseelentages gilt aber das Jahr 998, in dem Abt Odilo vom burgundischen Kloster Cluny in allen ihm unterstellten Klöstern für den 2. November eine Gedächtnisfeier für alle Verstorbenen anordnete, die aber bereits vor Odilo in Cluny üblich war. Durch die Kluniazenser verbreitete sich das Fest nördlich der Alpen, kam aber erst im 13. Jahrhundert nach Rom und von dort in die ganze Kirche des Abendlandes.

anders in der Ostkirche

Ganz anders verhielt es sich in der byzantinischen Ostkirche. Dort ist man gegenüber den Verstorbenen von jenem österlichen Optimismus geprägt, wie er überhaupt das Beten und Feiern tief prägt. Hier feiert man Allerheiligen am ersten Sonntag nach Pfingsten, ohne aber der verstorbenen Familienangehörigen und Freunde zu gedenken.

Auferstehungshoffnung

Der theologische Gedanke für diesen Frühjahrstermin ist folgender: Heilig wird ein Mensch niemals aus eigener Kraft, sondern durch die Gnade des dreifaltigen Gottes, die ihm der Heilige Geist ins Herz einsenkt und dort zur Vollendung bringt. Er ist schließlich jener Geist, von dem auch das vierte Hochgebet der abendländischen Messe sagt, „der alle Heiligung vollendet". Am Samstag vor Pfingsten, also am vorletzten Tag der fünfzig Tage währenden Osterfeier, begeht die byzantinische Kirche ihren Allerseelen-Tag und gedenkt aller Verstorbenen im gläubigen Vertrauen darauf, dass diese am Ostersieg Christi teilhaben. Aufgrund seiner Terminierung im Frühling, besonders aber wegen seiner zeitlichen Nähe zum Osterfest kann das byzantinische Allerseelenfest die österliche Hoffnung auf Auferstehung der Toten viel besser zum Ausdruck bringen als der abendländische Allerseelentermin am 2. November.

Bibel

1. Altes Testament
2. Psalmen
3. Neues Testament
4. Paulus
5. Johannesevangelium
   und Johannesapokalypse

Meister der Ada-Gruppe, Evangeliar der Äbtissin Ada, Szene: Der Evangelist Lukas, um 800; Pergament; Stadtbibliothek, Trier.

Mit der Zielsetzung Karls des Großen, ein universales christliches Reich zu schaffen, ging die Förderung der Künste und wissenschaftlichen Lehre einher, um über eine entsprechende Bildung und künstlerische Repräsentation die strukturellen Voraussetzungen für den Aufbau und die Festigung des politischen Systems zu schaffen. Wegen der Übernahme und Verarbeitung antiker Formen in der karolingischen Kunst wird in diesem Zusammenhang immer wieder von der „Karolingischen Renaissance" gesprochen. So finden sich in den Gestaltungen der großen Schreibschulen antiker Illusionismus und byzantinische Formensprache, aber auch angelsächsische Einflüsse als Grundelemente einer zum Teil ganz eigenen, neuen Stilfindung.

Das Aachener Ada-Evangeliar, an der Hochschule Karls entstanden, wurde formal und gestalterisch Vorbild für viele weitere Arbeiten. Als Autorenbild dem jeweiligen Evangelium vorangestellt, finden sich Evangelistendarstellungen seit dem 6. Jahrhundert als feste Bestandteile der Evangeliare. Die Darstellung des Lukas im Ada-Evangeliar entspricht einem eingeführten Typus: Auf einem Thron sitzend, blickt der Evangelist den Betrachter frontal an, die rechte Hand mit dem zum Stier-Symbol weisenden Griffel erhoben, die Linke das aufgeschlagene Buch haltend, das auf dem Schoß ruht. Die jugendlich wirkende Evangelistengestalt ist auf einem breiten, verzierten und mit Kissen und Tüchern gepolsterten Thron platziert. Hinter bzw. über einer Schriftrolle vor blauem Grund ist das Lukas zugeordnete apokalyptische Tier, der Stier, als geflügeltes Wesen gemalt. Lukas wurde der Stier als Opfertier zugewiesen, da der Evangelist am innigsten auf den Opfertod Christi hindeutet.

Gestalterisch besonders interessant ist der Einsatz der Linie: Zum einen dient sie der Konturierung und beim Gewand besonders der Wiedergabe von Körperformen, andererseits gewinnt sie in ihrer musterartigen Verwendung einen gegenstandsunabhängigen Charakter. Überhaupt spielt der Buchmaler mit verschiedenen Ebenen. Die Architekturelemente der verzierten Säulen- und Bogenformen, welche kompositorisch als Präsentationsrahmen fungieren, ermöglichen dem Betrachter einen Blick in die sakrale Welt: Die im Hintergrund des Evangelistenthrones gemalte Architektur ist Ausgestaltung der Fläche und hat wegen der starken Überschneidung durch die Figur nur attributiven Charakter, verweist aber auch symbolisch auf das Himmlische Jerusalem und rückt den Evangelisten – mit dem goldenen Glorienschein bereits als Heiliger gekennzeichnet – in die himmlische Sphäre, auf die auch das geflügelte Wesen des Bogenfeldes über dem ungegenständlichen Farbband hindeutet. Das Evangelium wird somit als Wort Gottes verbildlicht – das Evangeliar ist der Zugang zum göttlichen Wort.

Kerstin Clasen

Michael Konkel

Altes Testament

Das Alte Testament macht es einem nicht immer leicht. Zwar sind den meisten zahlreiche Erzählungen wie beispielsweise die Rettung des Noah vor der Sintflut, der Verkauf des Josef nach Ägypten oder die Befreiung Israels aus Ägypten noch aus Kinderzeiten vertraut, aber schaut man in die Texte hinein, wirken sie oftmals fremd und rau. Bei allen guten Vorsätzen, das Alte Testament einmal komplett zu lesen, kommen doch nur wenige über die ersten Kapitel hinaus, um dann das Buch der Bücher wieder im Nachttisch verschwinden zu lassen.

Sammlung von Schriften

Die Gründe hierfür sind vielschichtig. Zunächst ist die Eigenart dieser Texte zu berücksichtigen. Das Alte Testament ist eine Sammlung von Schriften, die in der Zeit vom 9.–2. Jahrhundert vor Christus entstanden sind. Das Besondere dieser Sammlung besteht darin, dass nicht nur die einzelnen Bücher aus unterschiedlichen Epochen stammen, sondern dass die Bücher selbst über einen Zeitraum von oftmals mehreren hundert Jahren gewachsen sind. Biblische Bücher gleichen mittelalterlichen Kathedralen, an denen über Generationen hinweg gearbeitet wurde.

Inhalt

So dürfte allein der Pentateuch, die sogenannten fünf Bücher Mose, über einen Zeitraum von etwa 500 Jahren (9.–5. Jahrhundert vor Christus) hinweg entstanden sein. Entsprechendes gilt für die Bücher der Propheten, an denen noch bis in das zweite Jahrhundert v. Chr. gearbeitet wurde. Man unterscheidet dabei die großen Propheten Jesaja, Jeremia, Ezechiel und die zwölf kleinen Propheten, die im Zwölfprophetenbuch zusammengestellt wurden. Eine Sonderstellung nimmt das Buch Daniel ein, das erst aus dem 2. Jh. v. Chr. stammt. Diese Bücher wurden zwar unter dem Namen eines Propheten überliefert, in ihnen spiegelt sich jedoch ein Jahrhunderte dauerndes Ringen um das Wort Gottes. Die dritte Gruppe von Texten bilden die sogenannten Schriften. Zu ihnen gehören beispielsweise der Psalter oder das Buch Ijob. Noch bis ins 2. Jahrhundert nach Christus war umstritten, welche Bücher aus diesem Bereich zum Kanon zählen sollten. Die unterschiedlichen Abgrenzungen des alttestamentlichen Kanons in den verschiedenen christlichen Kirchen haben hier ihre Wurzel.

Das Wort Gottes wurde also stets in eine neue Gegenwart hinein aktualisiert. Von daher ergibt sich, dass man vom Alten Testament eines nicht erwarten darf: abgezirkelte, klar definierte Antworten. Verschiedene Theologien stehen miteinander im Gespräch und oftmals spannungsvoll nebeneinander.

hohe Leseanforderungen

Ein weiteres Moment kommt hinzu: Die Texte des Alten Testaments sind nicht für ein Publikum geschrieben, das all sein Wissen auf Festplatten gespeichert hat und per Knopfdruck abrufen kann. Die Texte stellen vielmehr hohe Anforderungen an die Konzentration und Vorstellungskraft ihrer Leser. Oftmals funktionieren sie wie jüdische Witze: Man muss um zehn Ecken denken, um ihre theologische Pointe zu erfassen.

Gott der Rache?

Es ist jedoch nicht nur diese Vielschichtigkeit und Dichte der Texte, die beim Lesen dazu verleitet, das Alte Testament schnell wieder beiseite zu legen. Vielmehr begegnet man sowohl in den Medien als auch in der alltäglichen Gemeindearbeit immer wieder einer grundsätzlichen Reserviertheit gegenüber dem ersten Teil der christlichen Bibel. In den Köpfen vieler steht der Gott des Alten Testaments – als Gott der Rache – dem Gott des Neuen Testaments als Gott der Barmherzigkeit gegenüber. Das Problem ist nicht neu.

Ablehnung des Alten Testaments

Markion, ein aus Kleinasien stammender Schiffsreeder, unterschied im 2. Jahrhundert nach Christus erstmalig zwischen einem Gott der Liebe und einem Gott der Rache. Markion lehnte entsprechend das Alte Testament insgesamt ab, akzeptierte aber auch nur einen Teil der neutestamentlichen Schriften (nur das Lukasevangelium und einige Paulusbriefe). Dieser „Markionismus" ist aber nicht nur dort vorhanden, wo das Alte Testament grundsätzlich abgelehnt wird. In seinen subtilen Spielarten wird das Alte dem Neuen Testament untergeordnet. Dies ist beispielsweise dort der Fall, wo das Schema von Verheißung und Erfüllung absolut gesetzt wird: In Christus seien die Verheißungen des Alten Testaments sämtlich erfüllt, womit letzteres nicht nur seinen Eigenwert einbüßt, sondern auch dem Umgang des Judentums mit seiner Heiligen Schrift die theologische Bedeutung abgesprochen wird. Oder dort, wo vom Neuen Testament her geurteilt wird, welche Passagen des Alten Testaments als Offenbarung zu gelten haben. Hier wird nicht das Alte Testament insgesamt verabschiedet, aber Teile desselben. In der Tat erhebt das Christentum den Anspruch, dass in Jesus Christus Verheißungen des Alten Testaments erfüllt sind und Gott sich in unüberbietbarer Weise

Die Fülle der Verheißung steht noch aus

mitgeteilt hat. Allerdings steht die Fülle der Verheißung noch aus.

Altes Testament im frühen Christentum

Für die ersten Christen war das Alte Testament der selbstverständliche Horizont, vor dem sie ihre Erlebnisse deuteten. Das Problem lautete nicht: Wie kann ich trotz des Bekenntnisses zu Jesus Christus am Alte Testament festhalten, sondern: Wie kann ich das Bekenntnis zu Jesus Christus als dem Gekreuzigten und Auferstandenen aus der Schrift heraus rechtfertigen? Das gesamte Neue Testament lebt nicht nur aus seinem Bekenntnis zu Jesus als dem Christus, sondern auch aus seinem Bekenntnis zum AT: „Ohne das Alte Testament wäre das Neue Testament ein Buch, das nicht entschlüsselt werden kann, wie eine Pflanze ohne Wurzeln, die zum Austrocknen verurteilt ist", schreibt die päpstliche Bibelkommission. Das AT ist aber nicht nur eine Art „Wörterbuch" des Neuen Testaments. Es ist ein „Eigenwort mit Eigenwert" (Erich Zenger). Es gibt Verheißungen im Alten Testament, die im Neuen Testament bekräftigt werden (vgl. Römer 15,8; 2 Korinther 1,20). Man werfe nur einen Blick auf den Schluss des Jesajabuches, in dessen letztem Kapitel 66 die Vollendung des Gottesreiches beschrieben wird! In Jesus Christus hat das Gottesreich begonnen, seine Vollendung steht aber noch aus. In dieser Erwartung der Vollendung der Gottesherrschaft stehen Altes und Neues Testament nebeneinander.

Buch der Gewalt?

Ist das Alte Testament aber nicht doch ein Buch überbordender Gewalt? Die Mechanismen menschlicher Gewalt werden nicht verschleiert, sondern ihre Wurzeln werden bloßgelegt. Gott antwortet auf die Eskalation zwischenmenschlicher Gewalt mit seinem „Zorn", der ein Thema sowohl des Alten wie auch des Neuen Testaments ist. Ist aber deshalb der Mensch dem Zorn eines Willkürgottes hilflos ausgeliefert?

Gott der Gnade

Der eine Gott der beiden Testamente offenbart Mose seinen Namen am brennenden Dornbusch (Exodus 3f). Das „Ich-bin-der-ich-bin" ist jedoch eher die Verweigerung eines Namens als die inhaltliche Bestimmung des Wesens Gottes. Erst das goldene Kalb, die ‚Ursünde' des Gottesvolkes am Sinai, ist es, die Gott veranlasst, die Unverfügbarkeit des Gottesnamens aufzugeben. Er tut dies in Form der „Gnadenformel" von Exodus 34,6f: „Jahwe ist ein gnädiger und barmherziger Gott, langmütig und reich an Gnade und Treue; der Gnade bewahrt den Tausenden, Schuld, Frevel und Sünde vergibt, aber nicht ganz ungestraft lässt ..." Im Moment des Abfalls gibt sich Gott als „barmherzig und gnädig" zu erkennen. Der „Zorn Gottes" wird dem untergeordnet. Er ist kein blinder Affekt, sondern Konkretion der Strafe als Antwort auf extreme Formen menschlichen Fehlverhaltens. Barmherzigkeit, Gnade und Zorn in ihrem Ungleichgewicht bestimmen das Wesen Jahwes als eines gerechten Gottes. Kein Text wird innerhalb des Alten Testaments derart oft zitiert wie Exodus 34,6f Insbesondere dann, wenn Israels Existenz auf dem Spiel steht, wird die Gnadenformel in Erinnerung gerufen, um Gott von seinem Strafhandeln abzubringen. Mit den Aussagen von Exodus 34,6f ist Gott eine Selbstverpflichtung eingegangen, hinter die er nicht mehr zurück kann.

Umgang mit dem Alten Testament

Die Texte des Alten Testaments wollen, dass man mit ihnen ringt. Das Alte Testament vertröstet nicht, aber es tröstet und atmet die unaufgebbare Überzeugung, dass der gerechte Gott – wie im Bund mit Noah zugesagt – zur Freiheit des Menschen ebenso steht wie zu einer Welt, in der die Gewalt eine unausweichbare Realität ist.

Stephan Ackermann

Psalmen

Bedeutung der Psalmen

„Schon oft habe ich gedacht: Wenn ich je ins Gefängnis komme, wenn ich je Hunger, Schmerz, Folter oder Demütigung erleiden sollte, dann hoffe und bete ich, dass man mir die Psalmen lässt. Die Psalmen werden meinen Geist lebendig halten, die Psalmen werden mir die Kraft geben, andere zu trösten, die Psalmen werden sich als die stärkste, ja revolutionärste Waffe gegen die Bedrücker und Peiniger erweisen. Wie glücklich sind jene, die keine Bücher mehr brauchen, sondern die Psalmen im Herzen tragen, wo immer sie gehen und stehen. Vielleicht sollte ich anfangen, die Psalmen auswendig zu lernen, damit sie mir niemand mehr wegnehmen kann." Mit diesen Worten hat der aus den Niederlanden stammende geistliche Schriftsteller Henri J. M. Nouwen (1932–1996) seine Erfahrung mit der Bibel beschrieben, nachdem er sich sieben Monate in ein Trappistenkloster in der Nähe von New York zurückgezogen hatte.

Gebetbuch der Bibel

In der Tat ist das Buch der Psalmen das große Gebetbuch der Bibel. In ihm finden sich „Gebete voller Kraft und Trost, Gebete der Hoffnung und des Widerstands, begeisterte Lieder bei Volksfesten und bei den Gottesdiensten am Tempel, Schreie der Verzweiflung und inständige Bitten, Protest gegen brutale Gewalt der Herrschenden und mystische Gotteslyrik" (Erich Zenger). Daher ruft Ambrosius von Mailand († 397) aus: „Welche Fülle begegnet dir beim Lesen des Psalms!" Entstanden in einem langen Entstehungsprozess stellt das Buch der Psalmen eine Zusammenstellung von 150 poetischen Texten unterschiedlicher Herkunft und Zeit dar.

Lieder mit Saiteninstrument

Während das Psalmenbuch im Judentum üblicherweise das „Buch der Lobpreisungen" genannt wird, stützt sich die im Christentum gängige Bezeichnung auf den Begriff *psalmos*. Dieses griechische Wort bezeichnet ein von einem Saiteninstrument begleitetes Lied. Die Übersetzer der Heiligen Schrift haben damit das hebräische Wort *mizmōr* wiedergegeben, das sich über vielen Psalmen als Überschrift findet. Denn auch unter *mizmōr* verstand man einen Sprechgesang, der von einem Instrument begleitet wurde. Unsicher ist, ob mit diesem Begriff tatsächlich die Vortragsweise des Psalms angegeben werden sollte, oder ob er eine Anspielung darstellt auf David, den Harfe spielenden König. Sicher ist nämlich, dass das Psalmenbuch im Laufe seiner Entstehungsgeschichte eine „Davidisierung" erfahren hat, das heißt: Mehr und mehr Psalmen schrieb man David zu, um ihn dadurch nicht nur als Dichter und Sänger zu charakterisieren, sondern vor allem als Beter, der sich in allen Höhen und Tiefen des Lebens Gott anvertraut und damit zum Vorbild des Beters überhaupt wird.

Gliederung

Wenngleich der Psalter eine Sammlung von 150 Einzeltexten ist, so stellt er doch keine bloße Aneinanderreihung von Texten und Gebeten dar. Die Bibelforschung sieht das Psalmenbuch in fünf Teile gegliedert. Das Ende eines jeden Teils wird markiert durch die lobpreisende Formel „Gepriesen sei der Herr, der Gott Israels, von Ewigkeit zu Ewigkeit. Amen, ja Amen." In Variationen taucht dieser Ruf viermal als Schlussformel auf: bei Psalm 41, bei Psalm 72 und 89, sowie bei Psalm 106. Die letzten vier Psalmen des Psalters bilden so etwas wie einen einzigen Lobpreis, der im großen Halleluja des Psalms 150 endet. Die Psalmen 1 und 2 dagegen sind so etwas wie ein Vorzeichen für das richtige Verständnis des ganzen Buches. Nicht umsonst lauten die ersten Verse: „Wohl dem Mann, der nicht dem Rat der Frevler folgt, nicht auf dem Weg der Sünder geht, nicht im Kreis der Spötter sitzt, sondern Freude hat an der Weisung des Herrn, über seine Weisung nachsinnt bei Tag und bei Nacht. Er ist wie ein Baum, der an Wasserbächen gepflanzt ist, der zur rechten Zeit seine Frucht bringt und dessen Blätter nicht welken." (Psalm 1,1 ff) Dass der Fünfteilung des Psalmenbuches wahrscheinlich eine tiefe symbolisch-spirituelle Bedeutung zugrunde liegt, dazu findet sich ein Hinweis im Schriftgut der jüdischen Schriftgelehrten, der Rabbinen. Dort heißt es an einer Stelle: „Mose gab den Israeliten die fünf Bücher der Tora, und David gab den Israeliten die fünf Bücher der Psalmen." Die Psalmen sind also die Antwort Israels auf das Wort, das Gott seinem Volk gegeben hat.

Entstehung

In mehreren Schüben, über Teilsammlungen und durch Bearbeitungen ist das Psalmenbuch auf den Umfang und die Form hin gewachsen, die wir heute kennen. Insgesamt nimmt man eine Entstehungsgeschichte von rund 800 Jahren an. Zwischen 200 und 150 v. Chr. erreichte das Psalmenbuch seine endgültige Gestalt.

Mich persönlich bewegt immer wieder der Gedanke, dass die ältesten Psalmworte inzwischen 3.000 Jahre lang von Menschen gebetet werden: angefangen von den Frommen Israels bis hin etwa zur Tagzeitenliturgie in den Benediktinerklöstern von heute. Wieviele Menschen haben schon Beruhigung und Trost erfahren in den Worten des vielleicht berühmtesten Psalms, Psalm 23!

Psalm 23 – Der gute Hirte

1. [Ein Psalm Davids.] Der Herr ist mein Hirte, nichts wird mir fehlen.
2. Er lässt mich lagern auf grünen Auen und führt mich zum Ruheplatz am Wasser.
3. Er stillt mein Verlangen; er leitet mich auf rechten Pfaden, treu seinem Namen.
4. Muss ich auch wandern in finsterer Schlucht, ich fürchte kein Unheil; denn du bist bei mir, dein Stock und dein Stab geben mir Zuversicht.
5. Du deckst mir den Tisch vor den Augen meiner Feinde. Du salbst mein Haupt mit Öl, du füllst mir reichlich den Becher.
6. Lauter Güte und Huld werden mir folgen mein Leben lang und im Haus des Herrn darf ich wohnen für lange Zeit.

Gebete durch Jahrtausende

Zugleich kommt mir, wenn ich an das Psalmenbuch denke, immer wieder das Bild einer Tropfsteinhöhle vor Augen: Jeder Psalm erscheint mir darin wie ein von oben herunter hängender Zapfen, an den sich über die Jahrtausende unzählige Lebenssituationen angeheftet haben. Sie haben die Gebetsworte nicht ausgelaugt, sondern sie im Gegenteil wie Stalaktiten wachsen lassen. Durch sie sind auf unsichtbare Weise die Beter über die Zeiten hinweg miteinander verbunden. Zugleich sind sie untrennbar verbunden mit dem Beten Israels in seiner Geschichte und in seiner Gegenwart. „Indem die Kirche die Psalmen Israels rezitiert, sagt sie ausdrücklich Ja zu ihrer jüdischen Ursprungsgeschichte und zu dem ›geistlichen‹ Erbe, das sie seit ihren Anfängen mit dem Judentum teilt" (F. L. Hossfeld).

Jesu Psalmengesang

Vor allem sind wir in den Psalmen verbunden mit dem Beten Jesu. Freilich, Jesus hat seine Jünger aufgefordert, beim Beten nicht viele Worte zu machen, weil der himmlische Vater längst weiß, was sie brauchen (Matthäus 5,7 f). Doch die Evangelien bezeugen auch, dass Jesus die Psalmen gekannt und gebetet hat. Ausdrücklich heißt es im Passionsbericht, dass Jesus und die Jünger nach dem Paschamahl das „Hallel", das sind die Psalmen

115–118, sangen, bevor sie zum Ölberg hinausgingen (Markus 14,26). Und nach dem Zeugnis des Markus stirbt Jesus mit den Worten von Psalm 22 auf seinen Lippen (Markus 15,34). In Jesus wird damit das Ideal des betenden David endgültig verwirklicht.

Rache und Vergeltung?

Eine Schwierigkeit, die heute viele Christen mit dem Psalmengebet haben, soll abschließend nicht verschwiegen werden: An nicht wenigen Stellen wird in den Psalmen der Wunsch nach Rache und Vergeltung geäußert. Wie passt das zu unserem christlichen Beten, das doch ganz von Barmherzigkeit, Vergebungsbereitschaft und Liebe durchdrungen sein soll? Die Spannung, die sich daraus ergibt, lässt sich in der Tat nicht einfach auflösen. Dennoch lässt sich der Ruf nach Vergeltung auch verstehen als der urtümliche Schrei des Menschen, der darauf hofft, dass ihm Gerechtigkeit widerfährt. Wer in einer Demokratie westlichen Zuschnitts lebt, wird diesbezüglich verständlicherweise einen geringeren Leidensdruck verspüren als diejenigen, die in Systemen leben müssen, die von Gewalt, Korruption und Diskriminierung geprägt sind. Die Straf- und Vergeltungswünsche der Eiferpsalmen sind Aufschreie zu Gott in ausweglos scheinender Not. Die Größe der Psalmen besteht darin, dass der Beter aus seinem Herzen keine „Mördergrube" macht und offen ausspricht, was ihn im Innersten bewegt. Darüber hinaus überlässt er das eigentliche Urteil und dessen Durchsetzung der Macht Gottes. So hat schon das Gebet selbst eine reinigende und versöhnende Wirkung und eröffnet eine Perspektive, die über das bloß menschliche Denken und Empfinden hinausreicht.

Licht Gottes

Aus diesem Grund habe ich übrigens ein Psalmwort als Wahlspruch für meinen bischöflichen Dienst ausgesucht. Es lautet: „Herr, bei Dir ist die Quelle des Lebens. In deinem Licht schauen wir das Licht" (Psalm 36,10). Diese Worte sind für mich Bekenntnis und Mahnung zugleich. Denn nur im Licht Gottes sehen wir die Welt und die Dinge so, wie sie wirklich sind.

Hans-Jürgen Findeis

Neues Testament

Zeugnis der Heilsordnung

„Neues Testament" (abgekürzt „NT") heißt der zweite, umfangsmäßig kleinere Teil der christlichen Bibel in Zuordnung zum größeren Bestand von Schriften, die Altes (oder „Erstes") Testaments (AT) genannt werden. Das Neue Testament ist gleichsam das Grundzeugnis der neuen Heilsordnung Gottes durch und in Jesus Christus, worauf der „Alte Bund" weissagend verweist (vgl. Paulus in 2 Korinther 3; Galater 4,21ff; siehe Schriftbeweis und -auslegung und Anspielungen im NT). Der Hebräerbrief in seinem Bundesverständnis betont dabei den Hohenpriesterdienst und die einmalige und endgültige Sündenvergebung im Tode Jesu (Hebräer 7,27; 9,12). Davon leitet sich die Übersetzung „Testament" ab (Hebräer 9,6f).

Inhalt

Das NT stellt eine Sammlung von 27 Schriften (ursprünglich auf Griechisch) unterschiedlichen Umfangs, Alters, literarischer und theologischer Eigenart dar. Diese stammen aus den frühen christlichen Gemeinden der ersten beiden Jahrhunderte (n.Chr.), die vor allem in Syrien-Palästina und im östlichen Mittelmeerraum existierten. Zusammen mit der umfangreicheren Sammlung von Schriften aus der Geschichte Israels und des frühen Judentums (AT) bildet das NT die kanonische Heilige Schrift (genannt die Bibel) der Kirche. Parallel zu den späten neutestamentlichen Schriften kommen die literarischen Zeugnisse der „Apostolischen Väter", daran anschließend die Kirchenväter und die „Apokryphen".

Entstehung des Kanons

Nach einer längeren Phase des Gebrauchs einzelner Schriften oder Schriftengruppen (Paulusbriefe, Evangelien) und deren Sammlung wurde kirchlich über den Umfang des Bibelkanons und des NT im 4. und 5. Jahrhundert entschieden. Anlass dafür waren Abwehr von Lehrmeinungen und die Verbreitung von nicht anerkannten Schriften neben denen in Liturgie, Verkündigung und Glaubensunterricht von der Kirche benutzten. In der Neuzeit hat die Kirche die Entscheidung über den Umfang des NT bestätigt (Trienter und Erstes Vatikanisches Konzil). Dessen Bedeutung für die Begründung und Entfaltung der Glaubenslehre, für die Predigt, den Glaubensunterricht und das christliche Leben wurde wiederholt nachdrücklich betont (Zweites Vatikanisches Konzil). Zusammen mit dem AT ist das NT das grundlegende Zeugnis für den ökumenischen Dialog unter den christlichen Kirchen und für die Begegnung mit dem Judentum. Auch außerhalb des Christentums werden besonders die Überlieferungen von Jesus in den Evangelien (besonders die Bergpredigt und die Gleichnisse) gelesen (z.B. Mahatma Gandhi). Die katholische Theologie und der Glauben der Kirchen in Asien, Afrika und Lateinamerika sind maßgebliche durch neutestamentliche Motive und Inhalte angeregt worden.

Ökumenisches Zeugnis

Die Schriften des NT bieten die maßgebliche Quelle für die Frage nach der Verkündigung Jesu (bes. Gleichnisse), nach seinem Wirken (Heilungen, Dämonenbannungen, Tischgemeinschaft) von Galiläa nach Jerusalem und nach dem Geschick (Passion) im Dienst der ankommenden Gottesherrschaft. Sie bezeugen den Kreuzestod (unter römischer Gerichtsbarkeit) und die Auferweckung Jesu, behandeln die frühe Geschichte des christlichen Glaubens (Christusglaube und -titel, Bekenntnissätze) und der Ausbreitung des Evangeliums, belegen die Entfaltung des Glaubens und Lebens der frühen Gemeinden in jüdischer und hellenistisch-römischer Umwelt.

Quelle für Jesu Leben

Das NT ist kein Erzählwerk oder Lehrbuch aus einem Guss und nicht von einem Autor geschrieben worden, wie schon die literarischen Formen, die Sprache, die Aussageweisen, Situationsbezüge und Inhalte zeigen. Bei den meisten Verfassern ist ein hellenistisch-jüdisch-christlicher Hintergrund wahrscheinlich.

Verfasser

Der literarischen Gattung nach lassen sich unterscheiden: die Evangelien (nach Alter, Entstehungsverhältnis, Erzählstil und theologischer Eigenart haben die „Synoptiker" Markus, Matthäus, Lukas ein engeres Verhältnis vor dem Johannes-Evangelium), das Geschichtswerk (Apostelgeschichte), die (21) Briefe und die Apokalypse (Johannesoffenbarung).

Gattung

Zum besseren Verständnis ist zu beachten, dass das Markus-Evangelium (um 70 n.Chr.) älteres Traditionsgut in seinem Erzählwerk vom Auftreten des Täufers Johannes und Jesu von Nazaret in Ausrichtung auf dessen Leidensweg und Tod in Jerusalem mit der abschließenden österlichen Botschaft am leeren Grab zusammenfügt. Die an Markus 16,8 anschließende Osterzählungen sind in späterer Zeit aufgenommen worden, jedoch kanonisch. Das Markus-Evangelium ist Grundstock und Vorbild für die beiden Evangelien Matthäus und Lukas (etwa 80–90 n. Chr.). Diese verwenden daneben noch gemeinsam die „Spruchquelle" mit Jesusüberlieferung (schon vor 50–70 n. Chr.)

Markus

Matthäus und Lukas

und jeweils Sondergut (u.a. in den vorgeschalteten Kapiteln zu Geburt und Kindheit Jesu). Jedes Evangelium hat seine besonderen sprachlichen, erzählerischen und theologischen Eigenarten.

Johannes Das Johannes-Evangelium (um 100 n. Chr.) zeichnet sich u.a. durch den hymnischen Prolog, einen anderen zeitlichen Rahmen mit mehrfachem Gang nach Jerusalem, charakteristische Formen und Inhalte der bildreichen, belehrenden Rede Jesu (z.B. Ich-Worte), gesteigerte Wunder sowie theologische Eigenarten aus. Die drei Johannes-Briefe sind Zeugnisse der johanneischen

Apostelgeschichte Schultradition. Mit dem Lukas-Evangelium ist die sog. Apostelgeschichte (um circa 90–100 n.Chr.) wegen des gemeinsamen Verfassers (sog. lukanisches Doppelwerk) eng verbunden. Sie schildert tatsächlich nicht die ganze Geschichte aller Apostel. Vielmehr erinnert sie aus der Perspektive der aus der Mission unter Juden und Nicht-Juden (Völker, „Heiden") hervorgegangenen Gemeinde gegen Ende des 1. Jahrhunderts an die bleibende Bedeutung der Apostelgemeinde von Jerusalem und der frühen griechischsprechenden Gemeinden von Jerusalem und bes. Antiochia. Dabei treten beispielhafte Episoden aus den Gemeinden, der Verkündigung und Gemeindegründung hervor. Neben dem Wirken des Petrus, Philippus u.a. ist gerade der Bei-

Paulus trag des Paulus im Rahmen der antiochenischen Mission und dann vor allem auf dem Hintergrund der Verständigung auf dem Jerusalemer Konvent dargestellt. Zum Paulusbild der Apostelgeschichte (neben dem der Briefe) gehören die Stationen des Weges des Paulus vom Verfolger zum Verfolgten, von dessen Verkündigung des Christuszeugnisses primär an die Juden und dann an die Völker von Damaskus und Arabien bis nach Rom. In seinem Leidensweg von Jerusalem nach Rom klingt das Leidensmotiv der Passion Jesu in Jerusalem nach.

Paulusbriefe Das früheste literarische christliche Dokument findet sich unter den Paulusbriefen: der 1. Brief an die Thessalonicher, um 49/50 n. Chr. (bes. Erwartung der Auferstehung). Bei den Paulusbriefen haben wir die des historischen Paulus und die im Namen und in der Wirkungsgeschichte des Paulus zu unterscheiden. Zu den „echten" Paulusbriefen zählen neben 1. Thessalonicher die Schreiben an die Galater, 1. Korinther, Römer, Philipper, Philemon. Zu den Briefen im Namen (Pseudonym) und in fortgeführter, aktualisierter Paulustradition gehören aus nachpaulinischer Zeit: neben 2. Thessalonicher die eng verbundenen Briefe an die Kolosser und an die Epheser, und die sog. Pastoralbriefe (1. und 2. Timotheus, Titus) mit Akzent auf die

Gemeindeleitung. Eine deutlich eigene sprachliche und inhaltliche Prägung zeigt der Hebräerbrief auf dem Hintergrund hellenistischen Judentums. Er ist nicht zur Paulustradition zu zählen (wie schon die altkirchliche Diskussion hervorhob), wurde aber in der kirchlichen Überlieferung lange Zeit mit der Briefsammlung des Paulus verbunden. Dazu kommen die sog. katholischen Briefe. Sie sind nicht namentlich an eine einzelne Gemeinde oder Person gerichtet, sondern an einen weiteren Kreis (1. und 2. Petrus; 1.,2. und 3. Johannes, Judas, Jakobus). Alle Briefe sind wichtige Zeugnisse des frühen christlichen Glaubenslebens in unterschiedlichen Gemeindesituationen. Dabei spielen abweichende Lehren, Probleme in der Gemeinde, Erfahrungen mit der Umwelt eine deutliche Rolle.

Hebräer

katholische Briefe

Eine Schrift besonderer Art und Wirkung ist die Johannesoffenbarung, die z.T. brieflichen Charakter hat. Ihre Visionsschilderungen, Bildersprache, Gegenwartsdeutung und Orientierung auf das himmlische Jerusalem und den kommenden Herrn, Mahnung und Ermutigung haben immer wieder zu gegewartsbezogenen Deutungen, Anwendungen und kurzfristigen Endzeiterwartungen herausgefordert. Sie war wiederholt seit der alten Kirche bis in die Neuzeit umstritten, besonders wenn sie, vom Kontext des Kanons gelöst, zu Übersteigerungen führte.

Offenbarung

Die meisten Schriften sind ohne Verfasserangabe geschrieben worden. Durch Andeutungen und inhaltliche Hinweise bieten sie Anhaltspunkte für die Zeit und die gemeindliche bzw. persönliche Situation der Abfassung und die leitende Absicht. Die traditionelle Zuordnung der einzelnen Schriften geht auf die frühe kirchliche Überlieferung zurück. Der Nachweis der Herkunft der Schriften von Apostel und Apostelschülern in der alten Kirche machte sie zum Maßstab des rechten christlichen Glaubens und Lebens und zur anregenden Quelle für die Verwirklichung der Kirche und der christlichen Existenz. Große Lehrer des Glaubens, beispielgebende Christen, mutige Christuszeugen, Erneuerer der Kirche, Kultur- und Kunstschaffende und Menschen im Dienste an Wohl und Heil der Menschheit sind vom Zeugnis des NT angeregt und geleitet worden. Seine Wahrheit erschließt sich in der Einheit von Glaube, Lesen und Leben. Die Schriften des NT sind Ermunterungen zu christlicher Zeitgenossenschaft und Öffentlichkeit des Heilsgeschehens und des Christuszeugnisses.

Zeugnis der damaligen Zeit

Bedeutung für heute

Christoph Gregor Müller

Paulus

Apostel der Völker ist Orientierungsgestalt

An Paulus, dem Völkerapostel, kommt niemand vorbei, der das Werden des christlichen Glaubens zu verstehen sucht. Mehr als die Hälfte der neutestamentlichen Schriften hat direkt oder indirekt mit Paulus zu tun. Mit seiner bewegten Biographie und seiner wegweisenden Theologie kann der Apostel der Völker (Römer 11,13; vgl. auch 1,5; 15,16) für jeden, der nach dem Glauben an Jesus Christus, den Gekreuzigten und Auferweckten fragt, zur Orientierungsgestalt im Glauben und zum Freude erschließenden Diener des Evangeliums (vgl. 2 Korinther 1,24) werden.

Biographie

Paulus stammt aus Tarsus in Kilikien an der Südküste Kleinasiens; hier ist nach der Apostelgeschichte der Wohnort seiner Familie (vgl. Apostelgeschichte 21,39; 22,3) zu suchen. Zeit seines Lebens bleibt er von der Stadt geprägt. Aus einem multikulturell geprägten Handels- und Bildungsstandort kommend, sucht er auf seinen späteren Missionsreisen immer wieder gezielt die Städte auf. Von seiner Herkunft her kann Paulus als ein typischer Vertreter des Diasporajudentums gelten. Er selbst ordnet sich der pharisäischen Bewegung des Judentums seiner Zeit zu (vgl. Philipper 3,5). Der Eifer für das Gesetz mündet bei ihm zunächst nicht nur in die gezielte Verfolgung der frühen Jesusbewegung (vgl. 1 Korinther 15,9; Galater 1,13; Philipper 3,6; vgl. auch Apostelgeschichte 7,58; 8,1–3), sondern auch in Gewaltbereitschaft und Vernichtungspläne. Anlass und Auslöser ist für Paulus vor allem die Botschaft von und das Bekenntnis zu einem gekreuzigten Christus (vgl. Galater 5,11; 6,12). Das lässt sich besonders deutlich an 1 Korinther 1,23 zeigen (vgl. vor allem Deuteronomium 21,23).

Paulus' Eifer

Was ihn in seiner religiösen Haltung bewegt, kann mit dem Begriff „Eifer" gekennzeichnet werden (vgl. das Beispiel des Pinhas, wie es in Numeri 25,6–13; Psalm 106,30 f; Sirach 45,23; 1 Makkabäer 2,26.54 überliefert wird). Dieser Eifer für Gott und das Gesetz (vgl. Philipper 3,5 f; Galater 1,13 f; Apostelgeschichte 22,3 f) erfährt allerdings eine fundamentale Wandlung vor der Stadt Damaskus. Durch Gottes Handeln an ihm, das Paulus als Gnade bezeichnet, wird in ihm eine Leidenschaft für den

Gekreuzigten geweckt, den er durch seine Ostererfahrung vor Damaskus als Gottes Kraft und Gottes Weisheit entdeckt (vgl. vor allem 1 Korinther 1,24). Die damit verbundene Ergriffenheit und Leidenschaft prägen fortan sein weiteres Leben.

Bekehrung …

In der Auslegung der neutestamentlichen Texte, die von seinem „Damaskuserlebnis" (vgl. Apostelgeschichte 9; 22; 26) sprechen, finden sich zwei zunächst recht unterschiedliche Begriffe, die die Lebenswende markieren sollen: „Bekehrung" und „Berufung". In beiden Fällen geht es um einen neuen, besonderen Ruf in den Dienst Gottes bzw. in den Knechtsdienst Christi Jesu (vgl. Römer 1,1 u. a.). Aber dieser Ruf geht der eigenen Existenz schon voraus. Deshalb greift Paulus, wenn er von sich selbst und der ihm zuteilgewordenen Wandlung spricht, auf eine Kategorie alttestamentlicher Propheten zurück, die wir vor allem in den Büchern Jeremia und Jesaja antreffen: die Berufung vom Mutterleib an (vgl. Jesaja 49,1; Jeremia 1,5). Das große Ja-Wort Gottes im eigenen Leben entdecken, das allem vorausgeht, ist eine fundamentale Orientierung, die Glaubende mit Paulus geradezu neu erleben können: von Gott, dem Vater, gerufen und im Geist begabt zu sein, berufen in die Gemeinschaft des Sohnes Gottes, mit Jesus Christus „Abba, Vater" beten dürfen (vgl. Galater 4,4–7). Vom Mutterleib an (Galater 1,15 f) weiß Paulus sich von dem Gott in Dienst genommen, der alles in allen wirkt (vgl. 1 Korinther 12,6); im Römerbrief drückt Paulus das so aus: „aus seinem Reichtum beschenkt er alle, die ihn anrufen" (Römer 10,12).

… und Berufung

Verkündigung des Evangeliums

Der zentrale Inhalt paulinischer Verkündigung wird mit dem Begriff „Evangelium" (vgl. besonders 1 Thessalonicher 1,5) zur Sprache gebracht: frohe Botschaft, gute Nachricht, die mündliche und später auch schriftlich fixierte Heilsbotschaft vom Wirken Gottes in und durch Jesus Christus, der aber auch in den Verkündigern dieser Botschaft handelt und in den Hörerinnen und Hörern des Evangeliums wirksam werden will. Im Ersten Thessalonicherbrief (1 Thessalonicher 2,2.8.9) begegnet der Begriff in Verbindung mit einem Genetiv: „Evangelium Gottes" (vgl. Römer 1,1; 15,16; 2 Korinther 11,7). Dieser Genetiv zeigt nicht nur einen bestimmten Inhalt an, sondern auch den Ursprung des Evangeliums. Es kann von Paulus auch „Evangelium Christi" genannt werden (1. Thessalonicher 3,2 u. a.). Der erhöhte Jesus Christus eröffnet sich dem Apostel selbst und bringt sich in seinem Evangelium zu Wort (vgl. Galater 1,11 ff.). Der Herr (kyrios) bezeugt sich selbst in der gegenwärtigen Verkündigung. Von daher ist der Begriff „Evangelium" bei Paulus ein Verbalsubstantiv (*nomen actionis;* vgl. 1 Korinther 9,14; 2 Korinther 8,18; Philipper 4,15; Römer 15,19): Wiederholt verwendet er das entsprechende Verbum „frohbotschaften" (vgl. Galater 1,11.16; 2 Korinther 11,7).

Inhalt und Ausübung der Verkündigung

Es geht also einerseits um den Verkündigungsinhalt (vgl. vor allem 1 Korinther 15,3–5) und den Ursprung der Verkündigung, andererseits aber auch um den Akt der Verkündigung (vgl. besonders Römer 1,1 oder Römer 10,14–17, wo Paulus auf Jesaja 52,7 zurückgreift). Für Paulus ist Christus das Handeln Gottes schlechthin. Ihn gilt es der Welt und den Menschen weiterzusagen als Wort, das auf eine entsprechende Annahme im Glauben zielt. Denn – so die zentrale Entdeckung der von ihm formulierten Gerechtigkeit aus Glauben (vgl. dazu auch Römer 3,21–26) – „wir haben erkannt, dass der Mensch nicht durch Werke des Gesetzes gerecht wird, sondern durch den Glauben an Jesus Christus" (Galater 2,16) (siehe auch 3.5 „Rechtfertigung").

Gerechtigkeit aus Glauben

Wirkungen des Evangeliums

Nach Paulus lassen sich spezifische Wirkungen des Evangeliums benennen. Das Evangelium wirkt das Heil (1 Korinther 15,2; Römer 1,16 f) und schenkt Leben (Römer 1,17; 1 Korinther 4,15 ff), es vermittelt den Geist (2 Korinther 11,4; vgl. auch 2. Korinther 3,6) und Versöhnung der Welt mit Gott (vgl. besonders 2 Korinther 5,18 ff). Das Evangelium dient darüber hinaus dem Aufbau der Kirche (vgl. Römer 15,20 f; 1 Korinther 3,10 f).

neue Freiheit durch Gnade

Paulus entdeckt Jesus Christus immer wieder und in immer neuen Zugängen als Gottes Ja zum Menschen, d.h. zum begrenzten, sündigen, sterblichen Menschen. In dieser Zuwendung Gottes, Gnade genannt, wird dem Menschen eine neue Freiheit zuteil. Diese Freiheit in Christus stellt den Menschen freilich auch vor die Aufgabe, nicht mehr in „alte Gefangenschaften" zurückzufallen und sich von jeder „Selbstherrlichkeit" trennen zu lassen. Paulus drückt das im Philipperbrief (Philipper 3,9) so aus: „nicht meine Gerechtigkeit suche ich […] sondern die, welche durch Glauben an Christus kommt […] die Gott aufgrund des Glaubens schenkt". „In Christus", in der personalen Gemeinschaft mit Jesus Christus, wird dem Glaubenden eine neue Freiheit geschenkt, ein Lebensraum eröffnet, der freilich nach Gestaltung und Verantwortlichkeit verlangt.

Paulus' Briefe

Die Briefe des Apostels Paulus (vor allem 1 Thessalonicher, 1 Korinther, 2 Korinther, Philemon, Philipper, Galater, Römer) zeigen, dass die Entwicklung der Grundlinien paulinischer Theologie in Kommunikationsvorgängen mit frühchristlichen Gemeinden Ausdruck gefunden hat. Das schlägt sich in vielfältigen Fragestellungen der Christusgläubigen seiner Zeit nieder, die in diesen Briefen häufig thematisiert werden, betrifft aber auch die Kreuzestheologie des Apostels und seine Rechtfertigungslehre. Theologie liegt dadurch bei Paulus über weite Strecken nicht als systematisierte Lehre vor, sondern erwächst in ihrer Gestalt aus den Erfahrungen mit kirchlichem Leben seiner Zeit.

Lehre kommt aus Erfahrungen

Die Gründung und die Begleitung von Gemeinden ist für Paulus von Anfang an ein gemeinschaftliches Unternehmen, ein „miteinander aufbauen". Er stand als Missionar der frühen Zeit der Kirche nicht allein; die paulinische Mission ist von Anfang an eine „Arbeit im Team".

Missionar

Vielleicht sollte hier eine zuweilen anzutreffende falsche Vorstellung von Paulus als Einzelgänger korrigiert werden. Immer wieder lassen die paulinischen Briefe ein „wir" erkennen. Zudem sind im Neuen Testament vor, bei und neben Paulus Christen zu entdecken, die von ihm als Mitarbeiter und Mitarbeiterinnen gesehen und als solche besonders geschätzt werden. Auch wenn er zeit seines Lebens seine primäre Aufgabe darin sah, Anfänge zu ermöglichen, das Fundament zu legen (vgl. 1 Korinther 3,10 u. a.), so sind es für ihn gleichzeitig immer viele, die zum miteinander aufbauen aufgerufen sind. Das bedeutet nach Paulus: konstruktiv denken und leben, Kirche und konkrete Ortsgemeinde als Bau und Baustelle zugleich zu begreifen. Nach 1 Korinther 8,1 ist es die Liebe, die aufbaut (vgl. auch Römer 13,8–10 mit der dort entwickelten Vorstellung von der Erfüllung des Gesetzes). Durch sie werden Gemeinden als geistliche Gemeinschaften zu dem, was sie von Gott her zu sein beanspruchen, ist doch nicht nur den Einzelnen mit ihrer Taufe, sondern auch den Gemeinschaften in ihrem Miteinander die Gabe des Geistes (pneuma) zugesagt. „In Christus" dürfen die Glaubenden die Gemeinde als einen Lebensraum entdecken, in dem vielfältige Geistesgaben geschenkt und anvertraut sind, in dem der Glaube gefeiert und vertieft wird, in dem Wertschätzung und Achtung erfahren werden sollen (vgl. Römer 12,10), in dem Menschen miteinander Freude teilen, aber auch an der Last des Lebens tragen.

Christen sind Paulus' Helfer in Gründung und Begleitung von Gemeinden

Gemeinde als Lebensraum für den Glauben

Auch wenn Paulus ein primär ortskirchlich geprägtes Verständnis von Kirche zeigt, sollten übergreifende Strukturen nicht übersehen werden, vor allem aber die Rückbindung an die Gemeinde von Jerusalem. Sie findet Ausdruck in dem von Paulus initiierten Kollektenunternehmen, einer Sammlung der

Kollekten als Bindeglied zwischen Mutter- und Ortskirche

paulinischen Gemeinden für die Heiligen in Jerusalem (vgl. bes. 1 Korinther 16,1–4; 2 Korinther 8,6.16–24; 9; 12,18; Römer 15,25–32). Schon auf dem „Apostelkonzil" (vgl. dazu auch Apostelgeschichte 15) war es nach Paulus (vgl. Galater 2) zu einer Zusage für eine Sammlung im Blick auf die Armen in Jerusalem gekommen; diese hatte eine soziale und gleichzeitig eine pastorale Dimension, vor allem aber war sie als Ausdruck der Gemeinschaft von Juden- und Heidenchristen zu begreifen. Paulus nennt dieses Unternehmen wiederholt „Gnade; Zuwendung" und spricht in Römer 15,27 davon, dass die Heidenchristen Schuldner der Heiligen geworden sind, weil sie Anteil an ihren geistlichen Gütern bekamen. Von daher tritt er (vgl. 2 Korinther 8,13 f) für einen Ausgleich ein. Es geht also um weit mehr als um soziale Verantwortlichkeit, es geht um die bleibende Verbindung der heidenchristlichen Gemeinden mit der Muttergemeinde in Jerusalem.

Anregungen für die Mission

In einer Zeit, in der „Mission" als Grundwort kirchlichen Lebens zurückkehrt, für eine Kirche, die missionarisch sein will, stellt Paulus hilfreiche Perspektiven bereit und gibt wichtige Impulse. Das Miteinander der von Paulus gegründeten und begleiteten Gemeinden war offensichtlich einladend für andere. Die Häuser der Gläubigen wurden in Korinth, in Ephesus wie in Rom zu Stammzellen christlicher Gemeinden, „Biotope des Glaubens".

Petra Ritter-Müller

Johannesevangelium und Johannesapokalypse

Johannesevangelium

Das Johannesevangelium richtet sich an eine Gemeinde, die in ihrem Glauben gestärkt und zum Verbleiben in der Gemeinde und bei Christus ermutigt werden soll. Dreimal wird vom Synagogenausschluss der Christen gesprochen (Johannes 9,22; 12,42; 16,2) – möglicherweise ein Indiz für Konflikte mit jüdischen Autoritäten. Die spezielle Art und Weise, wie Jesus dargestellt wird, lässt inhaltliche Auseinandersetzungen mit Juden oder Judenchristen um die Person Jesu und um seine Göttlichkeit vermuten. Diese inneren und äußeren Probleme verbunden mit Abwanderungstendenzen gefährdeten das Leben und den Glauben der Gemeinde.

keine Gleichnisse bei Johannes

In vielerlei Hinsicht unterscheidet sich das Johannesevangelium von den drei synoptischen Evangelien, so z. B. darin, dass es keine Gleichnisse gibt und so gut wie keine Rede vom Reich Gottes. Die Wunder werden Zeichen genannt und münden vielfach in lange Reden Jesu, in denen durch ein sogenanntes Ich-bin-Wort eine Aussage über das lebenspendende Wesen Jesu sprachlich auf den Punkt gebracht werden soll: „Ich bin das Brot des Lebens" (Johannes 6,35.48); „Ich bin das Licht der Welt" (Johannes 8,12; 9,5); „Ich bin die Auferstehung und das Leben" (Johannes 11,25); „Ich bin der gute Hirte" (Johannes 10,11.14); „Ich bin die Tür" (Johannes 10,7.9); „Ich bin der wahre Weinstock" (Johannes 15,1.5); „Ich bin der Weg, die Wahrheit und das Leben" (Johannes 14,6). Offenbarungscharakter im Sinne eines Erkennungszeichen haben auch die „absoluten" Ich-bin-Worte Jesu, also der Verweis Jesu auf sich selbst ohne anschließendes Bildwort, z. B. „Er aber rief ihnen zu: Ich bin es; fürchtet euch nicht!" (Johannes 6,20)

Ich-bin-Worte Jesu

Prolog

Als einziges der Evangelien besitzt das des Johannes einen Prolog, der als vorausweisender Schlüsseltext in das Evangelium einführt und in der bis zum Zweiten Vatikanischen Konzil gefeierten Liturgie als Schlussevangelium diente.

Wirkungsbereiche Jesu

Weniger Galiläa als vornehmlich Jerusalem und Judäa sind die Wirkungsbereiche Jesu. In gewisser Weise kann man daraus eine Tempelzentrierung und eine Nähe zu priesterlichen Kreisen herauslesen. Jesus ist der gläubige, fromme, gesetzestreue Jude, der dennoch mehr ist als Moses, denn er erfüllt das Gesetz des Mose.

Hoheitstitel Jesu

So heißt es im Prolog: „Das Gesetz wurde durch Mose gegeben, die Gnade und die Wahrheit kamen durch Jesus Christus" (Johannes 1,17). Aufschlussreich sind auch die Hinweise auf den jüdischen Jahresfestkreis. Beides: Tempelumgebung und Jahresfestkreis bilden die räumlich-zeitlichen Koordinaten, in welche der Logos, der Sohn, das Lamm Gottes, der Messias, der Menschensohn, der König Israels – alles christologische Hoheitstitel für Jesus, die im Johannesevangelium verwendet werden – vom Vater gesandt wird.

andere Passionsgeschichte Jesu

Trotz großer Übereinstimmungen mit den synoptischen Evangelien weicht die Passionsgeschichte des Johannesevangelium doch in bedeutenden Punkten von ihnen ab. Statt eines Einsetzungsberichtes während des Abendmahls findet sich der Bericht über die Fußwaschung der Jünger durch Jesus. Er soll eine vorausgehende Deutung der nachfolgenden Passion sein, aber auch eine Deutung der Eucharistie, die der Verfasser bei der Gemeinde als bekannt voraussetzt. Das Handeln Jesu soll darüber hinaus zur Nachahmung ermuntern („Ich habe euch ein Beispiel gegeben, damit auch ihr so handelt, wie ich an euch gehandelt habe." [13,15]).

Die Abweichungen hinsichtlich der Datierung und Chronologie der Ereignisse deuten Jesus als das wahre Paschalamm, welches in dem Moment stirbt, in dem im Tempel die Paschalämmer geschlachtet werden. Der fehlende Gebetskampf Jesu im Garten Gethsemanie, die Ausgestaltung der Verhaftungsszene als Offenbarungsszene, Jesus, der durch Vorherwissen der Geschehnisse und als Souverän den Handlungsablauf von der Verhaftung über die Verhöre und bis hin zu seinem Tod am Kreuz selbst lenkt, ist der Herr und König seines Schicksals. Sein Tod am Kreuz wird als Erhöhung des Menschensohns dargestellt; der vom Vater Gesandte und Ausgegangene kehrt in Herrlichkeit zu ihm zurück.

Einheit von Gott und Jesus Christus

Die Einheit zwischen Vater und Sohn findet ihre Vollendung in der Geistsendung des Trösters, des Parakleten, der die Menschen in diese Einheit zwischen Vater und Sohn mit hinein nimmt. Zu den Funktionen des Parakleten gehören: seine Anwesenheit, Lehre und Zeugnis-Ablegen über Jesus, Entlarvung der Sündhaftigkeit der Welt, Einführung in die ganze Wahrheit und vor allem die Erinnerung an Jesus (Johannes 14,16; 14,25; 15,26; 16,7.12; vgl. 2,17.22; 12,16).

Bestärkung im Glaube ist Ziel von Johannes

Das Evangelium spielt neben den Gegensätzen „Licht – Dunkel", „erkennen – nicht erkennen" besonders mit jenem von Glauben und Nichtglauben. Der Glaube – oder das Bleiben im Glauben – ist das Ziel des Verfassers. Gegen Ende des Evangeliums erscheint folgende Aussage wie ein zusammenfassender Merksatz: „Diese [Zeichen] aber sind aufgeschrieben, damit ihr glaubt, dass Jesus der Messias ist, der Sohn Gottes, und damit ihr durch den Glauben das Leben habt in seinem Namen." (Johannes 20,30).

Identität des Verfassers unklar

Nicht vollends zu klären ist die Verfasserschaft des Johannesevangelium sowie die konkrete Identität des Lieblingsjüngers Jesu. In Zusammenschau mit den drei dem Johannesevangelium wohl verwandten Johannesbriefen und der kirchlichen Tradition kann man mit einer gewissen Sicherheit einen Presbyter – möglicherweise ebenfalls mit dem Namen Johannes – vermuten, auf den der Großteil des Evangeliums zurückgeht und der in großer Nähe zum Apostel Johannes gestanden haben und ihn – vielleicht als eine Art Sekretär – geistig beerbt haben könnte.

Evangelium der Liebe

Das Johannesevangelium kann man auch als ein mystisches Evangelium oder als das Evangelium der Liebe bezeichnen. Wenngleich der Satz: „Gott ist die Liebe" sich im 1 Johannesbrief 4,16 findet – einer Schrift, deren Herkunft derjenigen des Johannesevangelium nahesteht –, so gilt dieser Satz gewissermaßen als eine Art Titel der sogenannten Abschiedsreden Jesu an die Jünger, im Anschluss an die Fußwaschung und vor Beginn der eigentlichen Passion platziert (Johannes 13–17). In dieser Rede beschwört Jesus in gewisser Weise die Jünger zur Gemeinschaft, zum Eins-Bleiben mit ihm bzw. dem Vater und mit Hilfe des Heiligen Geistes über der Tod Jesu hinaus. Der Weg zur Einheit ist die Liebe, die Liebe zu Gott und zum Nächsten. Papst Benedikt XVI. wählte mit dem Titel seiner Enzyklika „Deus caritas est" das Zitat vom 1 Johannes 4,16. Darin betont er den zeitlichen Vorrang der Liebe Gottes zu den Menschen. Dieser Liebesvorschuss wird im Johannesevangelium durch das Kommen Jesu erzählerisch ausgestaltet, und eben dieser Liebe antwortet der Mensch, in dem er glaubt: „So sehr hat Gott die Welt geliebt, dass er seinen einzigen Sohn hingab, damit jeder, der an ihn glaubt, das ewige Leben hat" (Johannes 3,16).

Johannes-apokalypse

Bei dem neutestamentlichen Buch der Johannesapokalypse, welches hier als „Offenbarung" bezeichnet werden soll, handelt es sich um eine Art Rundschreiben an sieben christliche Gemeinden in Kleinasien, der heutigen Westtürkei. Die Reihenfolge der angesprochenen Gemeinden entspricht wahrscheinlich einem damaligen (Rund-) Reiseweg. Die Gemeinden wurden von Paulus begründet oder stehen in paulinischer Tradition. So handelt es sich bei den genannten Gemeinden (Ephesus, Smyrna, Pergamon, Thyatira, Sardes, Philadelphia, Laodizea) mit großer Wahrscheinlichkeit nicht um fiktive, sondern um tatsächliche Adressaten. Der Verfasser beruft sich für die Abfassung seines Schreibens auf einen ureigenen Auftrag Jesu. Daher erscheint der Text als Brief bzw. direkte Anrede Christi „So spricht Er [an die Gemeinde in Ephesus] [...]: Ich kenne deine Werke [...] ich weiß [...]" (Johannes 2,1f; vgl. 1,8); „Er, der dies bezeugt, spricht: Ja, ich komme bald." (Johannes 22,20). Der Schreibauftrag an den Verfasser wird mehrmals im Text wiederholt. Er bezeichnet sich viermal selbst mit dem Namen Johannes (Johannes 1,1.4.9; 22,8). Dieses Faktum sowie der unterschiedliche Stil und Inhalt der Texte lassen bezweifeln, dass der Verfasser mit dem Verfasser des Johannesevangelium oder dem Apostel Johannes identisch ist.

Rundschreiben an sieben Gemeinden

Verfasser Johannes?

An die direkten Anreden an die sieben Gemeinden folgt ab Kap. 4 der große Bericht des Johannes über seine Visionen. „Spiralförmig" (S. Schreiber) bewegt sich die symbolische Beschreibung ihrem Ziel entgegen: dem Kommen der endgültigen Königsherrschaft Gottes. Es findet sich eine Art Rahmenhandlung, gestaltet wie ein liturgisches Hofzeremoniell, welches sich durch Huldigungen von seiten der Ältesten, der Engel, der Heiligen, durch Hymnen und Gebete, symbolisiert durch Weihrauch an Gott, auszeichnet (vgl. u. a. Johannes 5,8). In diese Rahmenhandlung, beginnend mit Kap. 4 mit der Thronsaalvision, sind die verschiedenen Visionen eingebettet. In immer neuen Bildern, anhand der Sieben-Siegel-Vision, der Sieben-Posaunen-Vision, der Sieben-Zornesschalen-Vision sowie der Visionen von Kampfhandlungen des Bösen mit dem Guten wird der Gemeinde die Durchsetzung der Königsherrschaft Gottes beschrieben und verkündet. Für das Böse stehen verschiedene gefährliche Tiere; für das Gute steht das Lamm als Symbol für Christus und die ihm zugehörigen Heiligen. Die Zahlensymbolik der 144.000 verweist durch 12 mal 12.000 auf die immens große Zahl der Heiligen (vgl. Kap. 7). Das Volk Gottes ist bedroht und umkämpft. Dies

Visionen

Visionen mit der Zahl „sieben"

Zahlensymbolik

wird symbolisch dargestellt durch die Sternenfrau (vgl. Johannes 12). Die Zahl der zwölf Sterne als Kranz um ihr Haupt erinnert an die zwölf Stämme Israels bzw. die zwölf Apostel und ist ebenfalls als Chiffre für das Volk Gottes zu sehen.

Der Text verwendet Bilder, die für heutige Leser vielleicht unverständlich sind (daher der vielfach fälschlich verwendete Name „Geheime" Offenbarung), für die damaligen mit der jüdischen Tradition vertrauten Adressaten aber durchaus geläufig waren. Die Bilder kommen schon im Alten Testament vor, besonders bei den Propheten Ezechiel, Sacharja, Jesaja, Joel, Daniel, aber auch in anderen frühjüdischen Überlieferungen. Traditionell festgelegt sind beispielsweise die gefährlichen Tiere als Symbole für Weltreiche (vgl. Johannes 13) sowie der Drache als Symbol für den Satan (Johannes 12,7–12). Das Bild der Hure Babylon, die Frau, ist die große Stadt (17,18. Hier wird sogar im Text selbst das Symbol erklärt!). Damit ist die Hauptstadt des römischen Weltreichs Rom gemeint. Der Rückgriff auf die Negativchiffre des Babylonischen Weltreichs, welches das Exil des Volkes Israel bewirkte, lässt die totalitären Facetten des Weltreichs erkennen. Der Untergang der Hure Babylon wird begleitet vom großen Leid der Kaufleute, der Großen der Erde, die für den Reichtum der Stadt sorgten und davon selbst reich wurden (Johannes 18,11–24). Der Sogkraft dieser widergöttlichen, konsumorientierten Gesellschaft des römischen Weltreichs kann sich die christliche Gemeinde nur schwer entziehen.

Bilder der Offenbarung aus dem Alten Testament

Hure Babylon

Mit der Kritik am römischen Weltreich und der wirtschaftlichen „Hurerei" ist die Herrschaft des Kaisers Domitian (81–96) gemeint – der Verfasser schreibt ja auch aus der historischen Sicht seiner Zeit heraus. Die Abfassung der Schrift ist daher wahrscheinlich in die zweite Hälfte der Regierungszeit Domitians zu datieren, also in die neunziger Jahre des ersten Jahrhunderts. Der Verfasser will die Gemeinden vor zuviel Anpassung an die heidnische Umwelt unter dem Deckmäntelchen der christlichen Freiheit warnen, die sich in Lauheit und Gleichgültigkeit äußerte (vgl. Johannes 3,15–18). Auch für die heutige und zukünftige Zeit haben diese Visionen ihre Bedeutung.

Kritik am röm. Weltreich

Datierung der Offenbarung

Besonders die Rede vom tausendjährigen Reich (Johannes 20,1–10) hat zu manchen Zukunftsspekulationen Anlass gegeben. Die Zahl 1.000 hat symbolische Bedeutung für eine lange Zeit und bezeichnet die jetzige Zeit der Kirche, in der durch Glaube und Taufe so etwas wie eine erste Auferstehung stattfindet. Die Menschen haben dadurch Anteil an dem durch

Anteil am von Christus bewirkten Heil

Christus erwirkten Heil: Sie sind Priester Gottes und herrschen mit Christus (Johannes 20,6; vgl. 1,5f). Insofern ist nach katholischer Auffassung nur mit einer einzigen Wiederkunft Christi zu rechnen (vgl. Johannes 1,7f.; Kap. 20). Während der erste Tod den physischen Tod meint, ist beim zweiten Tod an den ewigen Tod zu denken.

Entstehung eines neuen Himmels und einer neuen Erde

Der letzte große Kampf endet mit der Vernichtung des Teufels und des Todes durch Feuer. Nach dem Gericht über die Toten entstehen ein neuer Himmel und eine neue Erde mit der himmlischen Stadt Jerusalem. Diese neue Stadt ist die Frau des Lammes. Sie wird auch als Braut bezeichnet, um das besondere Liebesverhältnis zwischen Gott und seinem Volk auszudrücken. Die Braut ist Gott, ihrem Bräutigam, sehr kostbar und er schmückt sie mit Gold, Edelsteinen und Perlen (vgl. Johannes 22,18–21). Gott wird bei ihr sein, d.h. mitten unter seinem Volk wohnen. Daher werden weder ein Tempel notwendig sein noch Lampen, denn Nacht wird es in dieser Stadt nicht geben. Diese neue Welt, die Gott schaffen wird, steht überwiegend nicht in Kontinuität mit der jetzigen. Das Kap. 22 beschreibt diese neue Welt und das zukünftige, glückliche Leben mit Gott. Nicht umsonst ist das Buch der Offenbarung am Ende der Bibel platziert. Wie das Neue Testament im Matthäus-Evangelium mit einer Genealogie beginnt, so endet es hier mit der Aussicht auf das himmlische Jerusalem, dem himmlischen Ziel allen christlichen Strebens.

Alltagspastoral

1. „Betet ohne Unterlass"
2. „Ich will dem Herrn singen, solange ich lebe"
3. Das Kirchengebäude und seine Ausstattung

Jan van Eyck (um 1390–1441), Lucca-Madonna, um 1437; Öl auf Eichenholz, 65,7×49,6cm; Städelsches Kunstinstitut, Frankfurt.

Die Malerei Jan van Eycks ist zugleich Beginn und Höhepunkt der niederländischen Tafelmalerei. Diese zeichnet sich durch eine bis dahin nicht gekannte und bis heute verblüffende Perfektion der Stofflichkeitswiedergabe und Schärfe der Naturbeobachtung aus. Die sogenannte Lucca-Madonna steht ganz in der Tradition der Andachtsbilder, doch spiegelt sich im Verhältnis von Thema und Darstellungsweise die geniale Künstlerpersönlichkeit van Eycks.

Der Betrachter erfasst Raum und Figuren etwa von der Höhe des Schoßes der Maria aus, blickt also zu ihr und dem Jesuskind auf, wie es zum Beispiel der Position eines knienden Beters entspricht.

Die Madonna wirkt einerseits feierlich-erhaben, andererseits freundlich und in der Natürlichkeit der Mutter-Kind-Beziehung der Welt der Gläubigen nahe.

Dargestellt ist sie als fürstlich gekleidete und geschmückte junge Frau, die den Kopf mit den niedergeschlagenen Augen ihrem nackten Sohn zuwendet, dem sie die Brust reicht. Die Hand- bzw. Armhaltung beider unterstreicht den Eindruck inniger Verbundenheit. Mutter und Kind wirken in sich und den Moment versunken, womit Distanz zum Bildbetrachter aufgebaut wird. Zugleich haben die Situation und die Gestik und Mimik der Figuren eine solche Natürlichkeit, dass der zuschauende Beter in eine ihm bekannte Welt zu blicken glaubt. Dies wird durch die fluchtpunktperspektivisch gearbeiteten und in ihrer Stofflichkeitswiedergabe faszinierenden Raum- und Einrichtungselemente verstärkt. Zugleich aber – und darin liegt die Brillanz der Themengestaltung – ist dieser Raum eben nicht zeitgenössischer Wohnraum, sondern nur rahmende Nische für die Präsentation der Gottesmutter mit dem Kind: Raum und Bildfläche werden dominiert von der Dreieckskomposition der Madonna vor dem Rechteck des Baldachingrundes, dessen Grün das leuchtende Rot des ganz im gotischen Stil drapierten Faltenmantels der Maria noch steigert. Dessen kunstvolle Künstlichkeit, die den Betrachterblick in der großen Fläche der feinen Farbtonmodulationen des Faltenwurfs und der Perfektion des Details zum Beispiel des Edelsteinbesatzes fast verloren gehen lässt, steht der Natürlichkeit gegenüber, mit welcher Mimik und Gestik gearbeitet sind, und die von der unglaublichen Differenziertheit des Inkarnats noch gesteigert wird.

Van Eycks Gestaltung verbindet damit das Motiv der thronenden Himmelskönigin mit der den Gläubigen zum Gebet einladenden Muttergottes. *Kerstin Clasen*

Reinhard Marx

„Betet ohne Unterlass!"*

Beten ist ein Segen

Der große Theologe Karl Rahner hat einmal von der „Not und dem Segen des Gebetes" gesprochen. Beten zu können, ist ein Segen, aber beten will auch in gewisser Weise „gelernt" sein, braucht Mühe und Einsatz. Die Einübung in die „Kunst des Betens" gehört deshalb zu den wichtigsten Aufgaben der Katechese und wird doch zu sehr vernachlässigt. Über den Sinn und die Notwendigkeit des Gebetes hat sehr eindringlich der Philosoph Peter Wust (1884–1940) geschrieben in einem Brief, der für viele ein Trostwort geworden ist und bleibt. Mich haben diese Gedanken immer wieder bewegt.

Abschiedsworte von Peter Wust

Peter Wust weiß, dass er bald sterben wird. Deshalb verfasst er ein Abschiedswort an seine Schüler und Schülerinnen. Es stammt vom 18.12.1939. Er bringt ihnen noch einmal sein philosophisches Anliegen nahe; es sind adventliche Gedanken im Blick auf die philosophischen Auseinandersetzungen des 19. und 20. Jahrhunderts. Und dann bekennt er klar: „Es ist ja schon da, meine lieben Schüler, wonach wir alle so sehnsuchtsvoll suchen. ‚Apparuit benignitas et humanitas salvatoris nostri' (erschienen ist die Güte und Menschenfreundlichkeit unseres Erlösers)." Er fragt abschließend im Blick auf sein philosophisches Denken, ob es so etwas wie einen „Zauberschlüssel" gibt, „der einem das letzte Tor zur Weisheit des Lebens erschließen" kann. Und er antwortet: Dieser Zauberschlüssel ist das Gebet. „Das Gebet, als letzte Hingabe gefasst, macht still, macht kindlich, macht objektiv."

In einer ähnlichen Situation hat ein priesterlicher Freund sich mit diesen Worten von seiner Pfarrei verabschiedet mit einem klaren Blick auf den eigenen Tod. Wenige Wochen später ist er dann am Weihnachtstag 2005 gestorben. Ich konnte bei seinem Begräbnis auf diese Worte Peter Wusts verweisen, die er seiner Gemeinde kurz vorher mit auf den Weg gegeben hatte.

---

* 1 Thessalonicher 5,17

Es geht um das Gebet der letzten Hingabe, der Bereitschaft, sich ganz im Leben und im Sterben den Armen des himmlischen Vaters anzuvertrauen. Das ist gleichzeitig ein Akt großer Freiheit und höchster Liebe, ein Akt des Loslassens, wie er nur in der Liebe möglich wird; und ohne eine solche Bereitschaft der Hingabe gibt es auch keine wirkliche Liebe. Aber – das wissen wir sehr gut – nur die Liebe ist der Weg zum wahren, unzerstörbaren Glück.

Beten ist bereichernde Stille

Durch ein solches Gebet werden wir in den Raum der Stille und des Schweigens geführt. Worte und Erklärungen, Verteidigungen und Selbstbehauptungen sind überflüssig geworden. Das ist keine beängstigende Stille, sondern eher der schweigenden Umarmung der Liebenden vergleichbar. Worte sind in einer solchen Situation störend und ablenkend. Wir erfahren vielmehr eine tiefe, auch menschlich erfahrbare Geborgenheit, die schweigend sagt: Es ist gut, dass du da bist. Du sollst leben! Deshalb macht ein solches Gebet kindlich. Wir sind daheim beim Vater, wir seine Kinder, und das für immer!

Beten bedeutet Konzentration auf das Wesentliche

Das Gebet macht so auch objektiv, es kreist nicht mehr um sich selbst und die vielfältigen Bedürfnisse und Gefühle in uns. Es lenkt den Blick auf das Wesentliche. Es ist ein Akt großer Konzentration auf die Mitte unseres Lebens. Alles Unwichtige und Nebensächliche verschwindet. Das Gebet ist in diesem Sinn eine wirkliche „Aufklärung" über die Wahrheit unseres Lebens. Es gibt Klarheit und Durchblick. Deshalb, so Peter Wust, werden „die großen Dinge des Daseins ... nur den betenden Geistern geschenkt".

Beten benötigt einen Grundwortschatz

Jede Beziehung, auch die Beziehung zu Gott, lebt auch von der Sprache. Ein bestimmter „Grundwortschatz" ist dabei eine Hilfe, diese Beziehung zu pflegen und lebendig zu halten. Die in Formeln gefassten Gebete verwurzeln sich durch beständiges Einüben, Hören und Wiederholen immer tiefer in der eigenen Person. Sie werden so zum Fundament, auf dem das freie Beten aufbauen kann, und das Gebet ermöglicht wird, das still, kindlich und objektiv macht.

Grundgebete

Der katholische Christ ist getauft auf den Namen des Vaters und des Sohnes und des Heiligen Geistes. Die Grundgebete Kreuzzeichen, Ehre sei dem Vater..., das Vaterunser, das Glaubensbekenntnis und das Gloria nehmen ihn immer neu in dieses von der Taufe eingestiftete Leben mit dem dreieinen Gott hinein. Das geschieht gemeinschaftlich im Gottesdienst der Kirche, vor allem in der sonntäglichen Feier der heiligen Messe. Das geschieht im persönlichen Bereich in der Gestaltung des Wohnraumes z.B. durch ein Kreuz, ein entsprechendes Bild, eventuell ein Weihwasserbecken. So werden auch im Alltag der Glaube an den dreieinen Gott und die damit verbundenen Haltungen des Vertrauens und der Liebe eingeübt und vertieft, Glaube und Leben werden im Beten verbunden. Es entsteht eine neue „Beziehungswirklichkeit", die den großen Horizont unseres alltäglichen Lebens bildet.

Kreuzzeichen

Im Namen des Vaters
und des Sohnes
und des Heiligen Geistes. Amen.

Ehre sei dem Vater
und dem Sohn und dem Heiligen Geist,
wie im Anfang, so auch jetzt und alle Zeit und in Ewigkeit. Amen.

Vater unser

Vater unser im Himmel,
geheiligt werde Dein Name.
Dein Reich komme.
Dein Wille geschehe, wie im Himmel so auf Erden.
Unser tägliches Brot gib uns heute.
Und vergib uns unsere Schuld,
wie auch wir vergeben unsern Schuldigern.
Und führe uns nicht in Versuchung,
sondern erlöse uns von dem Bösen.

Denn Dein ist das Reich und die Kraft
und die Herrlichkeit in Ewigkeit. Amen.

Glaubensbekenntnis

Ich glaube an Gott,
den Vater, den Allmächtigen,
den Schöpfer des Himmels und der Erde,
und an Jesus Christus,
seinen eingeborenen Sohn, unsern Herrn, empfangen durch den Heiligen Geist,
geboren von der Jungfrau Maria,
gelitten unter Pontius Pilatus,
gekreuzigt, gestorben und begraben, hinabgestiegen in das Reich des Todes,

am dritten Tage auferstanden von den Toten, aufgefahren in den Himmel;
er sitzt zur Rechten Gottes des allmächtigen Vaters;
von dort wird er kommen zu richten die Lebenden und die Toten.
Ich glaube an den Heiligen Geist,
die heilige katholische Kirche,
Gemeinschaft der Heiligen,
Vergebung der Sünden,
Auferstehung der Toten
und das ewige Leben. Amen.

Gloria

Ehre sei Gott in der Höhe
und Frieden auf Erden den Menschen seiner Gnade.
Wir loben dich,
wir preisen dich,
wir beten dich an,
wir rühmen dich und danken dir,
denn groß ist deine Herrlichkeit:
Herr und Gott, König des Himmels,
Gott und Vater, Herrscher über das All,
Herr, eingeborener Sohn, Jesus Christus.

Herr und Gott, Lamm Gottes, Sohn des Vaters,
du nimmst hinweg die Sünde der Welt:
nimm an unser Gebet;
du sitzest zur Rechten des Vaters:
erbarme dich unser.
Denn du allein bist der Heilige,
du allein der Herr,
du allein der Höchste:
Jesus Christus,
mit dem Heiligen Geist,
zur Ehre Gottes des Vaters. Amen.

Segen

Der Herr segne euch und behüte euch;
der Herr lasse sein Angesicht über euch leuchten
und sei euch gnädig;
er wende euch sein Antlitz zu
und schenke euch seinen Frieden! Amen.

Den Lobpreis des Vaters, des großen und heiligen Gottes, hat die Liturgie der Kirche in wunderbare Psalmen, Hymnen und Lieder gefasst.

Sanctus

Heilig, heilig, heilig
Gott, Herr aller Mächte und Gewalten.
Erfüllt sind Himmel und Erde
von deiner Herrlichkeit.
Hosanna in der Höhe.
Hochgelobt sei,
der da kommt im Namen des Herrn.
Hosanna in der Höhe.

Benedictus (aus der Laudes – Morgenlob)

Gepriesen sei der Herr, der Gott Israels!
Denn er hat sein Volk besucht und ihm Erlösung geschaffen;
er hat uns einen starken Retter erweckt
im Hause seines Knechtes David.
So hat er verheißen von alters her
durch den Mund seiner heiligen Propheten.
Er hat uns errettet vor unsern Feinden
und aus der Hand aller, die uns hassen;
er hat das Erbarmen mit den Vätern an uns vollendet
und an seinen heiligen Bund gedacht,
an den Eid, den er unserm Vater Abraham geschworen hat;
er hat uns geschenkt, dass wir aus Feindeshand befreit,
ihm furchtlos dienen in Heiligkeit und Gerechtigkeit
vor seinem Angesicht all unsre Tage.
Und du, Kind, wirst Prophet des Höchsten heißen;
denn du wirst dem Herrn vorangehn
und ihm den Weg bereiten.
Du wirst sein Volk mit der Erfahrung des Heils beschenken
in der Vergebung der Sünden.
Durch die barmherzige Liebe unseres Gottes
wird uns besuchen das aufstrahlende Licht aus der Höhe,
um allen zu leuchten, die in Finsternis sitzen und
im Schatten des Todes,
und unsre Schritte zu lenken auf den Weg des Friedens.
Ehre sei dem Vater und dem Sohn
und dem Heiligen Geist,
wie im Anfang, so auch jetzt und alle Zeit
und in Ewigkeit. Amen.

Magnificat (aus der Vesper – Abendlob)

Meine Seele preist die Größe des Herrn,

und mein Geist jubelt über Gott, meinen Retter.
Denn auf die Niedrigkeit seiner Magd hat er geschaut.
Siehe, von nun an preisen mich selig alle Geschlechter!
Denn der Mächtige hat Großes an mir getan,
und sein Name ist heilig.
Er erbarmt sich von Geschlecht zu Geschlecht
über alle, die ihn fürchten.
Er vollbringt mit seinem Arm machtvolle Taten:
er zerstreut, die im Herzen voll Hochmut sind;
er stürzt die Mächtigen vom Thron
und erhöht die Niedrigen.
Die Hungernden beschenkt er mit seinen Gaben
und lässt die Reichen leer ausgehn.
Er nimmt sich seines Knechtes Israel an
und denkt an sein Erbarmen,
das er unsern Vätern verheißen hat,
Abraham und seinen Nachkommen auf ewig.
Ehre sei dem Vater und dem Sohn
und dem Heiligen Geist,
wie im Anfang, so auch jetzt und alle Zeit
und in Ewigkeit. Amen.

Psalm 150

Halleluja!
Lobet Gott in seinem Heiligtum,
lobt ihn in seiner mächtigen Feste!
Lobt ihn für seine großen Taten,
lobt ihn in seiner gewaltigen Größe!
Lobt ihn mit dem Schall der Hörner,
lobt ihn mit Harfe und Zither!
Lobt ihn mit Pauken und Tanz,
lobt ihn mit Flöten und Saitenspiel!
Lobt ihn mit hellen Zimbeln,
lobt ihn mit klingenden Zimbeln!
Alles, was atmet, lobe den Herrn!
Halleluja!

Großer Gott, wir loben dich (Gotteslob 257)

Großer Gott, wir loben dich;
Herr, wir preisen deine Stärke.
Vor dir neigt die Erde sich
und bewundert deine Werke.
Wie du warst vor aller Zeit,
so bleibst du in Ewigkeit.

Alles, was dich preisen kann, Kerubim und Serafinen
stimmen dir ein Loblied an;
alle Engel, die dir dienen,
rufen dir stets ohne Ruh
„Heilig, heilig, heilig" zu.

Heilig, Herr Gott Zebaot!
Heilig, Herr der Himmelsheere!
Starker Helfer in der Not!
Himmel, Erde, Luft und Meere
sind erfüllt von deinem Ruhm;
alles ist dein Eigentum.

Das Geheimnis und das Schicksal des Erlösers und Retters Jesus Christus wird, vor allem auch im Zusammenhang mit seiner Mutter Maria, in vielen Christusliedern, Hymnen und Gebeten zu Maria bedacht.

Agnus Dei

Lamm Gottes, du nimmst hinweg die Sünde der Welt:
erbarme dich unser.
Lamm Gottes, du nimmst hinweg die Sünde der Welt:
erbarme dich unser.
Lamm Gottes, du nimmst hinweg die Sünde der Welt:
gib uns deinen Frieden.

Nunc dimittis (aus der Komplet – Nachtgebet)

Nun lässt du, Herr, deinen Knecht,
wie du gesagt hast, in Frieden scheiden.
Denn meine Augen haben das Heil gesehen,
das du vor allen Völkern bereitet hast,
ein Licht, das die Heiden erleuchtet,
und Herrlichkeit für dein Volk Israel.
Ehre sei dem Vater und dem Sohn
und dem Heiligen Geist,
wie im Anfang, so auch jetzt und alle Zeit
und in Ewigkeit. Amen.

Gegrüßet seist du, Maria

Gegrüßet seist du, Maria,
voll der Gnade, der Herr ist mit dir.
Du bist gebenedeit unter den Frauen

und gebenedeit ist die Frucht deines Leibes, Jesus.
Heilige Maria, Mutter Gottes, bitte für uns Sünder jetzt und in der Stunde unseres Todes. Amen.

Der Engel des Herrn

Der Engel des Herrn brachte Maria die Botschaft, und sie empfing vom Heiligen Geist.
Gegrüßet seist du, Maria …
Maria sprach: Siehe, ich bin die Magd des Herrn; mir geschehe nach deinem Wort.
Gegrüßet seist du, Maria …
Und das Wort ist Fleisch geworden und hat unter uns gewohnt.
Gegrüßet seist du, Maria …
V: Bitte für uns, heilige Gottesmutter,
A: dass wir würdig werden der Verheißung Christi.
V: Lasset uns beten. – Allmächtiger Gott, gieße deine Gnade in unsere Herzen ein. Durch die Botschaft des Engels haben wir die Menschwerdung Christi, deines Sohnes, erkannt. Lass uns durch sein Leiden und Kreuz zur Herrlichkeit der Auferstehung gelangen. Darum bitten wir durch Christus, unsern Herrn.
A: Amen.

Rosenkranz

Eröffnung
Im Namen des Vaters … / Ich glaube an Gott … / Ehre sei dem Vater … / Vater unser … / Gegrüßet seist du, Maria …

Jesus, der in uns den Glauben vermehre
Jesus, der in uns die Hoffnung stärke
Jesus, der in uns die Liebe entzünde

Ehre sei dem Vater …

Die freudenreichen Geheimnisse
Jesus, den du, o Jungfrau, vom Heiligen Geist empfangen hast
Jesus, den du, o Jungfrau, zu Elisabet getragen hast
Jesus, den du, o Jungfrau, (in Betlehem) geboren hast
Jesus, den du, o Jungfrau, im Tempel aufgeopfert hast
Jesus, den du, o Jungfrau, im Tempel wiedergefunden hast

Die lichtreichen Geheimnisse
Jesus, der von Johannes getauft worden ist

Jesus, der sich bei der Hochzeit in Kana offenbart hat
Jesus, der uns das Reich Gottes verkündet hat
Jesus, der auf dem Berg verklärt worden ist
Jesus, der uns die Eucharistie geschenkt hat

Die schmerzhaften Geheimnisse
Jesus, der für uns Blut geschwitzt hat
Jesus, der für uns gegeißelt worden ist
Jesus, der für uns mit Dornen gekrönt worden ist
Jesus, der für uns das schwere Kreuz getragen hat
Jesus, der für uns gekreuzigt worden ist

Die glorreichen Geheimnisse
Jesus, der von den Toten auferstanden ist
Jesus, der in den Himmel aufgefahren ist
Jesus, der uns den Heiligen Geist gesandt hat
Jesus, der dich, o Jungfrau, in den Himmel aufgenommen hat
Jesus, der dich, o Jungfrau, im Himmel gekrönt hat

Seele Christi, heilige mich

Seele Christi, heilige mich.
Leib Christi, rette mich.
Blut Christi, tränke mich.
Wasser der Seite Christi, wasche mich.
Leiden Christi, stärke mich.
O guter Jesus, erhöre mich.
Birg in deinen Wunden mich.
Von dir lass nimmer scheiden mich.
Vor dem bösen Feind beschütze mich.
In meiner Todesstunde rufe mich,
zu dir zu kommen heiße mich,
mit deinen Heiligen zu loben dich
in deinem Reiche ewiglich. Amen.

Gotteslob 956,3 (Diözesanteil des Erzbistums München und Freising)

Meine Hoffnung und meine Freude,
meine Stärke, mein Licht:
Christus, meine Zuversicht,
auf dich vertrau ich und fürcht mich nicht,
auf dich vertrau ich und fürcht mich nicht.

Die Sorge um Berufungen in der Kirche ist allen Gläubigen aufgetragen, und sie kann ganz besonders im Gebet vor Gott getragen werden, damit er Menschen zum Dienst in seiner Kirche beruft:

Gebet um Berufungen

Heiliger Geist, schöpferischer, geheimnisvoller Geist Gottes, erwecke in unserem (Erz-)Bistum … immer neu den Glauben an Jesus Christus, den Auferstandenen, den Lebendigen, der uns alle einlädt, den Weg seines Evangeliums zu gehen;

ermutige und stärke die jungen Männer, die sich aufmachen wollen, ihr Leben ganz in den Dienst Christi und seiner Kirche zu stellen;

vertreibe ihre Furcht und ihr Zögern, weil ihnen gesagt wird, sie könnten nur verlieren, sie würden das wahre Leben verfehlen und verpassen;

stärke und bewege sie, Heiliger Geist, zum befreienden Ja-Wort der Liebe, zum Vertrauen darauf, dass der Weg mit dem lebendigen Christus in seiner Kirche ein Weg in die wahre Fülle des Lebens ist;

vertreibe, Geist der Liebe und der Wahrheit, in unserem (Erz-)Bistum, in den Pfarreien, Gemeinschaften und Familien den bösen Geist der Resignation und der Müdigkeit, die Atmosphäre der Mutlosigkeit und des Misstrauens;

schenke Begeisterung und Freude darüber, den Namen Jesu Christi tragen zu dürfen, IHM zu begegnen in den Sakramenten, IHN zu bezeugen im Leben, damit seine Stimme hörbar, sein Leben sichtbar bleibt durch die Kirche;

Du schöpferischer Geist Gottes, der vom Tod ins Leben führen kann, der die Welt aus dem Nichts ins Dasein gerufen hat, Du kannst aus furchtsamen, zögernden und zweifelnden jungen Christen überzeugende Jünger Jesu machen, wenn sie sich von Dir lieben und führen lassen.

Komm, Heiliger Geist, Du Sturm der Liebe Gottes, wehe in unserer Kirche und wecke in ihr Berufungen für den priesterlichen Dienst;

stärke und ermutige auch junge Frauen und Männer zum Weg der evangelischen Räte;

öffne die Augen und Herzen aller in dieser (Erz-)Diözese für den großen Schatz des Evangeliums: Jesus Christus! Amen.

(Erzbischof Dr. Reinhard Marx, 2009)

Die Gemeinschaft der Kirche legt Zeugnis ab vom Heiligen Geist, indem die Getauften auch den Alltag betend gestalten. Vom Morgen bis zur Nacht können wir unser Leben im Gebet vor Gott bringen.

Komm herab, o Heilger Geist,
der die finstere Nacht zerreißt,
strahle Licht in diese Welt.

Komm, der alle Armen liebt,
komm, der gute Gaben gibt,
komm, der jedes Herz erhellt.

Höchster Tröster in der Zeit,
Gast, der Herz und Sinn erfreut,
köstlich Labsal in der Not,

in der Unrast schenkst du Ruh,
hauchst in Hitze Kühlung zu,
spendest Trost in Leid und Tod.

Komm, o du glückselig Licht,
fülle Herz und Angesicht,
dring bis auf der Seele Grund.

Ohne dein lebendig Wehn
kann im Menschen nichts bestehn,
kann nichts heil sein noch gesund.

Was befleckt ist, wasche rein,
Dürrem gieße Leben ein,
heile du, wo Krankheit quält.

Wärme du, was kalt und hart,
löse, was in sich erstarrt,
lenke, was den Weg verfehlt.

Gib dem Volk, das dir vertraut,
das auf deine Hilfe baut,
deine Gaben zum Geleit.

Lass es in der Zeit bestehn,
deines Heils Vollendung sehn
und der Freuden Ewigkeit.

Amen. Halleluja.

Morgengebete Die Nacht vergeht. Ein neuer Tag beginnt. Das Morgengebet lädt ein: die Sinne zu öffnen, dem Schöpfer für den geschenkten Neubeginn zu danken und um gutes Gelingen des Tages und das Bestehen der gestellten Aufgaben zu bitten.

Gotteslob 6,1

Jesus, dir leb ich;
Jesus, dir sterb ich;
Jesus, dein bin ich tot und lebendig.

Gotteslob 14,2

Herr, allmächtiger Gott, am Beginn dieses neuen Tages bitten wir dich: schütze uns heute durch deine Kraft. Bewahre uns vor Verwirrung und Sünde. Lass uns denken, reden und tun, was recht ist vor dir. Durch Christus, unsern Herrn. Amen.

Gott, Vater im Himmel, ein neuer Tag hat angefangen; du schenkst ihn mir. Ich freue mich und danke dir, dass ich ihn leben darf. Vor allem aber danke ich dir, dass du überall und immer bei mir bist und mich allezeit liebst; das macht mich froh. Zeige mir heute, was recht und was unrecht ist. Hilf mir, gut zu sein.

Tischgebete

Zwei Dinge braucht der Mensch zum Leben: Das tägliche Brot, das seinen materiellen Hunger stillt, und das tägliche Brot, das seinen Hunger nach Liebe und Gemeinschaft stillt. Beides hat mit dem Segen Gottes zu tun. Dafür zu danken und sich dessen bewusst zu bleiben, ist der Sinn des Tischgebetes.

Gotteslob 16,8

O Gott, von dem wir alles haben,
wir danken dir für diese Gaben.
Du speisest uns, weil du uns liebst.
O segne auch, was du uns gibst. Amen.

Komm, Herr Jesus, sei unser Gast und segne,
was du uns bescheret hast.

Gotteslob 16,7

Vater, wir leben von deinen Gaben.
Segne das Haus, segne das Brot.
Gib uns die Kraft, von dem, was wir haben,
denen zu geben in Hunger und Not.

Gotteslob 17,4

Dir sei, o Gott, für Speis und Trank,
für alles Gute Lob und Dank.
Du gabst, du willst auch künftig geben.
Dich preise unser ganzes Leben. Amen.

Gotteslob 17,1

Wir danken dir, allmächtiger Gott, für alle deine Wohltaten,
der du lebst und herrschest in Ewigkeit. Amen.

Abendgebete

Ein Tag geht zu Ende. Die Nacht beginnt. Das Abendgebet lädt ein: zurückzuschauen auf das, was geworden ist; dankbar für das, was gut war; um Verzeihung bittend für das, was misslungen ist; und vorauszuschauen in das Undurchsichtige und Dunkel der Nacht, zu bitten um Beruhigung und Hinwegnahme von Angst und Verzagtheit.

Es segne und behüte mich der allmächtige und barmherzige Gott, der Vater, der Sohn und der Heilige Geist.

Danke für alles, was heute schön war, was andere für mich getan haben, was ich erleben und erfahren durfte, für alle Menschen, die mir begegnet sind …

Verzeih mir alles, was ich nicht recht gemacht habe, wenn ich andern geschadet habe, wenn andere vergebens von mir Hilfe erwartet haben …

Ich bitte dich für meine Familie und alle, die mir nahe stehen. Besonders bitte ich dich für alle die unglücklich sind, die in Sorgen leben, für alle, die nie satt werden.

Sei du mit den Einsamen und Sterbenden und zeige mir jeden Tag, wie ich helfen kann.

Segne uns alle und schenke eine ruhige Nacht.

Gotteslob 700

Wir bitten dich, gütiger Vater, schenk uns in dieser Nacht das Licht deiner Gegenwart; lass uns, deine Diener, in Frieden schlafen und wecke uns morgen in deinem Namen, damit wir gesund und froh einen neuen, von deinem Licht erfüllten Tag beginnen: Durch Christus, unsern Herrn. Amen.

Gebet in der Arbeit

Herr und Gott, guter Vater im Himmel. Du hast mich gerufen, deine große Welt mit allem, was zu ihr gehört, mitzugestalten durch meine Arbeit. Ich danke dir für deinen Auftrag, für die Möglichkeiten und Fähigkeiten, die du mir gegeben hast.

Gotteslob 30,1

Hilf mir an jedem Tag, dir in allem zu dienen durch eine gute Arbeit, durch meine Hilfsbereitschaft, durch mein Verstehen, durch ein gutes Wort. Durch gute Laune und heiteren Blick, durch mein Beispiel will ich helfen, Gegensätze auszugleichen, Mißtrauen abzubauen, den sozialen Frieden zu wahren. So darf ich beitragen zum Wohl meines Nächsten und für eine bessere Welt. Mein Leben soll dich preisen und alles in dir seine Vollendung finden.

Segen für Kinder

Eltern können ihre Kinder segnen, etwa am Beginn des Tages, und ihnen das Kreuz auf die Stirn zeichnen:

Es segne dich der allmächtige Gott,
der Vater und der Sohn und der Heilige Geist. Amen.

Gebete in Leiden und Krankheit

Psalm 23,1–6

Der Herr ist mein Hirte,
nichts wird mir fehlen.
Er lässt mich lagern auf grünen Auen
und führt mich zum Ruheplatz am Wasser.
Er stillt mein Verlangen;
er leitet mich auf rechten Pfaden, treu seinem Namen.
Muss ich auch wandern in finsterer Schlucht,
ich fürchte kein Unheil;
denn du bist bei mir,
dein Stock und dein Stab geben mir Zuversicht.
Du deckst mir den Tisch
vor den Augen meiner Feinde.
Du salbst mein Haupt mit Öl,
du füllst mir reichlich den Becher.
Lauter Güte und Huld werden mir folgen mein Leben lang,
und im Haus des Herrn darf ich wohnen
für lange Zeit.

nach Kardinal Newman

Herr, bei dir bin ich sicher;
wenn du mich hältst,
habe ich nichts zu fürchten;
wenn du mich aufgibst,
bleibt mir keine Hoffnung.

Ich weiß wenig von der Zukunft,
aber ich vertraue auf dich.
Gib, was gut ist für mich.
Nimm, was mir schaden kann.
Dir will ich es überlassen.

Wenn Sorgen und Leid kommen,
hilf mir, sie zu tragen.
Lass mich dich erkennen,
an dich glauben und dir dienen. Amen.*

* Die Feier der Krankensakramente, 2. Aufl., 1994, 41

Gebete angesichts des Todes

In meiner Todesstunde rufe mich,
zu dir zu kommen heiße mich.

Gotteslob 12

Vater, in deine Hände lege ich voll Vertrauen meinen Geist.

Herr Jesus, nimm mich zu dir.

Stoßgebete

Liebe lebt auch von kleinen Aufmerksamkeiten und kurzen Worten, von Stoßgebeten. Sie sind Ausdruck eines vollen Herzens. Sie können beides sein: dankbare Vergewisserung der Liebe und Hilferuf in äußerster Not und Bedrängnis.

Herr, erbarme dich.

Preiset den Herrn zu aller Zeit, denn er ist gut.

Danket dem Herrn, denn er ist gütig;
denn seine Huld währt ewig.

Mein Herr und mein Gott.

Herr, dir in die Hände sei Anfang und Ende, sei alles gelegt.

Herr, du weißt alles;
du weißt, dass ich dich liebe.

Der Herr ist mein Licht und mein Heil,
vor wem sollte ich mich fürchten?

Jesus, dir leb ich; Jesus, dir sterb ich; Jesus dein bin ich tot und lebendig.

Herr, dein Wille geschehe.

Ich glaube, Herr; hilf meinem Unglauben.

O Gott, komm mir zu Hilfe.
Herr, eile, mir zu helfen.

Du führst uns hinaus ins Weite.

Gebet mitten im Leben

Wenn wir als Christen beten, dann sind wir nicht fern der Welt, sondern stehen mit beiden Beinen mitten im Leben. Wir verschließen nicht die Augen vor den Chancen, Herausforderungen und Schwierigkeiten, die uns begegnen. Wir sehen die Freude und die Not der Menschen. Die tiefe Hoffnung, dass das Leben heil wird, weil das Reich Gottes schon begonnen hat, ist uns in Jesus Christus geschenkt. Weil Gott uns ein für alle Mal nahe gekommen ist in seinem Sohn, gibt es Grund zur Hoffnung.

Gebet und Hoffnung

Papst Benedikt XVI. hat in seiner Enzyklika „Spe salvi" über das Verhältnis von Gebet und Hoffnung tiefgründig nachgedacht. „Ein erster wesentlicher Lernort der Hoffnung ist das Gebet. Wenn niemand mehr mir zuhört, hört Gott mir immer noch zu. Wenn ich zu niemand mehr reden, niemanden mehr anrufen kann – zu Gott kann ich immer reden. Wenn niemand mehr mir helfen kann – wo es sich um eine Not oder eine Erwartung handelt, die menschliches Hoffenkönnen überschreitet -: Er kann mir helfen. Wenn ich in eine letzte Einsamkeit verstoßen binw Der Betende ist nie ganz allein." (*Spe salvi* 32)

Beten wir füreinander!

Martin Lohmann

„Ich will dem Herrn singen, solange ich lebe"

Die katholische Kirche hat einen großen und reichen Schatz an Gebeten und Liedern, wie es auch der oben zitierte Psalmvers 104,33a zeigt. Gebet- und Gesangbücher zeugen davon. Im Laufe eines Lebens wird ein Teil dieses Schatzes für viele Gläubige auch zu einem ganz persönlichen Reichtum, der auf dem Weg zu Gott mitten in dieser Welt Orientierung und Hilfe bietet. Lieder und Gebete sind zugleich Ausdruck des Glaubens. Einige wenige wichtige Lieder, die jeder Christ kennen sollte, sind nachfolgend aufgeführt.

Großer Gott, wir loben dich

2. Alles, was dich preisen kann, / Kerubim und Serafinen / stimmen dir ein Loblied an; / alle Engel, die dir dienen, / rufen dir stets ohne Ruh / „Heilig, heilig, heilig" zu.

3. Heilig, Herr Gott Zebaot! / Heilig, Herr der Himmelsheere! / Starker Helfer in der Not! / Himmel, Erde, Luft und Meere / sind erfüllt von deinem Ruhm; / alles ist dein Eigentum.

4. Der Apostel heilger Chor, / der Propheten hehre Menge / schickt zu deinem Thron empor / neue Lob- und Dankgesänge; / der Blutzeugen lichte Schar lobt und preist dich immerdar.

5. Dich, Gott Vater auf dem Thron, loben Große, loben Kleine. Deinem eingebornen Sohn singt die heilige Gemeinde, und sie ehrt den Heilgen Geist, / der uns seinen Trost erweist.

6. Du, des Vaters ewiger Sohn, / hast die Menschheit angenommen, / bist vom hohen Himmelsthron / zu uns auf die Welt gekommen, / hast uns Gottes Gnad gebracht, / von der Sünd uns frei gemacht.

7. Durch dich steht das Himmelstor / allen, welche glauben, offen; / du stellst uns dem Vater vor, / wenn wir kindlich auf dich hoffen; / du wirst kommen zum Gericht, / wenn der letzte Tag anbricht.

8. Herr, steh deinen Dienern bei, / welche dich in Demut bitten. / Kauftest durch dein Blut uns frei, / hast den Tod für uns gelitten; / nimm uns nach vollbrachtem Lauf / zu dir in den Himmel auf.

9. Sieh dein Volk in Gnaden an. / Hilf uns, segne, Herr, dein Erbe; / leit es auf der rechten Bahn, / daß der Feind es nicht verderbe. / Führe es durch diese Zeit, / nimm es auf in Ewigkeit.

10. Alle Tage wollen wir / dich und deinen Namen preisen / und zu allen Zeiten dir / Ehre, Lob und Dank erweisen. Rett aus Sünden, rett aus Tod, / sei uns gnädig, Herre Gott!

11. Herr, erbarm, erbarme dich. Laß uns deine Güte schauen; / deine Treue zeige sich, / wie wir fest auf dich vertrauen. / Auf dich hoffen wir allein: / laß uns nicht verloren sein.

Text: Ignaz Franz 1771 nach dem „Te Deum", 4. Jh., Nr. 706
Musik: Wien um 1776 / Heinrich Bone, 1852

Gottheit tief verborgen

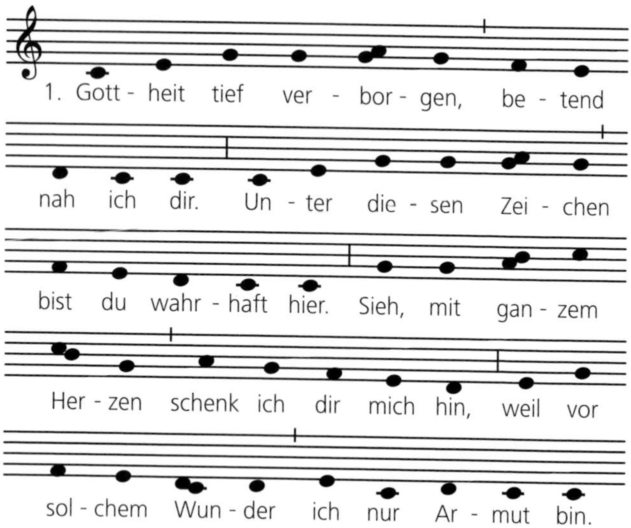

2. Augen, Mund und Hände täuschen sich in dir, / doch des Wortes Botschaft offenbart dich mir. / Was Gott Sohn gesprochen, nehm ich glaubend an; / er ist selbst die Wahrheit, die nicht trügen kann.

3. Einst am Kreuz verhüllte sich der Gottheit Glanz, / hier ist auch verborgen deine Menschheit ganz. / Beide sieht mein Glaube in dem Brote hier; / wie der Schächer ruf ich, Herr, um Gnad zu dir.

4. Kann ich nicht wie Tomas schaun die Wunden rot, / bet ich dennoch gläubig: „Du mein Herr und Gott!" / Tief und tiefer werde dieser Glaube mein, / fester laß die Hoffnung, treu die Liebe sein.

5. Denkmal, das uns mahnet an des Herren Tod! / Du gibst uns das Leben, o lebendig Brot. / Werde gnädig Nahrung meinem Geiste du, / daß er deine Wonnen koste immerzu.

6. Gleich dem Pelikane starbst du, Jesu mein; / wasch in deinem Blute mich von Sünden rein. / Schon ein kleiner Tropfen sühnet alle Schuld, / bringt der ganzen Erde Gottes Heil und Huld.

7. Jesus, den verborgen jetzt mein Auge sieht, / stille mein Verlangen, das mich heiß durchglüht: / laß die Schleier fallen einst in deinem Licht, / daß ich selig schaue, Herr, dein Angesicht.

Text: Thomas von Aquino 13. Jh., „Adoro te devote“,
Übertragung Petronia Steiner 1951, © Verlag Herder, Freiburg
Musik: Frankreich 17. / 18. Jh.

Der Geist des Herrn

2. Der Geist des Herrn erweckt den Geist / in Sehern und Propheten, / der das Erbarmen Gottes weist / und Heil in tiefsten Nöten. / Seht, aus der Nacht Verheißung blüht; / die Hoffnung hebt sich wie ein Lied / und jubelt: Halleluja.
3. Der Geist des Herrn treibt Gottes Sohn, / die Erde zu erlösen; / er stirbt, erhöht am Kreuzesthron, / und bricht die Macht des Bösen. / Als Sieger fährt er jauchzend heim / und ruft den Geist, dass jeder Keim / aufbreche: Halleluja.
4. Der Geist des Herrn durchweht die Welt / gewaltig und unbändig; / wohin sein Feueratem fällt, / wird Gottes Reich lebendig. / Da schreitet Christus durch die Zeit / in seiner Kirche Pilgerkleid / Gott lobend: Halleluja.

Text: Maria Luise Thurmair, 1941
Musik: „Zieh an die Macht, du Arm des Herrn" Nr. 304

Salve, Regina

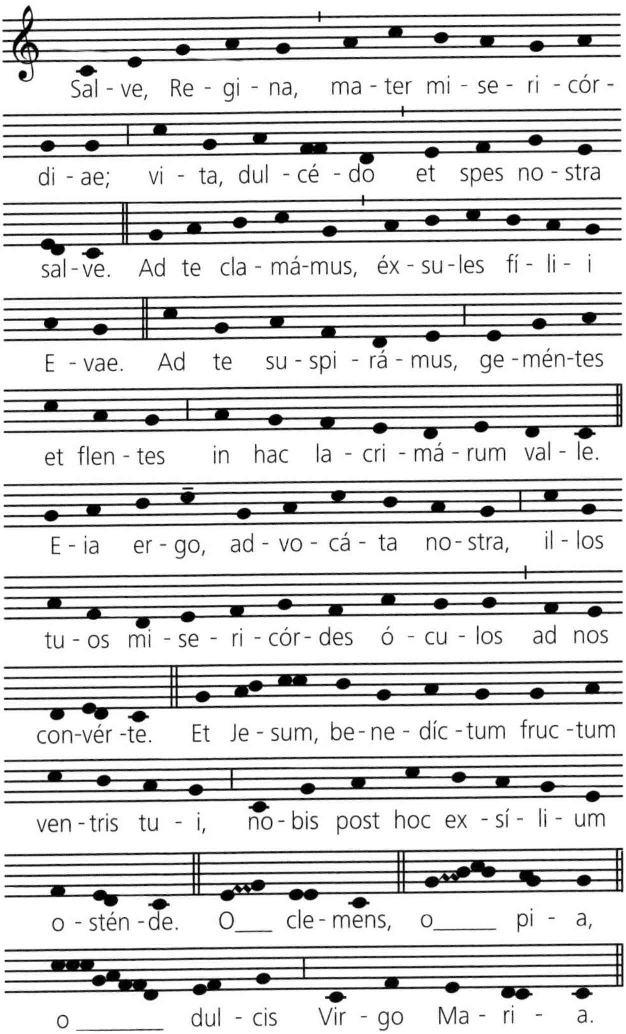

Text: 11. Jahrhundert
Musik: 17. Jahrhundert nach Henri Du Mont

Fest soll mein Taufbund stehen

Text: Verspoell 1810
Musik: nach Bonn (Bierbaum) 1826

Neufassung:

1. Fest soll mein Taufbund immer stehn / zum Herrn will ich gehören. / Er ruft mich, seinen Weg zu gehn / und will sein Wort mich lehren. / Dank sei dem Herrn, der mich aus Gnad / in seine Kirch berufen hat; / ihr will ich gläubig folgen!
2. Dein Tod am Kreuz, Herr Jesu Christ, / ist für uns ewges Leben; / vom Grab du auferstanden bist, / hast uns die Schuld vergeben. / Dein Volk, o Herr, dich lobt und preist; / denn aus dem Wasser und dem Geist / hast du uns neu geboren.

Text: Karl Günter Peusquens, 1974

Martin Lohmann

Das Kirchengebäude und seine Ausstattung

Als Sakralgebäude spiegelt jede katholische Kirche den Grundgedanken von der Kirche als Gemeinschaft der sich zu Christus bekennenden Gläubigen. Wenngleich der Zentralbau immer wieder eine wichtige Rolle im Kirchenbau gespielt hat, so geht doch die überwiegende Zahl der Kirchenbauten auf den Grundtypus der antiken Basilika zurück und variiert diesen Richtungsbau in vielen Formen. Vom Haupteingang an der Westseite, die häufig durch eine Turmfassade gekennzeichnet ist, führt der Weg bzw. Blick durch das Langhaus nach vorne zum Chor, dessen typischer Abschluss eine Apsis ist, der halbkreisförmig geformte östliche Abschluss des Kirchenraumes – dem Eingang bzw. dem Kirchturm gegenüber.

Bei vielen Kirchen finden sich Querhäuser, sodass der Baukörper insgesamt eine Kreuzform erhält.

Ursprünglich wurden alle Kirchenbauten geostet, buchstäblich orientiert, zum Orient hin ausgerichtet. Das hat etwas mit dem Bild des Auferstandenen als *Sol invictus*, als unbesiegbare Sonne zu tun – und diese geht im Osten auf. Nach Osten hin, also *versus dominum*, zum Herrn hin wurde bis zur Liturgiereform des Zweiten Vatikanischen Konzils vom Priester auch die heilige Messe zelebriert, denn der Hauptaltar befand sich immer an der Stirnwand des Chores. Zu den auffälligen Ausnahmen der ursprünglichen Kirchenausrichtung nach Osten zählt unter anderem die Peterskirche in Rom, die wegen der Gegebenheiten des vatikanischen Hügels zum Westen hin ausgerichtet ist. Der Papstaltar über dem Petrusgrab musste nach der Liturgiereform freilich nicht gedreht werden, weil dort schon immer zum Osten hin zelebriert wurde.

Der Altar bildet den Mittelpunkt der Kirche, an dem bzw. um den herum sich die Gemeinde zum Gottesdienst versammelt. Am häufigsten zu finden sind zwei Formen: Der in der Gotik entstandene Flügelaltar, dessen große, prächtige Bildtafeln oder Schnitzereien den Blick sofort auf sich ziehen, oder die ältere und auch in der Moderne im sogenannten „Volksaltar“ wieder wichtig gewordene Form des Tisch- oder Kastenaltars. Diese macht die Zelebration *versus populum*, zum Volk hin möglich und ist daher heute in jeder Kirche zu finden, manchmal sogar in die Vierung, d. h. den Schnittpunkt von Haupt- und Querschiff, gestellt, so dass ein Zentralraumcharakter entsteht.

Über dem Altar hängt oder auf ihm liegt immer ein Kruzifix, das an den Erlösertod Jesu Christi und an ihn als Herrn der Kirche erinnert.

Manchmal in einem eigenen Gebetsraum, meist aber im Chor in der Nähe des Altares ist in jedem katholischen Kirchenraum der Tabernakel zu finden, der Aufbewahrungsort der geweihten Hostien. Die ältere Form ist der in eine Seitenwand eingelassene Tabernakel, es gibt aber häufig frei stehende Formen, die besonders in der Moderne eine skulpturähnliche Wirkung haben können. Immer brennt beim Tabernakel das „Ewige Licht“ als Symbol der Anwesenheit Christi im eucharistischen Sakrament.

Neben dem Altar zählt der Ambo, das Lesepult, zu den wichtigsten Ausstattungsgegenständen des Chorbereiches. Von hier aus wird das Evangelium als Frohe Botschaft Jesu Christi verkündet.

Zum Vollzug des Taufsakramentes befindet sich in jeder Kirche ein Taufbecken. An diesem Ort wird der Neugetaufte in die Gemeinschaft der Gläubigen aufgenommen und Teil der Kirche Christi. Was früher durch ein eigenes Gebäude wie etwa das Baptisterium bei großen Basiliken in Rom oder Florenz vielleicht etwas anschaulicher zum Ausdruck kam, indem die Neugetauften erst nach ihrer Taufe die eigentliche Kirche betraten, gilt letztlich auch heute noch.

So wie der Täufling mit geweihtem Wasser getauft wird, kann der Gläubige mit dem Eintauchen der Hand in das geweihte Wasser der Weihwasserbecken an den Kircheneingängen und anschließendem Bekreuzigen das eigene Bekenntnis erneuern.

In diesen symbolischen Zusammenhang gehört auch die große Osterkerze, die auf einem eigenen Leuchter einen hervorgehobenen Platz erhält und als österliches Licht an die Botschaft vom Sieg über den Tod erinnert.

Neben Altarkerzen befinden sich, meist an den Wänden des Kirchenraumes verteilt, in jedem katholischen Gotteshaus zwölf Kerzenleuchter, die für die zwölf Apostel stehen, auf denen die apostolische Kirche gegründet ist. Apostolisch bedeutet, dass Christus selbst seine Kirche auf den Zwölfen erbaut hat, die gleichsam die Kirche auch heute noch mittragen.

Die meisten Kirchen sind mit Heiligenskulpturen und -bildern, oft ihrer Namenspatrone, geschmückt. Immer aber findet sich ein Bildnis oder eine Plastik der Gottesmutter in der Kirche; davor können oft Kerzen entzündet werden, die ein Gebetsanliegen symbolisch begleiten.

Die wohl am häufigsten zu findende Mariendarstellung ist die der Gottesmutter, die den Jesusknaben in ihren Armen hält. Vielfach ist sie mit der Krone als Zeichen der Himmelskönigin geschmückt und präsentiert Jesus als zukünftigen Weltenherrscher mit Zepter und Weltkugel. Je nach Entstehungszeit rückt aber auch ein inniges Mutter – Kind-Verhältnis in den Vordergrund, das die Vorstellung von der Gottesmutter als der liebenden Mutter aller Gläubigen vermittelt.

Daneben findet sich nicht selten auch eine Pietà, die Gestaltung der Schmerzensmutter, die von Gram gebeugt auf den Leichnam ihres toten Sohnes blickt, der ihr nach der Kreuzabnahme in den Schoß gelegt worden ist. Sie gilt als Zeichen für die Nähe und Verbundenheit der Heiligen mit den Menschen auch in der Zeit größter seelischer Not.

Zum christlichen Selbstverständnis gehört auch das Wissen, dass der Mensch Sünder ist. Doch es gehört ebenso die Erkenntnis dazu, dass Jesus Christus auch den vergebenden und barmherzigen Gott verkündet hat und jeder immer neu zur Umkehr eingeladen ist. Dieser Tatsache trägt das Vorhandensein der Beichtstühle Rechnung, die in jeder katholischen Kirche zu finden sind. Hier kann man im geschützten Raum entsprechend dem Auftrag des Herrn seine Sünden bekennen und in der durch den geweihten Priester gesprochenen Lossprechung die göttliche Sündenvergebung erfahren. Hier kann man das Sakrament der Vergebung bekommen. Hier wird nach katholischem Glauben die in der Taufe gegebene Gnade und Reinheit vollkommen wieder hergestellt.

Ein wichtiges, da oft künstlerisch gestaltetes und während der Liturgie den ganzen Kirchenraum akustisch ausfüllendes Element der Kirchenausstattung ist die Orgel. Der Orgelprospekt befindet sich häufig an der Westseite auf einer Empore.

Alle Bereiche und Teile des Kirchengebäudes zusammengenommen versinnbildlichen das Wesen der katholischen Kirche weltweit.

Alltagspastoral

Anhang

Literaturverzeichnis

Advent – Weihnachten – Epiphanie

Christoph Dohmen: Warum feiern wir Weihnachten. Die biblischen Wurzeln des Festes. Stuttgart 2006.

Hansjörg Auf der Maur: Feiern im Rhythmus der Zeit I. Herrenfeste in Woche und Jahr (= *Hans Bernhard Meyer u. a. (Hg.),* Gottesdienst der Kirche. Handbuch der Liturgiewissenschaft, Teil 5). Regensburg 1983.

Allerheiligen/ Allerseelen

Michael Kunzler: Die Liturgie der Kirche. AMATECA: Lehrbücherzur katholischen Theologie Band X. Paderborn [2]2003.

Michael Kunzler: Leben in Christus. Eine Laienliturgik zur Einführung in die Mysterien des Gottesdienstes. Paderborn, 1999.

Adolf Adam: Das Kirchenjahr mitfeiern. Seine Geschichte und seine Bedeutung nach der Liturgiereform. Freiburg/Basel/Wien 1991.

Wolfgang Beinert: Die Heiligen heute ehren. Freiburg 1983.

Ekkard Sauser: Heilige und Engel im Kirchenjahr. Regensburg 1979.

Alltag

Christa Baumann: Spuren des Alltags legen. Rituale im Familienalltag. Neukirchen-Vlyn 2010.

Notker Wolf: Erfüllte Zeit. Ermunterungen für das Leben. Leipzig 2010.

Altes Testament

Jörg Jeremias: Der Zorn Gottes im Alten Testament. Neukirchen-Vluyn 2009.

Christoph Dohmen/Thomas Hieke: Das Buch der Bücher. Die Bibel – eine Einführung. Kevelaer 2005.

Beerdigung

Manfred Probst/Klemens Richter: Zeichen der Hoffnung in Tod und Trauer. Ein Werkbuch zur Sterbe- und Totenliturgie. Freiburg 1996.

Monika Specht-Tomann/Doris Tropper: Zeit des Abschieds. Sterbe- und Trauerbegleitung. Düsseldorf 1998.

Beichte/Buße

George Augustin/Klaus Krämer (Hg.): Leben aus der Kraft der Versöhnung. Ostfildern 2006.

Die Deutschen Bischöfe, Umkehr und Versöhnung im Leben der Kirche. Bonn 1997.

Bischofsamt und Diözese

Heribert Hallermann (Komm.): Direktorium für den Hirtendienst der Bischöfe. Übersetzung und Kommentar. Paderborn u. a. 2006.

Erwin Gatz (Hrsg.): Die Bistümer der deutschsprachigen Länder von der Säkularisation bis zur Gegenwart. Freiburg i. Br. 2003.

Buße und Versöhnung

Klaus Demmer: Das vergessene Sakrament. Umkehr und Buße in der Kirche, Paderborn 2005.
Scott Hahn: Gott der Barmherzige. Der Weg zur Beichte, Augsburg 2005.

Caritas

Papst Benedikt XVI.: Enzyklika *Deus caritas est,* hrsg. vom Sekretariat der Deutschen Bischofskonferenz, Bonn 2008.
Paul Josef Kardinal Cordes: Helfer fallen nicht vom Himmel. Caritas und Spiritualität. Freiburg 2008.

Christi Himmelfahrt / Pfingsten / Fronleichnam

Guido Fuchs (Hrsg.): Das große Liturgie-Buch der Feste und Feiern. Jahreskreis und Heilige; Feierformen, Texte, Bilder und Lieder. Regensburg 2008.
Kerstin Kuppig: Ideenkiste Feste feiern für Gemeinde, Schule und Familie. Freiburg i. Br. 2002.

Dreieinigkeit

Gilbert Greshake: Hinführung zum Glauben an den drei-einen Gott. 5., erw. und akt. Neuausgabe. Freiburg u. a. 2008.
Magnus Striet (Hg.): Monotheismus Israels und christlicher Trinitätsglaube. Freiburg u. a. 2004.

Ehe

Markus Knapp: Glaube – Liebe – Ehe. Ein theologischer Versuch in schwieriger Zeit, Würzburg 1999.
Eheschließung – mehr als ein rechtlich Ding (Quaestiones Disputatae 120), hg. von *Klemens Richter/Hansjakob Becker:* Freiburg-Basel-Wien 1989

Erstkommunion und Firmung

Günter Biemer: Symbole des Glaubens leben – Symbole des Lebens glauben. Sakramentenkatechese als Lernprozeß. Taufe, Firmung, Eucharistie. Ostfildern 1999.
Sakramentenpastoral im Wandel. Überlegungen zur gegenwärtigen Praxis der Feier der Sakramente am Beispiel von Taufe,Erstkommunion und Firmung (Die deutschen Bischöfe: Kommissionen 12). Bonn 1993.

Ethik

Peter Schallenberg: Gott, das Gute und der Mensch. Grundlagen katholischer Moraltheologie, Paderborn 2009.
Klaus Demmer: Gott denken – sittlich handeln. Fährten ethischer Theologie, Freiburg i.Br. 2008.
Eberhard Schockenhoff: Theologie der Freiheit, Freiburg i. Br. 2007.

Eucharistie

Helmut Hoping: Liturgie und Theologie der Eucharistie, in: Heil erfahren in den Sakramenten (Theologische Module 8), Freiburg-Basel-Wien 2009.
Alexander Saberschinsk:, Einführung in die Feier der Eucharistie. Historisch. Systematisch. Praktisch, Freiburg – Basel – Wien 2009.

Thomas Schumacher: Die Feier der Eucharistie. Liturgische Abläufe – geschichtliche Entwicklungen – theologische Bedeutung, München 2009.

Theodor Schnitzler: Was die Messe bedeutet. Hilfen zur Mitfeier, Freiburg – Basel – Wien [11]1990.

Evangelisation und Mission

Franz Peter Tebartz-van Elst: Inhalte brauchen Zeugen. Mission bracht Mut zum Inhalt (Positionen und Perspektiven 1) Limburg 2009.

Martin Reppenhagen (Hrsg.): Kirche in der Postmoderne (Beiträge zu Evangelisation und Gemeindeentwicklung 6). Neukirchen-Vluyn 2008.

Fasten- und Passionszeit – Palmsonntag

Adolf Adam: Das Kirchenjahr mitfeiern. Freiburg u.a. 1995.

Georg Schwikart: Zwischen Zeit und Ewigkeit. Das Kirchenjahr. Kevelaer 2006.

Frauen in der Gemeinde

Martina Blasberg-Kuhnke: Die Stellung der Frau in der Kirche, in: *Eugen Biser/Ferdinand Hahn/Michael Langer (Hg.),* Der Glaube der Christen. Band 1: Ein ökumenisches Handbuch. München-Stuttgart 1999.

Dies.: Frauengruppen als Orte der Neuentdeckung des christlichen Glaubens, in: *Werner Simon/Mariano Delgado (Hg.),* Lernorte des Glaubens. Glaubensvermittlung unter den Bedingungen der Gegenwart. Berlin 1991.

Gebet

Vera Krause/Jürgen Werbick: Dein Angesicht suche ich. Du. Wege ins Beten. Stuttgart 2005.

Gerda und Rüdiger Maschwitz: Kursbuch Beten. Anregungen für alle Lebenslagen. München 2009.

Geschichte des Christentums

Ernst Dassmann: Kirchengeschichte I. Ausbreitung, Leben und Lehre der Kirche in den ersten drei Jahrhunderten (Kohlhammer Studienbücher Theologie 10). Stuttgart, Berlin, Köln 1991.

Ernst Dassmann: Kirchengeschichte II/1. Konstantinische Wende und spätantike Reichskirche (Studienbücher Theologie 11, 1). Stuttgart, Berlin, Köln 1996.

Isnard Wilhelm Frank: Kirchengeschichte des Mittelalters (Leitfaden Theologie 14). Düsseldorf 1984.

Heribert Smolinsky: Kirchengeschichte der Neuzeit (Leitfaden Theologie 21). Düsseldorf 1993.

Klaus Schatz: Kirchengeschichte der Neuzeit II (Studienbücher Theologie 20). Düsseldorf 1989.

Glaube und Liebe

Anselm Grün: Das kleine Buch der Tugenden. Der Glaube, die Liebe und die Hoffnung. München 2007.

Karol Wojtyla [Johannes Paul II.]: Liebe und Verantwortung. Eine ethische Studie. Kleinhain 2007.

Einweisung in die Glaubenspraxis

Liudger Gottschlich (Hrsg.): Tatort Alltag – gelebtes Christsein. Theologische Grundlegung und spirituelle Einübung in das Christentum (Glaubensgrund 3) Paderborn 2009.

Katechismus der katholischen Kirche. Kompendium. München 2005.

Glaubenstexte

Gerhard Lohfink: Das Vaterunser neu ausgelegt. Bad Tölz 2007.

Frank-Lothar Hossfeld (Hg.): Die Zehn Gebote: Weisungen zum Menschsein, Welt und Umwelt der Bibel, Heft 17. Stuttgart 2000.

John N. D. Kelby: Altchristliche Glaubensbekenntnisse. Geschichte und Theologie. Göttingen [2]1993.

Islam

Martin Lohmann: Perlenschnur und Rosenkranz. Wenn Christen und Muslime gemeinsam Zukunft machen. Vallendar 2009.

Hans Zirker: Christentum und Islam. Düsseldorf 1989.

Johannes Lähnemann (Hg.): Weltreligionen und Friedenserziehung. Wege zur Toleranz. Rissen 1989.

Tilman Nagel: Staat und Glaubensgemeinschaft im Islam, 2 Bde. Zürich-München 1981.

Rudi Paret: Mohamed und der Koran. Stuttgart 1980.

Johannesevangelium und Johannesapokalypse

Joachim Kügler: Das Johannesevangelium, in: *Martin Ebner/Stefan Schreiber:* Einleitung in das Neue Testament, Stuttgart 2008.

Joachim Gnilka: Johannesevangelium. Die Neue Echter Bibel. Kommentar zum Neuen Testament in der Einheitsübersetzung, Würzburg 1983.

Stefan Schreiber: Die Offenbarung des Johannes, in: *Martin Ebner/Stefan Schreiber*: Einleitung in das Neue Testament, Stuttgart 2008.

Hubert Ritt: Offenbarung des Johannes. Die Neue Echter Bibel. Kommentar zum Neuen Testament in der Einheitsübersetzung, Würzburg 1986.

Judentum

Peter Schäfer: Geschichte der Juden in der Antike. Göttingen 2010.

Franz Mußner: Traktat über die Juden. Göttingen 2009.

Katechese

Die deutschen Bischöfe: Katechese in veränderter Zeit, Schriften der Deutschen Bischofskonferenz Nr. 75. Bonn 2004.

Scheuchenpflug, Peter: Katechese im Kontext von Modernisierung und Evangelisierung. Studien zur Theologie und Praxis der Seelsorge Bd. 57. Würzburg 2003.

Kinder, Jugendliche, Erwachsene

Paul M. Zulehner: Ein neues Pfingsten. Ermutigung zu einem Weg der Hoffnung. Ostfildern 2008.

Michael Fischer: Gemeindeentwicklung konkret. Ein Arbeitsbuch. München 2002.

Kirchenbau

Albert Gerhards: Vom jüdischen zum christlichen Gotteshaus? Gestaltwerdung des christlichen Liturgie-Raumes: *Rudolf Voderholzer*

(Hg.), Der Logos-gemäße Gottesdienst. Theologie der Liturgie bei Joseph Ratzinger = Ratzinger-Studien 1. (Regensburg 2009).

Albert Gerhards/Martin Struck (Hg.): Umbruch – Abbruch – Aufbruch? Nutzen und Zukunft unserer Kirchengebäude = Bild – Raum – Feier. Studien zu Kirche und Kunst 6. Regensburg 2008.

Rudolf Schwarz: Kirchenbau. Welt vor der Schwelle, Nachdruck der 1. Auflage von 1960, hg. von *Maria Schwarz, Albert Gerhards und Josef Rüenauver.* Regensburg 2007.

Krankensalbung

Rainer Kaczynski: Feier der Krankensalbung, in: Sakramentliche Feier 1/2 (Gottesdienst der Kirche 7/2), Regensburg 1992.

Gisbert Greshake: Letzte Ölung oder Krankensalbung? Plädoyer für eine differenziertere sakramentale Praxis, in: Geist und Leben 56 (1987).

Laien

Ulrich Ruh: Ein breites Spektrum. Die Rolle der Laien in der Kirche von heute, in: HerKorr 62/1 (2008).

Peter Neuner: Der Laie und das Gottesvolk. Frankfurt 1988.

Bruno Forte: Laie sein. Beiträge zu einem ganzheitlichen Kirchenverständnis. München 1987.

Karl Rahner: Über das Laienapostolat, in: ders., Schriften zur Theologie II. Einsiedeln 1955.

Liturgie

Katechismus der Katholischen Kirche: Neuübersetzung aufgrund der Editio typica Latina, München 2007.

Michael Kunzler: Die Liturgie der Kirche, Paderborn ²2003.

Maria

Benedikt XVI./Hans Urs von Balthasar: Maria – Kirche im Ursprung. Einsiedeln ²2005

Leo Scheffczyk: Maria. Mutter und Gefährtin Christi. Augsburg 2003.

Gerhard Ludwig Müller: Maria – die Frau im Heilsplan Gottes, herausgegeben von *Anton Ziegenaus.* Regensburg 2002.

Johannes Paul II.: Redemptoris Mater. Enzyklika über „Die Mutter des Erlösers", 1987.

Marienfeste und Heiligenfest

Jakob Torsy/Hans-Joachim Kracht (Hrsg.): Der große Namenstagskalender. 2. erweiterte Auflage. Freiburg. i. Br. 1997.

Rudolf Grabe: Marienfeste im Jahreslauf. Würzburg 1997.

Messe

Rupert Berger: Die Feier der Heiligen Messe. Eine Einführung, Freiburg 2009.

Musik

Richard Mailänder/Britta Martini (Hg.): Basiswissen Kirchenmusik, Band 1, Theologie-Liturgiegesang, Stuttgart 2009.

Winfried Bönig u. a. (Hg.): Musik im Raum der Kirche, Stuttgart 2007.

Neues Testament

Ingo Broer: Einleitung in das Neue Testament. Darmstadt

Joachim Gnilka: Wie das Christentum entstand. 3 Bde. Würzburg

Friederike Nüssel/Dorothea Sattler: Einführung in die ökumenische Theologie. Darmstadt 2008. *Ökumene*

Taschenlexikon Ökumene. Im Auftrag der Arbeitsgemeinschaft Christlicher Kirchen in Deutschland (ACK) hg. von *Harald Uhl u. a.* Frankfurt/Paderborn 2003.

Aurelia Spendel OP: Freisein. Weisheit aus dem Kloster. Freiburg 2008. *Orden*

Anton Grabner-Heider: Die großen Ordensgründer. Wiesbaden 2007.

Reinhard Meßner: Einführung in die Liturgiewissenschaft. Paderborn/München/Wien/Zürich ²2009 *Ostern*

Hansjörg Auf der Maur: Die Osterfeier in der alten Kirche. Aus dem Nachlaß hg. von *Reinhard Meßner/W. G. Schöpf*. Münster 2003

Christian Gnilka/Stefan Heid/Rainer Riesner: Blutzeuge. Tod und Grab des Petrus in Rom. Regensburg 2010. *Papst*

Gerhard B. Winkler: Das Papsttum. Entwicklung der Amtsgewalt von der Antike bis zur Gegenwart. Innsbruck 2002.

Ernst Dassmann: Kirchengeschichte II/1. Konstantinische Wende und spätantike Reichskirche (Studienbücher Theologie 11,1). Stuttgart, Berlin, Köln 1996.

Heribert Smolinsky: Kirchengeschichte der Neuzeit (Leitfaden Theologie 21). Düsseldorf 1993.

Ernst Dassmann: Kirchengeschichte I. Ausbreitung, Leben und Lehre der Kirche in den ersten drei Jahrhunderten (Kohlhammer Studienbücher Theologie 10). Stuttgart, Berlin, Köln 1991.

Klaus Schatz: Kirchengeschichte der Neuzeit II (Studienbücher Theologie 20). Düsseldorf 1989.

Isnard Wilhelm Frank: Kirchengeschichte des Mittelalters (Leitfaden Theologie 14). Düsseldorf 1984.

August Franzen: Papstgeschichte. Das Petrusamt in seiner Idee und in seiner geschichtlichen Verwirklichung in der Kirche. Freiburg 1974.

Dorothee Boss: Hochzeit kompakt. Würzburg 2009. *Paulus*

Michael Kunzler: Vom Sakrament der Liebe. Einladende Gedanken zu Theologie, Spiritualität und Liturgie des Ehesakramentes. Paderborn 2008.

Klaus Haacker: Paulus als Apostel. Wie er wurde, was er war. Stuttgart 2008.

Claus P. März: Paulus. Sein Leben, sein Wirken, seine Zeit. Leipzig 2008.

Christoph G. Müller: Frühchristliche Ehepaare und paulinische Mission (SBS 215). Stuttgart 2008.

Philipp Müller: Predigt ist Zeugnis. Grundlegung der Homiletik. Freiburg 2007. *Predigt*

Albrecht Grözinger: Homiletik (Lehrbuch praktische Theologie 2). Gütersloh 2008.

Priester, Diakon

Klemens Armbruster/Matthias Mühl: Bereit wozu? Geweiht für was?: Zur Diskussion um den Ständigen Diakonat 40 Jahre nach seiner Wiedereinführung in Deutschland. Freiburg 2009.

Ulrich Ruh: Ein breites Spektrum. Die Rolle der Laien in der Kirche von heute, in: HerKorr 62/1 (2008).

Joseph Ratzinger/Benedikt XVI.: Priester aus innerstem Herzen. Beiträge im Klerusblatt aus fünf Jahrzehnten. Im Auftrag des Klerusverbandes e. V. und der LIGA Bank eG hrsg. von *Florian Trenner*. München 2007.

George Augustin/Johannes Kreidler (Hg.): Den Himmel offen halten. Priestersein heute. Mit einem Geleitwort von *Karl Kardinal Lehmann*. Freiburg 2003.

Jürgen Werbick/J. F. Heinrich Reinhardt/Marianne Heimbach-Steins/ Norbert Mette: Laie, in: LThK3 VI (1997).

Psalmen

Erich Zenger: Psalmen. Auslegungen 1–4. Freiburg, 2. Aufl. 2006.

Pirmin Hugger: Die Kunst des Psalmenbetens. Münsterschwarzach 2006.

Als zeitgenössische Übertragung:

Arnold Stadler: „Die Menschen lügen. Alle" und andere Psalmen. Frankfurt/M., Leipzig, 9. Aufl. 2004.

Rechtfertigung

Magnus Striet: Krippengeflüster. Weihnachten zwischen Skepsis und Sehnsucht. Stuttgart 2007.

Eva-Maria Faber: Du neigst dich mir zu und machst mich groß. Zur Theologie von Gnade und Rechtfertigung. Regensburg 2005.

Karl-Heinz Menke: Das Kriterium des Christseins. Grundriss der Gnadenslehre. Regensburg 2003.

Religiöse Erziehung

Wolfgang Bergmann: Geheimnisvoll wie der Himmel sind Kinder. Was Eltern von Jesus lernen können. München 2010.

Hubertus Lutterbach: Kinder und das Christentum. Kulturgeschichtliche Perspektiven auf Schutz, Bildung und Partizipation von Kindern zwischen Antike und Gegenwart. Stuttgart 2010.

Sakramente

Rupert Berger: Die Feier der heiligen Messe. Eine Einführung. Freiburg, Basel, Wien 2009.

Helmut Hoping: Liturgie und Theologie der Eucharistie, in: Heil erfahren in den Sakramenten (Theologische Module 8). Freiburg, Basel, Wien 2009.

Gisbert Greshake: Priester sein in dieser Zeit. Theologie – pastorale Praxis – Spritualität, 2. Auflage der unveränderten Neuausgabe. Würzburg 2008.

Klaus Demmer: Das vergessene Sakrament. Umkehr und Buße in der Kirche. Paderborn 2005.

Helmut Hoping: Das Mysterium der Taufe. Heilszeichen und Grund christlicher Identität, in: Wiederkehr der Rituale. Zum Beispiel die Taufe, hg. *B. Kranemann u. a.* Stuttgart 2004.

Martin Stuflesser/Stephan Winter: Wiedergeboren aus Wasser und Geist. Die Feiern des Christwerdens. Regensburg 2004.
Anton Ziegenaus: Die Heilsgegenwart in der Kirche. Sakramentenlehre (Katholische Dogmatik VII), Aachen 2003.
Eva-Maria Faber: Einführung in die katholische Sakramentenlehre. Darmstadt 2002.
Markus Knapp: Glaube – Liebe – Ehe. Ein theologischer Versuch in schwieriger Zeit. Würzburg 1999.
Rainer Kaczynski: Feier der Krankensalbung, in: Sakramentliche Feier 1/2 (Gottesdienst der Kirche 7/2). Regensburg 1992.

Schöpfer und Schöpfung

Hans Kessler: Evolution und Schöpfung in neuer Sicht, Kevelaer 2009
Georg Kraus: Welt und Mensch. Lehrbuch zur Schöpfungslehre (Grundrisse zur Dogmatik 2). Frankfurt 1997.

Segen

Hans Schaller/Dominik Terstrep: Vom Segen in alltäglichen Dingen. Kevelaer 2009.
Georg Schwickart (Hrsg.): Gesegnet solltst Du sein. Segensgebete für Seelorge und Gottesdienst. Freiburg i. Br. u. a. 2008.

Sexualität und Partnerschaft

Melina Livio: Liebe auf katholisch. Ein Handbuch für heute. Augsburg 2009.
Stephan E. Müller/Erwin Möde (Hrsg.): Ist die Liebe noch zu retten? Brennpunkt Partnerschaft, Sexualität, Ehe (Glaube und Ethos 1). München 2004

Sonntage und Feiertage

Reinhard Meßner: Der Sonntag als Zeitzeichen, in: Bibel und Liturgie 82 (2009).
Karl-Heinrich Bieritz: Das Kirchenjahr: Feste, Gedenk- und Feiertage in Geschichte und Gegenwart. München [7]2005.
A. Angelus Häusling: Heute Feste feiern? Zu einigen Schwerpunkten heutigen Verständnisses der kirchlichen Feste. In: *Martin Klöckner/Benedikt Kremmer/Michael Merz:* Christliche Identität aus der Liturgie. Münster 1997.
Arno Schilson: Aus Festen leben. Religionsgeschichtliche und grundsätzliche Überlegungen, in: Erbe und Auftrag 68 (1992)

Spiritualität

Volker Leppin: Die christliche Mystik, München 2007.
Josef Weismayer: Leben aus dem Geist Jesu: Grundzüge christlicher Spiritualität, Ostfildern 2007.

Sünde und Vergebung

Michael Noenke (in Kooperation mit Albert Biesinger): Schuld und Versöhnung – Zwischen scheitern, Versagen und Neubeginn. München 2008
Herbert Schlögel: Und vergib uns meine Schuld. Wie auch wie …: theologisch-ethische Skizzen zu Versöhnung und Sünde. Stuttgart 2007.

Taufe und Firmung

Martin Lätzel: Gott begegnen. Liturgie verstehen und feiern, Pustet: Regensburg 2005.

Martin Stuflesser/Stephan Winter: Wiedergeboren aus Wasser und Geist. Regensburg 2004.

Helmut Hoping: Das Mysterium der Taufe. Heilszeichen und Grund christlicher Identität, in: Wiederkehr der Rituale. Zum Beispiel die Taufe, hg. B. Kranemann u. a., Stuttgart 2004.

August Jilek: Eintauchen – Handauflegen – Brotbrechen. Regensburg 1996.

Trauung

Dorothee Boss: Hochzeit kompakt. Würzburg 2009.

Michael Kunzler: Vom Sakrament der Liebe. Einladende Gedanken zu Theologie, Spiritualität und Liturgie des Ehesakramentes. Paderborn 2008.

Volksreligiosität

Martin Scharfe: Über die Religion. Glaube und Zweifel in der Volkskultur. Köln 2004.

Walter Hartinger: Religion und Brauch. Darmstadt 1992.

Wallfahrt

Michael Rosenberger: Wege, die bewegen. Eine kleine Theologie der Wallfahrt. 2. akt. Aufl. Würzburg 2008.

Christof May: Pilgern. Menschsein auf dem Weg. Würzburg 2003.

Weihe

Gisbert Greshake: Priester sein in dieser Zeit. Theologie – pastorale Praxis – Spritualität, 2. Auflage der unveränderten Neuausgabe, Würzburg 2008

Helmut Hoping: Der dreifache Tischdienst des Diakons und die Einheit des Ordosakraments. Theologische Beobachtungen zur Liturgie der Diakonenweihe, in: Manifestatio Ecclesiae. Studien zu Pontifikale und bischöflicher Liturgie, hg. von Winfried Haunerland u. a., Regensburg 2004.

Abbildungsverzeichnis

Bouts, Dieric (um 1415–1475), Einsetzung des Abendmahls, Mitteltafel des Abendmahlsaltars, 1464–1467; Öl auf Holz, 180×151 cm; St. Peter, Leuven. (200)

Eyck, Jan van (um 1390–1441), Lucca-Madonna, um 1437; Öl auf Eichenholz, 65,7×49,6 cm; Städelsches Kunstinstitut, Frankfurt. (312)

Giotto di Bondone (um 1267–1337), „Geburt Christi" aus dem Freskenzyklus der Cappella degli Srovegni; 200×185 cm; Padua. (252)

Jawlensky, Alexej von (1864–1941), Heilandsgesicht „Lichte Ruhe", ca. 1921; Öl auf Karton, 36,2×27 cm; Christies, London [2007]; Privatbesitz. © VG Bild-Kunst, Bonn 2010. (10)

Franke, Michael (Jahrgang 1957), Arcuatura II, 2009; Öl auf Leinwand, 50×40 cm; Privatbesitz. (134)

Gogh, Vincent Willem van (1853–1890), Die Kirche von Auvers-sur-Oise, 1890; Öl auf Leinwand, 94×74 cm; Musée d'Orsay, Paris. (78)

Meister der Ada-Gruppe, Evangeliar der Äbtissin Ada, Szene: Der Evangelist Lukas, um 800; Pergament; Stadtbibliothek, Trier. (286)

Perugino, Pietro (um 1445/48–1523), Christus übergibt Petrus die Schlüssel (Ausschnitt), 1481; Fresko, 335×550 cm; Sixtinische Kapelle, Vatikan, Rom. (26)

Autorenverzeichnis

Ackermann, Stephan, Jahrgang 1963, Dr. theol., Bischof von Trier. (292)

Backhaus, Franz Josef, Jahrgang 1963, Dr. theol., 1993 Priesterweihe, seit 2010 Direktor des Katholischen Bibelwerks e. V. in Stuttgart. (261)

Baumgartner, Konrad, Jahrgang 1940, Dr. theol.; 1965 Priesterweihe, 1976 bis 2006 Professor für Pastoraltheologie an den Universitäten Eichstätt und (ab 1980) Regensburg. (228)

Blasberg-Kuhnke, Martina, Jahrgang 1958, Dr. theol. habil.; Professorin für Praktische Theologie: Pastoraltheologie und Religionspädagogik am Institut für Katholische Theologie der Universität Osnabrück, zugleich seit 2009 Vizepräsidentin für Studium und Lehre der Universität Osnabrück. (89)

Böhnke, Michael, Jahrgang 1955, Dr. theol., Professor für Systematische Theologie an der Bergischen Universität Wuppertal. (257)

Boschki, Reinhold, Jahrgang 1961, Dr. theol., Professor und Leiter des Seminars für Religionspädagogik, religiöse Erwachsenenbildung und Homiletik an der Katholisch-Theologischen Fakultät der Rheinischen Friedrich-Wilhelms-Universität Bonn. (221; zusammen mit Dr. theol. Stefan Altmeyer, Jahrgang 1976, Wissenschaftl. Assistent ebd.)

Buchmüller, Wolfgang Gottfried, Ocist, Jahrgang 1964, Dr. theol., Professor für Spiritualität und Ordensgeschichte an der Philosophisch-Theologischen Hochschule Benedikt XVI. Heiligenkreuz; seit 1991 Mitglied des Zisterzienserordens Heiligenkeuz. (191)

Clasen, Kerstin, Jahrgang 1963, Studium der Kunsterziehung und der Germanistik an der Universität Dortmund; Gymnasiallehrerin am Erzb. St. Joseph-Gymnasium in Rheinbach. (10; 26; 78; 200; 252; 286; 312)

Cordes, Paul Josef, Jahrgang 1934, Kurienkardinal, seit 1995 Präsident des Päpstlichen Rates *Cor unum* (Instanz des Apostolischen Stuhles zur weltweiten Orientierung der kirchlichen Liebestätigkeit). (104)

Deselaers, Paul, Jahrgang 1947, Dr. theol., Spiritual am Bischöflichen Priesterseminar in Münster, Lehrbeauftragter für Homiletik an der Universität Münster, Pfarrer in Greven-Gimbte. (165)

Eckholt, Margit, Jahrgang 1960, Dr. theol., Professorin für Dogmatik und Fundamentaltheologie an der Universität Osnabrück. (158)

Findeis, Hans-Jürgen, Jahrgang 1945, Dr. theol., Professur für Einleitung in das Neue Testament und neutestamentliche Zeitgeschichte an der Katholisch-Theologischen Fakultät der Rheinischen Friedrich-Wilhelms-Universität Bonn. (296)

Fischer, Michael, Jahrgang 1962, Referatsleiter Leitbild/Qualitätsmanagement der St. Franziskus-Stiftung Münster und Professor für Qualitätsmanagement an der Privaten Universität für Gesundheitswissenschaften, Medizinische Informatik und Technik (UMIT) in Hall, Tirol. (85)

Franke, Michael, Jahrgang 1957; Studium der Nationalökonomie und Kunstgeschichte in Bonn; Auslandsaufenthalte in Italien, England, Griechenland und Frankreich; lebt und arbeitet als freischaffender Maler in Wachtberg bei Bonn. (134)

Gänswein, Georg, Jahrgang 1956, Dr. iur. can., Prälat, Priesterweihe 1984, Kirchenrechtler, seit 1995 in Rom tätig, seit 2003 Sekretär von Joseph Kardinal Ratzinger, seit dessen Wahl zum Papst 2005 Privatsekretär von Benedikt XVI. (7; 12)

Genn, Felix, Jahrgang 1950, Dr. theol., Priesterweihe 1976; seit 2008 Bischof von Münster; Vorsitzender der Kommission für Geistliche Berufe und Kirchliche Dienste der Deutschen Bischofskonferenz. (267)

Gerhards, Albert, Jahrgang 1951, Dr. theol., Professor für Liturgiewissenschaft an der Katholisch-Theologischen Fakultät der Rheinischen Friedrich-Wilhelms-Universität Bonn. (202)

Hanke, Gregor Maria, OSB, Jahrgang 1954, Dr. theol., 1982 Profess in der Benediktinerabtei Plankstetten, 1983 Priesterweihe, 1993–2006 Abt der Benediktinerabtei Plankstetten, seit 2006 Bischof von Eichstätt. (211)

Haslinger, Herbert, Jahrgang 1961, Dr. theol., Professor für Pastoraltheologie, Homiletik, Religionspädagogik und Katechetik an der Theologischen Fakultät Paderborn. (271)

Hauke, Reinhard, Jahrgang 1953, Dr. theol., 1979 Priesterweihe, 1992 Dompfarrer, 1994 Domkapitular, 2005 Weihbischof im Bistum Erfurt, 2009 Beauftragter der Deutschen Bischofskonferenz für Vertriebene und Aussiedler. (247)

Haunerland, Winfried, Jahrgang 1956, Dr. theol., Professor für Liturgiewissenschaft an der Katholisch-Theologischen Fakultät der Ludwig-Maximilian-Universität München. (243)

Heid, Stefan, Jahrgang 1961, Dr. habil., Professor für Liturgiegeschichte und Hagiographie am Päpstlichen Institut für Christliche Archäologie in Rom. (42)

Hoping, Helmut, Jahrgang 1956, Dr. theol. habil.; 1995 Diakonenweihe, seit 2000 Professor für Dogmatik und Liturgiewissenschaft an der Theologischen Fakultät der Universität Freiburg im Breisgau. (178)

Jeggle-Merz, Birgit, Jahrgang 1960, Dr. theol., Professorin für Liturgiewissenschaft an der Theologischen Hochschule Chur und an der Universität Luzern. (254)

Ike, Obiora F., Jahrgang 1956, Dr. theol., 1981 Priesterweihe, seit 1998 Generalvikar im Bistum Enugu / Nigeria. (108)

Koch, Heiner, Jahrgang 1954, Dr. theol., Priesterweihe 1980, seit 2006 Weihbischof des Erzbistums Köln. (238)

Konkel, Michael, Jahrgang 1969, Dr. theol. habil.; seit 2008 Professor für Altes Testament an der Theologischen Fakultät Paderborn. (288)

Krause, Vera, Jahrgang 1970, kath. Diplom-Theologin, Referentin für Bildung und Pastoral beim Bischöflichen Hilfswerk MISEREOR in Aachen. (162)

Kunzler, Michael, Jahrgang 1951, Dr. theol. habil., 1980 Priesterweihe, 1988 Professor für Liturgiewissenschaft an der Theologischen Fakultät Paderborn. Konsultor der Römischen Gottesdienstkongregation und der Deutschen Bischofskonferenz. (282)

Lätzel, Martin, Jahrgang 1970, Dr. theol., Pastoraltheologe und Publizist, Direktor des Landesverbandes der Volkshochschulen Schleswig-Holsteins. (235)

Leonhard, Clemens, Jahrgang 1967, Dr. theol., Professor für Liturgiewissenschaft an der Katholisch-Theologischen Fakultät der Westfälischen Wilhelms-Universität Münster. (264)

Lohmann, Martin, Jahrgang 1957; Studium der Katholischen Theologie, Geschichte und Philosophie an der Universität Bonn; Journalist und Publizist, Lehrbeauftragter für Medienethik an der Macromedia Hochschule für Medien und Kommunikation in Köln, TV-Moderator; seit Juli 2010 Verlagsleiter der J.P. Bachem Medien GmbH. (7; 12; 330; 337)

Mailänder, Richard, Jahrgang 1958, Erzdiözesan-Kirchenmusikdirektor des Erzbistums Köln; 1995-2000 Lehrauftrag für Liturgiegesang an der Robert-Schumann-Hochschule, Düsseldorf, seit 2000 an der Musikhochschule Köln. (214)

Marx, Reinhard, Jahrgang 1953, Prof. Dr. theol., Priesterweihe 1979; seit 2008 Erzbischof von München und Freising; Vorsitzender der Kommission für gesellschaftliche und soziale Fragen der Deutschen Bischofskonferenz; Mitglied im Päpstlichen Rat für die Laien. (314)

Meurer, Thomas, Jahrgang 1966, Dr. theol., Professor für Katholische Theologie und Religionspädagogik am Institut für Philosophie und Theologie der Pädagogischen Hochschule Karlsruhe. (101)

Miggelbrink, Ralf, Jahrgang 1959, Dr. theol. habil.; seit 2001 Professor für Systematische Theologie an der Universität Duisburg-Essen. (57)

Müller, Christoph Gregor, Jahrgang 1963, Dr. theol., Priesterweihe 1988, 2004–2006 Professor für Exegese des Neues Testamente an der Theologischen Fakultät Paderborn, seit 2006 Professor für Exegese des Neuen Testaments an der Theologischen Fakultät Fulda; seit 2008 Rektor der Theologischen Fakultät Fulda. (300)

Müller, Philipp, Jahrgang 1960, Dr. theol. habil., seit April 2008 Prof. für Pastoraltheologie an der Katholischen Fachhochschule Mainz. (218)

Niederschlag, Heribert, Jahrgang 1944, Dr. theol., Professor für Moraltheologie an der Philosophisch-Theologischen Hochschule Vallendar; Direktor des Ethik-Instituts Vallendar. (151)

Ozankom, Claude, Jahrgang 1958, Dr. theol., Dr. phil., 1989 Priesterweihe, seit 2006 Professor für Fundamentaltheologie, Religionsphilosophie und Theologie der Religionen an der Katholisch-Theologischen Fakultät der Rheinischen Friedrich-Wilhelms-Universität Bonn. (68)

Pulte, Matthias, Jahrgang 1960, Dr. phil. habil., Dipl. theol., Lic. iur. can; 1997 Diakonenweihe; seit 1997 Diözesanrichter in Köln; 2010 Professor für Kirchenrecht, Staatskirchenrecht und Kirchliche Rechtsgeschichte an der Johannes-Gutenberg Universität Mainz. (80)

Rahner, Johanna, Jahrgang 1962, Dr. theol., Professorin für Fundamentaltheologie und Dogmatik an der Otto-Friedrich-Universität Bamberg. (155)

Reemts, Christiana, OSB, Jahrgang 1957, Dr. theol.; 1980 Eintritt in die Abtei Mariendonk, dort tätig in der Seelsorge und bei der wissenschaftlichen Erforschung der Schriftauslegung der Kirchenväter; seit 2005 Äbtissin der Abtei Mariendonk. (54)

Ritter-Müller, Petra, Jahrgang 1960, Dr. theol., seit 2003 Professorin für Neues Testament an der Philosophisch-theologischen

Hochschule Benedikt XVI. Heiligenkreuz, seit 2005 im pastoralen Dienst der Diözese St. Pölten. (305)

Sattler, Dorothea, Jahrgang 1961, Dr. theol., Professorin für Ökumenische Theologie und Dogmatik an der Katholisch-Theologischen Fakultät der Westfälischen Wilhelms-Universität Münster. (60)

Schallenberg, Peter, Jahrgang 1963, Dr. theol. habil., 1988 Priesterweihe, seit 2008 Professor für Moraltheologie an der Theologischen Fakultät Paderborn, seit 2010 zusätzlich Direktor der Katholisch-Sozialwissenschaftlichen Zentralstelle der deutschen Bischofskonferenz in Mönchengladbach. (114; 127)

Schaller, Christian, Jahrgang 1967, dr. theol., Theologischer Referent von Bischof Dr. Gebhard Ludwig Müller und Stellvertretender Direktor des *Institut Papst Benedikt XVI.* in Regensburg. (278)

Scheidgen, Hermann Josef, Jahrgang 1957, Dr. theol., Privatdozent für mittlere und neuere Kirchengeschichte an der Katholisch-Theologischen Fakultät der Universität Bonn, Lehrbeauftragter für Kirchengeschichte bzw. Geschichte an den Universitäten Wuppertal und Köln. (28)

Schockenhoff, Eberhard, Jahrgang 1953, Dr. theol., 1978 Priesterweihe, seit 1994 Professor für Moraltheologie an der Theologischen Fakultät der Albert-Ludwigs-Universität in Freiburg i.Br. (120)

Sellmann, Matthias, Jahrgang 1966, Dr. theol. und ex. SozWiss, Junior-Professor für Pastoraltheologie an der Katholisch-Theologischen Fakultät der Ruhr-Universität Bochum. (98)

Seip, Jörg, Jahrgang 1967, Dr. theol., PD für Pastoraltheologie und Homiletik an der Julius-Maximilians-Universität in Würzburg; Lehrbeauftragter für Homiletik an der Theologischen Fakultät in Paderborn. (206)

Söding, Thomas, Jahrgang 1956, Dr. theol., Professor für Neues Testament an der Katholisch-Theologischen Fakultät der Ruhruniversität Bochum. (64)

Stubenrauch, Bertram, Jahrgang 1961, Dr. theol., 1986 Priesterweihe; seit 2006 Professor für Dogmatik und Ökumenische Theologie und Direktor des Ökumenischen Forschungsinstituts an der Katholisch-Theologischen Fakultät der Universität München. (224)

Striet, Magnus, Jahrgang 1964, Dr. theol., seit 2004 Professor für Fundamentaltheologie an der Theologischen Fakultät der Albert-Ludwigs-Universität in Freiburg i. Br. (136; 147)

Tebartz-van Elst, Franz-Peter, Dr. theol. habil.; Jahrgang 1959; 1985 Priesterweihe; 2002 Professor für Pastoraltheologie und Liturgiewissenschaft an der Universität Passau; 2004–2007 Weihbischof im Bistum Münster; seit 2008 Bischof von Limburg. (95; 196)

Terwitte, Bruder Paulus, OFM Cap., Jahrgang 1959, Dipl. theol., 1985 Priesterweihe, Tätigkeit auf dem Gebiet der Medien, lebt im Kapuzinerkloster Käppele in Würzburg. (232)

Wallner, Karl Josef, Jahrgang 1963, Dr. theol., seit 1982 Zisterzienser des Stiftes Heiligenkreuz, 1988 Priesterweihe, 1993 Professor für Dogmatik und Sakramententheologie an der Phil.-Theol. Hochschule Benedikt XVI. Heiligenkreuz, 1999 Jugendseelsorger des Stiftes, 1999 Rektor der Hochschule. (142)

Zollitsch, Robert, Jahrgang 1938, Dr. theol., Dr. h.c., 1965 Priesterweihe, 1983–2003 Domkapitular und Personalreferent im Erzbistum Freiburg, seit 2003 Erzbischof von Freiburg, seit 2008 Vorsitzender der Deutschen Bischofskonferenz. (51)

Bibelstellenregister

Namenregister*

* Das Register enthält nicht die Verfassernamen aus dem Literaturverzeichnis (Seite 342ff.). Für die biblischen Autoren wird zusätzlich auf das Bibelstellenregister verwiesen.

Sachregister

Die Register wurden nach den Vorgaben der Autoren von Winrich C.-W. Clasen erstellt.